古典文獻研究輯刊

四 編

潘美月・杜潔祥 主編

第 28 冊

《四書蕅益解》研究

羅永吉 著

《四書蕅益解》研究

簡瑞銓 著

國家圖書館出版品預行編目資料

《四書蕅益解》研究 羅永吉著／《四書蕅益解》研究 簡瑞銓
著 — 初版 — 台北縣永和市：花木蘭文化出版社，2007〔民
96〕

目 2+130 面 + 目 2+152 面；19×26 公分
（古典文獻研究輯刊 四編：第 28 冊）
ISBN：978-986-6831-23-2（全套精裝）
ISBN：978-986-6831-19-5（精裝）
1. 四書－研究與考訂
121.217   96004477

ISBN - 9866831195

9 789866 831195

古典文獻研究輯刊
四 編 第二八冊   ISBN：978-986-6831-19-5

《四書蕅益解》研究
《四書蕅益解》研究

作　者　羅永吉　簡瑞銓
主　編　潘美月　杜潔祥
企劃出版　北京大學文化資源研究中心
出　版　花木蘭文化出版社
發行所　花木蘭文化出版社
發行人　高小娟
聯絡地址　台北縣永和市中正路五九五號七樓之三
　　　　　電話：02-2923-1455／傳眞：02-2923-1452
電子信箱　sut81518@ms59.hinet.net
初　版　2007 年 3 月
定　價　四編 30 冊（精裝）新台幣 46,500 元

《四書蕅益解》研究

羅永吉　著

作者簡介

羅永吉,臺灣宜蘭人,1967 年生,國立成功大學中國文學碩士、清華大學中國文學博士,現任教於長庚技術學院通識教育中心。碩士論文為《四書蕅益解研究》,博士論文為《陽明心學與真常佛學之比較研究》。研究所就學時期關注於儒家與佛教思想比較及融通之相關課題,希望能更加了解傳統文化相互交涉的情形,也期能為個人生命找到安身立命之所在。另撰有:〈道家與道教之關係〉、〈司馬遷思想中天人關係的對立與統一〉、〈王門二溪與佛教思想之交涉〉等單篇論文。

提　　要

　　晚明三教合一論的風氣盛行,表現在文學、藝術乃至哲學思想與宗教上,所涵蓋的範圍極廣。就明末的佛教界來說,亦受到此一風氣的影響,慣稱為明末四大師的雲棲袾宏、達觀真可、憨山德清與蕅益智旭,都出現儒釋調和的主張。本論文的研究,即是針對蕅益大師的《四書蕅益解》一書,以此書的思想內容為核心,從儒、佛關係的角度,分兩方面探討:在內緣研究方面,直接從本書的思想著手,以探索蕅益大師如何以其獨特的「現前一念心」的佛教思想,對儒家典籍《四書》進行注解,而見其義理架構上的會通;並進而從儒典原文與蕅師解文的並排對照,窺見此書的詮釋方法。在外緣研究方面,則將此書置於蕅益大師的整體思想中加以定位,並置於儒佛交涉史的發展脈絡上來與佛教界中其他涉及儒釋關係的著作相比較,以凸顯此書在處理儒釋關係問題上的全面與圓熟,而見其價值。全文共分六章:

　　第一章緒論。旨在說明研究動機、研究現況、研究方法,及本文的範圍與限制。

　　第二章《四書蕅益解》的成書因緣。從明末儒釋調和風氣盛行的背景,及蕅益大師本人儒釋思想的演進這兩方面來說明。

　　第三章《四書蕅益解》的思想。分別就此書的三個部分:《大學直指》、《中庸直指》與《論語點睛》的思想進行研究,為本文的核心部分。

　　第四章《四書蕅益解》的詮釋方法。分別探討此書在詮釋體式與詮釋理路上,如何會通儒釋,並說明此書如何在注解《四書》的經學形式中顯露其思想的創發性。

　　第五章《四書蕅益解》在蕅益大師思想中的定位及其價值。透過蕅師另兩種儒釋調和著作《周易禪解》與〈性學開蒙〉的介紹,以及和明初姚廣孝《道餘錄》、時代相近的憨山大師〈大學綱目決疑〉、《中庸直指》等著作的比較,以見此書之定位、特色及價值。

　　第六章結論。除了回顧本論文的研究結果外,並檢討《四書蕅益解》調和儒釋的效果,以見由儒釋根本精神之差異而造成在儒釋調和論上的困難。

誌　謝

　　論文寫到最後，竟有一種感覺——這篇論文的撰述，只是反應這個階段的我對這個世界的認識，以及表達此刻對自己生命的存在感受而已。原來，論文與我並非兩物，亦非我「寫了」論文；可以說，在大自然的整體觀照之下，我與論文都只是其自身律動的實現與完成。論文，不過是置身於大自然中的我的投射與映現而已。

　　話雖如此，在此篇論文宛然成形的過程裡，父母師長及愛護我的朋友們，也都在鼓勵與支持的關愛中，參與了我這一階段的成長。感謝指導教授林朝成老師，他除了熱心指導我的論文外，並帶領讀書會，使同學們在增廣見聞之餘，更能感受到對待學術的熱忱與自由研討的學術風氣，生動而活潑地啟發了同學們的心靈，真令人有種從沈睡中甦醒的感覺，這一點影響與感佩，是超乎有形的指導之上的。接著要感謝的是唐亦男老師，老師精湛透闢的眼光及深入淺出的教誨，從大一時上「論孟」課開始即予我思想上的啟蒙，一直到研究所仍隨時在老師的講授中成長，獲益良多，謹在此向老師致上萬分敬意與感謝，並謝謝老師對這篇論文的指正。其次要感謝劉又銘教授，在百忙中抽空批閱這篇不成熟的作品，並提供許多寶貴的意見，讓我能更加成長與進步。

　　此外，要感謝我的好友同窗們，讀書沙龍的成員瑞霞、雅卿、小鍾、美朱、雪花、姍姍，在生活成長或見聞知識上的交流互勉與切磋琢磨，及道友土宜（本名正宜）兄在修行體驗上的對談，這些都為我在面對「論文症候群」（例如去繞圓形物體作順時針運行）時注入了抗體；也謝謝秋惠、穗鈺的打氣與鼓勵，並預祝「豬隻公會」成長茁壯，會員一籮筐。謝謝楊兄與聖旻，逛書店、舊書攤，在書籍的資訊及流通上提供了很大的支持。特別感謝瑞霞，從資料的蒐集影印到論文的打字排版、修正列印，幾乎全程幫忙，如果沒有這些協助，恐怕這篇論文的完成尚在遙不可知之數。謝謝清仔（永清）、阿彪及昭明，很懷念一起把酒泡茶、徹夜長談的時光；也謝謝維忠提供民間宗教的資料，玉美慨贈相關書籍，使這篇論文能在更順利的境遇中完成。

　　謝謝我的父母親，為我提供了最大的支持與鼓勵；也感謝釋迦牟尼佛，他的智慧為我開啟了生命之光。謹以此論文獻給我最敬愛的父母、家人，及愛護我的朋友們，願大家一併分享我的喜悅。

目錄

第一章 緒 論

第一節 研究動機與研究現況

　　關於明末四大師之一的蕅益智旭（公元 1599～1655）的研究，目前最爲詳盡賅備的，要算是聖嚴法師《明末中國佛教之研究》〔註 1〕一書了。該書是從著作等身的蕅益大師多達五十一種二百二十八卷論作中，反覆細讀精查而得到的結果，對於蕅益大師的研究，可以說絕大部分都是直接來自原始資料，而且從蕅師的時代背景、生涯、宗教行踐、著作及思想等五個方面加以論述，鉅細靡遺，使讀者對蕅師能有一確切的認識及整體的掌握。此書也提到了蕅師思想與儒教的關聯，與明末佛教界的概況及三教同源論的風氣，並指出蕅師以其獨特的「現前一念心」思想發展性相融會與三教同源的理論，爲蕅師調和儒釋的努力指出其基本立場，但就儒佛交涉的層面來說，尚未落實到蕅師所注解的儒家經典的具體內容來討論。以儒家的經典來說，《四書》無疑極能代表儒家的根本精神，而蕅師之所以注解儒家這部根本精神的代表作品，他是如何在儒書中架構他的佛教思想？而在《四書蕅益解》中呈顯出的儒佛交涉問題爲何？其詮釋方法爲何？在明末佛教界一片調和儒釋的主張中，它又達到了什麼成果？在文化整合上，這本書又具備了什麼價值？分別地從《大學》的三綱八目，以及《中庸》透過內在道德主體性達到天人合一的形上思維之脈絡來看，以及蕅師對《論語》之思想核心——「仁」的闡發，使得《四書蕅益解》一書，在儒佛義理的會通方面，有更值得探索的內涵，適合將它從蕅師的其它著作中取出而單獨地作更進一步的研究。

〔註 1〕聖嚴法師著，關世謙譯：《明末中國佛教之研究》（臺北：臺灣學生書局，民國 77 年）。

目前對於蕅師思想進行研究的，尚有鄧繼盈的《蕅益智旭淨土思想之研究》〔註2〕，仍是屬於佛教教內宗派的範圍；至於和儒釋交涉問題有關的，尚有日本學者荒木見悟的《明代思想研究》，其第十二章〈智旭の思想と陽明學〉〔註3〕，認爲蕅師「現前一念心」的哲學，其靈感是來自於陽明學的良知心學，這一點結論，聖嚴法師已提出辨正，而不同意此種看法〔註4〕，本文亦贊同聖嚴法師之說而更作辨別，以明二者雖然相似卻不能混同。至於朱伯崑的《易學哲學史》第三卷，亦對蕅師的另一注解儒典的著作《周易禪解》進行討論〔註5〕，將之劃歸於「禪宗的易說」一類，以爲儒家易學中關於陰陽變易的學說、道器合一的學說，與佛家的生滅流轉說、禪宗的佛性說，有某種相同點；但他認爲這種以禪解易的方式卻多出於比附，是將心學派「六經注我」的學風發揮到極端，而受到儒家經學學者的攻擊；然而其理論思維，特別是精神和心理方面的轉化觀念，如性和情、眞如和無明、流轉門和還滅門、先天和後天等相互依存和轉化的觀點，在易學哲學史上也是不容抹煞的〔註6〕。朱氏看出了禪學與易學之間的相似之處，也把《周易禪解》作了定位而評斷其價值，但其評斷價值的取向，只在理論思維的觀念轉化上，並非建立在儒佛交融的關係層面來討論，並且對於蕅師運用「六爻時變」的注解方式來「以佛解儒」亦未分析說明，因此仍有發揮的餘地。此外，直接對《四書蕅益解》進行注釋與研究的，只有民國二十三年的陽復子江謙，爲它作了補註，今天所見的版本，無論是收在《蕅益大師全集》〔註7〕中的本子或單行本〔註8〕都是江謙居士的補註本。《四書蕅益解》中，除《孟子擇乳》早因兵燹亡佚外，尚存《大學直指》、《中庸直指》、《論語點睛》三部分，而關於《論語點睛》一書，近人林政華曾發表〈蕅益祖師之論語教〉一文〔註9〕，篇幅較爲簡短，且偏重在此書注釋形式的討論，從而舉例闡述儒佛相會通處，但並未就此書對蕅師的佛教思想的核心作一說明。綜上所述，可知就蕅益大師的思想中儒、佛會通這一部分，可資參考的研究成果並不多，而就明末佛教界融合三教的風氣來說，如果說憨山大師（公

〔註2〕鄧繼盈：《蕅益智旭淨土思想之研究》（臺北：政治大學中國文學研究所碩士論文，民國79年）。

〔註3〕荒木見悟：《明代思想研究》（東京：創文社，1972年），頁354～371。

〔註4〕同註1，頁424。

〔註5〕朱伯崑：《易學哲學史》第三卷（臺北：藍燈文化事業股份有限公司，民國80年），頁295～304。

〔註6〕同註5，頁304。

〔註7〕收於《蕅益大師全集》第十九冊（臺北：佛教書局，民國78年，頁12345～12568）。

〔註8〕如臺灣先知出版社民國62年影印美國哈佛大學藏本。

〔註9〕林政華：〈蕅益祖師之論語教〉，《華梵佛學年刊》第六期，（民國78年），頁43～55。

元 1546～1623）〈觀老莊影響論〉、《道德經解》、《莊子內篇注》等著作展現了佛教與道家思想的會通成果，則蕅益大師的《四書蕅益解》、《周易禪解》及〈性學開蒙〉等論述，便呈顯了晚明佛教界為儒、釋思想會通所作出的貢獻。就傳統文化的整合來說，《四書蕅益解》實有其不可忽略的價值。

第二節　研究方法與研究內容

　　《四書蕅益解》是一部關於儒、佛交涉的著作。凡是關於儒、佛交涉的著作，當我們在處理它們時，常常容易流入一種主觀的立場——或是儒家的立場、或是佛教的立場。這是因為主張調和論者本身，雖有融合儒、釋的雄心，但往往是以某一思想體系為基礎，而兼融他家。因此，儒家有其調和論，佛家亦有其調和論。也就是說，除去拼盤式或什錦式的漫談三教是同的調和論者不談，凡是有一思想體系為基礎的調和論者，必然有其立場——或是儒家的立場、或是佛教的立場。然而對這些調和論進行研究的研究者，卻不必順著它們的立場作解說，例如予以迴護、或是加以反駁。重要的是，如何就調和論的作品本身，整理出其所以作為調和基礎的思想體系，因而清楚地呈顯出此一調和論的作品是屬於哪一種類型的調和論。因此，本文的基本態度是：調和論可以有許多種型式的呈現，不但可以有儒家立場的調和論，也可以有佛教立場的調和論；甚至在佛教立場的調和論中，可以有真常唯心系的思想體系作為調和基礎的調和論，亦可以有虛妄唯識系的思想體系作為調和基礎的調和論，而重點在於，作為調和基礎的思想體系必須是一貫性的，成一系統的，也就是有其根本精神可以掌握的；至於儒釋思想之間的符應程度如何，則是另一個問題。因此，本文在研究方法上，即從《四書蕅益解》中蕅師的注解文字直接切入，以歸納整理其思想體系，並就此思想體系所蘊涵之消融差異性的理論根據出發，透視此一理論根據運用在《四書》的義理結構上之後，所呈顯出來的狀態為何，而此一狀態即是儒釋兩家思想在《四書蕅益解》中展露其交融會通的結果。亦即，本文是以《四書蕅益解》的思想為核心，以此核心出發，探索此思想與《四書》原有義理結構的交涉情形，進而分析其詮釋方法、並討論其符應效果，這是屬於《四書蕅益解》一書內緣的研究。至於將《四書蕅益解》一書置於蕅益大師的思想中加以定位，以及討論在明末佛教界中，《四書蕅益解》在儒、釋會通工作上的成果，甚至更擴大來看，從更早的宋代理學家極力闢佛的情形，發展到明朝初年姚廣孝《道餘錄》的撰作，以佛教的立場對宋代理學家的闢佛提出澄清，以此與闢佛者展開對談；再發展到明末佛教界高唱三教合

一的調和主張、乃至運用以佛理注解儒書的方式會通儒、釋，《四書蕅益解》在這一儒佛交涉的關係發展史中之定位爲何？這則是屬於外緣的研究。本文於其間曾運用了語意學的基本觀念，例如討論到《四書蕅益解》一書的詮釋體式時；而在某些方面，也運用了對比的方法〔註10〕，例如比較憨山大師與蕅益大師同樣是注解儒典中所呈現出的差異，藉以凸顯其各自的特色。但就總的來說，本文避免一些具有特殊理論骨架的方法論，雖然在行文中或許運用了某些理論結構與語言，但卻也脫離其原有的理論框框，而將之視爲思考或解題的一般原理與原則，希望能扣緊《四書蕅益解》及其他相關的原始材料，作客觀的分析、結合與佈局，希望能更廣泛而深入地揭露其特色，而評斷其價值。

　　本文的內容分爲六章加以陳述，今略述其綱領如下：

　　首章乃在說明《四書蕅益解》之研究價值，及研究現況、研究方法等，並略述全文綱領，且爲本文之範圍與限制作一劃分。

　　第二章敘述《四書蕅益解》的成書因緣，主要從兩個方面著手：其一，從明朝末年的儒釋調和風氣之盛行，蔚爲一種時代的思潮，以考察《四書蕅益解》成書之時代背景。其二，從蕅益大師本人儒釋思想的演進來看，蕅師少時曾仿程朱闢佛，作了一些闢佛文字。其後閱讀雲棲袾宏（公元 1535～1615）的《竹窗隨筆》與〈自知錄序〉，乃不謗佛；更由於喪父之哀，終於接受佛教信仰，甚至出家爲僧，此後致力於佛教內部各宗派的整合；至其壯年後期與晚年間，便又回過頭來以佛理融攝儒家。透過蕅益大師據儒排佛到由儒歸佛，乃至以佛攝儒的思想進程，探討《四書蕅益解》的成書因緣。

〔註10〕所謂對比，如沈清松所提出者，「所謂對比（contrast），是指同與異、配合與分歧、採取距離與共同隸屬之間的交互運作，使得處在這種關係的種種因素，相互敦促，而共現於同一個現象之場，並隸屬於同一個演進之韻律。簡言之，對比乃決定經驗、歷史與存有的呈現與演進的基本律則。爲此，志在鋪陳此一基本律則的對比哲學，除了具有方法學的意義之外，尚有歷史的意義及存有學的意義。首先，對比哲學有一套方法學，其方法的主旨即在將數個研究對象予以排比對照，使在研究者經驗演進的歷程中，顯示出這些對象彼此間的統一性和差異性。從方法學觀點看來，對比不但是推動經驗成長的方法，亦爲經驗完成時之綜合狀態。更進一步，吾人對於歷史的關懷，促使吾人在歷史中辨識出對比的現象與對比的法則，亦即促使吾人以對比的方式閱讀歷史，此時吾人便進入對比的歷史層面；歷史在結構上是由對比所構成，在發展上則是由對比所推動。」說見氏著：《現代哲學論衡》（臺北：黎明文化事業有限公司，民國 74 年），頁 3 。可見對比不但具有方法論上之意義，同時也是經驗成長之方法、歷史進展之律則、存有之韻律。因此吾人由對比的方法，不但能取得方法上的效用，同時也能由此貫串經驗、歷史與存有，而達到哲學整體通觀的理想。

　　第三章論述《四書蕅益解》的思想，乃本文的核心部分，採取將構成此書的三個部分《大學直指》、《中庸直指》、《論語點睛》分別研究的方式，將書中蕅師的注解文字獨立出來，從每一節的解文中去貫通聯結出蕅師的思想體系，以得到此書思想的整體概貌。此外有關於各部分關涉到的外緣問題，如《大學直指》與陽明之釋《大學》，及《論語點睛》與李贄《四書評》的關聯，也一併研究，期望能更加深對《四書蕅益解》思想之認識。

　　第四章討論《四書蕅益解》的詮釋方法。先從傳統的經學注解方式談起，《四書蕅益解》採取隨文夾注的方式，在表面上雖然是「述而不作」，其實正是「以述為作」地顯露其思想之創發性。其次分別從詮釋體式及詮釋理路兩方面，探討蕅益大師如何在《四書》這部儒家的典籍上找到發揮佛教思想的空間，作為他符應儒釋的關鍵；以及從蕅師具體的思想內容來看，他是透過哪些佛教思想進路來消融差異性，而達到以佛攝儒的目的。

　　第五章論述《四書蕅益解》在蕅益大師思想中的定位及其價值。首先討論此書在蕅益大師思想中之定位，以蕅益大師之融會佛教教內諸宗思想的傾向來看，會通儒釋即成為他更大的嘗試，而其融和思想的傾向仍是一致的。至於蕅師的儒釋調和作品，尚有《周易禪解》與〈性學開蒙〉，於此章更一併討論之，俾使《四書蕅益解》在蕅師儒釋調和思想中的定位愈見明晰，並以《四書蕅益解》實能全顯蕅師的圓熟思想作結。另外，再將《四書蕅益解》放在儒佛交涉的發展脈絡來討論，則在遠距離與姚廣孝的《道餘錄》對照來看，考察佛教陣營中由正面與儒家闢佛者對談的現象，發展到蕅師這種以佛法注解儒家經典的融和方式之轉變；在近距離則與時代相近的憨山大師同樣是對儒家經典的注解如〈大學綱目決疑〉與《中庸直指》等著作作一比較，以見其差別而顯其特色，並看出蕅師在明末佛教界中更進一步地將儒佛交融會通的工作推到了更完備而成熟的高峰，以見其在儒佛交涉的關係史上呈現的地位與貢獻。

　　第六章結論部分，除總結前面各章之論述外，並通盤檢討《四書蕅益解》在儒釋調和工作上，是否真能以佛攝儒而將儒家思想攝歸為佛法之一部分，主要是客觀地從儒、釋兩家根本精神之差異性來討論，以此說明調和論的型式必須採取某一方面之立場來概括另一方面，這是調和論者所遭遇到的根本難題，但這並不妨礙《四書蕅益解》之作為以佛教天台圓教思想為其儒釋調和的基礎，而建立此種類型之調和論的特色與價值。因為在思想合流的演變過程中，出現此種調和論有其文化上的意義，而就文化整合的努力來看，《四書蕅益解》亦具有其獨特的貢獻。

第三節　本文的範圍與限制

　　明末三教同源論的風氣是整個時代的思潮，不僅表現在佛教界，也表現在儒學陣營中，明朝王陽明的良知心學盛行，而陽明心學與禪學原本就十分相近，易於混淆，傳到陽明後學的王龍溪，更毫不保留的，將六祖《壇經》的「無念爲宗」，作爲「君子之學」，禪與儒遂不分辨矣！順此思想發展，龍溪自然導出三教合一的結論。他宣言：「先師的良知之學，乃三教之靈樞」，對晚明的三教融合思想影響甚大〔註11〕。王龍溪尚有許多討論易學哲學的文章，如〈先天後天解易〉、〈學易說〉……等等，卻被王門江右學者羅洪先批評爲本於佛氏，有背儒家宗旨〔註12〕，可見其學說的接近於禪。由此儒家陣營中三教合一論來出發，當可看出晚明這一大思潮之下的不同面向，例如可將王龍溪的易說與蕅師的《周易禪解》作一比較，以見其同樣是在調和儒釋宗旨之下的各自立場；甚至可再將範圍擴大來看，在民間新興的宗教如羅教與三一教（夏教）也都打著三教同源的旗號，而呈現出晚明三教融和風氣之下的又一面向，其調和方式亦可與佛教界及儒學界作一比較，見其同異，以了解晚明人文活動中的若干問題，例如憨山大師及雲棲大師的痛斥羅教爲假正助邪，這是同樣在三教調和風氣盛行的時代思潮下發生的情形，而其問題的癥結，仍在於三教究竟是同是異的問題及其調和方式上所產生的爭議，就一個相同的時代思潮下的人文活動來看，如能更廣泛地來研究，將更有助於對那個時代的整體了解。但本文限於時間、學力及主題，則僅將範圍限定在晚明佛教界的儒釋調和主張中，而且以《四書蕅益解》一書爲中心。

　　另外，本文是從儒佛交涉的角度來探討《四書蕅益解》一書，因此，是將此書置放在儒佛交涉的歷史脈絡中來考察的。至於《四書蕅益解》在《四書》學史中的

〔註11〕參見江燦騰：〈李卓吾的生平與佛教思想〉，《中華佛學學報》第二期（民國77年10月），頁313～314〔註54〕的論述。

〔註12〕同註5，頁246～281「王畿的易說」部分。案：《明儒學案・江右王門學案三》載羅洪先批評王畿云：「龍溪之學，久知其詳，不俟今日。然其講功夫，又卻是無功夫可用，故謂之『以良知致良知』，如道家『先天制後天』之意。其說實出陽明口授，大抵本之佛氏。翻《傳燈》諸書，其旨洞然。直是與吾儒『兢兢業業，必有事』一段，絕不相蒙，分明二人屬兩家風氣。」（《黃宗羲全集》第七冊──《明儒學案》上，臺北：里仁書局，民國76年，頁407）此段批評未爲中肯，如近人牟宗三先生即認爲羅念庵之想法與陽明之致良知教未能相應，而龍溪則能相應於陽明也。見氏著：《從陸象山到劉蕺山》（臺北：臺灣學生書局，民國79年），頁324。至於本文引羅洪先之批評王龍溪本於佛氏，有背儒家宗旨之說，意並非在平章二人學術之於儒家孰正孰別，乃僅就當時儒學陣營中的學者對龍溪亦有本於佛氏之批評，以見龍溪學說的接近於禪，易於混淆。

定位如何，由於本書在傳統經學者眼中是屬於攙雜佛老一類的〔註13〕，這一類的著作被認為使經書漸漸失去原來的面目，使經書蒙塵，甚至因而成為經學者反省的項目，而造成推動當時學者「回歸原典」運動的因素之一〔註14〕。因此，若從傳統經學研究的領域來看，《四書蕅益解》只能具有反面的價值，將不容易在《四書》學史中看出其正面的意義。是以，本文乃將研究的焦距放在儒佛交涉史的角度來看，較不能照顧到從《四書》學史的脈絡來考察，此亦本文的限制之一。

〔註13〕明末雜有禪味的《四書》著作，如王肯堂的《論語義府》、方時化的《中庸點綴》、姚應仁的《大學中庸讀》、萬尚烈的《四書測》、寇慎的《四書酌言》等，可謂比比皆是，都有意融和儒釋。但大多已經亡佚。見林慶彰：〈明末清初經學研究的回歸原典運動〉，收於氏著《明代經學研究論集》(臺北：文史哲出版社，民國83年)，頁337。
〔註14〕同註13，頁338。

第二章 《四書蕅益解》的成書因緣

第一節 明末儒釋調和論的盛行

壹、儒釋調和的風氣

佛教在傳入中國之後，就開始不斷地和中國本土原有的儒家文化發生交涉。從牟融的《理惑論》出，站在佛教立場為非佛者解說答辯，此後，排佛論者與護法論者亦交替興起，往復辯訟。如晉何無忌作《五橫論》，仿韓非「五蠹」之意，謂沙門為一蠹。即有釋子道恆作《釋駁論》以應之，謂沙門高蹈絕俗，弘道之志，媲美仲尼。（見《弘明集》第六）又齊顧歡作《夷夏論》，以夷夏之防，闢斥佛法為夷狄之教，不可信從。（並見《齊書》及《南史·顧歡傳》）因而有朱昭之《難夷夏論》、朱廣之《諮夷夏論》、慧通《駁夷夏論》、僧敏《戎華論》等論之作，謂當泯夷夏之界，蓋華夷殊俗，設教或異，而天下之理，固未嘗有二也。（見《弘明集》第七）又梁道士假張融之名作《三破論》，至謂佛教「入國而破國」、「入家而破家」、「入身而破身」。當時劉勰著《滅惑論》，僧順《析三破論》以駁難之。《析三破論》以為佛法所沾，固可助俗教化，以破第一「破國」之難；又謂釋氏訓戒在家子弟，亦主父慈、子孝、兄愛、弟敬、夫和、妻柔，備具六睦之美，以破第二「破家」之難。又謂釋氏以三界如火宅，不出世，終不究竟。故棄名利，希寂滅，以破第三「破身」之難。（見《弘明集》第八）另有梁范縝作《神滅論》曰：「形存則神存，形謝則神滅」（並見《梁書·范縝傳》及《弘明集》第九）以難之，即有曹思文《難神滅論》出，甚至梁帝敕臣下答之，一時如沈約輩紛紛作書以應之，大抵不外申論神所以不滅之故；而梁僧佑大師所著《弘明集》，調和儒釋尤其有名。至唐韓愈以儒者而排佛，而宗密大師

則又會通三教。至宋朝時，理學發達，理學家多在出入佛老若干年後，返求六經而有得，因此雖然如程朱排佛之烈，亦未嘗不見其受佛教影響。且如象山，時人多稱其為禪，更可見理學與佛學之關係密切；而在佛教界，亦有契嵩禪師的《輔教篇》，闡明儒佛一貫之旨，其間諸儒主調和論者亦多有之，如張商英的《護法論》、李綱的《三教論》〔註1〕及王安石之融通儒釋〔註2〕。到了明代，王陽明的心學盛行，其心學本來就與禪學相近而易於混淆，及至其後學如泰州學派的王襞、羅近溪及浙中學派的王龍溪，在思想上比陽明更接近於禪〔註3〕，這是明朝末年在儒學陣營中出現的儒釋調和的傾向。同時在佛教界中，慣稱為明末四大師的雲棲袾宏（公元 1535～1615）、達觀真可（公元 1543～1603）、憨山德清（公元 1546～1623）及《四書蕅益解》的作者蕅益智旭（公元 1599～1655），都先後出現調和儒釋的主張，希望透過佛法來融攝儒家。另外，晚明士大夫好禪，多與禪師結納，形成一股居士佛教的風氣，或結社讀佛經、參禪，也重視持咒。明末的居士們，大多是自己接觸到了佛教的書籍及修行方法，於是進一步訪問當時的高僧，求取更深入的認識和體驗，而當時對居士界影響力最大的，是雲棲袾宏大師，他極力主張「參究念佛」，原則是禪和淨土並重並修，但仍側重於念佛法門。所以當時的居士們，以念佛為主要的修行法門，而且由於袾宏大師力倡戒殺放生，所以當時的居士之中，組織放生會，設置放生池的，大有人在〔註4〕。明末的居士中，有許多是儒學陣營的健將，如李卓吾、焦弱侯、袁中郎等人，多和儒家泰州學派的羅近溪有師友關係，而他們本身也多有佛學方面的著作，如李卓吾有《華嚴經合論簡要》、《般若心經提綱》、《淨土決》等，焦弱侯有《楞嚴經精解評林》、《楞伽經精解評林》、《法華經精解評林》，而袁宏道有《西方合論》〔註5〕。其中《西方合論》備受蕅益大師稱讚，除了整部加以評點外，並常教人閱讀此書，且將此書輯入所編的《淨土十要》中，評價極高〔註6〕，而李

〔註1〕以上所引儒佛交涉簡史，見於熊琬：《宋代理學與佛學之探討》（臺北：文津出版社，民國 80 年）緒論部分。

〔註2〕王安石的融通儒釋，可參考蔣義斌：《宋代儒釋調和論及排佛論之演進》（臺北：臺灣商務印書館，民國 77 年）。

〔註3〕如黃宗羲：《明儒學案・泰州學案一》云：「陽明之學，有泰州、龍谿而風行天下，亦因泰州、龍谿而漸失其傳。泰州、龍谿時時不滿其說，益啓瞿曇之祕而歸之師，蓋躋陽明而為禪矣。」見《黃宗羲全集》第八冊——《明儒學案》下（臺北：里仁書局，民國 76 年），頁 703。

〔註4〕聖嚴法師：〈明末的居士佛教〉，收於《明末佛教研究》（臺北：東初出版社，民國 76 年），頁 240、241。

〔註5〕同註4，頁 253～255、268～269。

〔註6〕可參考邱敏捷：《參禪與念佛——晚明袁宏道的佛教思想》（臺北：商鼎文化出版社，1993 年），頁 85～88。

卓吾的另一部著作《四書評》，更是蕅師《論語點睛》極重要的參考底本，《論語點睛》中時常引用卓吾《四書評》的意見，頻率極高。可見明末居士佛教的風氣，淡化了儒釋兩家之爭，而傾向儒釋調和的趨勢。

此外，此時在民間興起的新興宗教，如羅清（公元 1442～1527）所創立的「眞空家鄉，無生父母」信仰的羅教，及林兆恩（公元 1517～1598）所創立的三一教（或夏教），雖然在佛教界遭到嚴厲的批評〔註7〕，也受不到傳統儒者的認同〔註8〕，這或者是因爲他們著重在神秘的宗教體驗上，且對三教經典割裂摻雜，斷章取義的引用，而不重視義理的會通，乃形成一種儒釋道雜糅的形式，遂被視爲異端而加以排斥。但姑且不論其對三教交涉與調和的成果貢獻及其所造成的影響爲何，至少他們清楚的表現出三教合一論的思想傾向。可見在明朝末年，不論是在知識份子階層或是在民間，儒釋調和、甚至是三教合一的思潮，正是這一時代的共同風氣。《四書蕅益解》之成書於這個時代，不能不說是受了這種風氣的影響所致。

貳、四大師的儒釋調和主張

中國佛教在唐代大師雲集之後，到了明末才又另創一佛學的高潮。素被稱爲明末四大師的雲棲袾宏、達觀眞可、憨山德清及蕅益智旭，都是禪教兼通而不拘一格的人，他們對後代的影響也十分廣泛。在他們的思想中，有一種共同的趨勢，就是提出調和儒釋二家的主張——或是泛論性質的短文、或是取儒家經典加以注解，呈現著以佛攝儒的現象。藉由四大師調和儒釋的主張，將可使我們更加認識晚明佛教界中對儒釋交涉問題的處理。

袾宏大師，字佛慧，別號蓮池，俗姓沈，杭州人。他認爲儒佛相非，初時各爲世道與出世道計，相非未足爲過也；但是後來仿韓愈非佛者，及仿契嵩大師反非儒

〔註7〕羅教及其經卷被佛教正統人士認爲是異端邪說，受到激烈的攻擊，例如憨山大師、雲棲大師及密藏，都對羅清加以批評。如雲棲大師指責羅清：「有羅姓人，造《五部六冊》，號《無爲卷》，愚者多從之，此訛也。彼所云無爲者，不過將萬行門悉皆廢置，而不知萬行即空，終日爲而未嘗爲者，眞無爲也。彼口談清虛，而心圖利養；名無爲而實有爲耳。人見其雜引佛經，便謂亦是正道，不知假正助邪，誆嚇聾瞽，凡我釋子，宜力攘之。」（《正訛集・無爲卷》）關於羅教的介紹，可參見馮佐哲、李富華著：《中國民間宗教史》（臺北：文津出版社，民國83年），頁230、231。此外，關於羅清的研究，可參考鄭志明：《無生老母信仰溯源》（臺北：文史哲出版社，民國74年）。

〔註8〕如黃宗羲未將林兆恩列入《明儒學案》，但在《南雷文案》卷九有「林三教傳」，最後論曰：「兆恩本二氏之學，恐人之議其邪也，而合之於儒，卒之驢非驢，馬非馬，龜茲王所謂嬴也，哀哉！」可參考鄭志明：《明代三一教主研究》（臺北：臺灣學生書局，民國77年）。

者，實不必要，因其程度不及而顯得多餘，他說：

> 迨夫傅、韓非佛之後，後人又彷效而非，則過矣，何以故？雲既掩日，不
> 須更作煙靄故；迨夫明教空谷非儒之後，後人又彷效而非，則過矣，何以
> 故？日既破暗，不須更作燈火故。〔註9〕

事實上，他認爲儒佛非但不必相病，而且可以相資：

> 覈實而論，則儒與佛不相病而相資，試舉其略：凡人爲惡，有逃憲典於生
> 前，而恐墮地獄於身後，乃改惡修善，是陰助王化之所不及者，佛也。僧
> 之不可以清規約束者，畏刑罰而弗敢肆，是顯助佛法之所不及者，儒也。
> 〔註10〕

也就是說，從行爲的約束上來說，儒與佛在其設禁防上的不同，卻恰好可以相輔相
成、互資互助，所以不必歧而二之也。但是袾宏大師並不贊成漫將儒佛混同，而強
調儒佛亦各有其偏重點的差異，主要是治世與出世的不同。他說：

> 儒佛二教聖人，其設化各有所主，固不必歧而二之，亦不必強而合之。何
> 也？儒主治世，佛主出世。治世，則自應如《大學》格致誠正修齊治平足
> 矣，而過於高深，則綱常倫理不成安立。出世，則自應窮高極深，方成解
> 脫，而於家國天下不無稍疏，蓋理勢自然，無足怪者。若定謂儒即是佛，
> 則《六經》《論》《孟》諸典璨然備具，何俟釋迦降誕，達磨西來；定謂佛
> 即是儒，則何不以《楞嚴》《法華》理天下，而必假義農堯舜創制於其上，
> 孔孟諸賢明道於其下。故二之合之，其病均也。雖然，圓機之士，二之亦
> 得，合之亦得，兩無病焉，又不可不知也。〔註11〕

可見袾宏大師是承認儒佛各有其指歸的，而治世與出世，各擅勝場，亦不必強合之
也。儒與佛的關係雖如上述，但若綜合言之，仍然有深淺的不同。袾宏大師說：

> 人有恆言曰：三教一家，遂至漫無分別，此訛也。三教則誠一家矣，一家
> 之中，寧無長幼尊卑親疏耶？佛明空劫以前，最長也；而儒道言其近。佛
> 者，天中天，聖中聖，最尊；而儒道位在凡。佛證一切眾生本來自己，最
> 親也；而儒道事乎外。是知理無二致，而深淺歷然；深淺雖殊，而同歸一
> 理，此所以爲三教一家也，非漫無分別之謂也。〔註12〕

〔註9〕 袾宏大師：《竹窗二筆·儒佛交非》，收於《蓮池大師全集》第四冊（臺北：中華佛
　　　　教文化館，民國72年），頁3813。

〔註10〕 同註9。

〔註11〕 袾宏大師：《竹窗二筆·儒佛配合》，同註9，頁3877、3878。

〔註12〕 袾宏大師：《正訛集·三教一家》，同註9，頁4094。

可見袾宏大師仍是站在佛教的立場，以佛而涵蓋儒道也。此點在他解《中庸》『喜怒哀樂之未發』一義時，亦深深地流露出來：

> 予初入道，憶子思以喜怒哀樂未發爲中，意此中即空劫以前自己也。既
> 而參諸《楞嚴》，則云縱滅一切見聞覺知，內守幽閑，猶爲法塵分別影事。
> 夫見聞泯，覺知絕，似喜怒哀樂未發，而曰法塵分別者何也？意，根也；
> 法，塵也。根與塵對，順境感而喜與樂發，逆境感而怒與哀發，是意根
> 分別法塵也。未發，則塵未交於外，根未起於內，寂然悄然，應是本體；
> 不知向緣動境，今緣靜境；向固法塵之麤分別也，今亦法塵之細分別也，
> 皆影事也，非眞實也。謂之幽閑，特幽勝顯，閑勝鬧耳。空劫以前自己，
> 尚隔遠在，此處更當諦審精察，研之又研，窮之又窮，不可草草。〔註13〕

可知他以「喜怒哀樂之未發」爲「法塵之細分別」，離「空劫以前自己」尚有一段距離。這是從佛教思想來判攝儒家境界，充分表現出袾宏大師以佛攝儒的意趣。綜上所述，可知袾宏大師雖認爲儒佛可以互資，但另一方面也強調儒佛不可濫同，並且有以佛教立場融攝儒家的傾向。關於袾宏大師，蕅師在〈十八祖像贊〉中說道：

> 旭少爲邪師所誤，力詆三寶，聞大師〈自知錄序〉，始轉邪心。廿四出家，
> 入山作務，見規約中，有學戒式，遂發菩提心，胡跪大師像前，然香頂受
> 二種戒本，以附私淑之科。〔註14〕

蕅師年幼時，曾站在儒家立場仿程朱闢佛，直到讀了袾宏大師的〈自知錄序〉才轉變態度，終於皈依佛門。此一轉變，袾宏大師給了他很大的影響。且在戒律方面，蕅師是私淑袾宏，以袾宏爲法屬的。可以說袾宏大師是蕅師由儒入佛的啓蒙導師。

眞可大師，字達觀，晚號紫柏，俗姓沈，蘇州吳人。他亦蘊釀出三教同源的思想，並將佛教的五戒與儒家的五常解釋爲名異實同的內涵。他說：

> 我得仲尼之心而窺六經，得伯陽之心而達二篇，得佛心而始了自心。雖然，
> 佛不得我心不能說法，伯陽不得我心二篇奚作，仲尼不得我心則不能集大
> 成也。且道末後一句如何播弄：自古群龍無首去，門牆雖異本相同。〔註15〕

他站在自心的立場，作爲三教的根源，並以爲儒釋道三教只是門牆的差異，其根本是相同的。又說：

〔註13〕袾宏大師：《竹窗二筆・喜怒哀樂未發（一）》，同註9，頁3840、3841。

〔註14〕蕅師：《靈峰宗論》卷九之四，收於《蕅益大師全集》（以下簡稱《全集》）第十八冊（臺北：佛教書局，民國78年），頁11619。

〔註15〕《紫柏尊者別集》卷一〈題三教圖〉，《大藏新纂卍續藏經》第七十三卷406頁下。

不殺即孔之仁，不盜即孔之義，不邪淫即孔之禮，不妄語即孔之信，不飲
酒即孔之智。〔註16〕

以佛之五戒比擬儒之五常，由此表達其儒釋調和的主張，他甚至將五常這五種儒家
提倡的美德，放在佛教信仰的層次來說，如他說：

南無仁慈佛，愛人如愛己，此心常不昧，如來即出世。

南無義氣佛，愛人必得所，臨事不苟且，立地成正覺。

南無禮節佛，事事要明白，長幼序不亂，世尊即是你。

南無智慧佛，變通無停礙，扶正不扶邪，化苦而爲福。

南無信心佛，眞實無所改，一念與萬年，始終常若一。〔註17〕

「南無」就是「皈依」的意思，是將儒家的道德情感轉化爲佛教的宗教信仰，由此
見其調和儒釋的態度。眞可大師的思想以融匯儒釋道三家、及性、相、禪宗爲特色，
而以禪宗爲其立場。他對於理學家喜歡探究的心性問題，常以性、心、情、理四者
加以排比論述，甚至摻雜陰陽五行之說，或易經六十四爻的理論，但儘管他使用了
許多假借自中國哲學的名詞或觀念，眞正的思想內涵並沒有離開佛法〔註18〕。此外，
眞可大師在會通禪、教，融合性、相二宗，及理論與實踐兼具等方面，受到蕅益大
師極度的推崇，蕅師曰：

予每謂紫柏大師，重繼永明芳軌，宗說俱通，解行具足，撤性、相之藩籬，
指歸一轍；懲禪、講之流弊，導使尋源。……今天下宗主，能如紫柏之徹
法源底乎？今天下律主，能如紫柏之頭陀勝行乎？〔註19〕

由於在性相融會，禪教律合一這一方面，蕅師眞正尊敬的人，只有永明延壽與達觀眞
可兩位而已〔註20〕，可見眞可大師對蕅師的啟發，而其調和儒釋的思想傾向，也對
蕅師起了一定的影響。

德清大師，字澄印，別號憨山，俗姓蔡，金椒人。他也是一位三教融合論者，而
用以融合的理論依據，乃在於「三界唯心」、「萬法唯識」。他在〈觀老莊影響論〉說：

余幼師孔不知孔，師老不知老，師佛不知佛，退而入於深山大澤，習靜以
觀心焉，由是而知三界唯心，萬法唯識。則一切形，心之影也；一切聲，
心之響也。是則一切聖人，乃影之端者；一切言教，乃響之順者。由萬法

〔註16〕《紫柏尊者全集》卷七，《大藏新纂卍續藏經》第七十三卷200頁上。

〔註17〕《紫柏尊者全集》卷二十，《大藏新纂卍續藏經》第七十三卷315頁中。

〔註18〕見釋果祥：《紫柏大師研究》（臺北：東初出版社，民國76年），頁70～73。

〔註19〕同註14，卷八之二，頁11453、11454。

〔註20〕聖嚴法師著，關世謙譯：《明末中國佛教之研究》（臺北：臺灣學生書局，民國77年），
頁126。

唯心所現，故治世語言資生業等，皆順正法；以心外無法，故法法皆眞，
迷者執之而不妙；若悟自心，則法無不妙。心法俱妙，唯聖者能之。〔註21〕

由此看來，三教本來一理，甚至天地萬物皆由此心建立。他說：

或問：三教聖人，本來一理，是果然乎？曰：若以三界唯心，萬法唯識而
觀，不獨三教本來一理，無有一事一法，不從此心之所建立。〔註22〕

由於從此「三界唯心」的「心」來建立萬法，所以，儒釋道三教，其差異者只是
外表的「跡」罷了。如果爲了隨機度生，三者終須兼通。德清大師〈道德經解發
題〉曰：

愚嘗竊謂孔聖若不知老子，決不快活；若不知佛，決不奈煩。老子若不
知孔，決不口口說無爲而治；若不知佛，決不能以慈悲爲實。佛若不經
世，決不在世閒教化眾生。愚意孔老即佛之化身也。後世學佛之徒，若
不知老，則直管往虛空裡看將去，目前法法，都是障礙，事事不得解脫。
若不知孔子，單單將佛法去涉世，決不知世道人情，逢人便說玄妙，如
賣死貓頭，一毫沒用處。故祖師亦云：說法不投機，終是閒言語。……
然隨俗以度生，豈非孔子經世之心乎。又經云：五地聖人，涉世度生，
世閒一切經書技藝，醫方雜論，圖書印璽，種種諸法，靡不該練，方能
隨機。故曰：世諦語言資生之業，皆順正法。……佛豈絕無經世之法乎？
由孔子攘夷狄，故教獨行於中國，佛隨邊地語說四諦，故夷狄皆從其化。
此所以用有大小不同耳。是知三教聖人，所同者心，所異者跡也，以跡
求心，則如蠡測海；以心融跡，則似芥含空。心跡相忘，則萬派朝宗，
百川一味。〔註23〕

以佛菩薩之應機說法，隨處度生爲佛教的經世之法，這和孔子隨俗度生的經世之心
是一樣的，只是「用有大小不同耳」。事實上，憨山大師是將孔子視爲釋迦所遣先來
中土行化的「儒童菩薩」的，其〈觀老莊影響論〉云：

原彼二聖，豈非吾佛密遣二人，而爲佛法前導者耶？……是以孔子欲人不
爲虎狼禽獸之行也，故以仁義禮智援之，姑使捨惡以從善，由物而入人……
吾意中國，非孔氏而人不爲夷狄禽獸者幾希矣。雖然，孔氏之跡固然耳，
其心豈盡然耶？況彼明言之曰：毋意、毋必、毋固、毋我。觀其濟世之心，
豈非據菩薩乘，而說治世之法者耶？經稱儒童，良有以也，而學者不見聖

〔註21〕《憨山老人夢遊集》第四冊（臺北：新文豐出版股份有限公司，民國81年），頁2407。
〔註22〕同註21，頁2413、2414。
〔註23〕同註21，頁2450～2452。

人之心，將謂其道如此而已矣。〔註24〕

可見德清大師相信《清淨法行經》說的：「佛遣三弟子教化震旦：儒童菩薩，彼謂孔丘；淨光菩薩，彼謂顏回；摩訶迦葉，彼稱老子。」〔註25〕的說法，將孔子放在佛教中定位其身分，成為助佛弘化的菩薩。從這個角度來看，德清大師所謂三教本同，是立足在佛教立場來融攝儒道的。若要究竟，則仍須歸本於佛。〈觀老莊影響論〉云：

> 古德嘗言：孔助於戒以其嚴於治身；老助於定以其精於忘我。二聖之學，與佛相須而為用，豈徒然哉？據實而論，執孔者涉因緣，執老者墮自然，要皆未離識性，不能究竟一心故也。佛則離心意識，故曰：本非因緣，非自然性。方徹一心之原耳。〔註26〕

這是將儒道二家，就其可以與佛教相須為用處，比擬為三無漏學中的戒學與定學；而就其不究竟處，據《楞嚴經》分判「執孔者涉因緣，執老者墮自然」，而均不達《楞嚴經》「本無因緣，非自然性」的教旨，故均未臻究竟。可見這仍是以佛攝化儒道的立場。

蕅師在〈十八祖像贊〉中說道：

> 憨山大師……次住匡山五乳峰，閉關念佛，晝夜六時，各課萬聲。庚申雪嶺峻師登山問安。旭寄香一瓣，蒙大師慈札獎導，偈語開示。辛酉大師復住曹谿。壬戌，旭決志出家，三夢大師接引，恨駑劣不能遠趨，乃求峻師剃髮，以是大師所讚許也。〔註27〕

雪嶺峻師是憨山德清的弟子，也是蕅師的剃度師。蕅師透過他和德清大師之間有了書簡的往還，並且曾在夢中三次出現德清的影像來接引他，從而蕅師便成為德清的再傳弟子，亦即所謂法屬〔註28〕。

綜上所述，從三位大師的思想傾向中，不難看出在晚明佛教界中調和儒釋的思潮，蔚為一種風氣。且這三位大師，或為蕅師的啟蒙導師、或為他極度推崇尊敬的理想之師、或為他有法屬傳承關係的師長，都和蕅益大師有著密切的關係。在這樣的風氣之中，自然也就給予蕅師一定程度的影響。《四書蕅益解》這部調和儒釋的著作，就是在這樣的時代背景、思潮之下，應運而生的產物。

〔註24〕同註21，頁 2417、2418。

〔註25〕轉引自王煜：〈釋德清（憨山老人）融攝儒道兩家思想以論佛性〉，收於《明清思想家論集》（臺北：聯經出版事業公司，民國73年），頁174。

〔註26〕同註21，頁 2434、2435。

〔註27〕同註14，頁 11621、11622。

〔註28〕同註20，頁 122。

第二節 蕅益大師儒釋思想的演進

　　《四書蕅益解》一書，雖然是明末儒釋調和論盛行的風氣之下，應運而生的產物，反映了當時的思潮，但是就蕅益大師來說，是另具有一層意義的。它之所以被寫成，固然是時代思潮所趨，但更重要的是它體現了蕅益大師據儒排佛，然後由儒歸佛，再到以佛攝儒的思想進程。也就是說，這部書的寫成，從蕅益大師幼年時的際遇及其後隨著他成長歷程的思想演變，就可以發其端倪，而見其軌跡。據弘一大師的《蕅益大師年譜》〔註29〕就可以看出蕅師幼年時即與儒家特別有緣。他十二歲時：

> 就外傅，聞聖學，即以千古道脈爲任，囂囂自得。天子不得臣，諸侯不得友，於居敬慎獨之功，致知格物之要，深究之。開葷酒，作論數十篇，闢異端，夢與孔顏晤言。

這正是據儒排佛的階段，日後卻成爲他很深的「罪報感」的一個心結，因爲在佛教來說，毀謗三寶的罪愆是很重的〔註30〕，之後，在他十七歲時，思想有了轉變：

> 閱〈自知錄序〉及《竹窗隨筆》，乃不謗佛。取所著闢佛論焚之。

這是讀了袾宏大師的手著之後，不再以儒、佛爲相對立；更在二十歲時因爲孝道思想，在他父親過世之後，聞地藏本願而皈依佛門〔註31〕。二十三歲時：

> 聽《大佛頂經》，謂「世界在空，空生大覺」。遂疑何故有此大覺，致爲空界張本，悶絕無措。但昏散最重，功夫不能成片。因決意出家，體究大事。

因此走上了出家之路。這段期間，正是蕅師由儒歸佛的階段。此後蕅師致力於佛教教內諸宗思想的吸收與融通，一直到他撰述儒、釋調和的作品如《四書蕅益解》，初稿是在三十五、六歲時，完稿是在四十九歲時；而《周易禪解》初稿是在四十三歲時，完稿是在四十七歲時，到了這個時期，蕅師的思想已經趨於定型，他的「現前一念心」爲中心的性相融會與三教同源思想也已經圓熟，他正是以此「現前一念心」的獨特思想進行儒、釋調和的工作，實則是想要「以禪入儒，務誘儒以知禪」〔註32〕，此時正是蕅師積極地以佛攝儒的階段，表現了佛法應世度生的悉檀善巧。我們可以從〈四書蕅益解序〉中，回顧蕅師思想發展的軌跡，並看到他終於無所執著的體悟：

> 蕅益子年十二，談理學而不知理。年二十，習玄門而不知玄。年二十三，

〔註29〕以下所引《年譜》資料，俱見於《全集》目錄冊，同註14。
〔註30〕同註20，頁210～216。
〔註31〕同註20，頁206。
〔註32〕蕅師：〈周易禪解自序〉，同註14，卷六之二，《全集》第十七冊，頁11119。

參禪而不知禪。年二十七，習律而不知律。年三十六，演教而不知教。逮大病幾絕，歸臥九華，腐滓以為饌、糠秕以為糧，忘形骸、斷世故，萬慮盡灰，一心無寄，然後知儒也、玄也、佛也、禪也、律也、教也，無非楊葉與空拳也，隨嬰孩所欲而誘之。誘得其宜，則啞啞而笑；不得其宜，則呱呱而泣。泣笑自在嬰孩，於父母奚加損焉？顧兒笑，則父母喜；兒泣，則父母憂。天性相關，有欲罷而不能者。伐柯伐柯，其則不遠。今之誘於人者，即後之誘人者也。倘猶未免隨空拳黃葉而泣笑，其可以誘他乎？維時徹因比丘，相從於患難顛沛，律學頗諳，禪觀未了，屢策發之，終隔一膜。爰至誠請命於佛，卜以數鬮，須藉《四書》，助顯第一義諦。遂力疾為拈大旨，筆而置諸笥中……佛祖聖賢，皆無實法繫綴人，但為人解粘去縛，今亦不過用楔出楔，助發聖賢心印而已。〔註33〕

父母嬰兒之喻，正表現出菩薩救度眾生的慈悲情懷與善巧方便，「佛祖聖賢，皆無實法繫綴人」的無所執著，恰與蕅師年幼時以儒闢佛，將儒佛鮮明對立的情形，成了強烈對比，而其中間歷經了一段為時不短的思想歷程。《四書蕅益解》之成書，從蕅師的思想進程看來，有其內發的動力，從這個角度而言，徹因比丘的「禪觀未了」，反倒成了成書的助緣。

〔註33〕此處所引蕅師《四書蕅益解》之原文，乃以民國江謙居士補註本為主，見於臺北佛教出版社刊行，石君卓（釋思慧）發行，釋廣定倡印，但未註明出版年月之單行本，頁1、2。下文所標《四書蕅益解》原文頁碼皆同此，不另加註。

第三章　《四書蕅益解》的思想

　　蕅益大師的《四書蕅益解》一書，採取中國學者傳統的注經解經的方式，依章句逐節注解之，並且就從注解的文字中，發揮佛教的義理、思想，使得儒、佛二家的思想，透過蕅師此一注解的過程而得以會通。本章即對此一注解文字的思想內容進行研究，探索蕅師《四書蕅益解》的思想；而這一部分的研究，主要是以此書注解文字所呈現的佛教義理、思想為主，而旁及蕅師著書時所採用的版本或參考的底本等與《四書蕅益解》一書相關的外緣研究。至於其詮釋的方法，或儒佛思想會通的部分，則待於他章討論。

　　《四書蕅益解》一書，除了《孟子擇乳》因兵燹亡佚外，實際上包含《論語點睛》、《中庸直指》、《大學直指》三個部分；而其次第，據蕅師〈四書蕅益解序〉云：

　　　　首《論語》，次《中庸》，次《大學》，後《孟子》。《論語》為孔氏書，故
　　　　居首；《中庸》、《大學》，皆子思所作，故居次。子思先作《中庸》，《戴禮》
　　　　列為第三十一；後作《大學》，《戴禮》列為第四十二。（頁 1、2）

可見本來蕅師先以孔子、子思為前後次第的標準，復以子思先作《中庸》、後作《大學》的先後為標準，排定《四書蕅益解》之次第，故知原來的次第，應為《論語點睛》、《中庸直指》、《大學直指》。但就蕅益大師的思想來說，《大學直指》首先發明蕅師的「現前一念心」的獨特之哲學思想，此「現前一念心」為蕅師所獨創，且成為其思想中心〔註1〕，若能了解此句法彙，則較能掌握蕅師的整體思想架構；復就《大學》、《中庸》在理論結構上較《論語》嚴密而言，如欲闡述蕅師整體之思想架構，則先研究《大學》、《中庸》當較能有系統、有條理地掌握蕅師的思想。基於以上二種因素，筆者則採取《大學直指》、《中庸直指》、《論語點睛》的次第，序列於後。

――――――――――――――

〔註 1〕見聖嚴法師著，關世謙譯：《明末中國佛教之研究》（臺北：臺灣學生書局，民國 77
　　　　年）第五章有關「現前一念心」部分。

第一節　《大學直指》研究

壹、《大學直指》與陽明之釋《大學》

藕益大師的《大學直指》，是依照《大學》古本爲底本的。在〈四書藕益解序〉中，他提道：

> 子思先作《中庸》，……後作《大學》，……所以章首「在明明德」承前章末「予懷明德」而言，本非一經十傳，舊本亦無錯簡，王陽明居士已辨之矣。（頁1、2）

由這段序文可知，藕師以爲：

一、《大學》是子思所作。

二、《大學》是承《中庸》「予懷明德」一語而作，故次《中庸》之後。

三、古本無錯簡，故不依朱熹《大學章句》一經十傳的編排方式，而依王陽明復古本之舊而注解之。

藕師依古本《大學》而不依朱熹《大學章句》一經十傳的編排方式，是值得探究的。朱熹重訂《大學》之章句並爲之補傳〔註2〕，最重要的意義，在於透過對「格物致知」的詮釋，將《大學》融攝入自己的思想體系。其後王陽明據《大學》古本來論難朱子，以爲朱熹「補之以傳而益離」（〈大學古本序〉）〔註3〕，亦是陽明自己有一套格物致知的思想系統，對「格物致知」一義有所發揮。故在於古本《大學》或朱熹《大學章句》兩種版本的背後，實潛含著兩套不同思想系統〔註4〕，而藕師作《大學直指》，他對於依古本《大學》或朱注《大學章句》之版本的取擇，實亦可

〔註2〕朱熹據程頤之意，將《大學》分爲經一章，傳十章。其言曰：「經一章，蓋孔子之言，而曾子述之；其傳十章，則曾子之意，而門人記之也。舊本頗有錯簡，今因程子所定，而更考經文，別爲序次。」並曰：「傳之五章，蓋釋格物致知之意，而今亡矣，閒嘗竊取程子之意以補之。」（《大學章句》）見於朱熹：《四書集註》（臺北：學海出版社，民國78年），頁4～5、7～8。

〔註3〕見於《王陽明全集》上冊（上海：上海古籍出版社，1992），頁243。

〔註4〕正如唐君毅先生所言：「朱子之論格物窮理，陽明之言致良知，……雖皆恆自謂不過發明古人之遺意，實亦諸賢之謙德使然。就中朱子與陽明二家之釋《大學》之爭，若各還歸於二家之思想以觀，皆自有千古，而各在儒學史上，樹立一新義，亦未嘗不與《大學》之思想，有相銜接之處。然若視之爲《大學》一文文義之直接註釋，則皆不免於枘鑿。而其思想與《大學》相銜接之處，亦皆不在《大學》之明文，而惟在其隱義。此隱義之提出，亦實一思想之發展，而非必即《大學》本文或《大學》著者之心中之所有，實不當徒視爲其註釋。」（〈原格物致知上：《大學》章句辨證及格物致知思想之發展〉），見於唐氏：《中國哲學原論・導論篇》（臺北：臺灣學生書局，民國82年），頁302。

見其思想意趣之認同與指向。

　　想要探索由這兩種版本而來的思想體系問題，以及蕅師捨朱注本而從古本《大學》的意義，最方便而直接的方法，莫過於探求「格物致知」一義。朱熹爲《大學》補「格物致知」傳，於「格物致知」一義多所發揮，故由此著手，可以看出朱子釋《大學》的特色；而陽明「致良知」之學，另成一套格、致之教，於「格物致知」亦別有見地，自成體系；至於蕅師《大學直指》，亦時時強調「格物致知」的重要。因此，「格物致知」一義的探討，便成爲三家釋《大學》的重點，究竟三家所格何物，所致何知，藉由彼此的同異差別，以彰顯出蕅師《大學直指》依於古本大學的深層意義。

　　朱熹《大學章句》所補「格物致知」傳云：

> 所謂致知在格物者，言欲致吾之知，在即物而窮其理也。蓋人心之靈，莫不有知，而天下之物，莫不有理；惟於理有未窮，故其知有不盡也。是以大學始教，必使學者即凡天下之物，莫不因其已知之理而益窮之，以求至乎其極。至於用力之久，而一旦豁然貫通焉，則衆物之表裡精粗無不到，而吾心之全體大用無不明矣。此謂格物，此謂知之至也。〔註5〕

朱熹以「窮理」釋「格物」，則首先應要弄明白他所謂的「物」爲何指。據上引文，朱子曰：「蓋人心之靈，莫不有知，而天下之物，莫不有理」，又云：「是以大學始教，必使學者即凡天下之物……」如何如何，可見朱子「窮理」的對象，是廣泛的指涉到天地間的萬事萬物，因此，他是循著事物之理，以「即物而窮其理」的方式來「格物」的。朱子這樣來說解「格物」，乃是扣緊物之理而言，以「人之心」與「物之理」爲對，並指出人「惟於理有未窮」，所以「知有不盡」。此則肯定人於初時有所不知〔註6〕，故歸向於「對一一具體特殊者，而初爲人所未知之應物感物之道」之尋求〔註7〕；而其所要致之知，則在於「使人由知之眞而達於行之切」，亦即使人由知抽象普遍之道以進而求具體特殊之道〔註8〕。這樣的「格物致知」雖不離「德性之知」，但由於它要落實在一一具體的情境之中，故同時也凸顯了「聞

〔註5〕同註2，頁8。
〔註6〕如唐君毅先生云：「陽明喜言良知之無不知，此乃將良知流行之全程一滾說。實則良知之流行，亦自有節奏與段落。在每一段落上，皆有所不知，人亦可知其有所不知。而朱子則正是就人知其所不知處，教人以格物窮理。」（〈原格物致知下：《大學》章句辨證及格物致知思想之發展〉），同註4，頁343。
〔註7〕唐君毅先生以爲，原則性之孝慈忠敬之類，並非不知，而是落實到一一具體特殊的表現上時，對此一一具體之情境亦有特殊之表現的忠孝之理，爲吾人先自認於此無知或未知，而思慮以求之者。同註4，頁337。
〔註8〕同註4，頁335～336。

見之知」的一面〔註9〕。

　　承上所論，朱子言「窮理」之「理」的內涵，實兼含有「當然之理」與「實然之理」，故其「致知」之「知」的內涵，亦兼含有「德性之知」與「聞見之知」，而「聞見之知」的受到重視，有其重要的意義與價值。朱子既是以「人之心」與「物之理」相對言，則物之「理」的兩層含意，相應於其相對之「心」，則為道德心與認知心。也就是說，朱子在重道德心的儒家思想體系中，凸顯了認知心，而他所謂的「人心之靈，莫不有知」就含有濃厚的認知作用，這和王陽明的「良知」為道德心，有很大的區別〔註10〕。

　　王陽明反對朱子之分判經傳，重訂章句，以及新作補傳，他以為這樣是離析古本，皆不合聖人之意。所以他在〈大學古本序〉中說：「聖人懼人之求之於外也，而反覆其辭；舊本析而聖人之意亡矣……合之以敬而益綴，補之以傳而益離。吾懼學之日遠於至善也，去分章而復舊本……庶幾復見聖人之心。」〔註11〕

　　又，他在〈大學問〉中，答德洪「定、靜、安、慮、得」之問時，針對朱子「即物而窮其理」之說，反駁之曰：「人惟不知至善之在吾心，而求之於其外，以為事事物物皆有定理也，而求至善於事事物物之中，是以支離決裂，錯雜紛紜，而莫知有

〔註9〕唐君毅先生以為朱子對於當然之理與實然之理並未嚴加區別，因而朱子於「德性之知」與「聞見之知」亦平等加以重視。他說：「聞見之知，始於感覺之見聞，而及於外界之自然、社會、歷史中之事物之實然，與其所以然之理。德性之知，始於自覺吾人之一切意念、情慾、心志、行事之善惡，以及一切內在外在之行為之當然之理……朱子承程子，以《大學》為入德之門，則歸宗仍在德性之知。唯伊川已言窮理，朱子更重此義。窮理固以當然之理為要，而知當然之理者，固唯是德性之知也。然吾人應具體事物，以何者為當然，恆有待於吾人先知事物之實然及其所以然，由是而吾人知實然與其所以然之理，亦可助成吾人之知種種具體行為上之當然之理。此即朱子言窮理，而於當然之理與實然之理，未嚴加分別，而其注《大學》，唯統之以一「理」字之故。緣是而朱子于德性之知與聞見之知，亦平等加以重視。」同註4，頁351、352。

〔註10〕王陽明〈大學問〉云：「致知者，非若後儒所謂充廣其知識之謂也，致吾心之良知焉耳。」此明言「良知」非與物有對的認知心，乃是「不待慮而知、不待學而能」者。見於《王陽明傳習錄及大學問》（臺北：黎明文化事業股份有限公司，民國81年），頁190、191。又，「致良知」的「致」字，依牟宗三先生說，在致良知中，此「致」字不單表示吾人作此行為之修養工夫之一套，且亦表示須有知識之一套以補充之。此知識之一套，非良知天理所可給，須知之於外物而待學。知識待於吾心之領取，領取是了別作用，此了別心乃吾心之良知在「致」字上決定自己轉化而為了別。此即良知的自我坎陷。（〈致知疑難〉，收於《從陸象山到劉蕺山》（臺北：臺灣學生書局，民國79年））準此，則牟先生已將心的認知作用融攝進「致」字中，並此認知作用乃由道德心的「良知」自我坎陷轉化而來。

〔註11〕同註3。

一定之向。今焉既知至善之在吾心，而不假外求，則志有定向，而無支離決裂錯雜紛紜之患矣。」〔註12〕以爲朱子求理於事物之中，是析心與理爲二〔註13〕。可見陽明並不贊同朱子的「格物致知」之說，那麼陽明對「格物致知」一義又如何詮釋呢？他以爲：

> 若鄙人所謂「致知、格物」者，致吾心之良知於事事物物也。吾心之良知，即所謂「天理」也。致吾心良知之「天理」於事事物物，則事事物物皆得其理矣。致吾心之良知者，致知也。事事物物皆得其理者，格物也。是合心與理而爲一者也。〔註14〕

據上引文，則陽明標舉出他的「致良知」之教，並強調此乃「合心與理爲一者也」，以判明和朱子「析心與理爲二」之不同。又〈大學問〉云：

> 致知云者，非若後儒所謂充廣其知識之謂也，致吾心之良知焉耳。良知者，孟子所謂「是非之心，人皆有之」者也。是非之心，不待慮而知，不待學而能，是故謂之良知。是乃天命之性，吾心之本體自然靈昭明覺者也。……然欲致其良知，亦豈影響恍惚而懸空無實之謂乎？是必實有其事矣，故致知必在於格物。物者，事也；凡意之所發，必有其事，意所在之事謂之物。格者，正也；正其不正，以歸於正之謂也。正其不正者，去惡之謂也；歸於正者，爲善之謂也。〔註15〕

可見陽明的「格物致知」之教，實乃「致知格物」之教也，乃「致吾心之良知於事事物物」，使事事物物皆得其正之謂也。〔註16〕

　　至於蕅益大師的「格物致知」又爲何指呢？《大學直指》是就唯識來說的，在『物有本末，事有終始』一節中，蕅師釋云：

〔註12〕同註10，頁189。

〔註13〕陽明〈答顧東橋書〉中云：「朱子所謂格物云者，在即物而窮其理也。即物窮理是就事事物物上求其所謂定理者也，是以吾心而求理於事事物物之中，析心與理而爲二矣。……夫析心與理而爲二，此告子義外之說，孟子之所深闢也。」收於《傳習錄》中，見同註10，頁68。

〔註14〕同註10，頁69。

〔註15〕同註10，頁190、191。

〔註16〕對於致良知之工夫，唐君毅先生有一段精闢的解說，茲錄於後以供參考：「故良知之工夫，賴於知此良知之『好善而惡不善』之本體；而眞能知此良知本體之好善而惡不善者，則良知本體之至善，即已呈於前，而不善則漸自銷化於無形。故此知本體之自身，亦爲工夫。夫然，故致良知之工夫，亦非以另一心，去致良知，而實只是良知本體之自致，而自呈顯，以爲工夫。致良知，實即良知本體之自己流行爲工夫或用。」又，唐先生以爲陽明乃就人之所已知而更親切於其所已知，而不同於朱子之重知其所不知，以更擴大其所知之說者。同註4，頁344、345。

蓋迷明德，而幻成身及家國天下，名之爲物。既已迷德成物，且順迷情，

辨其本末，返迷歸悟之功，名之爲事。（頁 10）

約「物」說，則明「唯識無境」；約「事」說，則返迷歸悟，即是「轉識成智」。如『古之欲明明德於天下者』一節的釋文中，蕅師解曰：

致其知者，轉第六識爲妙觀察智也；格物者，作唯心識觀，了知天下國家、

根身器界，皆是自心中所現物，心外別無他物也。是故若欲格物，莫若觀

所緣緣：若知外所緣緣非有，方知內所緣緣不無。（頁 10）

蕅師於此處即是以「唯識無境」及「轉識成智」〔註17〕來解說，據江謙居士補註，「外所緣緣，是所緣之境；內所緣緣，是能緣之心」，外所緣緣非有，內所緣緣不無，則是「唯識無境」，若於境上起執著，以爲天下國家等皆爲實有，是爲妄執，故須作唯心識觀，了知此等幻境皆心中所幻現，心外別無他物也，此則爲「格物」；又「轉識成智」即爲「致知」，在『物格而后知至』一節的釋文中，蕅師曰：

我法二執破，則物自格；猶《大佛頂經》所云：不爲物轉，便能轉物也。

知至者，二空妙觀無間斷也。（頁 11）

又在『所謂誠其意者』一節的釋文中，蕅師曰：

今知二執之惡而不力破，知二空之善而不力修，豈可謂致知乎？（頁 14）

又在『湯之盤銘曰』一節的釋文中，蕅師曰：

我法二執，是無始妄習，名之爲舊；觀我法空，是格物致知，名之爲新。

（頁 16）

綜合以上諸處，可知蕅師所謂的「格物」，乃指「破我法二執」；「致知」，則爲「修二空妙觀」，如二觀成就，則能「轉識成智」，此蕅師之「格物致知」義也〔註18〕。

綜觀上述三家「格物致知」義，不難發現，蕅益大師的思想型態較合於陽明，而異於朱子。陽明言「良知」，乃自其本有處言，而致之於事事物物；而蕅師明唯識，以萬法唯一識性，心外無實法，闡發「唯識無境」之理，二者都是由內心出發，來

〔註17〕此中雖然只提到「轉第六識爲妙觀察智」，但同節釋文末，蕅師以爲「又祇一明德，分心、意、知三名：致知即明明德」，故「正其心者，轉第八識爲大圓鏡智也；誠其意者，轉第七識爲平等性智也。」（同節釋文）可見蕅師「致知」一義，不單約轉第六識講，同時亦轉七、八識，故可據此言「轉識成智」。

〔註18〕蕅益大師《靈峰宗論》卷四之三，有〈致知格物解——約佛法爲唐宜之說〉一文，文中明釋「知」爲「中道第一義妙心，非空非假而實離一切相，即一切法者」；「物」者，則是「迷此知體，而幻現之身心家國天下」也。且「一心三觀名格物」，「一境三諦不令隱晦名致知」，接著亦以「轉識成智」爲說，同於《大學直指》。（《蕅益大師全集》（以下簡稱《全集》）第十七冊，（臺北：佛教書局，民國78年），頁 10904～10906）。

範圍、融攝萬事萬物，故較能契合。且陽明不拿心與物相對，反對析心與理爲二，而是合心與理爲一，這和蕅師「轉識成智」的智心，遠離能取所取的分別，及我我所的執著，在精神上是較能相應而契合的。至於朱子「即物而窮其理」，則不免落於萬事萬物之中，「支離決裂，錯雜紛紜」，乃至「析心與理爲二」而爲陽明所責難。

事實上，若拿《大學直指》與陽明之〈大學問〉對看，則將更能發現蕅師之契合於陽明之處。茲歸納如下：

一、《大學直指》中數次提到「良知」字樣，如『所謂誠其意者』一節釋文中，蕅師曰：

> 夫臭必知臭，色必知色，可喻良知……斷意中我法二執，斷無不盡；修良知二空妙觀，修無不圓，名之爲愼也。（頁 14）

此中「良知」之義未必同於陽明，但可見蕅師對陽明學說之重視，此外，又有直取陽明〈大學問〉之釋義者，如『小人閒居爲不善，無所不至，見君子而后厭然，揜其不善而著其善。人之視己，如見其肺肝然，則何益矣。此謂誠於中，形於外，故君子必愼其獨也。』，關於這段原文，陽明釋曰：「故雖小人之爲不善，既已無所不至，然其見君子，則必厭然揜其不善，而著其善者，是亦可以見其良知之有不容於自昧者也。」〔註19〕而蕅師釋之曰：

> 此明小人亦有良知，但不能致知，故意不得誠也。……爲不善者，即是妄起我法二執。二執，爲眾惡根本，故一有二執，便無所不至，見君子而后厭然，正是良知不可昧處。（頁 15）

此處皆言良知有不可昧者，而蕅師以爲「小人亦有良知」，在〈大學問〉中，陽明亦曰：「大人者，以天地萬物爲一體者也，其視天下爲一家，中國猶一人焉。……豈唯大人，雖小人之心亦莫不然，彼顧自小之耳。」〔註20〕此亦其相契合處。

二、《大學直指》十分強調「心外無法」之理，如釋『其本亂，而末治者否矣』一節，蕅師曰：

> 會萬物而爲自己故，謂之知本，自己之外，別無一物當情故，可謂知之至也。（頁 14）

又在釋『詩云：周雖舊邦，其命維新』一節，蕅師云：

> 只一日新又新，便使民亦自作，命亦維新，可見心外無民，心外無命。（頁 17）

凡此類彰顯「心外無法」的論述，貫通在整部《大學直指》之中，皆是以一心來

〔註19〕見於王陽明：〈大學問〉，同註10，頁 191。
〔註20〕同註10，頁 187。

統攝萬法，納萬法於一心之中。而陽明之言曰：「大人之能以天地萬物爲一體也，非意之也，其心之仁本若是」，其「仁」之與孺子、鳥獸、甚至草木、瓦石皆爲一體也〔註21〕。此二人之思想型態又一契合之處。

三、《大學直指》常有所謂「本具」、「性具」〔註22〕者，如『大學之道在明明德』一節的釋文中，蕅師曰：

> 性中本具三義，名之爲德。……自覺本具三德。（頁 8）

性是本覺之性。三義者，般若德、解脫德、法身德。此三德爲此覺性所本有，故名本具。又如釋『未有上好仁而下不好義者』一節，蕅師云：

> 由悟法身，方知性具緣了二因。（頁 28）

據江謙居士補註，三因佛性者，「一、正因佛性，離一切邪非之中正眞如也，依之成就法身之果德，故名正因佛性。二、了因佛性，照了眞如之理之智慧也，依之成就般若之果德，故名了因佛性。三、緣因佛性，緣助了因，開發正因之一切善根功德也，依之成就解脫之德，故名緣因佛性。」故知「三者皆性所具」。這樣的「性具」、「本具」思想，亦相契於陽明。〈大學問〉云：「故夫爲大人之學者，亦惟去其私欲之弊，以自明其明德，復其天地萬物一體之本然而已耳，非能於本體之外而有所增益之也。」又云：「至善之發見，是而是焉，非而非焉，輕重厚薄，隨感隨應，變動不居，而亦莫不自有天然之中，是乃民彝物則之極，而不容少有議擬增損於其間也。」〔註23〕「性具」在佛教天台宗來說，雖然有其特別的意義，是「本性具足九法界之惡」的省語〔註24〕；但在不容有所增損，只是復其本然如此這一意義上，二者是相契的。由於本然如此，非別有所得，故在修行功夫論中，就衍化出「無漸次」的思想。於『知止而后有定，定而后能靜，靜而后能安，安而后能得』這段原文，陽明釋曰：「蓋其功夫條理，雖有先後次序之可言，而其體之惟一，實無先後次序之可分。其條理功夫雖無先後次序之可分，其用之惟精，固有纖毫不可得而缺焉者。」〔註25〕而《大學直指》則釋云：

> 《圓覺經》云：知幻即離，不作方便，離幻即覺，亦無漸次。當與此處參
> 看。《大佛頂經》云：以不生不滅爲本修因，然後圓成果地修證。（頁 9）

「亦無漸次」、「不生不滅」，二人對於「定、靜、安、慮、得」的詮釋，不能不說有

〔註21〕同註10，頁 187。
〔註22〕天台宗言「性具」，或謂體具、理具。指本覺之性，眞心眞性或佛性，具足菩薩界以下九界的惡法及佛界的善法，即總具十界的三千善惡諸法。
〔註23〕同註10，頁 188。
〔註24〕楊惠南：《佛教思想發展史論》（臺北：東大圖書股份有限公司，民國 82 年），頁 335。
〔註25〕同註10，頁 191～192。

其相契合之處。

　　由上所述，可以見到蕅益大師《大學直指》之思想與陽明釋《大學》之精神相契合處。關於蕅師和陽明學的關係，時賢已有論述〔註26〕，事實上，蕅師對陽明的「良知」心學是予以肯定的。蕅師對於儒教的聖人孔子與顏回是寄以相當尊敬的，而他認為王陽明能超漢宋諸儒，直接「孔顏心法」，而能紹承儒家的正統道脈〔註27〕；但這並不是說就此能混同佛教的義理與陽明的學說，在蕅師心中，陽明可資為佛法漸階者，但未及佛法之廣大〔註28〕。其實，就陽明學的「良知」是本於道德心來看，佛教講「心」是不從道德義而言的；講道德心多約善、惡講；而佛教講迷、悟，是約真、妄講，譬如講「無明」，無明就是無知，但它不是木石般的無知，它確是能知的心用，不過因它所見的不正確，反而障礙了真實的智慧，不能通達人生的真諦〔註29〕。無明是根本的妄執，是不正確的認識；而反過來說，若是對諸法有了正確的認識，澈見了諸法實相，那就是覺，就是般若了〔註30〕。這是儒、佛兩家著眼點的不同，也是其根本精神的差異所在。由此觀之，蕅師的「大覺之道」（蕅師訓學為覺）和陽明的良知之教之間，仍必須判別清楚，不可一概而論〔註31〕。

貳、《大學直指》的思想內容

〔註26〕同註1，第一章第二節第三目〈智旭的思想與陽明學〉，又，荒木見悟：《明代思想研究》（東京：創文社，1972年）第十二章亦有所述。

〔註27〕蕅師《靈峰宗論》卷二之四，〈示李剖藩〉的法語：「王陽明奮二千年後，居夷三載，頓悟良知，一洗漢宋諸儒陋習，直接孔顏心學之傳。予年二十所悟，與陽明同，但陽明境上鍊得，力大而用廣；予看書時解得，力微而用弱。由此悟門，方得為佛法漸階。」（同註18，《全集》第十六冊，頁10535～10536）案：蕅師二十歲時，「詮《論語》『顏淵問仁章』，竊疑『天下歸仁』語。苦參力討，廢寢忘餐者三晝夜，忽然大悟，頓見孔顏心學。」（見於弘一大師：《蕅益大師年譜》，《全集》目錄冊，頁9）。

〔註28〕蕅師自言少時所悟與陽明同，乃以此為佛法漸階。又云：「今於佛法所窺，較昔所悟，猶海若之於河伯；而佛法海中，尚未盡一滴之量。」同註18，《全集》第十六冊，頁10536。

〔註29〕印順法師：《唯識學探源》（臺北：正聞出版社，民國81年），頁22。

〔註30〕此處只是約道德心與認知心的性格來說，並不就是說佛教是不重視善惡的，相反的，在三十七菩提分法中，「四正勤」──一、斷除已生之惡事，二、使未生之惡事不致生起，三、使未生之善事得以生起，四、增長已生之善事；即是十分重視「諸惡莫作，眾善奉行」的教義。且就行菩提道來說，廣行善事正是積聚菩提資糧，為成佛的必要過程。

〔註31〕如印順法師說：「儒者重於道德的良知；佛法雖也是道德的，但更富於理智的成分。這所以佛法從道德的確認，而進入『如所有性』、『盡所有性』的事理正覺。」見於印順法師：《我之宗教觀》（臺北：正聞出版社，民國81年），頁90。

《大學直指》中所陳述的「格物致知」義，已見於前文，今再就《大學直指》本文之釋題、脈絡及思考模式等，更進一步加以探索。何謂「大學」？蕅師云：

> 大者，當體得名，常遍為義，即指吾人現前一念之心，心外更無一物可得。無可對待，故名當體；此心前際無始，後際無終，生而無生，死而不死，故名為常；此心包容一切家國天下，無所不在，無有分劑方隅，故名為遍。學者覺也，自覺覺他，覺行圓滿，故名大學。大字即標本覺之體，學字即彰始覺之功。本覺是性，始覺是修，稱性起修，全修在性，性修不二，故稱大學。（頁7）

這段文字，涵蓋了整部《大學直指》的意趣。蕅師曰：「學者，覺也。」以覺訓學，則所謂「大學之道」，即成為「大覺之道」，而《大學直指》的宗旨，也就即著這個成就究竟大覺的過程來舖陳發揮，換言之，《大學直指》乃是就著《大學》這部儒家的典籍，開示「成佛的大道」。然而吾人應如何邁向成佛的大道呢？就從吾人之「現前一念心」著手。蕅師所謂：「現前一念心」，與天台宗所說的「一念三千」、「介爾一心」差不多，都是在當下的一念之中，具足十法界的性質。這一念心，同樣都是指當下第六意識剎那變異的妄念心〔註32〕，但相對於天台宗強調的「具足」義，蕅師的「現前一念心」卻更強調即此一念心中，即妄即真，即真即妄的呈顯。這是依於《起信論》的本覺隨染，無明、覺性不相捨離說〔註33〕，及《楞嚴經》的眾生心、見聞覺知本如來藏，如來藏隨眾生心應所知量〔註34〕而來。因為，我們如果認為第六意識只是單純的妄心，那就是唯識宗的解釋；假若理解到真如心只是單純不變的真實心，這又成了性宗的觀念。蕅師的「現前一念心」說，本著真如是妄念心的隨緣不變與妄念心是真如的不變隨緣的理路，圓融地將二者統一起來〔註35〕。

〔註32〕同註1，頁424。又，天台宗的「一念三千」，這一念心為妄，是天台宗的原義，其後山家派亦沿用此意。山外派則以此一念為真心，這是受了華嚴宗的影響，以華嚴思想來說天台。見同註24，頁346、347。

〔註33〕《起信論》曾以風動大海水波為喻，說明本覺隨染相，云：「此義云何？以一切心識之相皆是無明，無明之相，不離覺性，非可壞，非不可壞。如大海水，因風波動，水相風相不相捨離，而水非動性。若風止滅，動相則滅，濕性不壞故。如是眾生自性清淨心，因無明風動，心與無明俱無形相，不相捨離。而心非動性，若無明滅，相續則滅，智性不壞故。」《大正藏》第三十二卷576頁下。

〔註34〕《楞嚴經》卷三：「阿難，汝性沈淪，不悟汝之見聞覺知，本如來藏。……汝曾不知如來藏中，性見覺明，覺精明見，清淨本然，周遍法界，隨眾生心，應所知量。」《大正藏》第十九卷118頁下、119頁上。

〔註35〕同註1，頁424，有關「現前一念心的定義」部分。

理解了蕅師「現前一念心」的定義之後，我們可以發現，這「現前一念心」具有雙重性格：

一、「常」、「遍」爲義的當體，也就是「本覺之性」，前際無始，後際無終，生而無生，死而不死（常）；而又包容一切家國天下，無所不在，無有分劑方隅（遍）。這相當於《起信論》中的「心眞如門」。

二、自覺覺他的菩提道，由此向上一直到達覺性圓滿的「始覺之修」，這相當於《起信論》中的「心生滅門」，如蕅師釋『物有本末，事有終始』一節云：

> 蓋迷明德，而幻成身及家國天下，名之爲物；既已迷德成物，且順迷情，辨其本末，返迷歸悟之功，名之爲事。既向生滅門中，商榷修證，須知有終始。（頁10）

而此二門，又統攝之於一心，所謂「現前一念心」是也。並由此「心眞如門」稱「性」，由「心生滅門」起「修」，在統攝於一心的意義下，「稱性起修」而「全修在性」。無明、覺性不相捨離，因此彰顯蕅師「性修不二」之教，由此邁向「大學（覺）之道」。

掌握了這個思考模式後，綜觀《大學直指》，亦依此模式進行舖排。《大學》的三綱領八條目，即成爲蕅師開悟的「妙悟之門」及「妙修之敘」〔註36〕了。以下具引其文，以疏理蕅師之思想脈絡。『大學之道，在明明德，在親民，在止於至善。』蕅師釋云：

> 道者，從因趨果所歷之路也。只一在明明德，便說盡大學之道。上明字，是始覺之修；下明德二字，是本覺之性。性中本具三義，名之爲德，謂現前一念靈知洞澈，而未嘗有形，即般若德；現前一念雖非形象，而具諸妙，舉凡家國天下，皆是此心中所現物，舉凡修齊治平，皆是此心中所具事，

〔註36〕蕅師自述之《大學》綱領，整理如下：

　　甲一、統示性修旨趣（從初至『天下平』）。
　　　　乙一、初二節示妙悟之門（三綱）。
　　　　　　丙一、直示境觀。
　　　　　　丙二、點示悟修。
　　　　乙二、次三節示妙修之敘（八目）。
　　甲二、詳示妙修次第（從『自天子』至終）。
　　　　乙一、的示格物，須從本格。
　　　　乙二、詳示誠意，必先致知。
　　　　乙三、更示修齊治平，必有次第。
　　　　　　丙一、以心身合釋。
　　　　　　丙二、以身家合釋。
　　　　　　丙三、以家國合釋。
　　　　　　丙四、以國與天下合釋。

即解脫德；又復現前一念莫知其鄉，而不無；位天育物，而非有，不可以
有無思，不可以凡聖異，平等不增不減，即法身德。我心既爾，民心亦然。
度自性之眾生，名為親民；成自性之佛道，名止至善，親民止至善，只是
明明德之極致，恐人不了，一一拈出，不可說為三綱領也。此中明德、民、
至善，即一境三諦；明、親、止，即一心三觀；明明德即自覺，親民即覺
他，止至善即圓滿。自覺本具三德，束之以為般若；覺他令覺三德，束之
以為解脫；至善自他不二，同具三德，束之以為法身。不縱不橫，不並不
別，不可思議，此理名為大理，覺此理者，名為大學，從名字覺起觀行覺，
從觀行覺得相似覺，從相似覺階分證覺，從分證覺歸究竟覺，故名大學之
道。（頁7、8）

所謂「明德」，指本覺之性，而如何來「明」（上明字）此一本覺之性，便成了修行
工夫所在，此即其始覺之修。就本覺之性來說，本自具足一切功德善法——法身、
般若、解脫三德。就始覺之修來說，依天台六即的說法，「覺此（不可思議之）理者，
名為大學（覺）」，乃「從名字覺起觀行覺，從觀行覺得相似覺，從相似覺階分證覺，
從分證覺歸究竟覺」，此上成佛道之階，名為「大學（覺）之道」。其次，親民者，
乃「度自性之眾生」也；止至善者，「成自性之佛道」也；而「明明德即自覺，親民
即覺他，止至善即圓滿」。蕅師在此，透過自覺（明明德）、覺他（親民）、圓滿（止
至善）的配對，以及「自他不二」的思想，將「明明德」、「親民」、「止至善」這一
次第性的過程，融攝為一體，故曰：「親民止至善，只是明明德之極致，恐人不了，
一一拈出，不可說為三綱領也」，由此可見，始覺之修的次第性，透過蕅師「現前一
念心」的思考模式，都消融於本自具足的本覺之性中了。修並不是另外修成什麼，
而是此心中所本有，不增不減。又曰：「現前一念雖非形象，而具諸妙，舉凡家國天
下，皆是此心中所現物，舉凡修齊治平，皆是此心中所具事」，既是此心中所具，則
眾生者此心所具之眾生，所度者自性之眾生。此處非常重要，在消泯了自他的分別
而攝為一心之後，自、他之間的倫理關係也就成為一己心中之事〔註37〕，由此而釋
之親民的意義便大不相同，所以儒、佛在此判然分為兩途。又，既以此外境之事物
皆為自心之中所呈現，故蕅師順以「唯識無境」之說來解釋八條目，並開示「轉識
成智」的教理。『古之欲明明德於天下者，先治其國；欲治其國者，先齊其家；欲齊

〔註37〕自、他之間的倫理關係，在《四書蕅益解》一書中，多是從「自他不二」的立場來闡
　　　發。譬如在《中庸直指》中，蕅師在『在上位不陵下』一節，解釋到『正己而不求
　　　於人』一句時，即曰：「知十法界即我之本性，故正己而不求人。」表現了將自、他
　　　之間的倫理關係收攝到一己之本心、本性的思想傾向。

其家者，先修其身；欲修其身者，先正其心；欲正其心者，先誠其意；欲誠其意者，先致其知；致知在格物。』蕅師釋云：

> 說個明明德於天下，便見親民、止至善，皆明德中事矣。正其心者，轉第八識爲大圓鏡智也；誠其意者，轉第七識爲平等性智也；致其知者，轉第六識爲妙觀察智也。格物者，作唯心識觀，了知天下國家、根身器界，皆是自心中所現物，心外別無他物也。是故若欲格物，莫若觀所緣緣：若知外所緣緣非有，方知內所緣緣不無。若知內所緣緣不無，方能力去內心之惡，力行內心之善，方名自謙，方名愼獨。又祇一明德，分心、意、知三名，致知，即明明德。（頁10、11）

「格物致知」，詳於前文所述，茲不贅。蕅師此處但釋格、致、誠、正的修身功夫，而家、國、天下不過是自心中所現物而已，故爲物之末。如『自天子以至於庶人，壹是皆以修身爲本』一節，蕅師曰：

> 蓋以天子言之，則公卿乃至庶人，皆是他明德中所幻現之物，是故自身爲物之本，家國天下爲物之末；若以庶人言之，則官吏乃至天子，亦皆是他明德中所幻現之物，是故亦以自身爲物之本，家國天下爲物之末。須知上自天子，下至庶人，名位不同，而明德同；明德既同，則親民、止至善亦同，故各各以修身爲本也。（頁13）

可知家、國、天下都是明德所幻現之物，故此自身爲物之本，於是蕅師直指下手方便，明示應以修身爲本。（此處明「唯識無境」）至於如何修身呢？關於格、致、誠、正的修身功夫，在前引蕅師的釋文中，蕅師將一明德析爲心、意、知三名，相應於第八識、第七識與第六識；而正心、誠意、致知的修身功夫，則相應於「轉識成智」：「正其心者，**轉第八識爲大圓鏡智也；誠其意者，轉第七識爲平等性智也；致其知者，轉第六識爲妙觀察智也。**」（此處明「轉識成智」〔註38〕）明德是

〔註38〕由八識轉成四智，此即轉依四義中「所轉得」之所生得的大菩提。轉依即轉所依，即轉染（迷）得淨（悟）之義。據《成唯識論》立轉依四義：

　　1、能轉道：（即無分別智，以無漏種爲因緣。）
　　　（1）能伏道：伏二障隨眠，令不起二障現行之智。
　　　（2）能斷道：永斷二障隨眠之智。
　　2、所轉依：
　　　（1）持種依：即第八根本識。
　　　（2）迷悟依：即眞如。
　　3、所轉捨：
　　　（1）所斷捨：斷二障種子，捨遍計所執。
　　　（2）所棄捨：捨棄二障之餘的有漏善，與十地所生的劣無漏種。

本覺之性，所以心、意、知約迷妄面來說是三種識，若能轉識成智，則是明明德的功夫成就，復還其本然清淨、不增不減的本覺之性。此處仍是蕅師思考模式的路子，只是約唯識學來說解罷了。又，此處雖明示須得「轉識成智」，但並未具體的說明其方法，而在下一節中，蕅師即更進一步的開示：『物格而后知至，知至而后意誠，意誠而后心正，心正而后身修，身修而后家齊，家齊而后國治，國治而后天下平。』蕅師釋云：

> 我法二執破，則物自格，猶《大佛頂經》所云：不爲物轉，便能轉物也；知至者，二空妙觀無間斷也；意誠者，由第六識入二空觀，則第七識不復執第八識之見分，爲內自我法也。心正者，由六、七二識無我執故，第八識捨賴耶名：由六、七二識無法執故，第八識捨異熟名，轉成菴摩羅識，亦名大圓鏡智相應心品也。身修者，第八識既成無漏，則一切五陰、十二處、十八界皆無漏也。家齊國治天下平者，一身清淨故，多身清淨，乃至十方三世圓滿清淨也。（頁 11、12）

此段釋文中，蕅師則明示了具體的修身之道。從破我法二執，到第八識成無漏清淨，

4、所轉得：
　　（1）所顯得：斷煩惱障得大涅槃。
　　（2）所生得：斷所知障得大菩提。
由以上，所謂「轉依」可以這樣說，寄存於阿賴耶識內的無漏種子（能轉道），依照賴耶真如（所轉依）迷悟的道理，轉捨二障種子及有漏善法和劣無漏種（所轉捨）最後轉得大涅槃的境界和大菩提的智慧（所轉得）。
依《唯識三十論頌》的意思，乃取第四義的「所轉得」作爲轉依果。第二十九頌云：「無得不思議，是出世間智。捨二粗重故，便證得轉依。」（《大正藏》第三十一卷61 頁中）轉依果即是涅槃與菩提這二「所轉得」；而由八識轉成四智，即所生得的大菩提：
1、大圓鏡智：由第八識轉得，此時已遠離一切我我所執，及能所取的分別。亦即遠離了一切虛妄雜染。它攝持無漏種，能變現佛果的現行，且爲其所依。能現起自受用的佛身和自受用土，更能現出其他三智的影相，而且「無間無斷窮未來際，如大圓鏡現眾色像」（《成唯識論》，《大正藏》第三十一卷56 頁上）。
2、平等性智：由第七末那識轉得。在凡夫位時，是我執的根源，無法生出平等的大悲。今轉得此智，即能內證一切諸法的平等理性；外緣一切諸法等，自他皆平等平等。
3、妙觀察智：由第六意識轉得。善觀諸法的自相和共相，無礙自在，又能於大眾中巧轉法輪，斷諸疑惑，這樣的智慧叫妙觀察智。
4、成所作智：由前五識轉得。爲欲利樂眾生，於是普遍於十方示現種種變化三業，以此三業成就本來願力所應作的利他事業。以上所述俱見於徐典正：《唯識思想要義》（高雄：佛光出版社，民國 82 年）第六章「論轉依──唯識學派的涅槃觀」。

有一具體的、次第的修證過程。其中,「由第六識入二空觀」這點非常重要,由第六識著手修行,正相應於蕅師中心思想的「現前一念」妄心。至於「一身清淨故,多身清淨,乃至十方三世圓滿清淨」,則見於《圓覺經》,而類同於華嚴宗的「一即一切,一切即一」相攝相融無盡無礙的法界緣起觀。

值得注意的是,此處提到了「菴摩羅識」。「菴摩羅識」或譯「阿摩羅識」,譯義爲無垢識。這是眞諦所傳的唯識學的特色〔註39〕。本來,瑜伽學系的根本立場是以阿賴耶識爲一切法的所依,而如來藏學立如來藏爲生死、涅槃的依止,其基本立場是不同的,但眞諦所立的阿摩羅識,其實是眞如的異名;眞諦依阿賴耶種子界及心眞如界爲依止,不違反瑜伽學的定義,總攝種子與眞如——二依止於同一「識界」,而會通了如來藏學。這並非眞諦的自出機杼,是多少有根據的,如宋譯《楞伽經》中的「如來藏藏識心」,就將如來藏與阿賴耶識統一起來了。

蕅師的「現前一念心」是融通了性、相二宗的〔註40〕,他的性相融會說,有來自《楞伽經》與《起信論》處〔註41〕因此,在解讀蕅師引用唯識思想的部分,就不得不特別注意到眞常唯心系的潛在意義。事實上,蕅師的唯識觀實在是融會了如來藏學的,從《大學直指》中就能體會出這樣的思想傾向。在『心不在焉,視而不見,聽而不聞,食而不知其味,此謂修身在正其心。』一節,蕅師釋云:

> 第八識體〔註42〕,本自無所不在,亦無所在;唯其受染法熏,持染法種,隨彼染法所起現行,爲視,爲聽,爲食,而見聞知之妙性,遂爲彼所覆蔽矣。蓋其光圓滿,得無增愛者,名之爲見;既有所視,便不名見。十方擊鼓,十處齊聞者,名之爲聞;既有所聽,便不名聞。舌根不動,淡性常在

〔註39〕以下所述眞諦會通瑜伽學系與如來藏學的部分,詳見印順法師:《如來藏之研究》(臺北:正聞出版社,民國81年)第七章。

〔註40〕聖嚴法師認爲,蕅師由《楞嚴經》的如來藏妙眞如性理念所轉出的「現前一念心」的性體說,能將眞心與妄心、心性與心相、性與修、眞如心與八識心、唯心與唯識,乃至儒教的無極與太極,甚至種種異名異說的心體與心相,或者本體論與現象論,甚至本體論與修道實踐論加以統一,並用以發展所謂性相融會與三教同源的思想。同註1,頁438。

〔註41〕請參考聖嚴法師前揭書,第五章第四節第二目:「《楞伽經》、《起信論》與智旭」。聖嚴法師以爲蕅師之融會性相二宗,實在是站在性宗唯心派的立場。

〔註42〕第八識體,即阿賴耶識。事實上,在蕅師的《中庸直指》一書,即在『天命之謂性』一節的釋文中提到:「生滅與不生滅和合,而成阿賴耶識,遂爲萬法之本,故謂之性。」蕅師在此明確的提到了他的「阿賴耶識」觀,是具有「生滅」與「不生滅」雙重意義的,這是沿自《起信論》的說法,《起信論》云:「心生滅者,依如來藏故有生滅心,所謂不生不滅和合,非一非異,名爲阿梨耶識」(《大正藏》第三十二卷576頁中),此說近於眞諦的第八識通二分說。印順法師以爲,眞諦此說是受到《攝大乘論》的啓發,同註39。

者，名爲知味；既有所食，便不知味。……此一節，深明種子生現行之失。
（頁19）

此處雖明言「深明種子生現行之失」，又從第八識體來陳述，在表面上雖以唯識學的種子、現行來解說，但事實上，這是本著《圓覺經》「覺性遍滿清淨不動圓無際故」，而六根、六塵等亦遍滿法界的義理，及《楞嚴經》「見聞覺知之妙性」來說解的。據藕師上引文中釋見、聞、知味三者，質之《圓覺經》與《楞嚴經》，則可見其思想之來源處。引文中「其光圓滿，得無憎愛者，名之爲見」，這是引自《圓覺經》的經文中說明「覺性遍滿」的譬喻：「譬如眼光曉了前境，其光圓滿得無憎愛。何以故？光體無二，無憎愛故。」〔註43〕此義如同《楞嚴經》卷二，佛告阿難：「阿難，若無明時名不見者，應不見暗；若必見暗，此但無明，云何無見？阿難，若在暗時不見明故，名爲不見；今在明時不見暗相，還明不見；如是二相，俱名不見。若復二相自相陵奪，非汝見性於中暫無，如是則知二俱名見，云何不見？」〔註44〕這是說，開眼見明，閉眼見暗，無論開眼閉眼，見明見暗，見性常在不變。如同上述《圓覺經》所云「光體無二，無憎愛故」，不論外境如何，是方是圓是長是扁、爲黑爲白爲紅爲綠，眼光俱能曉了，覺性圓滿，不會因憎愛而有所差別。這是在說明見性乃本如來藏常住妙明不動周圓妙眞如性的，所以《楞嚴經》卷二，在開示「見」義後，小結云：「殊不能知生滅去來，本如來藏常住妙明，不動周圓，妙眞如性，性眞常中求於去來迷悟生死，了無所得。」〔註45〕因此藕師本此說發明常住眞心之妙理，而如果是「既有所視」，則爲分別迷執，故「便不名見」，因爲見性是圓滿常住無所分別的，非有所視，非有所不視。可知藕師釋「見」之意，乃本此二經而來，爲眞常唯心一系者。

又《楞嚴經》卷三，經云：「阿難，汝更聽此祇陀園中，食辦擊鼓，眾集撞鐘，……何況其中一千二百五十沙門，一聞鐘聲同來食處。」〔註46〕這正是藕師「十方擊鼓，十處齊聞，名之爲聞」之所本，意思是說，鐘鼓音聲前後相續，並非聲來耳邊；因爲若是聲來阿難耳邊，其他人應不俱聞，更何況一千二百五十沙門同聞？亦非耳往彼聲邊；因爲若是阿難耳往彼聲邊，則鼓聲出已往擊鼓處，鐘聲後出便應不俱聞，更何況其中象、馬、牛、羊之聲一時俱聞？亦非聲與聽無來往；若無來往，亦復無聞。可見聽與音聲，俱爲虛妄；可知此乃聲於聞性之中，自有生滅，

〔註43〕《大正藏》第十七卷915頁上。
〔註44〕《大正藏》第十九卷113頁上。
〔註45〕《大正藏》第十九卷114頁上。
〔註46〕《大正藏》第十九卷115頁下。

而非人聞聲生聲滅，而令聞性爲有爲無。這是說，聞性是本如來藏常住妙明不動周圓妙眞如性的，因此如果「既有所聽」，便是惑聲爲聞，昏迷顚倒，把生滅的聲塵惑爲常住的聞性，故蕅師曰如此則「便不名聞」。可見蕅師釋「聞」之意仍是本眞常唯心一系者。

又《楞嚴經》卷三，經云：「阿難，譬如有人以舌舐吻，……不動之時，淡性常在。」〔註47〕這是蕅師「舌根不動，淡性常在者，名爲知味」之所本。此知味性非甜苦來，非因淡有，又非根出，不於空生。如果這知味性由甜苦來，那麼就不應知非甜非苦的淡味；反之亦然，故亦非因淡有。亦非根出，若由舌根自己生出，就不會有甜、苦、淡諸塵象；亦不於空生，若它是由空無中產生，則虛空自味，與口無涉。可知此知味性亦本如來藏妙眞如性，常住妙明，不動周圓，因此若是「既有所食」，則或甜或苦，而不知甜苦塵象畢竟無體，則「便不知味」。可見蕅師釋「知味」之意仍是本眞常唯心一系者。綜上所述，蕅師的唯識思想，其實是以眞常唯心系的如來藏思想爲根基而加以會通的。

《大學直指》全書之中，通貫著蕅師「現前一念心」的思想，即妄即眞，即眞即妄，類同於《起信論》「一心開二門」的思想架構，而又攝歸於「現前一念」，同時又表現出具足了三千法的「具足」義。因此，蕅師「現前一念心」的思想，實爲最圓熟的佛教思想的融會，以此思想架構，開示了全性起修，而又全修在性的「性修不二」教法，使一部《大學》成爲修成無上佛道的指南。之中，對於《大學》三綱、八目的說解，仍一貫其思考模式來呈顯，在常住不動的本覺之性中，開出具體的修持法，由開示「唯識無境」的教理中，更進一步地強調「轉識成智」的修證，俾使學者不致流於空談理性之浮陋；另一方面，在次第漸進的始覺之修中，亦歸本於本覺之性，而銷融其修證之過程、次序，呈現出本性的常恆與具足，勿令學者以爲別有所得，致起增上慢。《大學直指》一書，正如〈四書蕅益解序〉中所謂：

> 解《庸》、《學》者，曰直指〔註48〕，談不二心源也。（頁2）

此一不二心源之教，蕅師確已明白而完滿的開示出來。

〔註47〕《大正藏》第十九卷115頁上。
〔註48〕蕅師所謂「直指」之意，江謙居士在〈中庸直指補註序〉中有詳細的闡述：「所謂直指，即直指爾我乃至一切眾生各各本具之現前介爾一念，而又無量無邊，不生不滅，清淨圓遍，圓具三諦、三觀、三德之妙眞如心也。」（頁31）此段文字能掌握蕅師在《大學直指》中關於「三綱領」一節釋文之文意。

第二節　《中庸直指》研究

　　《中庸》一書，原本是儒家重要的典籍，它爲儒家建立了一套道德的形上學〔註49〕，使得孔孟所開啓的心性論與道德學，與《中庸》之形上學得以應合的發展，而圓滿的展示出來。牟宗三先生稱此爲「內在的遙契」，這種「內在的遙契」，不是「把天命、天道推遠」，而是「一方把它收進來作爲自己的性，一方又把它轉化而爲形上的實體」〔註50〕，依《中庸》卷頭開宗明義一語：「天命之謂性」來說，則天道爲既超越又內在〔註51〕，如孟子所謂「盡其心者，知其性也，知其性，則知天矣。」（〈盡心〉），超越的「天」與內在的「性」由「天命之謂性」這樣向下貫注而成爲一體，人與天的距離也就消弭於無形了。從這裡來談「天人合一」、談「內聖外王」，而以一「誠」字作爲樞紐〔註52〕，乃至極成人格的圓滿——合天地之道的聖人。儒者的理想境地，便由《中庸》揭示出來。

　　《中庸》一書的綱領，就在卷頭三句話：「天命之謂性，率性之謂道，修道之謂教」。人既秉受天命而有性，而此性又能自循自率而自成，所謂「誠者，自成也」、「誠者，天之道也」是也。此爲道德實踐的超越根據——本體論；然吾人在現實中既有不率性之可能，是以人亦即有不誠之可能，因此率性與誠皆同具工夫義，此即所謂「誠之者，人之道」的展開，也就是道德實踐的超越根據之證成——工夫論〔註53〕，亦即「修道之謂教」一義的呈現。因此，綜觀一部《中庸》，既有道德的超越的形上根據，亦須由道德實踐來證成，也就是本體論與工夫論兼備，二者不可偏廢。由文中「誠者」、「誠之者」的相對言，以及「天之道」、「人之道」的相對言，二者透過「誠」字來通貫，人乃能上契於天，合聖人之道於天地之道，這便是《中庸》一書的思想綱領及脈絡。由上所述《中庸》思想的脈絡綱要，再來看蕅益大師《中庸直指》一書的思想架構，則較能清晰掌握。蕅師的《中庸直指》，全書所欲陳述者，乃在一「性修不二」之教，蕅師以爲性德本具十方三世一切諸法，而性德之珍貴須由

〔註49〕此爲牟宗三先生的說法，見牟宗三：《心體與性體》第一冊（臺北：正中書局，民國68年），頁35。

〔註50〕牟宗三：《中國哲學的特質》（臺北：臺灣學生書局，民國76年）第六講。

〔註51〕同註50，第四講。

〔註52〕如高柏園：《中庸形上思想》（臺北：東大圖書股份有限公司，民國77年）第四章第四節；又如鄭琳：《中庸翼》（臺北：文史哲出版社，民國71年）第七、八章；又如吳怡：《中庸誠字的研究》（臺北：華岡出版部，民國63年）第四、五章，都討論到以「誠」作爲融貫樞紐而帶出的天與人的關係（上、下），及人與萬物的關係（內、外）。

〔註53〕見高柏園前揭書，第四章第三節。

修方顯，由此強調修德之重要。由修顯性，而全修在性也。這是蕅師順著《中庸》
一書形上理路與心性學的關連性這一架構，以天台宗的教義，《法華》開顯之旨來說
明，開展出佛教的教理。所以蕅師在卷頭釋題之文字中，即曰：

> 然既秉開顯之旨，則治世語言，皆順實相，故須以圓極妙宗，來會此文，
> 俾儒者道脈，同歸佛海。（頁 35）

此則爲蕅師《中庸直指》一書思想綱要開展舖陳之所由。又，在方法上，蕅師仍秉
《起信論》「一心開二門」之理路以爲性、修融貫之旨，如卷末述云：

> 章初『天命之謂性，率性之謂道』，是明不變隨緣，從眞如門而開生滅門
> 也；『修道之謂教』一語，是欲人即隨緣而悟不變，從生滅門而歸眞如門
> 也，一部《中庸》，皆是約生滅門，返妄歸眞。（頁 72）

這段文字，可以說是蕅師自敘其《中庸直指》之綱要與闡述之宗旨。以下就釋題、思
想脈絡及其強調、偏重處，探索《中庸直指》一書之大要。什麼是「中」？蕅師云：

> 中之一字，名同實異，此書以喜怒哀樂未發爲中，若隨情解之，只是獨頭
> 意識邊事耳。老子「不如守中」，似約第七識體，後世玄學，局在形軀，
> 又非老子本旨矣。藏教所詮眞理，離斷離常，亦名中道；通教即物而眞，
> 有無不二，亦名爲中；別教中道佛性，有名有義，而遠在果地，初心絕分；
> 惟圓人知一切法，即心自性，無非中道，豈得漫以世間中字，濫此極乘。
> （頁 35）

蕅師認爲就儒家、老子、玄學、藏教、通教、別教、圓教皆各言其中，而「惟圓人知
一切法，即心自性，無非中道。」「中道」，在龍樹菩薩的《中觀論頌·觀四諦品》云：

> 眾因緣生法，我說即是無，亦爲是假名，亦是中道義。〔註54〕

不落常、斷兩邊，合於佛法的中道。但值得注意的是，龍樹學的特色，並非如後來
天台宗所發揮的三諦論〔註55〕，由於中國人喜歡圓融，認爲天台的思想、理論圓融，
但天台的離妄顯眞，統合一切之空有無礙，事實上是更與眞常唯心系雜糅的〔註56〕。
蕅師在釋「中庸」的「中」字時，事實上是以天台學爲立場的，所以他不直接以「中
道」來說解「中」字，卻說：

〔註54〕《大正藏》第三十卷 33 頁中。
〔註55〕印順法師以爲天台宗的三諦說是影取本頌，而不合《中論》體系的。見印順法師：《中
　　　　觀論頌講記》（臺北：正聞出版社，民國 81 年），頁 474、475。
〔註56〕印順法師以爲「三論」與「三論宗」是不同的。《中論》、《百論》、《十二門論》爲龍
　　　　樹宗風的性空唯名系；而中國的「三論宗」卻仍是綜合學派，是融合了眞常的，而
　　　　天台學者比起三論宗，受眞常思想的影響還要濃厚。見同註55，「懸論」四、〈《中論》
　　　　在中國〉一文，頁 36～41。

> 中者，性體；庸者，性用，從體起用，全用在體。量，則豎窮橫遍；具，
> 乃徹果該因。（頁 35）

從體用關係上來闡明，無疑的，從「性具」、「本具」的立場，融攝涵蓋了一切法，使得「中」字不僅是不落兩邊的中道正見，更使「中」字蘊含了一切本有功德善法，而能夠「從體起用，全用在體」，全體大用無不明，表現出如來藏思想的特色。此點亦可由下述釋文中講明，如在『子曰：道不行矣夫』一節的釋文中，蕅師曰：

> 執兩端而用中，方是時中，若離兩端而別談中道，便爲執一矣。兩個其字
> 〔案，即『（舜）執其兩端，用其中於民』〕，正顯兩端中道，原只一體。
> （頁 40）

事實上，中道是不落兩邊的，緣生而無自性空，空無自性而緣起，緣起與性空交融無礙，所以稱之爲中道義，即是恰當而確實的，不是離空有外，另有一第三者的中道〔註 57〕，這是龍樹學的本義。而蕅師雖亦云：「若離兩端而別談中道，便爲執一矣」，似也不贊同另有一「中道」可言，但實際上，他的重點是放在「兩端中道，原只一體」的圓義上，這是天台宗的「即空、即假、即中」的三諦論思想，是糅合了眞常論者的。三諦圓融的思想，在蕅師的《中庸直指》中隨處可見，如『唯天下至誠，爲能經綸天下之大經』一節的釋文中，蕅師云：

> 涅槃，名祕密藏，圓具三諦：大經是俗諦，大本是眞諦，化育是中諦；經
> 綸之、立之、知之，是一心三智也。舉一即三，言三即一，不著兩邊，不
> 著中道，故無所倚。（頁 70）

而一而三，而三而一，故三諦圓融。特別值得注意的是，「不著兩邊，不著中道，故無所倚」，這是在三諦圓融之後，更進一步，再把「而三而一」這個「一」也化去了，所以事實上，蕅師的思想中，仍把握住了空宗龍樹學的要義，只是經由天台宗，多了一層轉折；但在強調面上確有不同，他是凸顯了眞常學者的如來藏本具功德這一義的。

　　《中庸》原書謂『喜怒哀樂之未發，謂之中，發而皆中節，謂之和』，這是《中庸》的中和思想。蕅師《中庸直指》卷頭釋題文字曰：「此書以喜怒哀樂未發爲中，若隨情解之，只是獨頭意識邊事耳。」（頁 35）「獨頭意識」是指不伴隨前五識而起，只單獨地在定中、夢中、獨散狀態中生起的意識而言〔註 58〕，蕅師認爲若以此解釋「中庸」的「中」字，實不能窮究其深蘊，故在此節的釋文中，闡明曰：

〔註 57〕同註 55，頁 474。
〔註 58〕參考吳汝鈞：《佛教思想大辭典》（臺北：臺灣商務印書館股份有限公司，民國 81 年），
　　　　頁 527。

熾然喜怒哀樂時，喜怒哀樂不到之地，名之為中；非以無喜怒哀樂時，為

未發也。無不從此法界流，故為大本；無不還歸此法界，故為達道。(頁38)

此則直以「法界」來解釋「中」，故為大本，呼應卷頭「中者，性體」之說；而從此
流出，復歸於此，則呼應卷頭「庸者，性用」之意，全體大用，由此顯明。而這體
用的關連性，是「體用不二」的，如何的「體用不二」？在『如此者，不見而章，
不動而變，無為而成』一節的釋文中，蕅師曰：

內證誠之全體，外得誠之大用，則全體即用，全用即體。(頁59)

「全體即用」，「全用即體」，這是「全性起修、全修在性」的語法，可知蕅師仍是以
此「性修不二」的圓教思想，來貫通《中庸》一書，也就是前面所提到的《中庸直
指》的思想架構。在書中其它地方，亦有類似之用語，如「全真是妄」、「全妄是真」
(頁61)，這如同「體」、「用」一樣，只是語詞變化，而其架構卻是同一個的。

至於這個架構的具體描述，即是卷末所言，《起信論》「一心開二門」的架構。
在《中庸》一書的綱領：『天命之謂性，率性之謂道，修道之謂教』一節，蕅師云：

不生不滅之理，名之為「天」；虛妄生滅之原，名之為「命」；生滅與不生

滅和合，而成阿賴耶識，遂為萬法之本，故謂之「性」。蓋天是性體，命

是功能，功能與體，不一不異，猶波與水也。(頁35、36)

「天」、「命」、「性」之關係，撐開了《中庸直指》一書的思想架構。「天」是不生
不滅之理，是心真如門，是不變，是性體；「命」是虛妄生滅之原，是心生滅門，
是生滅變化，是功能；生滅與不生滅的關係，透過真如的不變隨緣，從真如門而
開出生滅門，由此貫通起來，統合在「生滅與不生滅和合」的阿賴耶識中〔註59〕，
而謂之「性」(天命之謂性)〔案：此「性」字指阿賴耶識，與「性修不二」的「性」
字指的是功德本具的真如之體不同，須辨明。「性修不二」的「性」字，約相當於
「天命之謂性」的「天」字〕既以阿賴耶識為「性」，則從種子立說，有善種，也
有惡種；率善種而行便成君子之道，率惡種而行便成小人之道(率性之謂道)，故
需修此性，要能即隨緣而悟不變，從生滅門而歸真如門也(修道之謂教)。蕅師這
「一心開二門」，是本著《起信論》本覺隨染來說的，故其解釋「從生滅門而歸真
如門」的「修道之謂教」之一義，即是從「以始覺合本覺」來說。在『自誠明，
謂之性，自明誠，謂之教』一節的釋文中，蕅師曰：

但有性德，而無修德，凡聖平等，不足為貴；直須以始覺合本覺，自明而

誠，則修德圓滿，乃為修道之教。(頁56)

〔註59〕蕅師的阿賴耶識是通染、淨二分，融合了真常說的。見前節所述。

以始覺合本覺，並非別有本覺可合，如《起信論》所說：「本覺義者，對始覺義說，以始覺者，即同本覺」〔註60〕。這是由於「性具」的思想，故在末章『詩云：予懷明德』一節，蕅師解釋『上天之載，無聲無臭，至矣』時，曰：

> 此總結示位天育物之中和，即是性具之德；雖復修至究竟，恰恰合於本性，不曾增一絲毫也。（頁72）

「不曾增一絲毫也」即是無所得，此乃在「性具」上說「修道之教」，而此修道之教之極成，卻只「恰恰合於本性」罷了，這就是蕅師「性修不二」之教旨。理解了這層意義，便能知道《中庸直指》一書的思想架構了。蕅師既以「率性之謂道」的「性」字爲阿賴耶識，故有雜染成分，是以率性而行，不免有惡種而發爲惡行，故須設教以修除之。然而這如同鏡子一般：

> 譬如鏡體非妍非媸，而光能照現妍媸，今性亦爾：率其善種而發爲善行，則名君子之道；率其惡種而發爲惡行，則名小人之道。……然善種發行時，性便舉體而爲善；惡種發行時，性亦舉體而爲惡，如鏡現妍時，舉體成妍；鏡現媸時，舉體成媸，妍媸非實，善惡亦然。無性緣生，不可思議。（頁36）

「無性緣生」，則蕅師設教之目的，並非以除惡存善爲最終的價值取向，因爲「妍媸非實，善惡亦然」，善惡仍是無實性的，故蕅師曰：

> 除其修惡，惡性元無可除；習其修善，善性元無可習，故深達善惡之性，即是無性者，名爲悟道，斷無性之惡，惡無不盡；積無性之善，善無不圓者，名爲修道也。（頁36）

善、惡元無可習可除，可習可除者，修善修惡也，而非善性、惡性也。不斷性惡，乃天台宗的思想。故實言之，蕅師的價值取向在於返妄歸眞，只要能斷染窮妄，就能彰顯本自具足的如來藏性自體。順便附帶一提的是，若就本文一開始從《中庸》的儒家道德性格之理路來說，其「天命之謂性」之「性」字則是純善的道德主體，故其「修道之謂教」一語便落在「能不能率性而行」之上，倘能率此純然之善性，便能上契天道，而達天人合一境界。此與蕅師的「教」的著落處有所不同。蕅師的「教」是著落在「即隨緣而悟不變，從生滅門而歸眞如門」的「返妄歸眞」上的（頁72）。這是由於他對「天命之謂性」之「性」字的詮釋，是落在「生滅與不生滅和合」的阿賴耶識上，並非如儒家以「性」爲純善者，所以必須「即妄顯眞」，也就是所謂「即隨緣而悟不變」，「以始覺合本覺」，而非以「率性」爲其工夫，這是蕅師和《中庸》之儒家道德理路不同之處。蕅師《中庸直指》雖然彰顯了「性修不二」的教理，

〔註60〕《大正藏》第三十二卷576頁中。

但恐後之學者徒說性具，懸空口耳，致空疏之流弊，故十分強調「修德」之重要，也就特別發揮「修道之謂教」一義。他說：

> 夫天命之謂性，真妄混而難明；率性之謂道，善惡紛而雜出；研真窮妄，斷染育善，要緊只在「教」之一字，全部《中庸》，皆修道之教也，故曰：『自明誠，謂之教』。（頁36）

可見在蕅師來說，他對『天命之謂性』、『率性之謂道』二語的解法，正如同講無明的起源一般，是無始以來忽爾一念不覺即是如此的，其起源正如《勝鬘經》所說的：「自性清淨心而有染者，難可了知。」因此，蕅師不像儒家之《中庸》在一開始即肯定了創生不已的天道，及相契於天道的人之內在善性，二者一從負面講，一從正面講，在此處又表現出蕅師和儒家的差異。由於『天命之謂性』與『率性之謂道』根據蕅師的解法，是「真妄混而難明」、「善惡紛而雜出」的，是處在一種未修的狀態，故此二語便將蕅師的理路全然推向『修道之謂教』一語了。在『君子之道，費而隱』一節的釋文中，蕅師曰：

> 道不偏屬君子，而君子方能合道，可見一部《中庸》，只重修道之教也。（頁44）

又在『誠者，天之道也；誠之者，人之道也』一節，釋曰：

> 此非以天道人道並陳，乃歸重於人道合天耳。謂除非不勉不思，方是天然聖人。世間決無天然之聖，必須擇善固執，只要修到極則，自然徹證本性矣。……問曰：如伏羲等聖、惠能等祖，豈不是天然之聖？答曰：《宗鏡》云：直饒生而知之，亦是多生聞熏成種，或乃諸聖本願冥加。（頁54）

「世間絕無天然之聖」，若有，即如伏羲、惠能等，亦乃多生聞熏成種，或其本願冥加。可見蕅師所重並非偏在天然性德，而是強調後天「全性起修」的修德。又如在『自誠明，謂之性；自明誠，謂之教，誠則明矣，明則誠矣』一節的釋文中，特別強調「自明誠，謂之教」一義，曰：

> 自明而誠，則修德圓滿，乃為修道之教。此下二句〔案：即『誠則明矣，明則誠矣』二句〕，皆承此句說去……故此二句，皆約教說，不取但性，為誠則明也。蓋但性無修，不免妄為明覺，卻成生滅之始矣。（頁56）

有性無修，流弊可知。又在卷末述云：

> 『修道之謂教』一語，是欲人即隨緣而悟不變，從生滅門而歸真如門也。
> 一部《中庸》，皆是約生滅門，返妄歸真。（頁72）

一部《中庸》，皆是從生滅門說起，而必須「返妄歸真」，回歸到真如門也。此外，又如『誠者，自成也；道者，自道也』一節中釋曰：

前明致曲，乃到至誠，恐人謬謂誠是修成，不是性具，故今明誠者自誠，

即所謂天然性德也。又恐人謬謂性德只有正因，不具緣了二因，故今明道

亦自道，所謂全性起修，全修在性也。……有性無修，性何足貴，貴在修

能顯性耳。（頁58）

可見蕅師在「性具」的基礎上，十分強調「修德」的重要，也就是「修道之謂教」
的開展；並且又統攝以「性修不二」之旨，所謂「全性起修」而又「全修在性」也。

　　至於修的具體工夫呢？在於「慎獨」，「慎獨」，就是「直心正念真如」，在『莫
見乎隱，莫顯乎微，故君子慎其獨也』一節的釋文中，蕅師曰：

問曰：何須向不睹不聞處用功？答曰：以莫現乎隱，莫顯乎微故也。隱微，

就是不睹不聞，就是慎獨，就是戒慎恐懼。此與《大學》誠意工夫一般，

皆須直心正念真如。（頁37）

《壇經》以無念為宗，「無者無二相，無諸塵勞之心；念者，念真如本性，真如即是
念之體，念即是真如之用。真如自性起念，非眼耳鼻舌能念」、「真如自性起念，六
根雖有見聞覺知，不染萬境，而真性常自在。」〔註61〕故「直心正念真如」，不離
見聞覺知，體會常自在的真性，由此捨妄歸真，轉迷成悟，便是「慎獨」工夫。《中
庸》講慎獨，即如《大學》誠意工夫一般；而《中庸》又以一「誠」字通貫全書，「誠」
就是真實無妄，就是不自欺，所以在不睹不聞處下功夫。這個「誠」字，蕅師用「直
心」來闡釋。「誠」是不自欺，而「直心」亦然，須無半點虛偽習氣，故《淨名經》
云：「直心是道場，直心是淨土。」〔註62〕，這不能不說二者有其相類之處〔註63〕。

　　「慎獨」的工夫（亦即「誠」的工夫），在《中庸直指》一書中時時強調，如『仲
尼曰：君子中庸，小人反中庸』一節，釋曰：

小人亦要修因證果，亦自以為中庸，但不知從慎獨處下手，便至於無忌憚，

便是錯亂修習，猶如煮砂，欲成嘉饌。（頁39）

「慎獨」是下手處，小人不知故迷失而無成。又如『子曰：天下國家，可均也』一
節，釋曰：

若源頭不清，則毫釐有差，天地懸隔，且道如何是源頭？慎獨是也，倘不

向慎獨處討線索，則管仲之一匡天下，不似大舜乎？原憲之貧，不似簞瓢

〔註61〕《大正藏》第四十八卷353頁上、中。
〔註62〕轉引自《壇經・定慧品》，《大正藏》第四十八卷352頁下。
〔註63〕蕅師以「直心」來闡釋「誠」，這是約工夫義而言，若約「誠體」來說，則即「真如
之性」也。在『君子之道，辟如行遠必自邇』一節，蕅師的釋文末曰：「誠字，雙就
感應上論，一誠無二誠，即是真如之性」（頁48）則「直心正念真如」，實在是性德
與修德二義合而為一的。正如《中庸》一書，以「誠」字通貫本體論與工夫論一般。

陋巷乎？子路之死，不似比干乎？思之。（頁43）

失之毫釐，謬以千里，「慎獨」正是源頭處。又如『故君子居易以俟命，小人行險以徼幸』一節，釋曰：

> 居易，即是慎獨；不慎獨，便是行險。（頁47）

「慎獨」與否，便是君子與小人分別處。值得注意的是。《中庸直指》一書所謂的「小人」，多指修習錯亂者而言，如『詩曰：「衣錦尚絅」，惡其文之著也，故君子之道，闇然而日章，小人之道，的然而日亡』一節，釋曰：

> 若不向真妄源頭悟徹，不向圓通本根下手，而泛濫修習，即所謂的然而日亡也。（頁71）

此處亦從修習來判別君子小人，此點正可呼應蕅師設教之最終價值取向在於真妄，而非如《中庸》以儒者理路的道德之善惡區別君子小人也。「慎獨」的工夫，可與「圓解」、「圓行」、「圓證」的修行次第綰合來看。在『詩曰：「衣錦尚絅」，惡其文之著也』一節，蕅師釋『知遠之近，知風之自，知微之顯』時云：

> 介爾有心，可謂至近也；三千具足，可謂遠矣。成佛而名聞滿十方界，可謂道風遐布也；由悟圓理，圓修、圓證，以爲其本，可謂風所自矣。初心一念修習三觀，可謂至微也；即能具足一切究竟功德，可謂顯矣。此節重在三個知字，正是妙悟之門。（頁71）

這一層是講「妙悟」的重要。緊接著在下一節『詩云：「潛雖伏矣，亦孔之昭。」故君子內省不疚，無惡於志。君子之所不可及者，其唯人之所不見乎！』釋云：

> 此結示從妙悟而起妙修，即慎獨工夫也。（頁71）

這一層是講從「妙悟」起「妙修」，而「妙修」即「慎獨工夫」。又緊接著在下一節，『詩云：「相在爾室，尚不愧於屋漏。」故君子不動而敬，不言而信。詩曰：「奏假無言，時靡有爭。」是故君子不賞而民勸，不怒而民威於鈇鉞。詩曰：「不顯惟德，百辟其刑之。」是故君子篤恭而天下平。』釋曰：

> 此三節，結示由慎獨而致中和，遂能位天地，育萬物也。（頁72）

這一層是結示由「慎獨」到「致中和」、「位天地」、「育萬物」，展現慎獨工夫的成效。又緊接著在下一節，『詩云：「予懷明德，不大聲以色。」子曰：「聲色之於以化民，末也。」詩曰：「德輶如毛。」毛猶有倫；「上天之載，無聲無臭。」至矣。』釋云：

> 此總結示位天育物之中和，即是性具之德；雖復修至究竟，恰恰合於本性，不曾增一絲毫也。（頁72）

這一層是講修到至極，卻只恰恰合於本性，便是將「修德」的次第融攝在「性德」之中，而其成效則爲本具也，非別有所得。這幾節的釋文，一層高過一層，由「妙

悟」到「妙修」（即「慎獨」），再到「致中和，位天地，育萬物」，隱隱然開展出一個修道的次第，而相當於「圓解」、「圓行」、「圓證」這個過程，然後又歸結到本性具足，不增一毫，回應「全性起修」、「全修在性」的「性修不二」之旨，正如卷末蕅師述云：

> 修道之事，雖有解、行、位三，實非判然三法，一一皆以眞如理性，而爲
> 所悟，所觀、所證，直至今文，結歸無聲無臭，可謂因果相符，性修不二
> 矣。（頁72）

蕅師於此文字出沒，絕無痕跡，在「性具」的前提下，強調「修德」的重要，甚至將整部《中庸》，皆視爲「修道之教」﹝註64﹞，而此一修德的完成，歷經「圓解」、「圓行」、「圓證」之次第而達於究竟，卻又本性所具，天然性德，雖修至究竟而實無所得，由此開顯其「性修不二」之旨。整部《中庸直指》的思想脈絡，由是明矣。

至於「慎獨」的內容，則在於「觀心」。在『其次致曲，曲能有誠』一節，蕅師釋曰：

> 須觀介爾有心，三千具足，方是致曲，曲能有誠的工夫……致字，是妙觀
> 之功；曲字，是所觀事境；誠字，是所顯理諦。（頁57）

觀心，可以作「唯心識觀」，亦可作「眞如實觀」，舉飲食爲例，蕅師在『人莫不飲食也，鮮能知味也』一節，釋曰：

> 味，是舌識之相分，現量所得，非心外法，智愚賢不肖者，那能得知。唯
> 有成就唯心識觀之人，悟得味非心外實法；成就眞如實觀之人，悟得味即

﹝註64﹞詳前文。事實上，蕅師以一般釋佛經的科判方式，將《中庸》一書的章節段落區分爲序分、正宗分與流通分。而其正宗分中，又分爲「圓解」、「圓行」、「圓位」三段落。此三者實爲「修道之教」的次第，此一次第是在「性具」的前提之下開展的，所以依此次第而修至究竟時，卻只恰恰合於本性，不曾增一絲毫。「全性起修」、「全修在性」，而圓成其「性修不二」之旨，蕅師自己擬定的綱要，實亦本於其思想架構。今整理其自擬《中庸》之綱要如下：
> 甲一、總示性修因果，堪擬序分。
> 甲二、詳辨是非得失，擬開圓解。
> 甲三、確示修行榜樣，擬起圓行。
> 　　　乙一、舉大道體用，以示所修。
> 　　　乙二、指忠恕素位自邇自卑，以爲能修。
> 　　　乙三、引舜文武周，以作標榜。
> 　　　乙四、引答哀公問，結成宗要。
> 甲四、廣陳明道合誠，擬於圓位。
> 甲五、結示始終奧旨，擬於流通。

如來藏耳。（頁40）

「唯心識觀」，要點在心外無實法，唯識無境；「眞如實觀」，要點在即妄顯眞，本性具足。「心外無法」，《中庸直指》多所發揮，如『致中和，天地位焉，萬物育焉』一節，釋云：

> 嗟嗟！四凶居堯舜之世，不能自全；顏子雖簞瓢陋巷，不改其樂。誰謂心
> 外實有天地萬物哉！天地萬物皆心中影耳。（頁38）

又如『君子素其位而行，不願乎其外』，釋云：

> 一切富貧等位，皆是自心所現境界，故名其位。心外別無少法可得，故不
> 願其外。（頁46）

凡此，皆明唯識無境之理也。而「本性具足」一義，《中庸直指》亦時有所見，如『子曰：道不遠人，人之爲道而遠人，不可以爲道』一節，釋云：

> 世人安於卑陋，妄以君子之道爲遠，猶眾生妄以佛道爲遠，而高推聖境也。
> 詎知十法界不離一心，何遠之有。（頁46）

「十法界不離一心」，一心本具萬法也。又如『素富貴，行乎富貴；素貧賤，行乎貧賤；素夷狄，行乎夷狄；素患難，行乎患難，君子無入而不自得焉』一節，藕師曰：

> 觀一切境，無非即心自性。富貴亦法界，貧賤亦法界，夷狄患難亦法界。
> 法界無行，無所不行，一心三觀，觸處圓明。不離境以覓心，故無境不入；
> 善即境而悟心，故無不自得。（頁47）

凡此，皆明心具萬法也。《華嚴經》云：「若人欲了知，三世一切佛，應觀法界性，一切唯心造。」亦即此義。事實上，「唯心識觀」與「眞如實觀」並非爲截然可分的二種觀法，只是其偏重點不同：前者偏重在外境的虛妄無實，後者偏重在心性的本自具足。但無論是心外無實法或心性本具足，此二者有一共同特色，就是範圍天地萬物到一心之中。從這個角度來看「天人合一」與「內聖外王」之道，在《中庸直指》的思想體系中如何開顯。『詩云：「維天之命，於穆不已。」蓋曰天之所以爲天也。「於乎不顯，文王之德之純。」蓋曰文王之所以爲文也，純亦不已。』在此節中，藕師釋云：

> 若未有修德，則迷天成命，如水成冰；既有修德，則悟命成天，如冰還成
> 水。一則全眞是妄，一則全妄是眞也。……純，即不已；不已，即無息，
> 以人合天，以修合性，斯之謂也（頁61）

藕師在此處仍是站在眞、妄的立場來擬喻天、人，故以人合天即是返妄歸眞，亦即以修合性之謂也。這是因爲天地都已融攝在一心之中，實無有個與人相對的天可合；而既在此心中，則僅有迷悟眞妄可說，因此以「以修合性」來解釋「以人合天」，如

前文所述：「性修不二」的「性」字與「天命之謂性」的「天」字，意義相近，這是從佛教的立場來說的。那麼「內聖外王」之道呢？在『誠者，自成也……誠者，非自成己而已也，所以成物也。成己，仁也；成物，知也，性之德也，合外內之道也，故時措之宜也。』一節，蕅師釋云：

> 性既物我所同，故誠之者，亦必物我俱成。成己，宜云是知，以成即物之己，故名爲仁；成物，宜云是仁，以成即己之物，故名爲知。若己若物，無非一性；若修若性，果皆名德；事理不二，諦智一如，物我無分，果因交徹，故名合外內之道也。四悉應物，權實隨機，盡於未來，無有窮盡，故名時措之宜。（頁58、59）

蕅師解釋「成物」一義，特重在泯除一切差別事相，使得物我無分，而自他不二，並從仁與智此二德性的性質之互攝來消融物與己，而成「即物之己」、「即己之物」，物我交融爲一，故名合外內之道也。既合外內，則所謂「內聖外王」之道，外王與內聖已無界線，成己成物，其實一也。如蕅師釋『忠恕，違道不遠，施諸己而不願，亦勿施於人。』一節時，曰：

> 忠者，無人無我，道之本體也；恕者，以人例我，以我推人，修之方便也，故曰：違道不遠。（頁46）

這仍是性修不二的架構，性中本具人我，故無人我之別；但就修德而言，則以人例我，以我推人，須得以修合性。這有如《金剛經》所言：「佛告須菩提：『若善男子、善女人，發阿耨多羅三藐三菩提心者，當生如是心：我應滅度一切眾生，滅度一切眾生已，而無有一眾生實滅度者。』」〔註65〕又如《壇經》四弘誓願之：「自心眾生無邊誓願度」〔註66〕，因此，如欲度這實無可度之眾生（或自性之眾生），則應注重善巧方便，必須「四悉〔註67〕益物，權實隨機」，方能契理而又契機，達到好的效果。如『子曰：愚而好自用，賤而好自專，生乎今之世，反古之道，如此者，災及其身者也。』一節，蕅師釋曰：

> 佛法釋者：不知權實二智，不知四悉善巧，必有自害害他之失。（頁66）

可見要自利利他，須知「權實二智」、「四悉善巧」，這都是接引眾生的方便。這正把

〔註65〕《大正藏》第八卷751頁上。

〔註66〕《大正藏》第四十八卷354頁上。

〔註67〕四悉檀者，乃佛以四種方法，開導眾生，令成佛道：（一）世界悉檀：佛順應凡夫的心情、願望，而說世界之法，使聞者歡喜。（二）各各爲人悉檀：佛順應眾生素質的深淺，而說相應於不同眾生的法，而使之向善。（三）對治悉檀：佛對多貪欲者教以慈悲心，多愚癡者教以因緣觀，務求除去眾生的惡病。（四）第一義悉檀：待眾生的能力成熟時，佛即說諸法實相，誘導彼等入真實的覺悟。見同註58，頁174。

握住《中庸》的「時中」一義，「時字，只是無執著意」（頁 39）。無所執著，乃能應機說法，對症下藥，而成就自利利他之方便。如藕益大師之作《中庸直指》，乃「以圓極妙宗來會此文，俾儒者道脈同歸佛海」（頁 35），而「用《法華》開顯之旨，來會權文，令成實義」（頁 72）。此亦大師之悲願所致，爲接引儒者之會歸佛法，作一方便階耳。

第三節　《論語點睛》研究

壹、《論語點睛》與《四書評》

　　藕益大師注解《論語》，而取名曰《論語點睛》。爲何叫做「點睛」？〈四書藕益解序〉曰：

　　　解《論語》者曰點睛，開出世光明也。（頁 2）

可見藕師此書，乃是欲藉儒家這部經典，闡發出世思想，以世間儒書作佛教出世之階也。

　　研究《論語點睛》，不得不說到署名李卓吾的《四書評》這部書〔註 68〕。《論語點睛》中，引用《四書評》之處，共有九十四處之多，引自其眉批、夾批或段後總評的都有。以上都是藕師在《論語點睛》中，直接註明「李卓吾曰」、「卓吾曰」或「卓吾云」者；而未曾直接註明引自《四書評》的地方，也有許多處是順著《四書評》中評點的文意而加以發揮的〔註 69〕，可見《論語點睛》與《四書評》關係之密切，可以說，藕師在作《論語點睛》時，大量參考了《四書評》，甚至可以說是以《四書評》作爲底本的。因此，在本文中，《四書評》就有探究一番的必要。

〔註 68〕以下筆者所引《四書評》之文字，皆出於三聯書店香港分店據明萬曆年間刊本之影印本，爲六開毛邊紙本，線裝四冊布函，政大社會資料中心收藏。另有民國六十四年上海人民出版社排印本，但筆者未見。

〔註 69〕略舉兩處言之，如『子曰：德之不修，學之不講，聞義不能徙，不善不能改，是吾憂也。』（〈述而〉）藕師解曰：「眞實可憂。世人都不知憂，所以毫無眞樂；惟聖人念念憂，方得時時樂。」（頁 128），而《四書評》同節之段後評則曰：「知聖人之憂，便知聖人之樂。」以憂、樂對辨，此處藕師引《四書評》之文意以發揮。又如『儀封人請見，曰：君子之至於斯也，吾未嘗不得見也。從者見之，出曰：二三子何患於喪乎？天下之無道也久矣。天將以夫子爲木鐸。』（〈八佾〉）藕師云：「終身定評，千古知己，夫子眞萬古木鐸也！」（頁 102）而核之《四書評》，則同節之段後評曰：「儀封人是仲尼第一個知己，亦是老天一個知己，異人異人。」同以「知己」來評論。諸如此類，藕師多順《四書評》之文意而發揮者，亦隨處可見。

　　《四書評》是否爲李贄所作，歷來眾說紛紜，莫衷一是。主張非李贄所作的學者，多認爲是葉畫（文通）所僞託，其主要的根據是周亮工的《書影》一書的記載：

> 葉文通名畫，無錫人，多讀書，有才情。留心二氏學，故爲詭異之行，跡其生平，多似何心隱。或自稱錦翁，或自稱葉五葉，或稱葉不夜，最後名梁無知，謂梁谿無人知之也。當溫陵〔案：李贄號溫陵居士〕《焚》、《藏》書盛行時，坊間種種借溫陵之名以行者，如《四書第一評》、《第二評》、《水滸傳》、《琵琶》、《拜月》諸評，皆出文通手。〔註70〕

這段文字成爲《四庫全書總目提要》編者所依，而錄之曰：「相傳坊間所刻贄《四書第一評》、《第二評》皆葉不夜所僞撰。」（卷一百十九子部二十九雜家類三《疑耀》條）。周亮工的生卒年在明萬曆四十年（公元 1612 年）到清康熙十一年（公元 1672 年），距《四書評》刻行的時間（萬曆三十九年，公元 1611 年以前）較晚，而且受到持相反意見學者對引文中所提到的《四書第一評》、《第二評》，並非就是《四書評》的質疑，認爲這段記載不能作爲《四書評》是僞書的根據，於是主張《四書評》是葉畫僞託的學者，又找到了和周亮工是忘年之交，而更早於周亮工的盛于斯的說法來證明。盛的《休菴影語‧〈西遊記〉誤》提到：

> 近日……又若《四書眼》、《四書評》，批點《西遊記》、《水滸》等書，皆稱李卓吾，其實皆葉文通筆也。〔註71〕

盛于斯此處明白的提到了《四書評》，且他的年代較周亮工要早，約生在萬曆二十七年（公元 1599 年）左右。此外，主張非李贄所作的學者又從《四書評》中的評語考察此書作者的思想，認爲他對《四書》是由衷的崇拜，這樣的思想傾向是和思想進步、眼光高遠的李贄是不相侔的〔註72〕。

　　對於這樣的觀點，另一派學者則針對上述的看法一一反駁，認爲周亮工的說法僅爲陳述，而無証據，且多半是從盛于斯處聽來的傳聞；至於盛于斯的說法亦不符合史實，此派學者並舉出李贄與葉畫的老師楊復所的相關資料爲證。至於思想傾向上，則認爲《四書評》的思想與李贄不牴牾，並指出有些人對李贄思想評價的誤解，認爲他們在評價李贄的思想時，「往往只重視其反道學一面而忽視其向

〔註70〕轉引自崔文印：〈李贄《四書評》眞僞辨〉，《文物》1979 年 4 期（1979 年 4 月），頁31。

〔註71〕轉引自崔文印：〈《四書評》不是李贄著作的考證〉，《哲學研究》1980 年 4 期（1980 年 4 月），頁 69。

〔註72〕同註 70，頁 34。

道學妥協一面；只強調其批孔孟一面而忽視推崇孔孟一面；只強調其年輕時不讀經書一面，忽略其晚年批、研經書的一面。」〔註73〕另外又從文字風格來證明《四書評》確是李贄的作品。

簡述了上面兩種意見，我們再回過頭來，看看《論語點睛》這部書，它廣引了《四書評》的看法，而且藕師在行文中亦皆直接註明了「卓吾曰」、「卓吾云」等字樣。論年代，若說最先提出《四書評》是僞書的盛于斯較接近《四書評》刊刻的年代，則藕師恰好與盛于斯同年出生（明萬曆二十七年，公元 1599 年），而他的廣引《四書評》文字而皆稱李卓吾的情形，恰好是視此書爲卓吾作品的當時人的一個見證。若說藕師《四書藕益解》成書的年代在清順治四年（公元 1647 年）（〈四書藕益解序〉），但事實上，藕師《四書藕益解》的初稿是大約在公元 1633、1634 年間就完成的了〔註74〕，而盛于斯的僞託說，最早也不過是在萬曆四十七年（公元 1619 年）至崇禎六年（公元 1633 年）之間提出來的〔註75〕，時代相距如此之近，竟未聞僞託說，仍大量徵引《四書評》，則至少我們可以知道，僞託說在當時並不盛行，甚至到了藕師定稿（公元 1647 年）時都未加改動，仍直視此《四書評》之作者爲李卓吾，則當時明朝人對此書之作者爲李贄是不多懷疑的。因此，若就年代的早晚來說，盛于斯的說法實在很有商榷的餘地。

除了從年代來說之外，若就思想來看，《四書評》有些地方很能反應某些存在感受，而相應於李卓吾的。生死問題對李卓吾來說是很迫切的，他爲了解決「生死大事」，可以棄官、棄家，他對人生的苦有很深的感受，怕苦、怕生、怕死，他說：「世人唯不怕死，故貪此血肉之身，卒至流浪生死而不歇；聖人唯萬分怕死，故窮究生死之因，直證無生而後已。無生則無死，無死則無怕，非有死而強說不怕也。……怕死之大者，必朝聞而後可免于夕死之怕也。」（《焚書》卷四，〈觀音問——答自信〉）因此，卓吾以生死心切爲入道根本，以怕死爲腳跟，爲入門標準。他這種生死心切的感受，來自內在的性格，也來自當時的政治、社會及家庭境遇皆有關連〔註76〕，而這種存在感受，也在《四書評》中顯露出來：『子在川上，曰：逝者如斯夫，不舍晝夜。』（〈子罕〉）此節段後評云：

亦勸人不舍也，與道家流水不腐之語同。舍晝夜便了不得生死。

〔註73〕劉建國：〈也談李贄《四書評》的眞僞問題〉，《貴州社會科學》1983 年 3 期（1983 年），頁 21、22。

〔註74〕同註1，頁 142、143。

〔註75〕同註73，頁 21。

〔註76〕林其賢：《李卓吾的佛學與世學》（臺北：文津出版社，民國 81 年），頁 213、214。

原文根本扯不上生死，但歎時光流逝如川水。但對一個生死心切的求道者來說，生死大事是何等迫切，豈能蹉跎徘徊。也因為這種切身的感受，使他作了如此的註腳。此外，卓吾十分推崇泰州學派的健將羅近溪，近溪的平常、自然、灑脫的風格，以及不分地域、文化、人種、職業，貴賤而到處講學的親切精神，深深感動了李卓吾，使他至死猶嚮往不已〔註77〕，他亦曾拿自己來和羅近溪比對一下，以為近溪「外面極熱，心卻冷」；而自己是「外面極冷，心卻熱」，他舉例說：「近溪與物無忤，不論高低賢愚皆與講，老婆舌，此處極熱；然播弄世人，調笑群儒，以一世為戲場，以學問為弄具，言不由衷，多少可怪，此處卻冷。我性不喜流俗人，見流俗人，避之唯恐不早，此處卻冷；然我遇可人，吐心傾膽，實實以豪傑待他，此處卻熱。」〔註78〕而在《四書評》中，『子曰：伯夷、叔齊，不念舊惡，怨是用希。』（〈公冶長〉）一節，段後評云：

　　　他弟兄兩個是冷面孔、熱心腸，所以沒人怨他。

這正是卓吾自己的寫照。凡此，皆卓吾切身之存在感受，是難以在表面上模擬、偽託的。

　　至於蕅師作《論語點睛》，之所以引用卓吾的《四書評》如此多的份量，歸納起來，有幾個原因：

　　一、李卓吾從遊的幾個思想家，如浙中學派的王龍溪，或泰州學派的王襞、羅近溪，都是陽明的弟子系。陽明的致良知學說，原本就和禪學十分容易混淆，到了泰州、龍溪，在思想上比陽明更接近於禪。故黃宗羲《明儒學案‧泰州學案一》云：「陽明之學，有泰州、龍溪，而風行天下，亦因泰州、龍溪而漸失其傳。泰州、龍溪時時不滿其說，益啓瞿曇之祕而歸之師，蓋躋陽明而為禪矣。」〔註79〕王龍溪且提倡「現成良知」，更不諱言本身和禪的接近〔註80〕。而李卓吾的思想雖富個人主義色彩，較不受學派約束，表現出自由的特色，但他在思想上是認同這一學派的。加上他本人是一個以佛教思想為核心的三教調和論者〔註81〕，而他又曾經出家，儘

〔註77〕江燦騰：〈李卓吾的生平與佛教思想〉，《中華佛學學報》第二期（民國77年10月），頁279、280。

〔註78〕潘曾紘編：《李溫陵外紀》卷一，〈柞林紀譚〉。轉引同註76，頁37。

〔註79〕《黃宗羲全集》第八冊——《明儒學案》下（臺北：里仁書局，民國76年），頁703。

〔註80〕同註77，頁280、281，又，江氏此文〔註54〕，詳辨王龍溪與禪的關係，宜參看。

〔註81〕同註77，頁267、283。又，林其賢以為李贄《續焚書》卷二的〈三教歸儒說〉應題作〈三教歸佛說〉，因為文章的內容是從三教同是求聞道出世說起。且在卓吾晚年，在於對生死問題的掌握上，由佛家的解決之道獲得了自信，於是面對生死問題便由緊張趨於緩和，能以較從容的態度欣賞其他二教，這是出於以佛為主，收攝得其他二教的一種自信使然。同註76，頁134、135。

管他的落髮是出於複雜的情緒感染（他對人說剃髮是因爲天氣熱，長蝨子癢），也未受戒、不斷葷食，「形同沙彌」〔註82〕，但由於他的內心對學佛一事是十分認眞的，所以他後來也認同了這個出家的身分〔註83〕。不管怎麼說，李卓吾曾在龍湖芝佛院以僧眾的導師態度出現，教諭僧眾佛法；且就嚴禁如當時瑜伽僧的趕經懺、形式化、流俗化的弊病，而積極建立起「僧格」——寧可餓死，不願追求名利富貴的態度這一點來說，李卓吾甚至受到當時蓮池大師的稱讚〔註84〕；就算他並不能算是合格的、正式的出家人，也算是一位助弘佛法的「居士」〔註85〕。在這種情形之下，蕅師之作《論語點睛》，目的既在調和儒釋，並藉此世間儒典開顯出世法，那麼對於卓吾的《四書評》自然可借重作爲一種方便。

二、明朝自永樂十二年敕胡廣、楊榮、金幼孜等修《五經大全》、《四書大全》等，作爲科舉考試之用書，其中《四書大全》僅用一年時間即完成，內容則剽劉倪士毅之《四書輯釋》，但小有增刪而已。倪士毅之《四書輯釋》，乃是取其師陳櫟之《四書發明》與胡炳文《四書通》，加以刪正而成，而更爲朱子一家之學〔註86〕。由於《四書大全》乃陰據倪士毅舊本，潦草成書，而又不善剽竊，龐雜割裂，痕跡顯然；而其後流風所及，每況愈下，遂有講章一派從此而開，腐陋相仍，使朱子之書，專爲時文而設，而經義於是荒蕪〔註87〕。經術的日趨功利庸俗，使得後來的四書講章，浩如煙海，這都是濫觴於《四書大全》的編纂。《四庫提要》四書類存目案語以爲：

> 案古書存佚，大抵有數可稽，惟坊刻《四書》講章，則旋生旋滅，有若浮漚，旋滅旋生，又幾如掃葉，雖隸首不能算其數。蓋講章之作，沽名者十不及一，射利者十恆逾九，一變其面貌，則必一獲其贏餘，一改其姓名，則必一趨其新異，故事同幻化，百出不窮，取其書而觀之，實不過陳因舊本，增損數條，即別標一書目，別提一撰人而已。如斯之類，其存不足取，

〔註82〕江燦騰前揭文。

〔註83〕林其賢前揭書，頁165。

〔註84〕蓮池大師《竹窗三筆·李卓吾二》云：「卓吾負子路之勇，又不持齋素而事宰殺，不處山林而遊朝市，不潛心內典而著述外書，即正首丘，吾必以爲倖而免也。雖然，其所立遺約，訓誨徒眾者，皆教以苦行清修，深居而簡出，爲僧者當法也。蘇子瞻識評范增，而許以人傑，予於卓吾亦云。」（《蓮池大師全集》第四冊（臺北：中華佛教文化館，民國72年），頁3958、3959）雖然文中對卓吾有不勝惋惜之意，但「爲僧者當法也」在佛教界來說，無疑是極高的評價。

〔註85〕聖嚴法師：《明末佛教研究》（臺北：東初出版社，民國76年）第四章「明末的居士佛教」，就將李卓吾歸入於居士之列。

〔註86〕馬宗霍：《中國經學史》（臺北：臺灣商務印書館股份有限公司，民國81年），頁130。

〔註87〕《四庫提要》卷三十七。

其亡不足惜，其剽竊重複，不足考辨，其庸陋鄙俚，亦不足糾彈，今但據
所見，姑存其目，所未見者，置之不問可矣。（卷三十七）

又曰：

至明永樂中，大全出而捷徑開，八比盛而俗學熾，科舉之文名爲發揮經義，
實則發揮註意，不問經義何如也。且所謂註意者，又不甚究其理，而揣測
其虛字語氣，以備臨文之摹擬，併不問註意何如也。蓋自高頭講章一行，
非惟孔曾思孟之本旨亡，併朱子之四書亦亡矣。（卷三十六）

可知明代《四書》宗朱之著作，以《大全》這一系列之作爲夥，惜《大全》以去取
未當，抉擇不精，又因科舉以八股文章取士之不當，故明代程朱學者《四書》之作，
多爲利祿而作，而罕能於經義有所發揮，甚至使朱子之註意亦荒廢不彰〔註88〕。而
李卓吾的《四書評》，亦對當時的講章十分不滿，他的自序云：

千古善讀書者，陶淵明一人而已，何也？以其好讀書，不求甚解也。夫讀
書，解可也；即甚解亦無不可；不可者，只不可求耳。蓋道理有正言之不
解，反言之而解者；有詳言之不解，略言之而解者。世之龍頭講章之所以
可恨者，正爲講之詳，講之盡耳。此《四書評》一帙，有正言，亦有反言；
有詳言，亦有略言，摠不求甚解之語，則近之。若讀者或以爲未解也，則
有世之所謂龍頭講章在，勿謂李卓老解之不詳，講之不盡，令淵明老子笑
人也。

在這篇序文中，明顯地提到了他不喜宗程朱的《四書大全》這一系爲科舉考試時文
而作的「講章」，不僅在序文中如此，即使在正文中，也不忘隨時批評一下程、朱，
如《大學》的朱熹所補格物致知傳的段後評，只有「不必補」三個字；而《論語》
中，如『子曰：性相近也，習相遠也。』（〈陽貨〉）段後評曰：

分疏明白。原是說性善，倒爲程朱註腳看壞了近字，可恨。

又如『子張問崇德、辨惑。子曰：主忠信，徙義，崇德也；愛之欲其生，惡之欲其
死，既欲其生，又欲其死，是惑也！「誠不以富，亦祇以異。」』（〈顏淵〉）這一節，
關於「誠不以富，亦祇以異」這二句《詩·小雅·我行其野篇》的引文，朱熹引程
頤之言而註曰：「程子曰：此錯簡，當在第十六篇齊景公有馬千駟之上，因此下文亦
有齊景公字而誤也。」〔註89〕而《四書評》在此節的後段評卻曰：

就在此處，有何不好，引來證其意耳，何必字字明白。宋儒解書，病在太

〔註88〕參見王鵬凱：《歷代論語著述綜錄》（臺北：政治大學中國文學研究所碩士論文，民國
78 年），頁 184。

〔註89〕同註2，頁 136。

明白。

這評語正呼應了序文中對「講章」的反感，同時也表現出卓吾對程朱一系的不相投。

《四書評》的思想傾向是不贊同程朱一系的，這點固然是受到陽明學的影響，與當時陽明學說的興起而蔚為一時風尚的學風有關；而蕅師的《論語點睛》之所以大量的引用《四書評》，固然是著眼在陽明學說一系的思想性格與佛學較為相近；但更重要的是，朱子不但是集理學之大成者，更是集闢佛之大成者〔註90〕，對蕅師來說，《論語點睛》之作不但是在調和儒釋，甚至是以世間儒書開出世光明，作為儒者歸佛的方便階，因此，在儒學陣營的抉擇中，當然以性格較為接近的陽明一派心學作為考量，從而加以思想上的會通，來達到接引儒者這一目的，並且緩和程朱一系的闢佛態度。從這個角度來看，也就不難明白《論語點睛》為何以《四書評》為底本了。

三、從流通的廣泛面來說，卓吾的著作在當時是極受歡迎的，雖然遭官府屢禁，但禁者自禁，藏者自藏，人皆爭讀之。其時卓吾之名溢于婦孺之口，其書風靡有明一代。「無論通邑大都，窮鄉僻壤，凡操瓢染翰之流，靡不爭購；殆急於水火菽栗也已」，當時人人「全不讀四書五經，而李氏《藏書》、《焚書》，人挾一冊以為奇貨」（朱國禎《湧幢小品》卷十六）。陳明卿亦謂：「當卓吾書盛行，咳唾間非卓吾不觀，几案間非卓吾不適，朝廷雖焚之，而士大夫相與重鋟，且流傳日本。」〔註91〕且卓吾的學生汪本鈳在〈續刻李氏書序〉中亦曰：「海內無不讀先生之書者，無不欲盡先生之書而讀之者，讀之不已或並其偽者亦讀矣。」〔註92〕在這種海內風靡的情況下，蕅師藉卓吾《四書評》而作《論語點睛》，就一位宗教家「普渡眾生」的情懷來說，無疑地是能收到普及的效果的。

四、《四書評》就其思想型態來說，確實有些地方是很能和佛教思想相會通的。以下就舉《論語點睛》中蕅師所引卓吾的評文為例，加以說明。如『子夏曰：大德不踰閑，小德出入可也。』（〈子張〉）蕅師引曰：

卓吾云：最方而最圓。出入，形容其活動耳，云何便說未盡合理。（頁223）

「未盡合理」，指的是朱熹對『小德出入可也』的註解：「言人能先立乎其大者，則小節雖或未盡合理，亦無害也。」〔註93〕而卓吾針對這點，改加以圓融地解說，以

〔註90〕熊琬：《宋代理學與佛學之探討》（臺北：文津出版社，民國80年），頁6。

〔註91〕轉引自陳錦釗：《李贄之文論》（嘉新水泥公司文化基金會，民國63年），頁18、19。

〔註92〕《焚書／續焚書》（臺北：漢京文化事業有限公司，民國73年）《續焚書》部分的序文，頁4。

〔註93〕同註2，頁187。

爲「出入」是形容德性活動的狀態，至於他所謂的「最方而最圓」，則有超越相對的絕對主體的意味；而在佛家來說，所謂「眞如隨緣」，就是眞如心此一絕對的主體性，運于一切相對的染淨法之中，而使一切染污或塵勞都依此眞如心而得其存在性〔註94〕。此二者相較之下，不難發現卓吾的說法，與佛教思想型態有類似之處。又如『子曰：剛、毅、木、訥，近仁。』（〈子路〉）蕅師引曰：

> 卓吾云：剛毅木訥都是仁，仁則並無剛毅木訥矣。（頁182）

這樣的說法，是把一一具體的德行都消融到「仁」這個字中了；而就「仁」的立場來看，是無法分辨此一一具體的德行的。在佛教來說，《入法界體性經》云：

> 文殊師利！我不見法界有其分數。我於法界中，不見此是凡夫法，此是阿
> 羅漢法、辟支佛法，及諸佛法。其法界無有勝異，亦無壞亂。文殊師利！
> 譬如恆河，若閻摩那，若可羅跋提河，如是等大河入於大海，其水不可別
> 異。如是文殊師利！如是種種名字諸法，入於法界中無有名字差別。文殊
> 師利！譬如種種諸穀聚中，不可說別，是法界中亦無別名：有此、有彼、
> 是染、是淨，凡夫、聖人及諸佛法，如是名字不可示現。〔註95〕

兩相比較之下，二者的思想型態是多麼接近！又如『子貢欲去告朔之餼羊。子曰：賜也，爾愛其羊，我愛其禮。』（〈八佾〉）蕅師引曰：

> 卓吾云：留之則爲禮，去之則爲羊，故云：其羊其禮。（頁99）

在這一節中，蕅師自己釋曰：「子貢見得是羊，孔子見得是禮」，並引《十輪》、《佛藏》二經以明之，曰：「二經明剃髮染衣者，不論具戒破戒，乃至不曾受戒，亦是佛弟子相，決定不可毀辱。」孔子之意，乃在以形式保障本質，而卓吾引申曰「留之則爲禮，去之則爲羊」，亦是以羊的去留凸顯了「禮」這一本質是否透過「羊」而得到保障；而蕅師更引申到佛教的脈絡來發揮，使佛教的莊嚴性亦透過剃髮染衣的「佛弟子相」來保持，三者在義理解說上一脈相承，這就難怪蕅師樂於採用卓吾的《四書評》作爲《論語點睛》的底本了。

　　以上就李卓吾的思想是以佛學爲核心而融通三教、與卓吾《四書評》在儒家陣營裡是反對闢佛最力的程朱學派、以及卓吾著作的流通面是十分廣泛、和《四書評》中的思想與佛學有方便會通之處等四個角度，來探索蕅師《論語點睛》之採用李卓吾《四書評》爲底本的原因，作爲探討《論語點睛》一書的外緣研究，期能有助於對《論語點睛》之認識，並以之爲其思想內容探索之助緣。

〔註94〕同註58，頁363 「眞如隨緣」條。
〔註95〕《大正藏》第十二卷234頁下。

貳、《論語點睛》的思想內容

　　蕅師的《論語》注解，命名為「點睛」者，固然如〈四書蕅益解序〉中所云：「開出世光明也。」（頁2）而「點睛」一詞，亦正有點出關鍵所在，而能由此掌握住整體境界、整體精神之意，正所謂「畫龍點睛」之謂，亦即透過此一關鍵的點出，使全篇之精神昭然若揭，躍然紙墨之上。楊倫《杜詩鏡銓》凡例云：

> 詩貴不著圈點，取其淺深高下，隨人自領。然畫龍點睛，正可使精神愈出，不必以前人所無而廢之。〔註96〕

這是說評點有時如畫龍點睛，正可使境界全出。此處說的雖然是詩，但對蕅益大師藉《論語》發揚佛教思想來說，理則同然。且評點之學，在當時是一種風氣，曾國藩〈經史百家簡編序〉云：

> 自六經燔於秦火，漢世掇拾殘遺，徵諸儒能通其讀者，支分節解，於是有章句之學。劉向父子勘書祕閣，刊正脫誤，稽合同異，於是有校讎之學。梁世劉勰、鍾嶸之徒，品藻詩文，褒貶前哲，其後以丹黃識別高下，於是有評點之學。三者皆文人所有事也。前明以《四書》經藝取士，我朝因之，科場有勾股點句之例，蓋猶古者章句之遺意；試官評定甲乙，用硃墨旌別其旁，名曰圈點，後人不察，輒仿其法，以塗抹古書，大圈密點，狼藉行間。故章句者，古人治經之盛業也，而今專以施之時文；圈點者，科場時文之陋習也，而今反施之古書，末流之遞變，何可勝道。〔註97〕

這段記載說明了評點之學的由來與流變，評點之學到了明朝，因為以《四書》經藝取士，所以成為科場時文影響下的一種風氣，而反過來施於《四書》等經書。每鄉會試，主司喜於文卷之佳者，圈點標示其旁，又加評語於其上，以別妍媸，影響所及，書肆所刻《四書》文，莫不有評點〔註98〕，而蕅師《論語點睛》所參考的李卓吾的《四書評》正是這一風氣之下的著作。在《論語點睛》中，也有不少饒富評點意味的注解，如『子在齊聞韶，三月不知肉味，曰：不圖為樂之至於斯也！』（〈述而〉）蕅師曰：

> 讚得韶樂，津津有味。（頁131）

從一「味」字著眼，以聞韶樂之津津有味，呼應前文的不知肉味，文筆神妙，極富巧思。又如『子曰：臧文仲，其竊位者與？知柳下惠之賢，而不與立也。』（〈衛靈

〔註96〕轉引自郭正宜：《方東樹詩學源流及其美感取向之研究》（臺南：成功大學歷史語言研究所碩士論文，民國82年），頁94。

〔註97〕轉引同前註，頁90。

〔註98〕尤信雄：《桐城文派學述》（臺北：文津出版社，民國78年），頁113。

公〉〉蕅師曰：

> 誅心在一知字。（頁 198）

蕅師在此點出一「知」字，作爲此節的關鍵，讀者若能心領神會，便知其意蘊無窮。此外，又如『子溫而厲，威而不猛，恭而安。』（〈述而〉）及『子夏曰：君子有三變：望之儼然，即之也溫，聽其言也厲。』（〈子張〉）蕅師的注解皆僅「像贊」兩個字（頁 138、223），文字雖少卻餘蘊無窮，頗有卓吾《四書評》的風格。臧否人物，即事論理，使得一部《論語點睛》，亦洋溢著當時評點之學的風氣。這種不完全循傳統從正面一一詳細註解經文章句的方式，卻同時也有許多僅下一二評語去讓讀者自己心領神會的地方，這正如同李卓吾在《四書評》的自序中所說的：「此《四書評》一帙，有正言，亦有反言；有詳言，亦有略言，摠不求甚解之語，則近之。」的著作態度是相似的，同時也看得出蕅師的《論語點睛》亦受到當時坊間評點《四書》文的風氣所影響。

　　《論語》一書，多記載孔子和他的弟子之間的生活言談舉止等事，較沒有嚴密的理論架構，異於《大學》、《中庸》之有三綱八目及天命與心性的遙契貫通作爲其思想骨架。如就佛家的典籍來說，《論語》的性格較像經，而《大學》、《中庸》較像論。經是佛所說，呈顯出來的性格是較爲具體、活潑、舒朗而開擴的心胸；而論是菩薩所造，目的在闡明佛經之義理，故理論性較強〔註99〕。因此，在探索《論語點睛》的思想時，如順著蕅師「點睛」之述作宗旨，從書中臧否人物、即事論理處著手，當較能掌握此書之思想。在《論語點睛》一書中，有好幾處都提到曾子、子思等人，不能傳得孔子出世道脈，唯顏回能之，如『季康子問弟子孰爲好學？孔子對曰：有顏回者好學，不幸短命死矣，今也則亡。』（〈先進〉）蕅師曰：

> 說了又說，深顯曾子子思，不能傳得出世道脈。（頁 161）

又在『子曰：參乎，吾道一以貫之。』（〈里仁〉）一節中，蕅師曰：

> 此切示下手工夫，不是印證……然不可便作傳道看。顏子既沒，孔子之道
> 的無正傳。（頁 108）

在此節中，蕅師明言顏回、曾子境界的高下，唯顏回方能得孔子眞傳。事實上，蕅師對於儒教的人物，最尊崇的就是孔子、顏回。在〈八不道人傳〉中，蕅師自述曰：

> 二十歲，詮論語，至「天下歸仁」，不能下筆，廢寢忘餐三晝夜，大悟孔
> 顏心法。〔註100〕

「孔顏心法」究竟指的是什麼呢？蕅師二十歲所悟的孔顏心法的內容，今日難加考

〔註99〕牟宗三：《中國哲學十九講》（臺北：臺灣學生書局，民國 80 年），頁 287。

〔註100〕同註18，《全集》第十六冊，頁 10220、10221。

證，但在〈示李剖藩〉的法語中，蕅師認為他二十歲所悟與陽明同，只是陽明境上鍊得，力大而用廣；他則從看書解得，力微而用弱而已。陽明是蕅師認為能直承孔顏心學之傳的人，而蕅師二十歲所悟者，則成為他學習佛法的階漸〔註101〕，可知此「孔顏心法」，是與陽明思想頗為相類的。只是蕅師後來由儒入佛，沈浸佛法數十年之久，在他四十九歲所修定的《論語點睛》中，對「天下歸仁」一語，又是如何解釋的呢？〈顏淵篇〉顏淵問仁一節，今具引如下，加以分析說明。中括弧內乃蕅師於本文中所加之夾注，並錄之：

　　『顏淵問仁。〔僧問和尚：如何是佛？〕子曰：克己復禮為仁。一日克己復禮，天下歸仁焉。為仁由己，而由人乎哉？〔和尚答曰：只你便是。〕顏淵曰：請問其目。〔僧又問曰：如何保任？〕子曰：非禮勿視，非禮勿聽，非禮勿言，非禮勿動。〔和尚答曰：一翳在目，空華亂墜。〕顏淵曰：回雖不敏，請事斯語矣！〔僧拜禮。〕』蕅師釋曰：

> 克，能也。能自己復禮，即名為仁。一見仁體，則天下當下消歸仁體，別無仁外之天下可得。猶云：十方虛空，悉皆消殞，盡大地是個自己也，故曰由己。由己，正即克己己字，不作兩解。夫子此語，分明將仁體和盤托出，單披上根。所以顏子頓開妙悟，只求一個入華屋之方便。故云：請問其目。目者，眼目。譬如畫龍，須點睛耳。所以夫子直示下手工夫，正所謂流轉生死，安樂涅槃，惟汝六根，更非他物。視聽言動，即六根之用，即是自己之事。非教汝不視、不聽、不言、不動，只要揀去非禮，便即是禮。禮復，則仁體全矣。古云：但有去翳法，別無與明法。經云：知見立知，即無明本。知見無見，斯即涅槃。立知即是非禮，今勿視、勿聽、勿言、勿動，即是知見無見也。此事人人本具，的確不由別人，只貴直下承當，有何利鈍可論，故曰回雖不敏，請事斯語。從此三月不違，進而未止。
>
> 方名好學，豈曾子子思所能及哉！（頁167、168）

「一見仁體，則天下當下消歸仁體，別無仁外之天下可得。」這個「天下歸仁」的「仁體」指的究竟是什麼？「仁體」者，就是「本覺之體」，也就是如來藏真如自性〔註102〕。在『哀公問弟子孰為好學？孔子對曰：有顏回者好學，不遷怒、不貳過，不幸短命死矣，今也則亡，未聞好學者也。』（〈雍也〉）一節，蕅師釋曰：

〔註101〕同註18，頁10535、10536。

〔註102〕聖嚴法師即主張蕅師是把「天下歸仁」的「天下」，解為十方虛空的；而「仁」，則是以如來藏性或常樂我淨的真常佛性作解的。「天下歸仁」，也就是「滅塵合覺」。說見同註1，頁306。

無怒無過，本覺之體。不遷不貳，始覺之功。此方是眞正好學。曾子以下，
的確不能通此血脈。孔子之道，的確不曾傳與他人。（頁118、119）

此節再一次辨明孔子道脈唯顏回得傳，而另一方面，則引用《起信論》之「本覺之
體」與「始覺之功」來註解，可知蕅師仍是依此一隨緣不變、不變隨緣的思想架構
來處理顏淵所問的「仁」，所以「一見仁體」而「盡大地是個自己」也。這猶如《華
嚴經》所云：「若人欲了知，三世一切佛，應觀法界性，一切唯心造。」一切唯心造，
所以「天下當下消歸仁體，別無仁外之天下可得」也。而此一如來藏性，本自具足
一切萬法，這種「本具」、「性具」的思想恰巧給「爲仁由己，而由人乎哉」作一註
腳，蓋返迷歸眞，由生滅門歸眞如門的工夫，也只是復此本自具足的眞如本性而已，
要作工夫，就從自己這現前一念下手，所以說「此事人人本具，的確不由別人。」
但是只管說復此眞如自性，卻沒個入門方便，所以夫子「直示下手工夫」，「譬如畫
龍，須點睛耳」，而這個下手工夫，入門方便，不在別處，卻正是從見聞覺知，從六
根六識處下手。在『吾十有五而志于學，三十而立，四十而不惑，五十而知天命，
六十而耳順，七十而從心所欲，不踰矩。』（〈爲政〉）一節，蕅師曰：

只一學字到底。學者，覺也。念念背塵合覺，謂之志。覺不被迷情所動，
謂之立。覺能破微細疑網，謂之不惑。覺能透眞妄關頭，謂之知天命。覺
六根皆如來藏，謂之耳順。覺六識皆如來藏，謂之從心所欲不踰矩。（頁
88、89）

即六根六識而覺如來藏眞如自性，這正是個下手工夫處。但這並非別修個什麼工夫，
正如《壇經》所說：「善知識！眞如自性起念，六根雖有見聞覺知，不染萬境，而眞
性常自在。」〔註103〕，所以蕅師解曰：「非教汝不視不聽不言不動，只要揀去非禮，
便即是禮。」如同燈光破暗，明無所從來，暗亦無所從去，「但有去翳法，別無與明
法」，從「非禮」處而「勿視勿聽勿言勿動」，用遮詮的方式說明，只是個「不染萬
境」，故能「眞性常自在」。而這個工夫的用力處，也只在於不惰而已。如何的「不
惰」？『子曰：語之而不惰者，其回也與！』（〈子罕〉）蕅師解曰：

後一念而方領解，即是惰。先一念而預相迎，亦是惰。如空谷受聲，乾土
受潤，大海受雨，明鏡受像。隨語隨納，不將不迎，方是不惰。（頁150）

這段話可以說是闡明了「去翳法」，於學者裨益良多。明鏡受像，不將不迎，恰如《金
剛經》所謂的「應無所住而生其心」，心無所住，知見無見，斯即涅槃。蕅師在本文
章句間的夾注，引到了芙蓉靈訓初參歸宗智常的公案〔註104〕，「只你便是」，本自具

〔註103〕《大正藏》第四十八卷353頁中。
〔註104〕《景德傳燈錄》卷十，《大正藏》第五十一卷280頁下。

足，豈假外求？「如何保任」，但此一念，知見立知，即無明本，故曰「一翳在目，空華亂墜」。文字章句之間配合得非常巧妙，把蕅師的思想大要「和盤托出」。

蕅師之解《論語》，仍是《起信論》一心開二門的路子。『子曰：性相近也，習相遠也。』（〈陽貨〉）蕅師曰：

　　性近習遠，方是不變隨緣之義。（頁210）

正是「真如門」與「生滅門」對辨並舉。《論語點睛》中，乃多發明「心外無境」、「境由心生」之意。在『愛之欲其生，惡之欲其死，既欲其生，又欲其死，是惑也！』（〈顏淵〉）一節，蕅師云：

　　四個其字，正顯所愛所惡之境，皆自心所變現耳，同是自心所現之境。

　　而愛欲其生，惡欲其死，所謂自心取自心，非幻成幻法也，非惑而何。

　　（頁171）

正以唯心識觀，教人解惑也。又如『子曰：賢哉回也！一簞食，一瓢飲，在陋巷，人不堪其憂，回也不改其樂，賢哉回也！』一節，蕅師解曰：

　　樂不在簞瓢陋巷，亦不離簞瓢陋巷。簞瓢陋巷，就是他真樂處。惟仁者可

　　久處約。約處，就是安處利處。若云：簞瓢陋巷非可樂，則離境談心，何

　　啻萬里。（頁121）

蕅師不但闡明「心外無境」之理，更警惕學者不可離境談心，以免學者墮於空談而不自知。又，《論語點睛》中，諸如以覺訓學者，（如『子曰：學而時習之』（〈學而〉，頁79）、『子曰：吾十有五而志于學』（〈為政〉，頁 88）……等處），或詳自他不二者（如『子貢曰：如有博施於民而能濟眾』（〈雍也〉，頁126、127）、『子曰：古之學者為己，今之學者為人』（〈憲問〉，頁189）……等處），或強調開權顯實者（如『子曰：民可使由之，不可使知之』（〈泰伯〉，頁141）……等處），或接引方便，悉檀益物者（如『子曰：可與言而不與之言，失人』（〈衛靈公〉，頁196）……等處）……等等，其思想理路俱詳於本章前二節，此處不一一贅述。以下茲就書中幾點較特別的地方，略述於後：

一、肯定孔子積極用世：蕅師由於自己學習佛法乃由孔顏心法處悟入，所以他尊崇孔子與顏回，稱孔子為「夫子真萬古木鐸也」（頁102），又以悲天憫人的菩薩心腸來形容孔子，而稱他為「木鐸之任、菩薩之心」（頁116），來讚美他的積極用世之行徑〔註105〕。然而蕅師雖盛讚孔子為「至聖」（頁149），但並非視如佛之究竟，如『子曰：述而不作，信而好古，竊比於我老彭。』（〈述而〉）蕅師引卓吾

〔註105〕林政華：〈蕅益祖師之論語教〉，《華梵佛學年刊》第六期，（民國78年），頁45。

云：「都是實話，何云謙詞。」（頁127）又如『子曰：我非生而知之者，好古敏以求之者也。』（〈述而〉）仍引卓吾云：「都是實話」（頁133）又如『子曰：君子之道者三，我無能焉。仁者不憂，知者不惑，勇者不懼。子貢曰：夫子自道也。』（〈憲問〉）蕅師曰：

> 夫子自省，眞是未能。子貢看來，直是自道。譬如《華嚴》所明：十地菩
> 薩，雖居因位，而下地視之，則如佛矣。（頁190）

細觀此言，蕅師似有將孔子擬爲地上菩薩之意，又在『子貢曰：如有博施於民而能濟眾，何如？可謂仁乎？子曰：何事於仁，必也聖乎！堯舜其猶病諸！……』（〈雍也〉）一節，蕅師曰：

> 堯舜猶病，正是欲立欲達處。仁，通因果；聖，唯極果，堯舜尚在因位，
> 惟佛方名果位耳。（頁127）

可見蕅師心中，仍以成佛爲究竟，正如在《中庸直指》中，釋『雖聖人亦有所不知焉』、『雖聖人亦有所不能焉』、『天地之大也，人猶有所憾』時，他解爲「聖人不知不能，天地猶有所憾，所以唯佛與佛，乃能究盡諸法實相」（頁45），其立場是一致的。而蕅師又以顏回尚在學地，未登無學（如『顏淵喟然歎曰：仰之彌高……』（〈子罕〉，頁147）及『子謂顏淵曰：惜乎，吾見其進也，未見其止也。』（〈子罕〉，頁150）等處）。無學位，即阿羅漢果，是小乘的極果。蕅師這樣評斷孔子與顏回，筆者以爲他的態度是認眞的，一來由他幼時的「大悟孔顏心法」而成爲他階漸佛法的因緣來看，孔顏與佛法確有相當的關聯性，再者，在『曾子曰：士不可以不弘毅，任重而道遠：仁以爲己任，不亦重乎！死而後已，不亦遠乎！」（〈泰伯〉）一節，蕅師謂：

> 弘毅二字甚妙，橫廣豎深，橫豎皆不思議。但死而後已四字，甚陋。孔子
> 云：朝聞道，夕死可矣！便是死而不已。又云：未知生，焉知死？便是死
> 生一致。故知曾子只是世間學問，不曾傳得孔子出世心法。孔子獨歎顏回
> 好學，良不誣也。（頁140）

此處判曾子爲世間學問，未曾傳得孔顏的「出世心法」，這段文字更可使我們了解蕅師所謂「孔顏心法」的內涵，同時從蕅師的判別孔顏與曾子爲出世與世間學的差等來看，蕅師的立場與態度應是一致而且認眞的。

　　二、重實學〔註106〕、反空談：蕅師當時的禪者，是以「教外別傳」和「不立文

〔註106〕「實學」一詞，在不同的時代與環境中，各有其特定的涵義。如何佑森〈明末清初
　　　　的實學〉，《臺大中文學報》第四期，頁1～15一文中指出：「……即使在同一時代，
　　　　因學問的趨向不同，也有幾種不同的解釋。宋明理學家，即自認他們所講的『理』

字」的理義，來否定教理義學，應對於此，蕅師則以「離經一字，即同魔說」的論據，加以反駁〔註107〕。在《論語點睛》中，也表現出蕅師這種重實學、反空談的思想傾向，如『子貢曰：賢賢易色，事父母能竭其力，事君能致其身，與朋友交，言而有信，雖曰未學，吾必謂之學矣！』（〈學而〉）蕅師釋曰：

> 賢賢，不但是好賢，乃步步趨趨之意。蓋自置其身於聖賢之列，此即學之本也。事親、事君、交友，皆躬行實踐，克到聖賢自期待處，所以名爲實學。（頁82）

實學乃對未學言，皆躬行實踐，方可謂之實學；反而言之，若僅空談禪理，則爲未學。如『宰我問曰：仁者，雖告之曰：井有仁焉。其從之也？子曰：何爲其然也？君子可逝也，不可陷也；可欺也，不可罔也！』（〈雍也〉）一節，蕅師云：

> 此問大似禪機。蓋謂君子既依於仁，設使仁在井中，亦從而依之乎？夫子直以正理答之，不是口頭三昧可比。（頁125）

要學者不流於口頭三昧也。又如『子曰：莫我知也夫！子貢曰：何爲其莫知子也？子曰：不怨天，不尤人，下學而上達，知我者，其天乎！』（〈憲問〉）一節，蕅師曰：

> 今人離下學，而高談上達，譬如無翅，妄擬騰空。（頁192）

又如『子謂子夏曰：女爲君子儒，無爲小人儒。』（〈雍也〉）一節，蕅師曰：

> 即下學而上達，便是君子儒；滯於下學，便是小人儒。若離下學而空談上達，不是君子儒，亦不是小人儒，便是今時狂學者。（頁121、122）

凡此，皆呈顯出蕅師重實學，反空談的態度。

三、教導學者儒佛相參〔註108〕：如『子曰：君子之於天下也，無適也，無莫也，義之與比。』（〈里仁〉）蕅師節末解曰：

> 當與趙州使得十二時，《壇經》悟時轉《法華》並參。（頁107）

又如『子釣而不綱，弋不射宿』（〈述而〉），蕅師曰：

> 現同惡業，曲示善機，可與六祖吃肉邊菜同參。（頁135）

又如『子曰：予欲無言。子貢曰：子如不言，則小子何述焉？子曰：天何言哉？四時行焉，百物生焉，天何言哉？』（〈陽貨〉）一節，蕅師曰：

是『實理』，道德的知識是『實學』。而清代的經學家和史學家卻說宋明人所講的『理』是『虛理』，『學』是『空虛之學』，強調只有經史中的制度人事才是『實學』。」又認爲「實學」所關涉到的虛實之辨，包括三大課題：一即儒佛道之爭；二即朱陸之爭；三即漢宋之爭。本文此處所標「實學」二字並不牽涉這種種的涵義，僅是就蕅師注文中「躬行實踐」之義而「名爲實學」的引文，摘出作爲標題而已。

〔註107〕同註1，頁80。
〔註108〕此點所引例皆參見林政華：〈蕅益祖師之論語教〉，同註105，頁52。

　　無言，豈是不言？何言，卻是有言！說時默，默時說，參！（頁 215）

這是在正面的教理義學的注解之外，另以禪宗參公案的方式，接引學者悟入的方便法門也。由此益可見蕅師的隨機說法，悉檀益物的善巧與慈悲。

第四章 《四書蕅益解》的詮釋方法

第一節 「以述為作」以顯其思想之創發性

　　蕅益大師之注解《四書》，雖然他採用的方式是傳統學者隨經文章句逐文注解的經學形式，但這並非所謂「注不悖經，疏不悖注」的嚴謹的守著先儒說法，不違師說的舊有注疏之學的傳統。所謂「注不悖經，疏不悖注」的原則，其實是反映了一種「神聖的作者觀」，也就是作者是神聖的，聖者作，其他人便來傳述之、彰明之〔註1〕。因此，在傳統學者的人文箋釋活動中，一直存在著追求「作者本意」的觀念〔註2〕，由於經書是載聖人之道的，聖人之道有其神聖性、超越性、普遍性，故經書只有聖人才能創作，而其箋釋者最主要的工作，是在追求「作者本意」，對箋釋經書來說，就是發明「聖人本心」。因此，箋釋者的地位都是「述者」，「述而不作」成為傳統學者箋釋經書的態度。

　　「注不悖經，疏不悖注」的原則，反映了傳統學者的解經活動中追求「作者本意」的基調，同時由於經書是聖人所作，具有神聖性，因此引發了尊經思想，這種尊經思想說明了何以傳統的解經模式是採取跟隨原典逐章逐句的加以注釋疏解，而不是解經者以範疇、命題為中心而建立有系統、有組織的思想體系之部分原因。因為就一個「述者」的立場來說，前者的模式無疑是較能照顧到「述而不作」的宗旨，同時箋釋經書仍是以經書為主，箋釋者不過是附於經文之後加以說明、傳述而已，

〔註 1〕龔鵬程：《文化符號學》（臺北：臺灣學生書局，民國 81 年），頁 12。
〔註 2〕顏崑陽：《李商隱詩箋釋方法論》（臺北：臺灣學生書局，民國 80 年），頁 165、166，
　　　　他認為追求「作者本意」的觀念，始於經學，而延及史學，終而詩學。也就是說，
　　　　這個觀念瀰漫在傳統中國學者的箋釋活動中。

由此達到了尊經的效果。

在另一方面，先秦的典籍經過秦火，到了漢代形成一個文化斷層，所以漢代學者對先秦典籍很重要的一部分工作在於考訂、整理，並就典籍之字詞加以訓詁，以求恢復作品原貌。作品的原貌即是作者寫此一作品時的樣子，確定了作品的原貌，才能使讀者安心的閱讀此一作品，享受作品所提供的訊息，因為這個訊息是作者透過作品傳達給讀者的〔註3〕。因此，這仍是前述的掌握「作者本意」的詮釋態度。只是漢代的學者面臨了秦火之後這個比較具有特殊歷史背景的環境，故而整理舊有的典籍，考訂章句、訓詁字詞的含意就成了當時釋經活動的特色。在這種情形之下，隨文夾注的解經模式，當較能方便學者對經籍章句字詞的考訂與訓詁，因此，這種箋釋經書的型態便成為中國學者治經學的詮釋特色，而延續下來。

到了宋代，學者對於「注不悖經，疏不悖注」的箋經活動有了反省，以為漢代支離於詁訓，魏晉幽沈於老、佛，皆未得聖學之大要，因而毅然捨漢唐，而建立新的治學方法，意欲跨越傳注而直接孔孟，探求聖人本心〔註4〕。王應麟《困學紀聞》云：

> 自漢儒至於慶曆間，談經者守訓詁而不鑿。《七經小傳》出而稍尚新奇矣。
> 至《三經義》行，視漢儒之學若土梗。

陸游也說：

> 唐及國初，學者不敢議孔安國、鄭康成，況聖人乎！自慶曆後，諸儒發明
> 經旨，非前人所及；然排《繫辭》，毀《周禮》，疑《孟子》，譏《書》之
> 〈胤征〉、〈顧命〉，黜《詩》之序，不難於議經，況傳注乎！〔註5〕

這都說明了宋儒撥棄傳注，使得「注不悖經，疏不悖注」的注疏傳統受到了動搖。但此處必須仔細辨明：宋儒之撥棄傳注，並非否定孔子之為「作者」的神聖性，而是想要跨越先儒舊說、跨越傳注，直接從經典本身著手，來直接孔孟、直求聖人本心的。因此，宋儒所撥棄的，是前一批「述者」的意見，而非撥棄孔子之為「作者」的立場，好讓自己來當「作者」。亦即，同樣是「述而不作」的「述者」立場，但是在「述」的方法上，撥棄了傳注，而改採直接聖人本心的方法。但無可否認的，宋代儒學在和佛學、老莊的思潮相激盪之下，已經萌發出新的儒學型態，而產生所謂「理學」，或稱「道學」，在形上思維的架構上已有很好的成績，而這些範疇，是先前的儒學中所未曾面臨或未曾強調的。在宋儒自己認為，這些性命、天道等形上思想是原本就具足在聖人之心中的，是「吾道自足」的，只是

〔註3〕同註1，頁24。

〔註4〕汪惠敏：《宋代經學之研究》（臺北：師大書苑有限公司，民國78年），頁8

〔註5〕轉引自皮錫瑞：《經學歷史》（臺北：藝文印書館，民國76年），頁237、238。

孔子少提罷了，所以現在就從經典中來尋求，如胡瑗在太學任職時以「顏子所好何學？」的問題考學生，這在傳統的注疏訓詁中是找不到答案的，必須直接體會經文裡的本心的。歸根究柢的說，宋人反省了「注不悖經、疏不悖注」的注疏舊學，而提倡直接聖人本心，其視孔子為「作者」之神聖性依然保存，而探求「作者本意」的企圖依然如故，只是在途徑上，捨棄了傳注詁訓的支離，而著重在整體義理上的融通與發揮。但是雖然宋儒跨越傳注而重義理，然其理學義理的闡發卻依然維持著原有的隨文夾注的經學形式的傳統，這是因為理學家的思想須有一處植根，而尊經的傳統依然存在，孔子之為「作者」的神聖性不變，所以闡發理學的義理仍須以經典為依歸，只是所闡發者非如漢儒的支離於章句訓詁，而是闡發經書中的微言大義。同時在傳統的中國社會中，儒家的經書有其崇高的地位，也含有教化的功能，而理學家們雖然發展了新的形上思想、新的哲學範疇，但為借重經書的權威性，於是透過注解經書的活動，把自己的思想觀點用隱晦的方式通過注文和解經言論曲折的反映出來。這在理學家自己看來，自己只是在代聖人立言，替聖人說清、說透經文奧義，所表達的觀點，都是經中固有的聖人原義，非自己所杜撰，自己只是一個「述者」的立場。但通過注解經書來傳達理學思想，在客觀效果上不僅能使理學思想戴上「聖人之道」的神聖光環，也有助於使眾多尊孔習經的文人儒生從感情上接受理學，理學就是這樣與經學密切結合在一起，而使得思想學說與經學形式互為表裡〔註6〕。

宋儒雖然亦自認自己不過是發明聖人本心，也都只是「述而不作」，但從上述理學家能將理學思想藉著經學形式來闡發，使新的思想能與經學形式結合這點來看，這樣子的藉著注解經書曲折委婉的表達了理學家新範疇的哲學思想，雖然都自認為「述而不作」，其實正都是「以述為作」〔註7〕。這種「以述為作」的詮釋方式，很能幫助我們理解薀師《四書薀益解》的詮釋模式。薀師所要進行詮釋的對象——《四書》，除了《論語》在南朝劉宋時已與《孝經》合為一經，而唐代「開成石經」沿稱為經且分《論》、《孝》為二經之外，至於《大學》、《中庸》雖原本為《禮記》之篇

〔註6〕李曉東：〈經學與宋明理學〉，收入林慶彰編：《中國經學史論文選集》下冊（臺北：文史哲出版社，民國82年），頁6。

〔註7〕如龔鵬程認為：「孔子以後的儒家，也多採取述而不作的態度，祖述六經、宗師仲尼，一切意見，均以闡述經典或注釋經典的方式來表達。這在表面上看起來，是擁抱聖人之糟粕；是依傍前人；是仰企聖人，以為不可超越。其實猶如一闋歌謠，傳唱者你添了一段、我改了一句；或者用了舊調子，唱著我的新歌詞；或則旋律變動了、節拍不一樣了。每個人、每個時代其實都唱著自己的歌哩！創作活動，即在傳述之中進行。」同註1，頁20。

章，但其受重視而凸出其地位則是在宋代，程頤以《大學》論三綱、八目爲初入德之門；《中庸》言性命、天道，廣大精微，與《大學》相發明，而謂之爲孔門傳授心法之書；到了朱熹便取此二篇別出單行，並配《論語》、《孟子》稱爲「四子書」。可見《四書》的經學地位的確立與宋儒的理學發達有密切的關係，尤其《孟子》一書由子書升格爲經書，在宋代躋於十三經之列，更加說明了理學與經學的密切關連。到了明朝，雖然《五經大全》與《四書大全》並頒，但「當時程式以《四書》義爲重，故《五經》率皆庋閣，所研究者惟《四書》，所辨訂者亦惟《四書》」（《四庫提要》卷三十六），所以經學研究的重心，到了明代，實在是從《五經》而移轉到《四書》的。蕅師要進行詮釋的對象，既是當時經學的重鎮——《四書》，因而採用經學模式，隨文夾注的型態，也是時勢所趨；更重要的，是在於蕅師所要詮釋的內容，主要是他「現前一念心」的佛學思想，若要藉著經學模式來闡發其思想學說，則宋代理學家的解經模式很能作爲其借鏡。因此，蕅師的《四書蕅益解》，在「四書」的部分是隨經文，是詮釋的對象；而在「蕅益解」的部分是夾注，是詮釋的內容，就這樣，透過此種詮釋模式，將經學形式與其思想內容統一起來了，在表面上仍是「述者」，但就和宋代理學家一樣，都是「以述爲作」，來顯其思想的創發性。

在這裡還要探究一個問題，亦即：宋代理學家在詮釋態度上，自認是在探求「聖人本心」，仍是追求「作者本意」的傾向。至於蕅師的《四書蕅益解》，是否亦自認爲是探求作者的本意？筆者認爲，蕅師對於孔顏的「出世心法」的理解，其態度是認眞的，例如《論語點睛》中對「顏淵問仁章」的詮釋，在蕅師自己來說，認爲這是孔顏師徒傳授「出世心法」的對話，而此一出世心法的微言大義，即是蕅師所詮釋的那樣。在這一部分，蕅師與宋代理學家的態度是一致的，亦即皆自認爲是在探索「聖人本心」、追求「作者本意」的；至於宋代理學家的注解不失儒者情懷，而蕅師卻使之成爲佛教如來藏觀點的詮釋，這樣的差異僅是詮釋角度的不同而已，至於其詮釋態度則並無差別；亦即宋代理學家心目中的孔顏，與蕅師心目中的孔顏，自不必同，但在詮釋者立場的自我認定上，二者皆自認是在發明孔、顏本心，這點卻是一致的。至於《中庸》及《大學》，蕅師以爲皆子思所作，且以爲子思不能傳孔子出世心法，所以蕅師在作《中庸直指》與《大學直指》時，是不打算探求「作者本意」的，又因爲蕅師作《四書蕅益解》，其用意原在「藉《四書》，助顯第一義諦」（〈四書蕅益解序〉），目的既在闡發佛教教義，因此在這一部分，便與上述詮《論語》「顏淵問仁章」有所不同，由於詮釋態度不一樣，蕅師在此採取的詮釋方法也就不一樣，已非直契孔、顏本心那樣的方式，而是運用《法華》「開權顯實」的教旨，如其《中庸直指》卷末語所云：

但此皆用《法華》開顯之旨，來會權文，令成實義，不可謂世間儒學，本

與圓宗無別也。（頁72）

可見在此處，蕅師只是權作方便，以《中庸》等世間儒書作出世階耳，並非探求「作者本意」的，這種解經的立場，蕅師在另一談論儒釋同異差別的文章——〈性學開蒙答問〉一文中，即表示得很清楚：

既知宣聖祕密微談，兼秉《法華》開顯妙旨，即此《中庸》，便可作圓頓

佛法解釋……然此是智旭之《中庸》，非子思之《中庸》也。〔註8〕

這正是蕅師有這樣的述作宗旨的自覺，在「開權顯實」這一詮釋方法的運用上，是和宋代理學家的直探「聖人本心」，以及傳統人文箋釋活動中追求「作者本意」的態度，有很大的差別。蕅師既不打算追求作者本意，自也不會居於「述者」的立場來發明「作者」本心，因此「開權顯實」的方式，其「述」的成分便很少，而只是寄託於經學形式的表面，好像仍是在解《中庸》、解《大學》，但實則「作」的成分便增大了許多，使得《中庸直指》與《大學直指》充滿了佛學的內容，由這裡表現出它和傳統經學很大的歧異。

蕅師《四書蕅益解》的詮釋模式，既如同宋代理學家一般，是將自己的思想透過隨文夾注的經學形式表現出來，那麼這種「以述爲作」的方法有什麼樣的特色呢？和理學家所遭遇的問題一樣，由於蕅師自己有一套「現前一念心」的哲學思想，及《起信論》「一心開二門」的思想架構，這是一套有系統、有組織、整體完備的思想體系，但在經學形式的框架中，隨文夾注的型態下，勢必將此一整體完備的思想內容分散到各相關的經文之下，此時理論體系的各個環節不是依據其內在有機聯繫和邏輯順序排列，而是根據經文的順序，毫無規律的排列著，並淹沒在大量無關的言論之中，在經學框架的制約下，被迫以零亂的、鬆散的形式存在，而且很難避免重複，因爲每條內容相近的經文都要按同一觀點去解釋。這樣容易造成理論思維的不連貫性，使讀者必須自己去組織其間的各個環結，而較不容易掌握住其整體的思想〔註9〕。這一點自然對闡揚蕅師的思想有其表現形式上的局限。但如上文所述，蕅師的目的既然是在會通世間儒書同歸佛法大海，則此種

〔註8〕蕅師〈性學開蒙答問〉，見於《蕅益大師全集》第十六冊（臺北：佛教書局，民國78年），頁10714～10716。

〔註9〕同註6，頁16、17，此處僅是就隨文夾注的經學模式而言。在《四書蕅益解》中，《論語點睛》鬆散的情形最爲明顯，而《大學直指》、《中庸直指》則因爲有三綱八目及天命與心性的遙契貫通作爲其思想骨架，所以在形式上雖然也節節分隔，而同一觀點的表達也多重複分散在各節段落中，但就整體來說，仍有一脈絡可尋。不過終究不如直接以主題或範疇爲中心而開展的專文來得清楚明晰。

形式的選取，也就具有目的上的意義了。

第二節 《四書蕅益解》的詮釋體式

蕅益大師既然藉著注解儒家的經書——《四書》來闡發其佛教的義理，則其會通儒佛、調和儒釋的主張，也就十分明顯。蕅師之作《四書蕅益解》一書，其終極的目標雖在於引儒歸佛，但若要達到此一目標，則會通儒佛乃成為其不可缺少的步驟。《四書》原本是儒家的經典，蕅益大師選擇了這部最具儒家根本精神的代表作品，從而以佛家的觀念、思想來疏解它，則蕅師是如何經由儒家這部經典找出發揮佛教思想的空間？或者說，《四書》這部作品是如何向蕅師這位詮釋者，開放它自身，在新的詮釋中得到新的生命？本節擬從《四書蕅益解》這部書中，探討蕅師會通儒佛的關鍵，這關鍵是詮釋體式上的，偏重在語言形式或思想形式上的轉換，也就是，蕅師藉著中國文字多義性的特徵，或是對語境制約的忽略，或是思考架構、思考模式的類似性等途徑，作為儒佛轉換、會通的關鍵。以下茲從此三個方向，對應《四書蕅益解》原文，逐一加以討論。

壹、文字多義性之運用——以語詞的別解符應儒釋

蕅師的《四書蕅益解》中，常運用文字多義性的特徵，作為符應儒釋的關鍵。文字的意義是建立在前後文的關係之中的，而沒有一個字能有兩次意義完全相同，這是因為沒有兩個前後文是完全相同的〔註10〕。所以，在《四書蕅益解》中，蕅師便運用這種文字多義性的情形，對某一語詞訓為別解，從而順著這個別解，將原本屬於儒家的義理，滑動、轉換而成為佛教的解釋。如在《論語點睛》中，『子曰：人而無信，不知其可也。』（〈為政〉）一節，蕅師對「信」字的解釋，云：

> 不信自己可為聖賢，如何進德修業？（頁95）

此正如同在『子曰：君子不重則不威……主忠信……』（〈學而〉）一節中，蕅師對此「忠信」之「信」字的解釋，云：

> 信，則的確知得自己可為聖賢，正是自重處。（頁82）

由此二節引文可知，蕅師把原先儒家作為德行項目的「信」字，作為「信用」、「信實」等言而有徵的用法（如〈學而〉：『與朋友交而不信乎？』、『與朋友交，言而有信。』等），在此滑脫過去，而轉換成「自信」、「相信」、「信仰」的意義，這樣的說

〔註10〕早川著，柳之元譯：《語言與人生》（臺北：文史哲出版社，民國70年），頁49。

法，是傾向於佛教的「信、解、行、證」的「信」字的含義的。蕅師在此處，充分運用了文字的多義性，而以語詞之別解來會通儒釋。

此外，又如在『子曰：回也，其心三月不違仁，其餘，則日月至焉而已矣。』（〈雍也〉）一節，對於「其餘」的理解，一般是指「其餘的弟子」而言（如何晏《論語集解》），但是蕅師則解為：

> 「其心」、「其餘」，皆指顏子而說。只因心不違仁，得法源本；則其餘枝葉，日新月盛，德業並進矣。（頁 120）

此處蕅師將「其餘」的內容，解釋成相對於法的源本的「枝葉」，使得「其餘」二字，竟也落在顏回一人身上講。這段引文從佛法來解釋，法的源本，大約就是指吾人自性清淨的如來藏心，而「其餘」之枝葉，就是本自具足的功德善法。僅此「其餘」二字的解釋不同，就使得儒典的原文，匯入佛法的觀念之中，從而達到會通儒釋的效果。

再舉一例，如『愛之欲其生，惡之欲其死。既欲其生，又欲其死，是惑也！』（〈顏淵〉）一節，蕅師曰：

> 四個其字，正顯所愛所惡之境，皆自心所變現耳。同是自心所現之境，而愛欲其生，惡欲其死，所謂自心取自心，非幻成幻法也。非惑而何？（頁 171）

在原文的含義，「惑」字的解釋，是指如果一任吾人好惡無常的私心，作為評斷人的標準，就會一時因愛而欲其生，又會忽然因惡而欲其死，自相矛盾，難免令人感到疑惑了。我們也可以從上文的文意脈絡來理解：『子張問崇德、辨惑。子曰：主忠信、徙義，崇德也。』（〈顏淵〉）可知「惑」字是相對「德」字而言，也就是說，在評斷人的時候，應該以忠信為標準，這樣才能遷善而歸向道義；反過來說，若以私己之好惡為標準來評斷人，則難免既欲其生，又欲其死，自相矛盾而令人疑惑了。至於蕅師對「惑」的解釋，則從引文中，我們可以知道這是「境由心生」的佛家講法，所謂「自心取自心」，是套在「惑──業──苦」的脈絡裡說的，眾生因對自心所現之境不能了達其皆自心所變現，不明「唯識無境」之理，此則為惑；而又於此自心所現之境，妄起愛惡，造種種業，自心取自心，此則為由惑造業；因造業故，而感苦果，此則為由業感苦，再於此苦果上，不明所以，不知此如幻之境，其實皆自心所變現，此則為由苦生惑；如是惑、業、苦三者，循環往復，如環之無端，而為輪迴之本。對於此一「惑」字的解釋，蕅師便將之從儒典原文的含義，移轉滑脫，放到佛家的脈絡來引申發揮，從而會通了儒釋，而成為他符應儒釋的方法之一。這是蕅師充分地運用了文字的多義性，透過此一多義性的關鍵，將某些字詞轉換而為別

解，再從這個別解出發而加以引申發揮，匯入佛教的觀念脈絡裡，而達到符應儒釋的目的。

貳、以佛解儒——以佛教觀念詮釋儒典文句

在這一部分，蕅師會通儒釋的方式，乃是對於所詮釋的對象——《四書》的文句，忽略其語境，而將儒典文句所呈顯的事件或狀態，予以佛教觀念的說明。語境從內容上來說，有其文化制約，這包括整個言語活動所處的社會環境，如政治的、經濟的、思想的、風俗習慣等的影響，同時也包括言語使用者個人的文化教育修養、性格、志趣、能力等條件〔註11〕，就儒家的《四書》來說，我們在理解其文句的意義時，自然會將之放在儒家體系的背景下來理解，這是有其文化上的制約的，而不是單獨地將某句話孤立起來看。但就蕅師的會通儒釋來說，取消、忽略儒典中某句話的儒家文化背景，然後再從佛教的角度來發揮，便可達到以佛解儒的效果，如在《論語點睛》中，『季路問事鬼神。子曰：「未能事人，焉能事鬼。」「敢問死？」子曰：「未知生，焉知死。」』（〈先進〉）一節，蕅師解曰：

> 季路看得死生是兩橛，所以認定人鬼亦是兩事。孔子了知十法界不出一心，生死那有二致，正是深答子路處。（頁162）

就原文來說，我們在理解孔子答季路的話時，通常會把儒家人文主義的精神作為背景來看，而認為孔子對鬼神採取的態度是「敬鬼神而遠之」，所以「子不語怪力亂神」，都是依於人文主義的立場。這在儒家有其思想的源流及整體的精神取向。但如果把這背景、這語境中的文化制約忽略過去，把這段引文孤立起來看，則蕅師圓融的解釋，用生死齊一，人鬼通貫的立場來解說孔子的答話，卻也不失為一種高明的解說，而使孔子的生死觀變成佛教式的了。再如『子曰：民可使由之，不可使知之。』（〈泰伯〉）一節，蕅師曰：

> 若但讚一乘，眾生沒在苦，故不可使知之。機緣若熟，方可開權顯實。不可二字，正是觀機之妙。（頁141）

這句原文，就儒家的背景來說，是從施政、教化上來說的，因為王者制法宜民，則自無不順，能使民各得其性，天下日用而不知；若必事事家喻戶曉，則離析其耳目，惑蕩其心思，非但勢有所不能，且天下於是多故矣。但蕅師則忽略掉儒家教化、施政的文化背景，而將此句原文孤立起來看，於是這句話就成為救渡眾生的權實二智

〔註11〕西禎光正：〈語境與語言研究〉，收入西禎光正編：《語境研究論文集》（北京：北京語言學院出版社，1992年），頁31。

的運用，或說三乘、或說一乘，依眾生根性，隨機異說，本著悉檀益物的方便善巧，到了機緣成熟，方可開權顯實。這樣的詮釋是忽略了語境中的儒家文化制約，從而予以佛教觀念的解說的。此外，如『子曰：古之學者爲己，今之學者爲人。』（〈憲問〉）蕅師曰：

> 盡大地是個自己，所以度盡眾生，只名爲己。若見有己外之人可爲，便非眞正發菩提心者矣。（頁 189）

這段原文所呈顯的意含，學者所學的內容，是學先王之道，自善善他之方也，而且重點放在爲己者成己而已，而爲人者但求人知，有求名之心，故此二者之差別須明辨之。而蕅師的解文，不但忽略儒家文化的背景，而且把爲人、爲己的差別也建立在「自他不二」的思想脈絡中，所以說「度盡眾生，只名爲己」，成爲佛教「心外無法」的解說。又如『子曰：有教無類。』（〈衛靈公〉）蕅師解曰：

> 佛菩薩之心也。若使有類，便無教矣。（頁 204）

儒家教育普及的觀念，成爲佛教普渡眾生的思想。又如《中庸直指》，『博厚，所以載物也；高明，所以覆物也；悠久，所以成物也。博厚配地，高明配天，悠久無疆。』一節，蕅師曰：

> 用處既皆豎窮橫遍，所以覆載成物，能與天地合德。此言與天地合德，亦且就人間分量言耳，實則高天厚地，皆吾依報之一塵。（頁 59）

儒家天地的觀念，被蕅師放在佛教中的宇宙觀來看，成爲過去宿業召感得來在環境方面的果報（依報），就佛教的說法，小世界之上有中世界，中世界之上有大世界，乃至二十重華藏世界、無窮盡之十方世界海，眞是廣大無邊，不可思議；又天界來說，共分三界（欲界、色界、無色界）二十八層天﹝註12﹞，在這種世界觀下，難怪蕅師要說「高天厚地，皆吾依報之一塵」了。

　　諸如此類，儒典的文句，其語境中的儒家文化背景的制約被忽略了，從而對其文句所呈顯的事件或狀態，用佛教的觀念來加以說明，而成爲「以佛解儒」的模式，這樣的詮釋方式，在蕅師的《四書蕅益解》中，比比皆是，不一而足。至於這種詮釋方式，和前項所述的「文字多義性」的運用，嚴格來說，其道理是一樣的。如前文所述，文字的意義是建立在前後文的關係之中，並不能孤立地固定某一字詞的涵義；而同樣的，對一個句子或一段話所呈顯出來的意含，也必須放在事實的前後文、社會風俗的前後文、歷史文化的前後文中來理解﹝註13﹞，也就因爲如此，在儒家的

﹝註12﹞佛教的宇宙觀，可參考熊琬：《宋代理學與佛學之探討》（臺北：文津出版社，民國80年）第四章相關部分之整理，十分明晰。
﹝註13﹞戴華山：《語意學》（臺北：華欣文化事業中心，民國71年），頁79。

文化背景被抽離或忽略時，便可以代之以佛教的脈絡和觀念，從這個關鍵來轉換，蕅師便是如此地「開權顯實」，從儒典的語詞文句作為轉化點，遮撥點化，而順以佛教義理的解說，以此來會通儒釋。

參、以佛況儒——思考模式的類比

對於同樣的一個有理路、有層次的思考模式或思考架構，其內在的邏輯排列有類似性者，可以用在儒家，同樣也可以用在佛教。譬如同樣就修行、修養來說，在儒者是希望能成聖賢，而在佛教則願能解脫成佛。雖然其修養內容並不一致，各有自己的一套工夫論；而其終極目標也不一樣，但二者同樣須經過一番努力，朝著各自的目標前進，其基本精神是相同的，在佛教稱之為「精進」，在儒者叫做「自強不息」。在這類屬於「共法」（一種可以通用的思考模式）的地方，蕅師發掘了會通儒佛的契機。在儒家是如此，在佛教亦莫不然，人情之所同處，此心同也，此理同也。所以在《四書蕅益解》中，有時會發現蕅師註明「佛法釋者」或「觀心釋者」或「猶如……」等字眼，在這些地方，蕅師就是把儒典原文的思考模式，其內在的邏輯架構析出，而套在佛法上說，或是套在觀心的修行上來講。此種詮釋方式仍是忽略儒者在言語活動中，說這句話時的立場與文化背景等，但與前項「以佛解儒」則有一點點小差別，即是「以佛解儒」的方式，是較為直接地就儒典文句所呈顯出來的事件或狀態，直接用佛法來詮釋；而此項詮釋方式——思考模式的類比，則是析出儒典原文的思想結構之骨架，而比擬於佛教觀念中思考模式的邏輯排列和它相似的部分，有「比喻」、「譬喻」的性質，而讀者在閱讀這一類詮釋方式的解文時，會覺得原文中儒家的說法並未被轉換掉，只是同一種道理，放在儒家或佛教，都可以講得通，而呈現出儒、佛並列地存在的情形，所以是一種「以佛況儒」的詮釋方式。例如《大學直指》中，『湯之盤銘曰：苟日新，日日新，又日新。』一節，蕅師曰：

> 欲誠其意，莫若自新。自新者，不安於舊習也。我法二執，是無始妄習，名之為舊；觀我法空，是格物致知，名之為新。苟者，斬然背塵合覺也；日日新者，不肯得少為足；又日新者，不肯半途而廢。（頁16）

所謂「不肯得少為足」，「不肯半途而廢」，正是「日新又新」的寫照。雖然蕅師是將之放在「背塵合覺」的佛教脈絡來說，但並不妨礙原文的意含，因為原文只是提出「日新又新」這樣一個原則性的看法而已，並沒有落實到具體的內容上說。同節釋文中，蕅師又說：

> 又，苟日新者，斷分別二執；日日新者，斷俱生二執；又日新者，斷二障種子。（同上）

江謙居士補註曰：「分別二執者，由無始以來，種子內熏，兼隨外緣邪見分別之粗執；俱生二執者，全由種子內熏，不待外緣邪教，無始以來，與身俱生之細執也；粗執易斷，細執難斷。我執又名煩惱障，障大涅槃故；法執又名所知障，障大菩提故。二障種子斷，則現行不生。」這裡蕅師另從斷二執、除二障來解說，解說的角度不同，但取其「日新又新」的道理卻是一樣的。日新又新，精進不已，不論在儒在佛，都是提撕學者的箴言，此即所謂心同理同，人情之所同處，天下莫不同也。又如在《中庸直指》中，『在下位不獲乎上，民不可得而治矣。獲乎上有道，不信乎朋友，不獲乎上矣。信乎朋友有道，不順乎親，不信乎朋友矣。順乎親有道，反諸身不誠，不順乎親矣。誠身有道，不明乎善，不誠乎身矣！』一節，對於這段原文前後相次型的次第性論述，蕅師便將之放在佛教的脈絡中，而曰：

> 佛法釋者：不得佛道，不能度生；不合菩薩所行之道，不成佛道；不以持戒，孝順父母師僧三寶，不合菩薩所行之道；不信一體三寶，不能持無上戒；不悟本來佛性，不能深信一體三寶也。（頁 53、54）

將原文的語法，套上佛教的觀念來比擬，這種「以佛況儒」的詮釋方式，便成為蕅師會通儒釋的另一種方法。同樣的方法，也可以運用在佛教修行的「觀心法門」上面，如『天地之道，可一言而盡也，其為物不貳，其生物不測。』一節，蕅師曰：

> 誠理，全體即具大用；人證之而內外一如，天地亦得此理，而體用不二。為物不貳，即是體；生物不測，即是用，由攬全體，故具全用。觀心釋者：觀一念中所具國土千法，名為天地為物不貳；正是一切惟心，若非惟心，則天是天，地是地，安得不貳。（頁 59、60）

蕅師先用「誠理」之精一來解說「不貳」，若人能體會此精一之誠，則「內外一如」；若天地得此精一之誠，則「體用不二」矣。緊接著，蕅師便將之放在佛教修行的「觀心法門」上來比擬，以「一切惟心」的「惟心」來掌握精一不貳的道理，此精一不貳之理，放在佛教的觀心脈絡來說，講法雖然不同，但重要性卻無二致，不論在儒在佛，同樣被強調著，在這裡，蕅師又從這種思考模式的類似性上，「以佛況儒」地來會通儒釋二者。此外，又如《論語點睛》中，『子曰：仁遠乎哉？我欲仁，斯仁至矣！』（〈述而〉）一節，蕅師釋曰：

> 欲二〔案，當作「仁」〕即仁，仁體即是本來至極之體，猶所云念佛心即是佛也。（頁 136）

此節江謙居士補註曰：「仁之量，豎窮橫遍，可謂遠矣；然不出我現前介爾一念之心，則遠近一如也。幽溪大師《淨土生無生論》偈曰：『法界圓融體，作我一念心，故我念佛心，全體是法界。』」孔子以為仁並不遠，欲仁則仁至，猶如佛教所謂的「念佛

心是佛」，佛亦不遠，念佛心即是。在這兩種相似的思考模式下，蕅師便以佛教的講法來比擬，來解說儒典文句，從而會通了儒佛。此外，如『子夏爲莒父宰，問政。子曰：「無欲速，無見小利。欲速，則不達；見小利，則大事不成。」』（〈子路〉）蕅師曰：

> 觀心者，亦當以此爲箴。（頁179）

正說明了同一道理，運用在儒者的爲政或是佛教修行的觀心，都是一樣的，理之所同然而天下莫不同也。又如『子曰：學而不思則罔，思而不學則殆。』（〈爲政〉）蕅師曰：

> 學而不思，即有聞無慧；思而不學，即有慧無聞。罔者，如人數他寶，自
> 無半錢分也。殆者，如增上慢人，墮坑落塹也。（頁93）

在原文，孔子只是提出一個原則性的看法，並沒有具體地落實所學的內容爲何（雖然一般在理解時會以儒家文化背景作爲語境的制約來理解），因此蕅師雖然將之放在佛教聞與慧的脈絡來解說，卻也不妨礙原文之自成一原則性的意含指向。又如『子曰：人無遠慮，必有近憂。』一節，蕅師曰：

> 未超三界外，總在五行中。斷盡二障，慮斯遠矣。（頁198）

原文只是要人有遠見，有長遠的計劃，這樣才不會有眼前的憂患。這樣一原則性的箴言，不論是爲學、做人、從政、經商、讀書、修行……都能適用，幾乎涵蓋任何層面，因此，即使是蕅師放在佛法脈絡來解說，仍能保存此句原文的含意，而不致有被代置、被轉換的感覺。這就是蕅師另一會通儒釋的方式——「以佛況儒」，成爲《四書蕅益解》的詮釋體式之一。

在以上所述的三種會通儒釋的方法中，以第三種「以佛況儒」的方式，最能妥貼的切入原文，融合無跡，而不致使讀者覺得增文解經。這是因爲這種詮釋方式，只是思考模式的類比，在儒典原文與蕅師釋文中，二者的脈絡、關節，均有其貼切相似之處，且保留了原文的意含指向，不致使原文的含意隱而不彰。至於前二種「文字多義性的運用」及「以佛解儒」的類型，由於其作爲轉換之關鍵僅爲字詞或文句意義的別解這樣的一個「點」，從這個「點」出發再加以引申發揮，其符應面較小，而擴散的成分則較重。因此，容易使讀者覺得增文解經，如《論語點睛》中，『子張問仁於孔子，孔子曰：「能行五者於天下，爲仁矣。」請問之，曰：「恭、寬、信、敏、惠。恭則不侮，寬則得眾，信則人任焉，敏則有功，惠則足以使人。」』一節，蕅師解曰：

> 要以此五者行於天下，方是仁，不得捨卻天下，而空言存心，以天下不在
> 心外，而心非肉團故也。（頁212）

子張問仁於孔子，孔子就「行」上答覆，絲毫不及居心問題，只是就「事」上來顯「仁」〔註14〕，但蕅師則把重點落在「仁」之心體上來討論，從「仁」與「天下」的對應關係轉換爲佛教的觀念，詮釋爲「心外無法」的佛教義理，並且反過來強調「不得捨卻天下而空言存心」，正是此一「心外無法」義理之引申發揮。由於與原文義理的著重點不同，使讀者有「增文解經」之感，因此，在詮釋的效果上，就不如「以佛況儒」那樣的扣緊原文脈絡來得嚴密妥當。但從另一方面來說，在介紹佛教思想給讀者時，這種引申發揮的方式，卻也不失爲一重要而方便的弘法法門。

第三節　《四書蕅益解》的詮釋理路

　　《四書》這部儒家的典籍，歷來經過許多詮釋者的注解，在其詮釋史上，呈現著多樣化的面貌。譬如在玄學盛行的魏晉時代，它就曾蒙上一層玄學的色彩，就拿《論語》來說，何晏、孫綽、郭象、顧歡等人，便多以有無虛靜等論點來注解發揮，這種以道家之學說，釋儒家之經典的方式，乃玄學家之經學也〔註15〕。而蕅師的《四書蕅益解》，不待說，是站在佛教的立場來詮釋的。也就是說，蕅師在注解《四書》時，其與《四書》這部開放的詮釋體〔註16〕所互相交流、互相投射的內容，是佛教的思想。藉由蕅師以佛教思想對儒書進行詮釋的活動，《四書蕅益解》便呈現出儒釋調和的傾向。但儒家有調和論，佛家亦有調和論，主張調和論者，雖有融合儒、釋的雄心，但往往是以某一思想體系爲基礎，而兼融他家〔註17〕，就《四書蕅益解》來說，無疑地，是以佛教爲立場來融攝儒家、調和二者的。而詮釋的理路，從佛教的思想內容出發，又可分爲三種進路——一、虛妄唯識。二、性空唯名。三、眞常唯心。這三系是近人印順法師在《契理契機之人間佛教》一書中，對大乘佛學的分法〔註18〕，就蕅師在注

〔註14〕所舉此例見林政華：〈蕅益祖師之論語教〉，《華梵佛學年刊》第六期，（民國78年），頁46、47。

〔註15〕如馮友蘭：《中國哲學史》附補編（臺北：藍燈文化事業股份有限公司，未註明出版年月），頁612～614所列舉各條。

〔註16〕蘇美文：《章太炎《齊物論釋》之研究》（臺北：淡江大學中國文學研究所碩士論文，民國82年）第三章第一節，討論到《莊子》一書爲開放的詮釋體時，認爲各式各樣與傳統經典互融的詮釋方式與內涵，方是詮釋活動最大之意義，由此不僅展現語言文字本身的開放度，更連結著詮釋者本身的心靈情境及過去、現在、未來之歷史感受，此乃詮釋體與詮釋者二者互贊相成的。（頁158）

〔註17〕蔣義斌：《宋代儒釋調和論及排佛論之演進》（臺北：臺灣商務印書館股份有限公司，民國77年），頁4。

〔註18〕印順法師：《契理契機之人間佛教》（臺北：正聞出版社，民國79年），頁16。

解《四書》之當時，或未必有此三種進路之自覺，但吾人今日就《四書蕅益解》一書的內容來看，則蕅師之思想面實可涵蓋此三系，只是偏重點有程度上的差別罷了。再者，爲筆者行文說解之方便，今依此三種不同的進路，來探討《四書蕅益解》一書的詮釋理路，茲分述於後。

壹、儒釋調和之基礎——以佛爲開放體來融攝儒

　　蕅師的《四書蕅益解》，其意趣之歸依均指向佛教的觀念、義理，因此很明顯的，這是站在佛教的立場來詮釋《四書》的。但我們無法只因爲詮釋對象是儒家的典籍，而詮釋者是佛教的立場，就率爾指出《四書蕅益解》是一部儒釋調和的著作，因爲這樣籠統的說法並不能釐清《四書蕅益解》是屬於哪一型的調和論？是以儒融攝佛或是以佛融攝儒？其調和又是調和到什麼程度？……等等的問題。譬如說，我們可以指出：「宗教都是勸人爲善的」，因而儒教是勸人爲善，佛教也是勸人爲善，所以二者都是一樣的。在這個例子中，調和的基礎就是建立在「勸人爲善」這個共同點上。至於《四書蕅益解》，其調和的基礎是建立在哪裡呢？《中庸直指》卷末語云：

> 但此皆用《法華》開顯之旨，來會權文，令成實義，不可謂世間儒學，本
> 與圓宗無別也……若欲令究竟同，除是開權顯實，開跡顯本，則又必歸功
> 《法華》，否則誰能開顯，令與實相不相違背。（頁 72、73）

這是蕅師自述的注解方法，也是他調和儒釋的依據。所謂「開權顯實」者，天台宗的智顗大師認爲《法華經》的作用，即在說明如何將藏、通、別三教的「權」與「粗」解說清楚，讓它們轉化爲「實」與「妙」的圓教，這就稱爲「開權顯實」或「開粗顯妙」。「權」是方便、權宜的意思，亦即是暫時性的方法或手段，因此最後要被永久性、眞實性的「實」所取代，而藏、通、別三教，就其可以作爲走向圓教的階梯這一層意義來說，它們的「權」與「粗」也可以稱爲「實」與「妙」了〔註19〕。這樣的方式被蕅師運用到注解儒家的典籍上面，使《四書》的「權」，透過《法華經》「開權顯實」的宗旨，而能作爲走向圓教的階梯，而開顯其「實」，終而達成會通儒釋，甚至是引儒入佛的目的。基於這個原則的運用，蕅師在《四書蕅益解》中，將天台的性具法門、一念三千、開權顯實、六即思想……等觀念，發揮得淋漓盡致。這些思想構成了《四書蕅益解》很大部分的內容，也是蕅師「現前一念心」思想體系建構的根基。而《四書蕅益解》一書，最主要最特殊的表現，即在於「現前一念心」獨特的思想及《起信論》「一心開二門」，隨緣不變，不變隨

〔註19〕楊惠南：《佛教思想發展史論》（臺北：東大圖書股份有限公司，民國 82 年），頁 331。

緣，性修不二〔註20〕的思考架構，它們不但隨著每節可供發揮的原文，多次重複地呈現著，甚至整部《大學直指》及《中庸直指》，即是由這個架構通貫全書前後，而成爲其整體之思想骨架的，這可以從蕅師在此二書中自擬之綱領看出來（詳見第三章前二節），在這裡有一個重要的意義，即是蕅師對《四書》的詮釋，不只是透過《四書》來介紹或發表他的「現前一念心」的佛教思想而已，他不但介紹了這些思想內容，同時還依據這個思想體系的模式，重新架構了《大學》和《中庸》，使得儒釋調和在《四書蕅益解》中，不是鬆散零亂的存在，而是有機的，嚴密的組合起來。因此，我們可以發現，《四書蕅益解》的儒釋調和的基礎，是建立在蕅師「現前一念心」的思想架構上的，而這個架構的特點，即在於即妄顯眞，即妄即眞，使一切法都被圓融地觀待了。在此一架構中，生滅與不生滅，眞心與妄心，一與一切，性與修，心與境，自與他，乃至儒與佛，其相對性、差異性都被消弭了，而圓融地統一起來。由此可知，這是佛教思想中有其開放的、圓融的性格，在遭遇到其他思想時，能在自己的思想體系下將對方消融、收攝進來；而在儒家的思想，則較強調差別性，如「親親而仁民，仁民而愛物」，愛是差等有別的，一層層地擴展出去，正如《中庸》所言：『親親之殺，尊賢之等，禮所生也。』這樣的差別性，正是家庭倫理、社會倫理乃至政治倫理等倫理關係的規範所產生的根源，是以當季氏僭禮而在宗廟之庭作八佾之舞時，孔子要氣得說：「是可忍也，孰不可忍也！」了。至於儒者的態度，則亦有較強的排他傾向，如孟子的「距楊墨，放淫辭，邪說者不得作。」（〈滕文公下〉）韓愈的排佛、諫迎佛骨，及程朱的闢佛之力，都表現出強烈的排他性。李曉東〈經學與宋明理學〉就提出：「歷代都有不少極力反佛的儒生，卻幾乎沒有公開反儒的佛教徒。」〔註21〕對於這種現象，他是站在對本土文化的認同感與親切感的角度來解釋，但這何嘗不是由於儒、釋兩家思想基本性格的差異所致。《四書蕅益解》一書的儒釋調和主張，就在佛教的開放、圓融的基礎上融攝了儒家而得以完成。

貳、儒釋調和的三種進路

　　《四書蕅益解》一書中，所呈現的以佛教思想爲調和基礎的調和論，就其詮釋之理路而言，從佛教思想出發，又包含了大乘佛學的虛妄唯識、性空唯名與眞

〔註20〕聖嚴法師認爲：蕅師的「性修不二」就是性相融會的理論依據，這是來源自《起信論》的眞如隨緣說，它和天台宗的思想之間，可能有著少許的差異。蕅師之所以特別重視《起信論》，極讚它是一部「圓極一乘」的論書，這和《起信論》之爲「性相總持」，可作爲性相融會的根本依據，有很大的關係。說見聖嚴法師著，關世謙譯：《明末中國佛教之研究》（臺北：臺灣學生書局，民國77年），頁453、454、462、463。

〔註21〕同註6，頁3。

常唯心三系。但中國佛教的主流，可以說是如來藏說眞常唯心這一系的，尤其宋末以來，中國佛教傾向於融會，如來藏說也就成爲大乘的通量〔註 22〕。從《四書蕅益解》中，蕅師最主要的「現前一念心」的思想及《起信論》眞如隨緣的思想架構，就可以說明這一點，甚至在《四書蕅益解》中，虛妄唯識的思想是會通了如來藏學的（詳見第三章第一節），而性空唯名的思想也是與眞常雜糅的（詳見第三章第二節），可知全書的重心，仍在眞常唯心一系。以下就此三系在《四書蕅益解》中所呈現的理路，分述於下：

一、虛妄唯識——這一系的思想，表現在《四書蕅益解》中，有幾個重點：

（一）唯識無境及轉識成智：此點詳於第三章第一節，此處不贅述。

（二）種子與現行：這是蕅師以唯識家說明萬法與識體相互關係的思想，作爲《大學》修身與正心關係的注解。《大學直指》中，『所謂修身在正其心者，有所忿懥則不得其正，有所恐懼則不得其正，有所好樂則不得其正，有所憂患則不得其正。』一節，蕅師曰：

> 身者，前六識身也；忿懥、恐懼、好樂、憂患，即貪瞋癡等根隨煩惱也。現行熏成種子，故使第八識心，不得其正。（頁 19）

此節從現行熏成種子來說，由於染法熏習，故使第八識心不得其正，而接著下一節，『心不在焉，視而不見，聽而不聞，食而不知其味，此謂修身在正其心。』蕅師曰：

> 第八識體，本自無所不在，亦無所在，唯其受染法熏，持染法種，隨彼染法所起現行，爲視、爲聽、爲食，而見聞知之妙性，遂爲彼所覆蔽矣……故前一節，深明現行熏種子之失；此一節，深明種子生現行之失，身心相關若此。（頁 19）

此節由種子生現行來說，由染法種受熏而起現行，與前一節所述恰恰互爲因果。種子生現行，現行熏種子，在本體界與現象界之間建立了此種關聯性，而以此來解說身（前六識身）與心（第八識心）關係的密切。

（三）唯心識觀：由於心外無實法，故在修行上成立唯心識觀的觀法。關於「三界唯心」與「萬法唯識」二者說法的同異問題，蕅師在〈教觀要旨答問十三則〉中，答道：

> 心識通有眞妄，局則心約眞，識約妄。唯心是性宗義，依此立眞如實觀；唯識是相宗義，依此立唯心識觀。料簡二觀，須尋《占察行法》，方知同而異、異而同矣。〔註 23〕

〔註 22〕見印順法師：《如來藏之研究》（臺北：正聞出版社，民國 81 年），頁 3。

〔註 23〕蕅師《靈峰宗論》卷三之三，同註 8，頁 10741。

這是蕅師依著《占察經》的唯心識觀配合唯識思想，再把真如實觀配合唯心思想，作為其性相融會論的依據〔註24〕。然而根據上引文，我們可以看出蕅師認為就唯識來說，是強調它虛妄的一面的；就唯心來說，是強調它真常一面的。因此，在「外所緣緣非有」的外境虛妄非實下，「作唯心識觀，了知天下國家、根身器界，皆是自心中所現物，心外別無他物也。」（《大學直指》，頁10）由此可知，蕅師運用「萬法唯識」的唯識思想配合《占察經》的唯心識觀，觀察外境的虛妄非實，在此一前提、基礎上，融會了天下國家、根身器界，乃至自與他等等的差別性。從唯識的思想出發，而成為蕅師《四書蕅益解》的詮釋理路之一，使得討論家、國、天下的這部政治學意味濃厚的儒典——《大學》，被收攝在佛法的脈絡中，達到了蕅師調和儒釋的目的。

　　二、性空唯名——《四書蕅益解》中，運用到性空學派的中觀思想時，常是所謂的「一心三觀」的「即空、即假、即中」的三諦論思想，是與真常雜糅的。然而有時亦有從「非斷非常」的「緣生正觀」來注解，掌握了龍樹學「八不緣起」的要義。在《中觀論頌‧觀因緣品》中，開宗明義的一頌：

　　　　不生亦不滅，不常亦不斷，不一亦不異，不來亦不出。〔註25〕

印順法師認為八不的不，無自性的無，都是不能滯在假說相待上的，是要離執而超待的，離去自性的，這叫做「破二不著一」〔註26〕，也就是說，是一種「遮詮」的方式，而非「表詮」，這種「遮詮」的方式，《四書蕅益解》中亦間或有之，如《論語點睛》中，『子在川上曰：逝者如斯夫！不舍晝夜。』蕅師曰：

　　　　此歎境也，即歎觀也。蓋天地萬物，何一而非逝者；但愚人於此，計斷計
　　　　常。今既謂之逝者，則便非常；又復如斯不舍晝夜，則便非斷。非斷非常，
　　　　即緣生正觀。（頁149）

不落常、斷兩邊，合於佛法的中道。蕅師運用了性空唯名系的理路，在「畢竟不可得」的般若觀照之下，一切是如幻如化的緣起，一切的差別性也就消弭於無形，儒、佛亦得以調和。蕅師由此一佛教的脈絡來融攝儒家，成為他調和儒釋的另一詮釋進路。

　　三、真常唯心——這一系的理路，是《四書蕅益解》中的主流，前文已有論述。除了前文已述及的「現前一念心」及《起信論》真如隨緣模式之進路外，天台宗的思想亦佔了很大部分，充滿在字裡行間。且蕅師並由「十法界互具」的圓滿無缺而又收攝於一心的圓融無礙，開展出「三界唯心」的「真如實觀」的觀法，作為消融差別性的基礎，如「知十法界即我之本性」（頁47）、「十法界不離一心」（頁46）、「富

<hr />

〔註24〕聖嚴法師前揭書，頁417。
〔註25〕《大正藏》第三十卷1頁中。
〔註26〕印順法師：《中觀論頌講記》（臺北：正聞出版社，民國81年），頁57、58。

貴亦法界，貧賤亦法界，夷狄患難亦法界，法界無行，無所不行，一心三觀，觸處圓明。」（頁 47）把富貴、貧賤、夷狄、患難等種種差別一皆消融於法界之中，而收攝於本自具足的一心之內。「法界」是一切法普遍的絕對真理，古人稱之為「一大總相法門」，與「真如」之為一切法的本性，無差別、變異，本來沒什麼不同，但比較傾向於「大一」，有從法界來了達一切法的意思〔註 27〕，這一思想進路，在《四書蕅益解》的詮釋理路中，又成為蕅師之儒釋調和的另一方便法門。

除了天台宗思想外，屬於真常唯心一系，而表現在《四書蕅益解》的，還有華嚴、禪宗等。蕅師間或引用華嚴「一即一切，一切即一」的思想，如《中庸直指》『天地之道，博也，厚也，高也，明也，悠也，久也。』一節，蕅師曰：

> 天地全是一誠，故各全具博、厚、高、明、悠、久六義。若以博厚單屬地，高明單屬天，即與前文分配之文何別，何必更說；且與為物不貳之旨有妨矣，思之。（頁 60）

天與地本是差別事相，卻又各具有六義，並且全體又是一誠，互不相礙，這有類於華嚴宗「事事無礙法界」的圓教思想。又如『今夫天，斯昭昭之多也；及其無窮也，日月星辰繫焉，萬物覆焉。今夫地，一撮土之多；及其廣厚，載華嶽而不重，振河海而不洩，萬物載焉。今夫山，一卷石之多；及其廣大，草木生之，禽獸居之，寶藏興焉。今夫水，一勺之多；及其不測，黿鼉蛟龍魚鱉生焉，貨財殖焉。』一節，蕅師釋曰：

> 昭昭、一撮、一卷、一勺之性，即是無窮、廣厚、廣大、不測之性。即於昭昭中能見無窮者，乃可與言博厚高明悠久之道，否則落在大小情量，全是遍計妄執而已。所以文中四個「多」字，指點令人悟此昭昭一撮之法界不小，無窮廣厚之法界不大也。（頁 60）

這更是明白的開示「一即一切，一切即一」之理，「昭昭一撮之法界不小，無窮廣厚之法界不大」，由此遣除了大小情量之差別性，一一相攝相融，無盡無礙。這樣的圓教思想，在《四書蕅益解》中，又為儒釋之調和提供了另一種思想進路。

此外，禪宗公案式的參悟，蕅師亦將之運用於《四書蕅益解》中，這種以心印心，不落言詮的點撥，亦為其詮釋理路之一，前文已提及（詳見第三章第三節），此處茲不贅述。

〔註 27〕同註 22，頁 35。

第五章 《四書藕益解》在藕益大師思想中的定位及其價值

第一節 作爲藕益大師思想圓熟之作品

　　《四書藕益解》一書，是完成於藕師四十九歲時，按照近人聖嚴法師的分法，是屬於壯年後期與晚年期之間的作品〔註1〕。在這個階段，藕益大師經由《楞嚴經》及其特有的「現前一念心」的思想，對佛教內部諸宗發展了統一的理論，譬如性、相二宗的融會論；同時也對教外的儒家學說進行融會的工作。就儒家的典籍而藕師加以注解之著作，尚有《周易禪解》一書，是完成於藕師四十七歲時。誠如聖嚴法師所說，藕師之爲思想之大成者，乃在性相、禪教的調和，是在天台與唯識的融通，是在天台與禪宗的折衷，也是儒教與禪的融通，進而統括律、教、禪、密以歸向淨土〔註2〕。藕師一生弘揚淨土法門不遺餘力，但就與儒教關涉的《四書藕益解》、《周易禪解》、〈性學開蒙〉等書及文章，則著重在義理上的融通，因此在上述書文中雖然較少述及淨土法門的弘揚，但就爲引儒歸佛而融會發揮之思想而言，卻已是十分圓熟。且不僅就其思想的本身來說是如此，即便是從藕師面對《易經》及《四書》這樣的儒家典籍，而運用其佛教思想加以疏通整理、重新建構與詮釋來說，他在處理的功力上也顯得駕輕就熟，游刃有餘，使儒釋二者之間的關節脈絡，歷歷分明，井然不紊。這一方面是因爲他的思想已到了圓熟的階段，而另一方面則是在他整合佛教內部的思想體系時已有

〔註 1〕聖嚴法師著，關世謙譯：《明末中國佛教之研究》（臺北：臺灣學生書局，民國 77 年）第五章。

〔註 2〕同註 1，頁 472。

過不斷的嘗試，如性、相二宗的融會等，諸如此類的經驗累積，使得他在面對更大的異質思想體系──儒家學說時，依然能本著他的圓教思想而將之收攝融通。由於蕅師的思想進程有著這樣的發展，因此在探討《四書蕅益解》在蕅師思想中的定位時，必先對他融會各種思想的傾向及他對不同思想間的同異差別，特別是他對儒與佛間的關係之看法有所認識，才能較準確地判斷其定位為何，茲分述於後。

壹、蕅益大師的融和思想傾向

蕅益大師是明朝末年佛教界中融和諸宗思想而集大成的大師，而其思想的總結，是禪、教、律、密的淨土歸向〔註3〕。就佛教來說，其實各宗都有其特色與立場，但蕅師卻積極地從事諸宗統一的工作。譬如《起信論》的眞如受熏說與《唯識論》的眞如不受熏說，以及性宗的一性皆成的立場與相宗五性各別的觀點，很明顯的有著說法上的根本差異，也成為大家申論的焦點；但蕅師卻極力主張這二者的差別，只是著眼點的不同，而以眞如與識的「非定一」、「非定異」，以及五性差別的「非定無」、「非定別」來會通二者。眞如與識非定一，如波動之時，濕性不動，這就是《唯識論》所說「眞如不受熏」的意思，《唯識論》並不是指別有凝然眞如來說不受熏的。至於眞如與識非定異，譬如觸波之時即觸於水，這就是《起信論》所說「眞如受熏」的意思，《起信論》並不是指眞如會隨熏而變來說受熏的。總之，這是站在眞如與識「非一非異」的角度來解說，其關係如水之與波，「眞如不受熏」並非指眞如與識為異，「眞如受熏」也不是說眞如與識為一，二者是「非一非異」的。蕅師用這樣的方式會通了二者，基本上還是站在性宗的立場來會通的。至於五性差別非定無，因為如果五性差別是定無，則如來不應為實施權，說三乘教；但五性差別也非是定別，因為如果是定別，則如來不應開權顯實，說唯一乘。蕅師在此運用權、實為樞紐而會通二者，其實仍是站在性宗這一面〔註4〕。由以上所述蕅師會通性、相二宗來看，蕅師確實有著很強烈的融合思想的態度，我們也可以從蕅師修行實踐的歷程與證悟來看何以蕅師會有思想融會的傾向。在蕅師自述的〈八不道人傳〉中，有如下的一段記載：

> 八不道人〔案：即蕅師自稱〕……二十四歲……夏秋作務雲棲，聞古德法師講《唯識論》，一聽了了，疑與《佛頂》宗旨矛盾，請問。師云：「性相二宗，不許和會。」甚怪之，佛法豈有二岐邪？〔註5〕

〔註3〕同註1，頁479～481。

〔註4〕以上所引例，具見聖嚴法師前揭書，頁455～458。

〔註5〕蕅師：《靈峰宗論》卷首「蕅益大師自傳」，收於《蕅益大師全集》（以下簡稱《全集》）第十六冊，（臺北：佛教書局，民國78年），頁10220～10222。

正是因為對「佛法豈有二岐邪」這樣的信念之堅持，所以後來便毅然前往徑山坐禪，而得到如下的宗教體驗：

> 竟往徑山坐禪。次年夏，逼拶功極，身心世界，忽皆消殞，因知此身，從無始來，當處出生，隨處滅盡，但是堅固妄想所現之影，剎那剎那，念念不住，的確非從父母生也。從此性相二宗，一齊透徹，知其本無矛盾，但是交光邪說，大誤人耳。是時一切經論，一切公案，無不現前，旋自覺悟，解發非為聖證，故絕不語一人。久之則胸次空空，不復留一字腳矣。〔註6〕

由於得到如此的體悟，使蕅師體會到我們人類肉體的物質世界與心理活動的精神世界，並非是如實地存在，而凡夫所構思的身心世界，實際上，只不過是剎那生滅的幻影，與妄念的連續而已。現前的生理與心理的連續存在，與從父母受生當時的身心狀態，則完全是兩回事。因此，在佛教來說，相，指的是現象；性，則指的是實際。在實際的性與現象的相之間，其所存在的理念，只有一個，所以彼此之間完全沒有矛盾〔註7〕。也就是說，蕅師是從切實的宗教修持的體驗，直接契合佛法的精義，正是四依智：「依法不依人，依義不依語，依智不依識，依了義不依不了義」的精神，因此，他在《自相贊》中說道：「踢翻禪、講窠臼，掀開佛、祖頭顱」，又說：「踢破性、相兩家界限，翻倒南宗、北教藩籬」〔註8〕。這樣的「佛法豈有二岐邪」的信念，則更進一步演變為「大道之在人心，古今唯此一理」的三教同源觀，如其〈儒釋宗傳竊議序〉云：

> 大道之在人心，古今唯此一理，非佛祖聖賢所得私也；統乎至異，匯乎至同，非釋老所能局也。剋實論之，道非世間，非出世間，而以道入真，則名出世；以道入俗，則名世間，真與俗皆跡也，跡不離道，而執跡以言道則道隱，故曰：「形而上者謂之道，形而下者謂之器。」又曰：「君子上達，小人下達。」嗚呼！今之求道於跡者，烏能下學而上達，直明心性，迥超異同窠臼也？夫嘗試言之：道無一，安得執一以為道？道無三，安得分三教以求道？特以真俗之跡，姑妄擬焉，則儒與老，皆乘真以御俗，令俗不逆真者也；釋乃即俗以明真，真不混俗者也。故儒與老主治世，而密為出世階；釋主出世，而明為世間祐。至於內丹外丹，本非老氏宗旨，不足辯。
> 〔註9〕

〔註6〕同註5，頁 10222～10223。

〔註7〕同註1，頁 309。

〔註8〕同註5，卷九之四，頁 11624～11629。

〔註9〕同註5，卷五之三，頁 11026～11028。

從這段文字很能看出蕅師的融合思想傾向，他將三教的藩籬打破，直接由此古今唯一的一心、一理談起，故不論是出世入世，也不論是真是俗，皆是跡也，既不可分三教以求道，亦不可執一以爲道。在這種「唯一的真理觀」之下，三教的差別只是執跡者所落的同異窠臼而已。〈儒釋宗傳竊議〉是蕅師五十六歲時的作品〔註 10〕，可見從蕅師二十五歲時所得到的那次宗教體驗，解開他性、相二宗矛盾的疑惑之後，一直到他晚年，都是抱持著這樣的思想融合的傾向，而這樣的傾向，又是植基在其「唯一的真理觀」的宗教體驗上面。我們可以從蕅師「學無常師，交無常友」而不願使自己歸屬於任何一宗一派的行徑；及他所尊敬的佛教界的前輩永明延壽與達觀真可，二人都具有在禪、教兩方面俱通，理解與實踐兼具，從而排除性宗與相宗的藩籬，導向一個心性的軌轍〔註 11〕等特色之類的線索來考察，蕅師本著這種「唯一真理觀」的思想融合傾向，表現出對佛教諸宗的統一、甚至是儒、釋、道三教的整合，乃是貫徹他一生的基本立場。

貳、蕅益大師的儒釋調合論

蕅益大師的思想既有如上述的強烈融合的傾向，因此在他「唯一的真理觀」的堅持之下，導致他對佛教界之外的儒學界，也進行了調合的工作。明朝在明成祖永樂年間，編纂了三大全書：《周易大全》二十四卷、《四書大全》三十六卷、《性理大全》七十卷，作爲科場考試的依準，而蕅益大師有關儒學方面的闡述，除了《四書蕅益解》之外，尚有《周易禪解》、〈性學開蒙〉等著作。聖嚴法師以爲，這是受了三大全書編纂的影響而作的〔註12〕，而由此也可以看出，蕅師對調合儒釋的努力，是有著全面的考量與認真的態度來進行的。《周易禪解》和《四書蕅益解》一樣，都是在既有的儒典上加以注解，從而以佛教的思想加以會通。至於〈性學開蒙〉，這是一篇討論儒、釋二家思想同異權實問題的文字，文中蕅師對儒釋二家思想的關係細細地加以辨明，詳盡地予以論述，可以說是一篇總括蕅師對儒、釋二教相互關係之看法的專文，也可以看作是蕅師調和儒釋二教所依循的立場與宗旨。本目的重點，就放在蕅師另外兩種調合儒釋的著作——《周易禪解》及〈性學開蒙〉來討論，以期能更全面地觀察《四書蕅益解》這部書在蕅師思想中的定位。《周易禪解》一書，蕅師仍是採取隨經文注解的方式來闡發佛學義理。和《四書蕅益解》一樣，是以「現前一念心」爲中心，真如隨緣不變和不變隨緣的架構來闡發佛教義理，而特別著重

〔註10〕同註1，頁 99。

〔註11〕同註1，頁 108、111、120。

〔註12〕同註1，頁 16。

在具體修行的觀心法門之上。所以在《周易禪解》中，不僅就佛法義理的結構來解說太極、陰陽、八卦、六爻等概念，如書中所謂「佛法釋者」這一類是也；而且其著重點亦多放在定慧的修持上，以天台教學的止、觀法門擬配定、慧，而用來解說陰與陽這兩個概念，並以六爻的「位」、「中」、「正」、「應」、「比」等等陰陽關係適當與否的狀況來比擬定、慧修持的調配是否恰當，這些解說如書中所謂「觀心釋者」即屬此類。而蕅師是如何以佛法義理的架構來解釋《周易》一書呢？蕅師以為「易」者，即是吾人不思議之心體，即是真如之性。從易到太極、陰陽、四象、八卦的結構，可以從蕅師的〈性學開蒙〉一文中，總括地解說來看出：

> 當知易即真如之性，具有隨緣不變、不變隨緣之義，密說為易；而此真如，但有性德，未有修德，故不守自性，不覺念起而有無明，此無始住地無明，正是二種生死根本，密說之為太極。〔註13〕

以「易」為真如之性，以「太極」為無明，則易與太極並非為一，而其關係為何？蕅師解釋『易有太極』（《易·繫辭上》）一語曰：

> 夫既云易有太極，則太極乃易之所有，畢竟易是何物，有此太極？儻以畫辭為易，應云太極生天地，天地生萬物，然後伏羲因之畫卦，文周因之繫辭，何反云易有太極？易有太極，易理固在太極之先矣！設非吾人本源佛性，更是何物？既本源佛性，尚在太極先，豈得漫云天之所賦？〔註14〕

可見易理固在太極之先，而為吾人本源佛性，此佛性並非天之所賦，並非如子思《中庸》所謂『天命之謂性』一般，除非以《法華》的開顯妙旨來領會，將《中庸》作圓頓佛法解釋，使「天非望而蒼蒼之天，亦非忉利夜摩等天，即《涅槃經》第一義天也。」〔註15〕可知蕅師對於「性」與「天」的關係認定，透過「易」在「太極」之先而形成他的本源佛性為中心的易學思想，於是以此本源佛性為中心，透過真如隨緣的思想來架構天地萬物，如《周易禪解·繫辭上傳》卷頭語云：

> 隨緣不變、不變隨緣之易理，天地萬物所從建立也。〔註16〕

而在不變的真如本性與隨緣的天地萬物之間，蕅師透過「太極」為「無始住地無明」的解說，以此作為關鍵來把兩者的關係建立起來。將「太極」解說為無明是很特殊的解法，由於「太極」是建立天地萬物的本源，所謂太極生兩儀、兩儀生四象、四

〔註13〕同註5，卷三之二，頁10712。
〔註14〕同註5，卷三之二，頁10711～10712。
〔註15〕同註5，卷三之二，頁10714。
〔註16〕蕅益大師著，蕭天石主編：《周易禪解》（臺北：自由出版社，民國77年），頁466。

象生八卦，由此推衍開來，涵蓋宇宙萬物，但若將「太極」解爲無明，則天地萬物一切有爲法，就將如《金剛經》中所說的：「一切有爲法，如夢幻泡影，如露亦如電，應作如是觀。」這樣一來，所建立的世界觀就是如幻如化，而非實有的了，而整個易學所展開的架構也就成爲佛教式的講法。再從《周易禪解》對同一句話『易有太極』的解釋來看：

> 是故易者，無住之理也。從無住本，立一切法，所以易即爲一切事理本源，有太極之義焉。〔註17〕

此處所言易爲無住本，立一切法，有太極之義焉，似乎與前說矛盾。但是如果我們從蕅師「現前一念心」隨緣不變，不變隨緣的思想來看，則眞如與無明的關係雖然非一，但亦非異，如〈示緒竺〉一文中曰：

> 如知水性冰性，同一溼性已，不於水外有冰，不於冰外覓水，而方便融冰成水，則念念常觀即心即佛，而不起上慢，時時上求下化不倦，而總名無作妙德、無功用行矣。〔註18〕

則眞如與無明，如水之與冰，同一溼性而已，非別有眞如可覓，亦非別有無明可滅也。知乎此，方能了解眞如隨緣思想之所以架構在易理的「不易」與「變易」上，而如〈示馬太昭〉一文中所謂：

> 又聞現前一念心性，不變隨緣，隨緣不變之妙， 方知不易之爲變易，變易之終不易。〔註19〕

了解了蕅師這樣的思想結構，就不會認爲蕅師「對太極的解釋或爲眞如，或爲無明」，「由於出于比附，其對易學中範疇的解釋，往往不能自圓其說」〔註20〕了。

關於變易和不易的關係，蕅師進一步說：

> 夫所謂不易者，惟無方無體故耳。使有方有體，則是器非道，何名神、何名易哉！又不達無方無體，不惟陰陽是器，太極亦器也，苟達無方無體，不惟太極非器，陰陽乃至萬物亦非器也。周子曰：太極本無極也，亦可曰：陽本無陽也，陰本無陰也，八卦本無卦也，六爻本無爻也，故曰：陰陽不測之謂神也。陰陽設有方體，安得名不測也？〔註21〕

由於『神無方而易無體』，故推展周敦頤「太極本無極」一語，而可以說陽本無陽、

〔註17〕同註16，頁508。
〔註18〕同註5，卷二之二，頁10447～10448。
〔註19〕同註5，卷二之五，頁10589。
〔註20〕朱伯崑：《易學哲學史》第三卷（臺北：藍燈文化事業股份有限公司，民國80年），頁304。
〔註21〕同註5，卷二之五，頁10589、10590。

陰本無陰、八卦本無卦,而六爻本無爻也。由於「無方無體」,蕅師便將之引導自「無自性」一義來發揮,使得易理與佛理交融會通,而曰:

> 《論》云:諸法無自性、無他性、無共性、無無因性,無性亦無性,無性之性,乃名諸法實性。噫!此易邪?禪邪?亦易亦禪邪?非易非禪邪?〔註22〕

這是蕅師引用《中觀論頌‧觀因緣品》「諸法不自生,亦不從他生,不共不無因,是故知無生。如諸法自性,不在於緣中,以無自性故,他性亦復無。」〔註23〕來作解說,因為自、他、共、無因四門皆不生,亦不可離此四門更說有生,因而知道諸法無自性、無他性、無共性、無無因性,乃名諸法實性。這是從佛教的義理來講解的,如果就《易經》來說,雖然是『神無方而易無體』,但這「無方無體」的「易理」,卻具有生化萬物的功能,所謂『生生之謂易』(〈繫辭上〉),易實是一創生本體。這如就蕅師〈性學開蒙〉中約跡約權的揀別判攝來看,由於儒是世法,佛是出世法,所以《易經》所云『太極生兩儀』是所謂「非因計因」,而非為正因緣法〔註24〕。若能由這個角度來理解儒佛的差別,則將更能了解蕅師融通易理與佛理其同異的關鍵。朱伯崑《易學哲學史》評論蕅師此段論述云:

> 按程頤依神易無方體,提出「易隨時變易以從道」,不否認變易的規律性,而智旭則導出否認陰陽變易規律性的結論。這也是儒學和禪學的差別之一。陸王心學主「心即理」,肯定心的活動自身具有規律性,以存天理為宗旨;而佛家則以無心為心的本體,以擺脫規律的約束為歸宿,此又是儒家心學同佛家心學的差別之一。〔註25〕

朱氏以為蕅師此段論述在於否認陰陽變易的規律性,並以無心為心的本體,以擺脫規律的約束為歸宿,所以朱氏將此歸納為儒佛差別的判準。事實上,佛教所謂的無生法,是不能破壞世俗諦的因果法則的,若以為無自性是否定了變易的規律,或是欲擺脫規律的約束,那麼就破壞了世俗諦中的因果關係,如此則芒果樹不一定生芒果,香蕉樹也不見得會長香蕉,世間的一切,完全被破壞了,這相當於無因論者的主張。無因而有果,正是蕅師「無無因性」所要破斥的。這一點,是必須加以辨明的。

　　由上所述,知道了蕅師以「太極」為無明這個關鍵後,則從而建立的幻化世界便依照陰陽、四象、八卦的體系,以順逆說為生死與還滅的佛教義理。〈性學開蒙〉

〔註22〕同註5,卷二之五,頁10590。
〔註23〕《大正藏》第三十卷 2 頁中。
〔註24〕同註5,卷三之二,頁10709。
〔註25〕同註20,頁298。

續云：

> 因明立所，晦昧爲空，相待成搖之風輪，即所謂動而生陽；堅明立礙之金
> 輪，即所謂靜而生陰；風金相摩，火光出現，寶明生潤，水輪下含，即所
> 謂兩儀生四象也。火騰水降，交發立堅，爲海爲洲，爲山爲木，即所謂四
> 象生八卦，乃至生萬物也。名相稍異，大體宛同，順之則生死始，逆之則
> 輪迴息，故又云：『易逆數也』，亦既微示人以出世要旨矣。〔註26〕

這是引《楞嚴經》卷四解說「世界相續」的因緣一段而爲說的，原經文云：

> 妄爲明覺，覺非所明，因明立所，所既妄立，生汝妄能。無同異中，熾
> 然成異，異彼所異，因異立同，同異發明，因此復立無同無異。如是擾
> 亂相待生勞，勞久發塵，自相渾濁，由是引起塵勞煩惱，起爲世界，靜
> 成虛空，虛空爲同，世界爲異，彼無同異，眞有爲法。覺明空昧，相待
> 成搖，故有風輪執持世界。因空生搖，堅明立礙，彼金寶者，明覺立堅，
> 故有金輪保持國土。堅覺寶成，搖明風出，風金相摩，故有火光爲變化
> 性。寶明生潤，火光上蒸，故有水輪含十方界。火騰水降，交發立堅，
> 濕爲巨海，乾爲洲潬。以是義故，彼大海中火光常起，彼洲潬中江河常
> 注。水勢劣火，結爲高山，是故山石擊則成焰，融則成水。土勢劣水，
> 抽爲草木，是故林藪遇燒成土，因絞成水。交妄發生，遞相爲種，以是
> 因緣，世界相續。〔註27〕

《楞嚴經》對於世界的形成，從主觀的唯心論立場來談，因妄想起，而有如是的風、
金、火、水四輪，及由此而結成海、洲、山、木的說法，蕅師便援引來解說陰陽、
四象、八卦的體系，並且認爲「名相稍異，大體宛同」。但援引《楞嚴經》此說，重
點仍在於由眾生心體，一念不覺而起妄明，故整個世界的形成，仍是由無明所安立，
與「太極」說解爲無明的理路是一貫的。因此，在這個由無明所安立的世界中，「順
之則生死始，逆之則輪迴息」，更可以用佛教的流轉與還滅來解說，蕅師既以佛法的
義理鋪陳至此，則推而言之，更接上修證還滅的觀心法門。由於世界由無明安立，
則流轉與還滅的關鍵，皆在於『乾坤其易之門』一語。〈性學開蒙〉續云：

> 而『乾坤其易之門』一語，即流轉還滅逆順二修之關。以性覺妙明，本覺
> 明妙，非干修證，不屬迷悟；而迷則照體成散，寂體成昏，逆涅槃城，順
> 生死路，全由此動靜兩門，是名逆修，亦名修惡；悟則借動以覺其昏，名
> 之爲觀，借靜以攝其散，名之爲止，逆生死流，順涅槃城，亦由此動靜兩

〔註26〕同註5，卷三之二，頁 10712、10713。
〔註27〕《大正藏》第十九卷 120 頁上。

門，是名順修，亦名修善。然修分順逆，性無增減；又雖善惡皆本於性，
而道必昇沈。〔註28〕

「修分順逆，性無增減」，此正蕅師一貫之「全性起修」、「全修在性」、「性修不二」
之教旨。由上所述，知蕅師雖主張動靜陰陽皆源自眞如之不守自性，不覺念起故有
無明而來，但如欲返回眞如自性，卻仍須借此動靜而修持觀、止二種工夫，由這裡
開展了《周易禪解》一書的觀心法門。《周易禪解・繫辭上》解『乾坤其易之蘊耶！
乾坤成列，而易立乎其中矣！乾坤毀，則無以見易，易不可見，則乾坤或幾乎息矣。』
一段曰：

蓋易即吾人不思議之心體，乾即照，坤即寂；乾即慧，坤即定；乾即觀，
坤即止。若非止觀定慧，不見心體；若不見心體，安有止觀定慧。〔註29〕

這正是把『乾坤其易之蘊耶』一語體會成止觀定慧而爲返迷歸覺的關鍵。因此在《周
易禪解》一書中，幾乎處處可以見到以「定」、「慧」作爲解釋六爻關係的「觀心釋
者」如何如何之解說，例如蕅師對〈解〉卦的解釋，在卦後總論六爻的文字中曰：

觀心釋六爻者，六三即所治之惑，餘五爻皆能治之法也。初以有慧之定，
上應九四有定之慧，惑不能累，故無咎。九二以中道慧，上應六五中道之
定，而六三以世間小定小慧，乘其未證，竊思亂之，故必獵退狐疑，乃得
中直正道。六三依于世禪，資于世智，起慢起見，妄擬佛祖，故爲正道之
所對治。九四有定之慧，固能治惑，以被六三見慢所負，且未達中道，故
必待九二中道之慧，始能解此體內之惑。六五以中道定，下應九二中道之
慧，慧能斷惑，則定乃契理矣。上六以出世正定，對治世禪世智、邪慢邪
見，故無不利。〔註30〕

這是以陰爻爲定，以陽爻爲慧，配合六爻的「位」、「中」、「正」、「應」、「比」等關
係之得當與否，而擬之以定慧相濟與否的得與失，作爲觀心修行解說。如初六乃陰
爻在陽位，故爲有慧之定；而九四以陽爻居陰位，故爲有定之慧。初六與九四相應，
則有慧之定相應於有定之慧，定慧相濟而惑不能累，故無咎，蕅師以此解說初六爻
辭『無咎』及小象『剛柔之際，義無咎也』之義。接下來以九二陽爻居內卦之中，
故爲中道慧，六五以陰爻居外卦之中，故爲中道定，此二者雖能相應，但是相鄰的
六三爲陰爻，象徵小人，卻居內卦之最高位，且陰爻陽位不正，品德與地位不相稱，
故喻以世間小定小慧，乘其未證而竊思亂之，故須獵退狐疑，乃得中直正道，蕅師

〔註28〕同註5，卷三之二，頁10713、10714。
〔註29〕同註16，頁514。
〔註30〕同註16，頁317、318。

以此解說九二爻辭『田獲三狐,得黃矢,貞吉』及小象『貞吉,得中道也』之義。接下來以六三之德不稱位,比喻依世禪世智而起增上慢者,妄擬佛祖,故爲正道所對治,蕅師以此解說六三爻辭『負且乘,致寇至,貞吝』及小象『負且乘,亦可醜也。自我致戎,又誰咎也』之義。接下來,以九四爲鄰近的六三所負,且未達中道,故以六三爲拇,而以同爲陽爻的九二爲朋,朋至而拇解,以喻待九二中道之慧而解其體內之惑,蕅師以此解說九四爻辭『解而拇,朋至斯孚』及小象『解而拇,未當位也』之義。接下來,以六五中道定,下應九二中道慧爲契理,以此解說六五爻辭『君子維有解,吉;有孚于小人』及小象『君子有解,小人退也』之義。接下來,以上六陰爻居陰位得正,且爲外卦最高位,故喻以出世正定,能對治對應的六三之世禪世智等邪慢邪見,蕅師以此解說上六爻辭『公用射隼,于高墉之上,獲之,無不利』及小象『公用射隼,以解悖也』之義。這就是蕅師以定、慧等觀心法門來解說六爻的典型範例。大體來說,蕅師是根據六爻所形成的位置對應關係之恰當與否,而產生的卦象結構來解說,雖然同樣用的是定慧對釋的方式,但運用時非常靈活,如〈坤〉卦之六爻,蕅師曰:

> 坤之六爻,皆約修德定行而言。初上二爻,表世間味禪之始終;中間四爻,表禪波羅密具四種也:二即世間淨禪,而達實相;三即亦世間亦出世禪;四即出世間禪;五即非世間非出世禪。〔註31〕

又可以和乾爻對釋,續云:

> 初九有慧無定,故勿用,欲以養成其定;初六以定含慧,故如履霜,若馴致之,則爲堅冰之乾德。九二中道妙慧,故利見大人;六二中道妙定,故無不利。九三慧過於定,故惕厲而無咎;六三定有其慧,故含章而可貞。九四慧與定俱,故或躍而可進;六四定過于慧,故括囊而無譽。九五大慧中正,故在天而利見;六五大定即慧,故黃裳而元吉。亢以慧有定而知悔;戰則定無慧而道窮也。〔註32〕

可見此種注解方式實可靈活運用,不必拘泥一端,只要能相應於六爻位置關係所形成的結構,而符合爻辭象辭所闡述的義理,則可以將佛教中種種類似卦象結構的觀念予以類比解說。在〈乾〉卦「上九」的釋文後,蕅師曰:

> 統論六爻表法,通乎世出世間。若約三才,則上二爻爲天,中二爻爲人,下二爻爲地。……若約欲天,則初爻爲四王,二忉利,三夜摩,四兜率,五化樂,上他化。若約三界,則初欲界,二三四五色界,上無色界。……

〔註31〕同註16,頁54。
〔註32〕同註16,頁54、55。

　　若約家，則初爲門外，上爲後園，中四爻爲家庭。若約國，則初上爲郊野，
　　中四爻爲城內。若約人類，則初民，二士，三官長，四宰輔，五君主，上
　　太皇或祖廟。……若約六道，則如次可配六爻。又約十界，則初爲四惡道，
　　二爲人天，三爲色無色界，四爲二乘，五爲菩薩，上爲佛。若約六即，則
　　初理，二名字，三觀行，四相似，五分證，上究竟。以要言之，世出世法，
　　若大若小，若依若正，若善若惡，皆可以六爻作表法，有何一爻不攝一切
　　法，有何一法不攝一切六爻哉。〔註33〕

可見六爻表法的運用層面極廣，舉凡天時、地理、方位、家、國、一身、一世、六
道、十界、六即……幾乎無不可以六爻表法表之。這也可以看作蕅師作《周易禪解》
之方法與原則。

　　由於蕅師大量地引用佛教義理解說《周易》，尤其重視天台教學的方法論如止觀
法門等，且多以禪定爲說，故《周易禪解》一書通常被視爲佛教禪宗的修養經〔註34〕，
但就蕅師本人的思想來說，他並不以爲以禪解《易》是在惑亂儒宗，而是眞以《易》
爲有禪者，在〈示馬太昭〉文中，蕅師云：

　　予向拈《周易禪解》，信無十一，疑逾十九，嗟嗟，我誠過矣。然察疑者
　　之情，謂儒自儒，佛自佛，欲明佛理，佛經可解，何亂我儒宗。易果有禪
　　乎，四大聖人豈無知者？易果無禪乎，爾何人斯，敢肆異說！噫，予是以
　　笑而不答也。〔註35〕

接下來引陸象山悟後但曰東南西北海有聖人出，此心同也、此理同也，更不復談
及天地，豈非以無窮無盡之天地，總不出此心此理，而不復生有邊無邊諸戲論爲
說，以及〈繫辭上〉『範圍天地之化而不過，曲成萬物而不遺，通乎晝夜之道而知，
故神無方而易無體』一語，要讀者深思何以範圍天地、曲成萬物而又無體？既無
體矣，又以何物範圍天地、曲成萬物？因而反問「可謂聖人不知禪耶？」並引〈繫
辭下〉『易之爲書也，不可遠；爲道也，屢遷。變動不居，周流六虛，上下無常，
剛柔相易，不可爲典要，唯變所適。』一語而認爲後儒必以乾陽配天配君、坤陰
配地配臣等，是爲不知變通而執爲典要者，因而反問「是四聖之心耶？非四聖之
心耶？」又云：

　　馬太昭自幼留心易學，獨不以先人之言爲主，客冬聞台宗一切皆權，一切
　　皆實，一切皆亦權亦實，一切皆非權非實之語，方知《周易》亦權亦實，

〔註33〕同註16，頁17～20。
〔註34〕同註20，頁225。
〔註35〕同註5，卷二之五，頁10586、10587。

> 亦兼權實，亦非權實。〔註36〕

因而反問「此易耶？禪耶？亦易亦禪耶？非易非禪耶？」事實上，這是蕅師對「開權顯實」妙旨的靈活運用，已不再執著何者爲權，何者爲實，以權視之，則「一切皆權」，以實視之，則「一切皆實」，這如同〈周易禪解序〉中討論到《周易禪解》所解者是易、非易，亦易亦非易，非易非非易等四句，本皆不可說，但有因緣故，四句皆可說，因緣者，四悉檀也。即便是四悉檀不成，反成增益謗、減損謗、相違謗、戲論謗等四謗，亦將如置毒乳中，轉至醍醐，厥毒仍在，以喻其作《周易禪解》一書之影響力將潛移默化的存在，而其宗旨，則曰：

> 吾所由解《易》者，無他，以禪入儒，務誘儒以知禪耳。〔註37〕

但此處與蕅師述作《中庸直指》有一點小的差別。《中庸直指》中，蕅師明言乃秉《法華》開顯之旨而作，強調「不可謂世間儒學，本與圓宗無別也」（頁 72），且〈性學開蒙〉中言如此之解《中庸》，乃「智旭之《中庸》，非子思之《中庸》」〔註38〕，這是因爲蕅師深信孔顏眞有「出世心法」，而子思不能傳得孔子之道，故其《中庸》須得以開權顯實的方式，將之視爲權文而令成實義；至於《論語》中的「顏淵問仁」章，及《易傳》，蕅師認爲前者乃聖人傳心法之答問，而《易傳》乃孔子所作（《周易禪解》卷一之卷頭語），故其解文只是發揮其中密說不彰的奧義而已。如前文所論述，蕅師認爲「孔顏心法」有出世的成分，其態度是認眞的，故在〈性學開蒙〉中云：

> 若約實約本融會者，此方聖人，是菩薩化現，如來所使。《大灌頂經》云：佛先遣三聖，往化支那，所立葬法，南洲中最，三聖法化若在，如來正教亦賴以行……然三聖不略說出世教法，蓋機緣未至，不得不然。且如五天機熟，佛乃示生，而初倡《華嚴》，在會聾啞，不惟須說《阿含》以爲漸始，兼立人天戒善，以作先容，況此地機緣，遠在千年之後，縱說出世法，誰能信之。故權智垂跡，不得不示同凡外，然即此儒典，亦未嘗不洩妙機，後儒自莫能察，及門亦所未窺，故孔子再歎顏回好學，今也則亡，深顯曾子以下，皆知跡而不知本，知權而不知實者也。〔註39〕

可見孔子實洩妙機，而曾子以下，皆莫能察，僅知跡、權而不知本、實也。又，《周易禪解‧雜卦傳》前言曰：

〔註36〕同註5，卷二之五，頁 10589。

〔註37〕同註16，頁 1～4。

〔註38〕同註5，卷三之二，頁 10715、10716。

〔註39〕同註5，卷三之二，頁 10710、10711。

筆端眞有化工之妙，非大聖不能有此。〔註40〕

此強調非孔子大聖，不能作此傳也。而傳後結語云：

噫！讀此一章，尤知宣聖實承靈山密囑，先來此處度生者矣。不然，何其
微言奧旨，深合于一乘若此也，思之佩之。〔註41〕

此處更是明說孔子是承釋迦密囑而來度生者。明白了孔子在蕅師心中的地位，將有
助於我們了解在蕅師儒釋調和的著作中，其詮釋活動進行時蕅師所自居的角色，因
爲純粹的「開權顯實」，與闡發經書中的奧義，其態度是不同的：在前者而言，如《中
庸直指》，蕅師是不打算探求作者原意的；而在後者言，如在《周易禪解》中，蕅師
是自認爲時或發揚孔子本心密旨的，因而將更能契合詮釋者之存在感受，透過此而
進行的儒釋調和的工作，將是通過具體生命融合鍛鍊而來的，在效果上來說，會大
大地超過前者。

　　《周易禪解》一書，雖和《四書蕅益解》一樣，都是在既有的儒典上，以佛教
的義理來注解，而其中心思想，也都環繞在蕅師的「現前一念心」的眞如隨緣的架
構上；但《周易禪解》一書，隨處可見的「觀心釋者」的注解方向，更加凸顯了蕅
師在一般以佛法義理解說儒家經典的「佛法釋者」外，也特別強調止觀的修證，也
就是定、慧相濟的一面；這是受了天台教觀的影響，而大事採用了天台教學中的觀
心說。從這裡透露出蕅師想要折衷天台與禪宗的訊息，因爲在當時，禪宗與天台是
有爭議的；由禪宗的立場來看天台宗，批評天台宗徒，只是一群說食數寶、尋章摘
句、有聞無修的人而已。另從天台宗來看禪宗，批評禪者只是枯守蒲團、暗證無聞
的野狐而已。這些問題的焦點，產生出離言與依言的論爭出來，蕅師則以「道不在
文字，亦不在離文字」加以會通，曰：

道不在文字，亦不在離文字：執文字爲道，講師所以有說食數寶之譏也；
執離文字爲道，禪士所以有暗證生盲之禍也。達磨大師以心傳心，必藉《楞
伽》爲印，誠恐離經一字，即同魔說；智者大師九旬談妙，隨處結歸止觀，
誠恐依文解義，反成佛冤。少室、天台，本無兩致，後世禪既謗教，教亦
謗禪，良可悲矣。〔註42〕

這是蕅師強調「隨文入觀」、「隨文入證」、或「解行相須」等主張以折衷禪與天台的
融合傾向〔註43〕。從這裡，我們可以看出蕅師即使是在注解儒家的典籍時，仍深切

〔註40〕同註16，頁570、571。
〔註41〕同註16，頁577、578。
〔註42〕同註5，卷二之五，頁10577、10578，〈示如母〉一文。
〔註43〕同註1，頁462。有關蕅師對天台與禪的調和，可參考此書第五章「以禪爲中心的

地表現出他融合佛教內各宗思想的態度。而《周易禪解》在觀心思想的強調上，是要比《四書蕅益解》來得豐富的，這與蕅師將《周易》陰陽的觀念，套在佛教止觀的觀心法上解說，有很密切的關係。

至於〈性學開蒙〉一文，更是蕅師專門討論儒釋同異差別的文字，首先取《中庸》『君子尊德性而道問學，致廣大而盡精微，極高明而道中庸，溫故而知新，敦厚以崇禮』一節廣以舉例發揮，使「尊德性」與「道問學」，乃至「敦厚」與「崇禮」等等相對成文的語彙都能互涵互攝，而廣盡其意涵。其次平章朱子與象山之爭論，以為象山猶如六祖本來無物，似頓悟；而朱子如神秀時時拂拭，似漸修，然或是將尊德性攝問學，或是將問學尊德性，皆是德性與問學兼具，舉其一而俱其二。關於以上所述這兩部分，蕅師原文詳盡，此處不多贅述，茲就其第三部分，將儒家對佛教細辨其同異差別一段，論述於後。

在這一部分，蕅師充分運用視角不同，則觀點亦隨之不同的論述方式，闡明儒佛之對應關係，文分五段：

一、名同義異者——以「德性」二字，及德性中所具「廣大、精微、高明、中庸、故、新、厚、禮」八義，雖同名曰「德性」，但隨著儒、老、夜摩等空居四天、魔天、四禪天、藏、通、別、圓等境界的不同，所蘊涵的八義亦皆隨之而異，蕅師曰：

> 儒以天命為性，修之上合於天者為德；老以自然而然，強名曰道者為性，復歸無名無物者為德，一往判之是天乘，亦未盡天中差別，恐不過四王忉利法門，遠自人間視之，稱為自然，及無名無物耳。推而上之……圓教以不生不滅常住真心不縱不橫三德祕藏為性，一心三智妙合如來藏理為德。既德性一名，厥義各別，故所具八義，隨此皆異。儒但以洋洋發育為廣大，乃至仰事俯育為禮如前說耳。老則以生天生地為廣大，杳冥昏默為精微，神鬼神帝為高明，專氣致柔為中庸，長於萬古為故，生一生二生三生萬物為新，還淳反樸為厚，守雌守黑為禮……圓教則以介爾有心三千具足，豎窮橫遍無欠無餘為廣大；三千性相互具互遍，一色一香無非中道為精微；一心三智照窮法界為高明；無作四念一心三觀為中庸；即隨緣而不變為故，所以一切諸法無非性具；即不變而隨緣為新，所以權實因果施設無方；心佛眾生三無差別為厚，所以上合無緣慈力，下合同體悲仰；而熾然常行與拔上侍諸佛下應群機為禮，所以性遮諸業，一切皆成無盡戒體，皆名無

教理義學與戒律思想」、「天台教理與智旭」、「性相禪教的調融」、「天台與禪的折衷」等部分。

上道戒，是謂名同而義異也。〔註44〕

可見藕師在這一段中，實在是以「德性」及「廣大」、「精微」……等八個語彙爲中心，將之放在各個不同的境界來發揮，所同者只是這幾個「名」，而其「義」則隨其立場之不同而各異也。嚴格說來，這是以儒家的語彙爲基礎，原則性地保存其意含指向，但卻廣爲引申其意義內容，成爲適合各個境界的解說，若認眞探究起來，這些語彙並非佛教所原有，故不能算是「名同」。

二、名義俱同而歸宗異者——藕師曰：

> 不論儒老，色無色定，乃至藏通別圓，欲以至德凝道，必道問學以尊之；欲眞實學問，必尊德性以道之；欲證德性之廣大，必盡精微以致之；欲證德性之精微，必致廣大以盡之……是名義俱同，然如此問學，各尊其所謂德性，故儒成人間之聖，與天地參；老成天道之聖，爲萬化母；乃至藏通成三乘之聖，永超生死；別教成圓滿報身之聖，永超方便；圓教成清淨法身之聖，方爲眞能盡性，是歸宗永異。〔註45〕

這是說就工夫論而言，所遵循的幾個原則是大家相同的，但是其終極目標卻各各不同。

三、對絕二妙者——又分對待明妙與絕待明妙。所謂對待明妙者，這是以相對關係來立說，有上下層次的觀念，藕師曰：

> 若以人望天，以欲界望色界，展轉乃至以別望圓，則彼廣大之外更廣大，精微之內更精微……若以圓視別，以別視通，乃至以天視人，則彼廣大精微等，皆悉有名無義，故以下望上，傳傳皆妙，以上視下，法法皆麤，此對待明妙也。〔註46〕

至於絕待明妙，則取消差異性，開權顯實，同歸一乘。藕師續曰：

> 絕待明妙者，爲實施權，開權顯實，若別、若通、若藏、若天、若人，究竟同歸一乘，圓人受法，無法不圓，則法法皆妙。〔註47〕

能知道絕待明妙的道理，才能繼續討論以下揀收與融會兩段。

四、約跡約權揀收等者——從跡、權的立場來看，各境界是有其差異性的，則如何揀別其差異？藕師曰：

> 揀之則全非。儒是世法，佛出世故；又此云天命爲性，《易》云太極生兩

〔註44〕同註5，卷三之二，頁10701～10707。
〔註45〕同註5，卷三之二，頁10707～10708。
〔註46〕同註5，卷三之二，頁10708。
〔註47〕同註5，卷三之二，頁10708、10709。

儀，並屬非因計因，不知正因緣法，見論所攝；夫婦父子等恩愛牽連，愛
論所攝。老子天法道，道法自然，是無因論，不知正因緣法，亦見論攝。
〔註48〕

這就是將之視爲佛教之外的外道來看，儒、老皆不知正因緣法。若不將之視爲外道，
而收攝在佛教境界差異的體系中，則儒、老又將何屬？蕅師曰：

收之則儒於五乘法門，屬人乘攝，所明五常，合於五戒，其餘諸法，半合
十善，未全同金輪王法也。老屬天乘，未盡天中之致，已如前說。究而言
之，總不及藏教之出生死，況通別圓耶？〔註49〕

可見能否「出生死」，是佛教對外教判攝之主要依據。雖然所判攝者在佛教境界體系
中所屬偏低，但這僅僅是約跡約權來看而已。

五、約實約本融會者——就這個角度而言，蕅師認爲此方聖人如孔子、顏回、
老子皆是菩薩化現、如來所使，只因機緣未至而示同凡外，但若知本、實，則即此
儒典來看，未嘗不洩妙機，而後儒只見跡、權，不能見其本、實者也。何以聖人不
明說本源佛性，卻說「易」呢？因爲凡夫久執四大爲自身相，六塵緣影爲自心相，
斷斷不能了解這即心自性，所以聖人運用悉檀善巧，而聊寄微辭。接下來蕅師便即
此《易經》總括其大旨，發明宣聖祕密微談（其內容已見前文所述），而強調孔子實
爲菩薩現身，信非虛倡；至於習而不察，過在後儒。接下來又秉《法華》開顯妙旨，
即《中庸》而作圓頓佛法解釋（其內容大抵同於《中庸直指》），而於文後強調此乃
蕅師之《中庸》，非子思之《中庸》也；但若子思實能了解蕅師所解之《中庸》，則
孔子當時急當印可之，也就不會顏淵一死而慟傷至曰：天喪予了〔註50〕。從這一段
的敘述，更可以清楚的看出孔子、顏淵二人在蕅師心目中的地位，是不同於其他儒
者的。

除了上述各角度之外，〈性學開蒙〉一文篇末，又以同、異爲中心，從各種視角
對三教進行比較，其文曰：

今約三聖立教本意，直謂同可，以無非爲實施權故也；約三教施設門庭，
直謂異可，以儒老但說權理，又局人天，佛說權說實，皆出世故也。約權
則工夫同而到家異，謂亦同亦異可也；約實則本不壞跡，跡不掩本，謂非
同非異可也。惺谷壽禪師云：爲門外人說同，否則以爲異端；爲入門人說
別，否則安於舊習；爲升堂人說亦同亦別，以其見理未諦，須與微細剖析，

〔註48〕同註5，卷三之二，頁10709。
〔註49〕同註5，卷三之二，頁10709、10710。
〔註50〕同註5，卷三之二，頁10710～10716。

> 令知同中有異、異中有同；爲入室人說非同非別，麤言細語，皆第一義，
> 又何儒釋可論？斯言得之。〔註51〕

從立教本意、施設門庭、權、實、工夫、到家及門外人、入門人、升堂人、入室人等種種不同的角度而廣說同異差別，先不以儒與佛是定同或是定異，這樣的論述方式較爲圓融而面面俱到，避免在同異問題上起爭執，但總括〈性學開蒙〉一文來看，蕅師的儒釋調和論是先肯定儒與釋有所異，既知其異方可進言其同，正如《中庸直指》卷末語云：

> 不可謂世間儒學，本與圓宗無別也。觀彼大孝至孝，未曾度親成佛；盡性
> 之極，不過與天地參，則局在六合之內，明矣。讀者奈何堅執門庭，漫云
> 三教究竟同耶？（頁72、73）

三教若是究竟同，也用不著開權顯實來調和其說了，可見儒釋終有其根本精神的差異。由於此種差異，故其調和者亦多抱持某種立場來調和之，而形成此一調和論的特色。就蕅師來說，儒釋的差異在於：儒爲世法，佛爲出世法；出世法，以解脫生死爲基本立場，因此，在和儒家作比較時，亦以此立場爲其判攝標準。至於就調和論的類型來說，天台的圓教思想，開權顯實的方式，正是構成蕅師儒釋調和論的主要特色。

參、《四書蕅益解》之全顯蕅師圓熟思想

　　《四書蕅益解》一書，雖然是蕅師調和儒釋，進而引儒歸佛的開權顯實之作，但就其思想內容來說，實可概括蕅師思想之全面性。因爲此書是完成在蕅師中、晚年之間，在這個階段，蕅師的思想已大致底定，諸如性、相二宗的融會，以及禪與天台的融通等，蕅師對於佛教內不同宗派的主張，都已匯歸於一爐，因此，在《四書蕅益解》中，我們就可以看到蕅師此種已經融鑄過的思想而又有著多樣化的呈現，如天台、禪宗、唯識、華嚴乃至淨土等等。所以《四書蕅益解》雖然不是佛教教內典籍的注釋之作，卻能由此一斑而窺見全豹，而全顯蕅師圓熟思想。況且就《四書》相對於佛書是爲外典而言，其根本精神與佛教思想之差異性，將大於佛教內部諸宗的差別，因此對於蕅師這樣具有融合思想傾向的人來說，《四書蕅益解》的著作將是更大的挑戰。如果我們只是把《四書蕅益解》當成是一般漫談儒釋二教的本質是相同的書，而不去探討它會通的立場是在什麼樣的思想體系下進行的，則將無法掌握蕅師學術涵養的整體性與其精彩處。

〔註51〕同註5，卷三之二，頁10716～10717。

　　《四書蕅益解》之能全顯蕅師圓熟之思想，不僅表現在佛教各宗派思想之多樣化的呈現，同時就其注文前後之關係來看，也可以看出蕅師折衷調和思想的傾向。譬如性、相二宗的融會，就可以在蕅師注解《大學》及《中庸》之中看出來。例如《大學直指》，蕅師在解釋三綱領的時候，是以「本覺之性」、「始覺之修」來立說的，這是從性宗的立場切入的；但是到了解釋八條目時，筆鋒一轉，便從轉識成智、與「外所緣緣非有」、「內所緣緣不無」的唯識無境的相宗立場來立說。又如《中庸直指》，蕅師在此書的總綱『天命之謂性、率性之謂道，修道之謂教』一節的釋文中，對「性」字的解釋是「生滅與不生滅和合」的阿賴耶識，故率性而行時，「率其善種而發為善行，則名君子之道；率其惡種而發為惡行，則名小人之道」，這是套唯識學的說法，是從相宗的立場切入的；但是循著原文脈絡討論到修行的工夫論時，卻又是歷經「圓解」、「圓行」、「圓證」的次第而達於究竟，這又成了性宗的講法。由上所述，一從性宗到相宗，一從相宗到性宗，雖然其轉換的關鍵並不是很清楚，但這是受了《大學》與《中庸》原文行文的影響，以致不能詳盡地闡發會通性、相的關鍵，但也可以由此看出蕅師想要表現出會通性、相二宗的企圖。總而言之，《四書蕅益解》一書雖然所詮釋的對象是儒家的典籍，但是從此書中，卻能全面性地呈現蕅師之圓熟思想，套上蕅師常用的觀念來說，正是「一切即一，一即一切」了。

第二節　作為蕅益大師引儒歸佛的方便教法

壹、從《道餘錄》的儒佛並立到《四書蕅益解》的引儒歸佛

　　《四書蕅益解》一書，是蕅益大師運用佛教「開權顯實」的方式，以佛理解儒書，在蕅益大師來說，這是他希望藉此俾使「儒者道脈，同歸佛海」（《中庸直指》卷頭語，頁 35）的接引方便，同時也透露出一位佛教大師濟度眾生的悲願。但就蕅師所採用的這種直接從注解儒書著手，然後將之收攝到佛法義理中的方式，如果將它放在儒佛交涉的脈絡來看，很可以發現它的獨特與進步的地方，也可以看到時代風氣的轉變。在宋代，理學家之闢佛可謂不遺餘力，充分表現了儒家對其道統的護衛精神及排斥其所謂「異端」而以發明聖人道學為己任的立場。宋儒之闢佛，其歷史背景，乃遠承於南朝學者闢佛之餘緒，近接於唐代傅奕，韓愈之主張。大致可分為兩期：一是北宋初期諸儒之闢佛，如孫明復、石介、李覯、歐陽修等，其論調幾與南朝之顧歡、何承天、郭祖琛、荀濟及唐代之傅奕、韓愈等，如出一轍；始終徘徊在種族的、倫理的、社會的層次上，甚至還達不到釋慧琳論聖凡及范縝〈神滅論〉

的水準。再者，就是仁宗以後理學家的闢佛，因為自身有所樹立，在理論的層次上就高明得多了。張橫渠是理學家中首倡闢佛者，分別從「性空」、「幻有」二方面，直逼哲學之重要的體用問題。二程亦多闢佛主張，程顥又比程頤熱衷於此，到了南宋朱熹，其學承程子一脈，繼承了二程闢佛的精神，儼然成為闢佛之大宗，《朱子語類》中直接破斥佛教者幾達一百三十餘條，其他間接批評者尚不止此數，其闢斥的範圍極廣，除了南北朝以來傳統的闢佛老題目如夷夏立場、人倫社會層次等角度外，對於《楞伽》、《楞嚴》、《大涅槃經》以及華嚴、禪宗等皆有譏評，可謂闢佛之「集大成」者。由此可見，有宋一代闢佛的風氣盛行，理學家的態度大有若不闢佛，就不夠資格作為聖人之徒的姿態，以致這個時期的時代風氣，籠罩在一片排佛聲浪之中。到了明代，闢佛以宗程朱者為多，明初河東學派之薛敬軒、呂涇野，中葉之羅整庵最為著名，唯其論旨皆紹述程朱，非有特殊見地者。陽明學派折衷於禪學，已是不爭之論；因此王學中有辨儒佛之分際者，而鮮及於闢斥，況且「三教合一」已成為明代一時之風尚，表現在文學、藝術乃至哲學思想與宗教行為上。唯王學漸入於末流，行為尤疏於防檢，王學修正派者如東林學派之顧憲成、高攀龍之輩，又襲程朱之故智，重彈闢佛之舊調。然而，闢佛老，排異端，宋儒摧陷廓清，發揮已無餘蘊，故此時之闢佛者，亦多是襲前人論調，老生常談一番，實乏新見可陳〔註52〕。

至於在佛教界，又是如何相對地作出回應呢？北宋明教大師釋契嵩，即以調和論來應對這種闢佛的主張。契嵩（公元 1007～1072）本身是佛教的大師，又精通儒家典籍，他著有〈原教〉、〈孝論〉等篇，倡儒釋一貫；又著〈論原〉四十篇、〈中庸解〉五篇，儼然儒者之論；此外更作〈非韓〉三十篇，力詆韓愈，在儒佛交涉史上，具有絕對的影響力與代表性〔註53〕，但是他的時代在北宋初年，其所回應的闢佛者對象屬於前文述及的第一期儒者，甚至往前推至韓愈；而對於仁宗以後理學家的闢佛如張載、二程、朱子等第二期儒者的主張，佛教界中的回應就較晚些。明朝永樂年間，逃虛子姚廣孝的《道餘錄》〔註54〕可以說是佛教界對於程朱理學的闢佛主張作出正面的回應，他以逐條列舉的方式摘出《二程遺書》及《朱子語錄》中闢佛的文字，就其批評或誤解佛教之處，一一加以澄清，對程朱的闢佛展開對話。〈道餘錄

〔註52〕 以上所述宋明儒者闢佛的情形，參考張永儁：〈宋儒闢佛經緯談〉，《中國佛教》二十六卷八期（民國71年5月），頁8、9。

〔註53〕 何寄澎：〈論釋契嵩思想與儒學的關涉〉，《幼獅學誌》二十卷三期，（1989年5月），頁111。關於契嵩在儒佛交涉方面的研究，尚可參看劉貴傑：〈契嵩思想研究——佛教思想與儒家學說之交涉〉，《中華佛學學報》第二期（1988年10月），頁213～239。

〔註54〕 本文所根據的《道餘錄》為明萬曆己未（四十七年）海虞錢謙益刊本，收於嘉興楞嚴寺方冊藏經中，共一卷。

序〉云：

> 三先生〔案：二程及朱子〕皆生趙宋，傳聖人千載不傳之學，可謂世間之
> 英傑，爲世之眞儒也。三先生因輔名教，惟以攘斥佛老爲心……道不同，
> 不相爲謀，古今共然，奚足怪乎？三先生既爲斯文宗主，後學之師範，雖
> 曰攘斥佛老，必當據理，至公無私，則人心服焉。三先生因不多探佛書，
> 不知佛之底蘊，一以私意出邪詖之辭，枉抑太過，世之人心亦多不平，況
> 宗其學者哉？二程先生遺書中有二十八條，晦庵朱先生語錄中有二十一
> 條，極爲謬誕，余不揣，乃爲逐條據理，一一剖析，豈敢言與三先生辯也，
> 不得已也，亦非佞於佛也。

《道餘錄》這種對話的方式，主要目的在澄清闢佛者對佛教的誤解，以及說明因立場不同而交相非議的不必要，這是佛教界對程朱理學闢佛主張的初步回應，雖然其間亦有調和儒釋的傾向〔詳下文〕，但這並非其主要意趣。它的重點仍放在說明、澄清，所謂「道不同不相爲謀」，欲與理學並立的態度較爲明顯。就佛教的立場來說，護教的意味較濃厚。這與蕅師《四書蕅益解》之作爲接引儒者的方便階梯來說，其心態是不同的；而比較起來，後者將較能符合佛教隨機度生的方便這一宗旨，且在方式上也較爲圓融。從《道餘錄》到《四書蕅益解》，可以看出佛教界在處理儒釋問題上的進步，以及時代風氣的轉移，是慢慢由儒佛對立而走向合流的。以下就簡略地歸納一下《道餘錄》的內容，以了解在《四書蕅益解》這類調和論的著作之前，佛教界對程朱闢佛之回應，並藉此一儒佛交涉發展的軌跡，使《四書蕅益解》在儒佛交涉史上有一清楚的定位，以凸顯其特色與價值。

貳、《道餘錄》的思想內容

姚廣孝（公元 1335～1418）幼名天禧，少時出家爲僧，法名道衍，字斯道。廣孝之名，是他輔佐燕王朱棣奪位後御賜的〔註55〕，所著《道餘錄》共一卷，收錄《二程遺書》中闢佛文字二十八條，《朱子語錄》中闢佛文字二十一條，逐條據理一一剖析，以澄清三人對佛教誤解或立場態度不同所引發的批評。二程及朱子對於佛教的批評，可以歸納出幾個方向，大抵不出從夷夏立場來排佛；或指責佛氏廢棄倫常；或言其以生死之說恐動人，是利非義；或評其墮虛無之教，以世間爲幻妄，只知守空而無用處；或以佛爲異端害道，在態度上排佛；以及批評佛教雜老莊之說，似告子學說及剽竊《莊》、《列》等幾個範圍。對於理學家從這幾個方面來闢佛，其中肯

〔註55〕商傳：〈明初著名政治家姚廣孝〉，《中國史研究》（1984 年第 3 期），頁 119。

與否，時賢已有詳盡的分析論述〔註56〕，此處僅舉《道餘錄》爲例，以見佛教界在當時的反駁與澄清。原文文意清楚，故不多作論述；而「逃虛曰」下多重複二程或朱子原文，並略之。

一、從夷夏立場來排佛——如關於二程者第三條：

> 明道先生曰：……曾子易簀之理，臨死須尋一尺布裏頭，而死必不肯削髮胡服而終。

> 逃虛曰：……要知聖人之道，豈專在形服上也。假如中國之士，盡是圓冠方履，人人盡見得聖人之道乎？聖人之道，不專在形服上也，明矣。明道直欲六合之間，四夷八蠻凡戴髮含齒者，必欲盡從周制衣冠，方盡是會聖人之道。明道之執見僻說若委巷之曲士，誠可笑也。

二、指責佛氏廢棄倫常——如關於二程者第一條：

> 明道先生曰：佛學大概且是絕倫類，世上不容有此理……又其跡須要出家，然則家者，不過君臣父子夫婦兄弟，此等事皆以爲寄寓，故其爲忠孝仁義，皆以爲不得已。

> 逃虛曰：（明道）不知佛未嘗絕倫類也。佛當日出家，已納妃生子，然後入雪山修道，苦行六年而成正覺，豈是絕倫類者。若言絕倫類，世上不容有此理，如吳泰伯讓王位，斷髮文身，逃於荊蠻，孔子稱其爲至德，而於吳廟食萬世。又如伯夷叔齊，諫周武王不聽，欲兵之，太公曰：此義人也。隱於首陽山，遂餓而死，孟子稱其爲聖之清者，而未嘗言其絕倫類也……夫佛之學，有出家在家之分焉，出家者爲比丘，割愛辭親，剃髮染衣，從佛學道；在家者爲居士，君臣父子夫婦兄弟，此等事何嘗無之？皆以爲寄寓者，佛書有云：旅泊三界，茫茫大化之中，何物而非寄寓也哉？忠孝仁義，皆以爲不得已者，此是程夫子自說，佛不曾有此說，但教人持戒修善，念報君親師友檀信之恩也。

三、言佛氏以生死之說恐動人，是利非義——如關於二程者第三條：

> 明道先生曰：佛學只是以生死恐動人，二千年來無一人覺此是被它恐動

〔註56〕如熊琬：《宋代理學與佛學之探討》（台北：文津出版社，民國80年）第四章及結論部分。熊氏在結論中云：「由上數端以觀之，儒者之闢佛，往往出於文化背景與思想觀念之迥異，輒有是其所是以非佛氏，故所非多在跡上著眼，此其闢佛之論所以多似是而非也。」又以爲朱子闢佛所持之理論未必中肯，而歸納三點原因：「一受歷來儒者闢佛根深蒂固觀念之影響所致——所謂『入主出奴』之主觀成見是也。二者由於文化思想背景之差異而產生之曲解。三者於佛理未能融通致斷章取義，以偏概全而滋生誤解。」熊氏此說實爲允當，而早在《道餘錄》中即可見其端倪。

也。聖賢以生死為本分事，無可懼，故不論生死；佛之學為怕生死，故只管說不休。下俗之人固多懼，易以利動，如禪學者，雖自曰異此，然要知只是此箇意見，皆利心也。或曰：此學不如是，本來以公心求之，後有此蔽，或本只以利心上得之。曰：本是利心上得來，故學者亦以利心上信之，惟學佛，人人談之瀰漫滔天，其害無涯。

逃虛曰：……若如此說，二千年來，只有明道一人，不被他恐動，可謂豪傑之士也。……《易》曰：『原始反終，故知死生之説』，豈不是聖人論生死邪？如佛論生死，《圓覺》有云：一切眾生，於無生中，妄見生滅，是故名為輪轉生死。何嘗恐動人也？……佛之學者了生死性空，豈得怕生死也？只如佛因中為哥利王割截身體，不生瞋恨……若言二千年來無人覺此，二千年來，並無聰明上智之人，俱是下俗之人，被他恐動也，明道之言何其妄誕如此……禪學者生死且不懼，況存利心邪？

關於生死觀的問題，《道餘錄》中除了明道所謂「聖賢以生死為本分事，無可懼，故不論生死」之外，朱熹亦曰：「蓋人死則氣散，其生也，又從太原裡面出來」（關於朱子者第十一條），而姚廣孝則評曰：

逃虛曰：儒者說個死生，只言形氣聚散，而不言心識。佛氏言因緣業感，輪轉生死，皆由心識所致也。然形氣有盡而心識無盡，一切眾生本無生滅與不生滅，皆因妄認四大為自身相，六塵緣影為自心相，妄想執著，起諸憎愛，造諸善不善業，及乎業報至時，此之心識循業發現，故有輪轉生死，六道升沈也。若學般若，菩薩達法性空，涅槃尚不可得，況生死乎？所以《圓覺》有云：生死涅槃，猶如昨夢……〔以下舉一則借屍還魂實例〕……若程朱橫渠言形潰氣散，無復再生，如何有此借屍還魂者？若有此借屍還魂者，豈無輪轉生死者哉？

這是從佛教生死輪迴的觀點來批評程朱張載形氣聚散的生死觀。又，朱子尚以「自私之厭」評佛教解脫生死之生死觀，關於朱子者第十九條：

晦庵先生曰：佛氏之失出於自私之厭，老氏之失出於自私之巧。得厭薄世，故而盡空了一切者，佛氏之失也；關機巧，便盡天下之術數者，老氏之失也，故世之用兵、算術、形名等，本於老氏之意。

逃虛曰：《華嚴》云：居有為界，示無為法，而不壞滅有為之相；居無為界，示有為法，而不分別無為之相。《法華》云：若說俗間經書，治世語言，資生業等，皆順正法。佛氏何嘗言要盡空了一切也。自私之厭，二乘、外道斷滅之見，非佛之究竟法也。老氏之失，非吾所知。

以爲朱子所斥者二乘外道斷滅之見耳，非佛法之究竟義也。

四、言佛氏墮虛無之教，以世間爲幻妄，只知守空而無用處——如關於二程者第八條：

> 伊川先生曰：今語道則須要寂滅湛靜，形如槁木，心若死灰，豈有直做牆壁木石，而謂之道？所貴智周天地萬物而不遺，幾時要如死灰？動容周旋而中禮，幾時要如槁木？論心術無如孟子，孟子謂必有事焉。今既如死灰槁木，卻於何處有事？

> 逃虛曰：形如槁木，心若死灰者，此是二乘灰斷及外道邪禪也。大乘圓教菩薩所修諸戒定慧及婬怒癡俱是梵行，何曾死吃怛地便爲究竟也？灰心泯智之徒禪祖叱之爲魂不散底死人，實爲生死根本爾。伊川未知佛氏此說。

此辨佛教究竟義中不墮空寂也。又如關於二程者第十三條：

> 伊川先生曰：釋氏說道譬之以管窺天，只務直上天，惟見一偏不見四旁，故皆不能處事。聖人之道則如平野之中，四方無不見也。

> 逃虛曰：佛以大圓鏡智照了虛空世界，塵毛刹海，無所不知，無物不見，所以佛十號中有曰正遍知、明行足。若以管窺天者，夫子自道也。

此明佛之智能遍滿十方虛空世界，鉅細靡遺，知行圓滿，非蔽於一偏者也。又如關於二程者第二十一條：

> 伊川先生曰：禪學只到止處，無用處，無禮義。

> 逃虛曰：程子豈知禪道也哉？實際理地不受一塵，佛事門頭不舍一法，若有止處無用處，如車之無輪，鳥之無翼，決無此理也。

此言佛教之用廣。又如關於朱子者第十五條：

> 晦庵先生曰：論釋氏之說，明道先生數語闢得極善。見行狀中者，他只要理會箇寂滅，不知須是強要寂滅它做甚？既寂滅後，卻作何用？

> 逃虛曰：世儒言釋氏寂滅，不知所以，但把寂滅做空無看了，而不知佛書有云：諸行無常，是生滅法；生滅滅已，寂滅爲樂。又曰：諸法從本來，常自寂滅相。寂滅者，言此道不生不滅也。離生滅求寂滅，則不是即生滅而證寂滅，乃是此即有爲而無爲，無爲而無不爲也。

此段則明白指出朱子對佛教「寂滅」的誤解，在於朱子當成與「生」相對的「滅」來理解，在對待義中理會成「空無」，而不知佛教的寂滅乃是絕對的「生滅滅已」，亦即「不生不滅」之義。姚廣孝此段所辨甚爲明晰，把程朱對佛教教義理解的差謬處清楚地表露出來而加以澄清。

五、以佛爲異端害道，在態度上排佛——如關於二程者第四條：

　　明道先生曰：道之不明，異端害之矣。

　　逃虛曰：道之不明，其來久矣，非惟佛老爲異端之學而害之也。三代之末，
　　百家諸子競起角立，淳厚之氣日銷，澆薄之風日長，莫非天運使然爾。若
　　欲人心復古，不悖於道，除是唐虞周孔復生，通乎神明以化治天下，則可
　　也；若不如是，無可奈何則得各從其志。

從人心淳厚澆薄風氣的轉變來解釋「道之不明」的原因，或許比一味地歸咎於佛老
要來得正視現實，「無可奈何則得各從其志」，則爲佛教爭取理所當然的生存空間，
大有『道並行而不相悖』的意味。

　　六、批評佛教雜老莊之說、似告子學說及剽竊《莊》、《列》——關於朱子者第
六條：

　　晦庵先生曰：達磨未來中國之時，如遠、肇法師之徒，只是說莊老，後來
　　人亦多以老莊助禪。古時亦無許多經，西域豈有韻？諸祖相傳偈，平仄押
　　韻語，皆是後來人假合。

　　逃虛曰：晉魏之時，儒釋之文俱尚老莊，彼時佛經翻譯過東土來，潤文之
　　人如《維摩詰所說經》肇法師注并《肇論》，其中行文用字或出入老莊者
　　有之；遠、肇、道安、支遁輩，其文多尚老莊，其見亦有相似處，故達磨
　　過東土來，說箇不立文字，直指人心，見性成佛，掃蕩義學，儒者言老莊
　　助禪，則不然也。且如《維摩》、《肇論》，其文或似老莊，如《般若》、《華
　　嚴》、《涅槃》、《寶積》、《楞伽》等大經，何嘗有一言似老莊？其立法自成
　　一家，儒老二教，不曾有此說也。至於偈有平仄押韻，出於後人編集之手
　　或有之，何足較也？朱子不論其大體，而責其枝末，何識量之狹哉！

此明辨佛教義理自成一家，與老莊無什干涉。又關於朱子者第七條：

　　晦庵先生曰：釋氏云知死只是學一箇不動心，告子之學只是如此。

　　逃虛曰：釋氏古尊宿死者，多剋日剋期而去，載在方冊不可勝數；若似告
　　子之不動心，何足道哉！

此明辨告子不動心不及佛教遠甚。又，關於朱子者第十五條：

　　晦庵先生曰：……晉末以前，遠法師之類所談只是《莊》、《列》，今本集
　　中可見；其後要自立門戶，方脫去《莊》、《列》之談，然實剽切其說，傅
　　奕亦嘗如此說。

　　逃虛曰：……晦庵言晉末以前，遠法師之類所談只是《莊》、《列》，那時
　　士大夫所談，亦是《莊》、《列》，蓋時尚也，若云剽切其說，盧齋《列子

口義》云：佛生西方，豈應來此剿切？詆之太甚，則不公矣！誠哉是言。
遠法師居盧山修念佛三昧，《莊》、《列》不曾有此修學，非是脫去《莊》、
《列》之說自立門戶，傅奕陰險小人也，力詆佛氏，唐太宗亦不聽他說，
晦庵將踵其後塵，奚可乎？

此明辨朱子承傅奕之說，以訛傳訛，詆之太甚，實不足爲訓也。

大體上來說，《道餘錄》的內容是以二程及朱子的闢佛文字爲主而加以編排，因爲是一種彙編的形式，所以並不能在前後有一義理脈絡貫通全書。但從它回應程朱闢佛的論點中，卻也能整理出一些特色：

一、掌握程朱對佛理斷章取義或以偏蓋全滋生誤解之處，加以澄清及批評，如果程朱所闢者非佛教本義，則所非非佛，安得爲佛氏之過？正如序文中所謂的「三生先因不多探佛書，不知佛之底蘊，一以私意出邪詖之辭，枉抑太過，世之人心亦多不平，況宗其學者哉？」如關於二程者第一條，明道說佛氏出家是「其爲忠孝仁義皆以爲不得已爾」，姚廣孝即評曰：「此是程夫子自說，佛不曾有此說」加以反駁；又如關於二程者第九條，伊川說「禪家謂別有一物常在偷胎奪陰之說，則無是理」，姚廣孝即評曰：「此是伊川自造此說誣禪學者，伊川良心何在？」加以反駁。又如關於二程者第二十八條：

（伊川曰）且指他淺近處：只燒一炷香，便道我有無窮福利，懷卻者箇心，
怎生事神明？

這無疑是對佛教華嚴宗所言「一即一切」的誤解，故姚廣孝即予以辨明：

逃虛曰：《華嚴》乃稱性之極談，一乘之要軌……程夫子知萬理歸於一理，
而不知一理散於萬事，重重無盡，無盡重重，自他不間於微塵，始終不離
於當念，窮玄極妙，非二乘凡夫之所能知也……程夫子卻將淺近瑣末燒一
炷香這等事來以誣佛聖，此豈是道學君子之所爲？若程夫子得聞華嚴三觀
之旨，決不有此說。若以華嚴事事無礙觀言之，豈止燒一炷香而有無窮福
利，乃至一微塵許法，亦具不可思議功德矣！程夫子未之聞也，奚足怪哉！

無可諱言，伊川對於《華嚴》事事無礙法界的義理未能領會，一個勁兒在義利之辨上作文章，以此闢佛，完全牛頭不對馬嘴，無怪乎不能使佛教學者心服，因而對其指摘澄清反駁了！

二、《道餘錄》中，不但批評程朱於佛理多闇昧不識，甚至暗示他們對孔孟之道亦有所未達，如關於二程者第十五條：

伊川先生曰：釋氏尊宿有言覺悟是也，既以達道，又卻須要印證，則是未
知也；得他人道是，然後無疑，則信人之語，不可言自信。若果自信，則

雖甚人之語，亦不聽。

逃虛曰：學佛者雖悟道了，必從明眼宗師勘辯印證，始得受用，誠有此說。譬如金之真偽，非鍛師則不能別，若真金愈鍛愈明，若藥汞銀一鍛即流去，如聖門弟子顏回終日不違如愚，孔子曰：回也不愚；曾點之浴沂舞雩，孔子曰：吾與點也。聖人之許與，豈非印證也歟？禹聞善言則拜，大舜樂取於人以為善，舜禹豈是不自信者？伊川言若果自信，則雖甚人之語亦不聽，程夫子崛強自任，傳聖人之道者，不當如是也。

此處舉孔子等例以反駁伊川，言下之意，頗有認為伊川不達聖人宗旨之譏。又如關於二程者第六條：

明道先生曰：昨日之會大率談禪……此說天下已成風，其何能救？古亦有釋氏，時或尚只是崇設像教，其害至小；今日之風便先言性命道德，先驅了知者，才愈高明則陷溺愈深……然擬據今日次第，便有數孟子亦無如之何。

逃虛曰：……明道何其言之謬也，烏有才高明被惑而陷溺愈深者哉？豈不知顏子默識，曾子一唯，因其資性高明，便領得聖人之說，其次者則不能也；如佛在靈山會上，百萬人天眾前，拈起金波羅華，惟迦葉破顏微笑，餘眾罔措。所謂才高明而陷溺愈深者，其謬甚矣……性命道德是本分事，不可一日無者，何害於事？且如佛法來中國，已二千餘年，山河社稷國土人民，君臣父子相生相養之事，何曾斷絕？不知佛之學為害害何事，而不欲人從之也？又言今日次第，便有數孟子亦無如之何。以愚言之，今日若有孟子，聞禪者之說，未必不擊節歎賞。

姚廣孝在此處把孟子也拉攏過來，以打破明道心中欲自況孟子之距楊墨、闢邪說的企圖，使明道和孟子亦契合不上，這是其回應程朱闢佛的特色之一。

三、《道餘錄》中亦有調和儒釋的傾向，但並不明顯，也沒有系統。如關於二程者第十一條：

伊川先生曰：學佛者難吾：言人皆可以為堯舜，則無僕隸不才。言人皆可以為堯舜，聖人所願也；其不為堯舜，是可賤也，故曰為僕隸。

逃虛曰：佛願一切眾生皆成佛道，聖人言人皆可以為堯舜，當知世間出世間，聖人之心未嘗不同也，伊川知此否。

此由人、眾生本性之共同處作為其調和儒釋的主張。又如關於朱子者第十二條：

晦庵先生言：夷狄之教入於中國，非但人為其所迷惑，鬼神亦被他迷惑。大抵廟中所塑僧像乃勸其不用牲祭者，其它廟中亦必有箇勸善大師，蓋緣

人之信，向者既眾，鬼神只是依人而行。

逃虛曰：佛氏之教，無非化人為善，與儒者道並行而不相悖，不相悖者，理無二也。僧勸鬼神不用牲祭，是不殺害物命，此仁者之心；以此心相感，鬼神敬信而從之也，豈是非理之事、淫詖之辭，使鬼神迷惑者邪？朱子何見之不明如此。

此以佛氏之慈悲與儒者之仁心作為調和的基礎。在宋代理學家強烈的闢佛之後，佛教界所作出的初步回應中，在澄清其指摘，鞏固其立場之外，也透露出儒釋調和的端倪。

四、《道餘錄》對於程朱所指摘者有符其實之處，亦予以肯同，如關於二程者第二十四條：

伊川先生曰：今之學禪者，平居高談性命之際，卻好至於世事往往直有都不知者，乃是實無所得也。

逃虛曰：今之有一等禪者，惟弄口頭士大夫座間，供談笑而已，幾曾有實得？蓋可非也。若以禪者一概如此，大似魚目混珍耳。

此亦是作者姚廣孝對當時禪風之流弊有所自覺，故於伊川之批評亦認肯之，但隨又強調不可以偏蓋全，以跡掩本也，如關於朱子者第九條：

晦庵先生曰：僧家所謂禪者，於其所行全不相應……學得底人有許多機鋒，將出來弄一上了便收拾了，則其為人與俗人無異。只緣禪自禪，與行不相應爾。僧家有一行解者，行是行，事解是禪也。

逃虛曰：僧家有一等弄虛頭禪者，東邊跩一言半句，西邊跩一言半句，以資談柄，便是會禪。他那裡曾夢見禪！在有一等天資高者，一聞便領悟，卻不曾實下工夫，所悟卻淺，習氣種子卻深，故被習氣所使，造諸惡業，與俗人無異者有之。假如有一等秀才，讀聖人之書，開口便談仁義道德，觀其所行，不孝不義，非為妄作，至乎犯形憲而貽辱父母者，往往有之，此乃教門中人之不才，非釋迦仲尼之罪也。朱子當置之勿論。

此處舉了兩種禪學末流，而肯同朱子對禪者玩弄機鋒而與其所行不相應的批評。然而又為之正本清源，以明此實不肖門人所為，非干釋迦之罪也。

《道餘錄》是姚廣孝從佛教觀點出發，對宋儒攘斥佛、老學說的反駁，在它成書之初，由於正當明初百廢待舉之時，理學並未居於統治地位，因此理學家尚不敢公然斥責姚廣孝。但在他去世後沒多久，在宣德五年（公元 1430 年）修成的《明太

宗實錄》中對姚廣孝已有微詞：「廣孝嘗著《道餘錄》，詆訕先儒，爲君子所鄙」〔註57〕，後來《道餘錄》甚至遭到和姚廣孝共事編修《永樂大典》的張洪所焚毀，而他所持的理由竟是「少師（姚廣孝）于我厚，今無以報，但見《道餘錄》即焚之，不使人惡之也。」張洪的思想與姚廣孝截然不同，焚毀《道餘錄》之舉，充分表現了他對姚氏的不尊重，而受到明人劉風的批評。劉風未見此書，但他認爲「若其深詆宋儒，必有見焉。張洪何者，輒焚滅之，惜矣！」李贄見到此書，認爲「絕可觀」、「宜再梓行，以資道力，開出世法眼」。從《道餘錄》成書之後所受到的待遇看來，當時作爲官學的程朱理學尙有一定的箝制能力，然而時代風氣逐漸轉移當中，到了明朝末年，三教調和論的空氣瀰漫了整個人文活動，而表現在文學、藝術，乃至哲學思想與宗教行爲上，這時候，在佛教界中，另一種儒釋交涉的形式出現了，從《道餘錄》這種正面就儒佛爭議的焦點展開對談的方式，逐漸轉變成《四書蕅益解》這種透過注解儒書而將之融攝在佛法之中的調和論形式。這一發展的軌跡，顯示儒佛問題逐漸從對立走向合流，而就佛教對眾生隨機攝化的宗旨來說，《四書蕅益解》之作爲儒者入佛的階梯，是更能契合佛陀度生的本懷的。

第三節　《四書蕅益解》之特色與價值

壹、與憨山大師之釋《大學》及《中庸》比較

晚明這個時代，不論在佛教界內或是在儒家的陣營裡，甚至在一般的民間宗教中，都共同呈現出思想融合傾向，瀰漫著三教同源論的色彩，使儒釋道三教的交涉愈加密切；且因其各自立場不同，所形成的調和論也就形形色色。就佛教界來說，明末四大師亦積極地發展融攝儒道兩家，而歸本於佛的主張。但由於各大師的態度並不盡相同，而其個性與學養亦皆有其專精特出之處，所以雖然同樣是在佛教界醞釀出儒釋調和的主張，卻也各具其特色與風采。紫柏、袾宏兩位大師，都有論及儒釋關係的文字，然多屬泛論性質的短文，較少從義理上來會通；至於憨山大師，則另有《中庸直指》及〈大學綱目決疑〉等作，這和《四書蕅益解》一樣，是就著儒典章句予以佛教觀念詮釋的作品，而且〈大學綱目決疑〉中，憨山大師對《論語》「顏淵問仁章」之意涵亦有所發揮，恰和蕅益大師的《論語點睛》之重點相合，而可作一對比。以下就從憨山大師這兩種詮釋儒典的文字來與《四書蕅益解》作一比

〔註57〕轉引同註55，頁126，以下所述《道餘錄》成書後的流傳情形，所參考皆同此文。

較，以便了解晚明佛教界中對儒家典籍予以注解調和的狀況，並藉以顯現蕅師《四書蕅益解》一書的特色。

〈大學綱目決疑〉是憨山大師對《大學》三綱八目的詮釋，重點仍放在以佛家的本性來解釋所謂「明德」。憨山大師釋『大學之道，在明明德，在親民，在止於至善』曰：

> 大學者，謂此乃沒量大人之學也……若肯反求自己本有心性，一旦悟了，
> 當下便是大人……第二明字，乃光明之明，是指自己心體。第一個明字，
> 有兩意：若就明德上說自己工夫，便是悟明之明……一旦悟了自己本性光
> 光明明，一些不欠缺，此便是悟明了自己本有之明德，故曰：「明明德」……
> 若就親民分上說，第一個明字，乃是昭明之明，乃曉諭之意，又是揭示之
> 義……〔註58〕

「明德」即是自己光光明明，一些不欠缺的本性，這是以本自具足的佛性來立說的。第一個「明」字有兩層含義，一者是就自己「明明德」上講，是悟明；二者就曉諭他人的「親民」上講，是昭明。此處雖不明言自覺覺他，卻和蕅師所說的「自覺覺他」並無差別。但蕅師隨即將「覺他」攝在「自覺」裡說，所謂「度自性之眾生為親民」（頁8），極力發揚「本具」一義，泯除自他差別，而憨山大師雖亦有此傾向，如他說：

> 故今做新民的工夫，就將我已悟之真知，致達於萬物之中，萬物既蒙我真
> 知一焰，則如紅爐點雪，烈日消霜，不期化而自化矣。〔註59〕

「真知」是憨山大師對「格物致知」中「知」字的解釋，他以為這個「真知」是《大學》八條目中最重要的一目，他說：

> 知即真知，乃自體本明之智光。此一知字，是迷悟之原……是則此一知字，
> 為內外心境，真妄迷悟之根宗。古人云：知之一字，眾妙之門，眾禍之門
> 是也。今撥亂反正，必內仗真知之力，以破妄想；外用真知之焰，以融妄
> 境。〔註60〕

「用真知之焰，以融妄境」，雖然亦終將泯除物我之別，而達到無人無我之境，但憨山大師的講法，是較傾向「修」的一面說，也就是從工夫論上著眼。而蕅師則強調「本具」思想，是約「性」的一面講，傾向心體論上立論。但是若就蕅師「性修不

〔註58〕憨山大師：〈大學綱目決疑〉，收於《憨山老人夢遊集》第四冊（臺北：新文豐出版社
　　　　股份有限公司，民國81年），頁2377～2379。
〔註59〕同註58，頁2395。
〔註60〕同註58，頁2391。

二」的思想來看，這只是講法上的差別，並非有本質上的不同。

關於「止至善」一義，憨山大師云：

> 問：如何是至善？答：自古以來，人人知見，只曉得在善惡兩條路上走，只管教人改惡遷善，此是舊來知見，有何奇特？殊不知善惡兩頭，乃是外來的對待之法，與我自性本體，了不干涉，所以世人作惡的可改為善，則善人可變為惡，足見善不足恃也，以善不到至處，雖善不善，故學人站立不住，以不是到家去處，非可止之地……今言至善，乃是悟明自性本來無善無惡之真體，只是一段光明，無內無外，無古無今，無人無我，無是無非，所謂獨立而不改，此中一點著不得，蕩無纖塵。若以善破惡，惡去善存，此猶隔一層，即此一善字，原是客塵，不是本主，故不是至極可止之地，只須善惡兩忘，物我跡絕……無善可名，乃名至善，知此始謂知止。
> 〔註61〕

這是泯除相對的善、惡，而達到無善無惡的至善之體，這至善之體，當然指的是吾人本有的佛性。這種不以善惡為最終依歸，而以迷悟為最終價值取向的立場，和蕅師「深達善惡之性，即是無性者，名為悟道」（頁 36）的「無性緣生」的觀念是一致的。這是因為佛教的最終目標在於成正覺，也就是澈見諸法的實相，因此，和儒家道德取向是不同的態度。至於八目中，憨山大師強調「真知」的立場，已如前述，而所以能致「真知」者，在於「格物」。何謂「物」？憨山大師曰：

> 物即外物，一向與我作對者，乃見聞知覺視聽言動所取之境。〔註62〕

因此，從「身」到「家國天下」，無非是物。而格物者，有三義，扞格、感格、來格。初吾人沿舊時知見，妄知妄想，故物與我相扞格而不入，此乃扞格之格；後以真知用至誠，故物與我相感通，此乃感格之格；而就彼物言，但有一毫不消化處，便是知不到至極處，必至物消化盡了，才極得此真知，此則為來格之格，物都來格，是知之效驗，一路格去，從身修直到天下平方才罷手。此處憨山大師所講的仍是一套工夫論，亦即上述用真知銷融妄境以達無人無我無分別的絕待之境，這和蕅師「由第六識入二空觀」而轉識成智的一套工夫論有其修證進路上的不同。

憨山大師在此文中亦闡釋了「顏淵問仁章」的意涵，他說：

> 故修身全在心上工夫說，只如顏子問仁，孔子告以克己復禮為仁，此正是真正修身的樣子。隨告之曰：一日克己復禮，天下歸仁。此便是真正治國平天下的實事。若不信此段克己是修身實事，如何顏子請問其目，孔子便

〔註61〕同註58，頁 2379～2381。
〔註62〕同註58，頁 2391。

告之以四勿乎？且四勿，皆修身之事也，克己乃心地爲仁之工夫也，克己
爲仁，即明明德也；天下歸仁，即新民也；爲仁由己，此己乃眞己，即至
善之地。故顏子墮聰明，黜肢體，心齋坐忘，皆由己之實效，至善之地也。
夫人之一身作障礙者，見聞知覺而已，所謂視聽言動，皆古今天下，人人
舊有之知見，爲仁須是把舊日的知見，一切盡要劃去，重新別做一番生涯
始得，不是夾帶著舊日宿習之見，可得而入；以舊日的見聞知覺都是非禮，
雜亂顛倒，一毫用不著，故剜心摘膽，拈出個勿字，勿是禁令驅逐之詞，
謂只將舊日的視聽言動，盡行屏絕，全不許再犯，再犯即爲賊矣，此最嚴
禁之令也。顏子一聞，當下便領會，遂將聰明墮了，將肢體黜了，一切屏
去，單單坐。坐而忘，忘到無可忘處，翻身跳將起來，一切見聞知覺，全
不似舊時的人，乃是從新自己別修造一箇人身來一般，如此豈不是新人
耶？自己既新，就推此新以化民，而民無不感化而新之者，此所謂一日克
己復禮，天下歸仁，正修身之效也。〔註63〕

這是把『一日克己復禮，天下歸仁焉』、『爲人由己』放在『明明德、親民、止至善』
的脈絡中來解釋。但是憨山大師此處卻從《莊子》的心齋坐忘來解說，以黜肢體、
墮聰明爲其工夫進路，和前述「以眞知用至誠來感通」似乎不同。憨山大師釋眞知
如何感物時，曰：

問：眞知無物可對，如何感格於物？答：眞知其實內外洞然，無物可對，
而感物之理，最難措口。《易》曰：『寂然不動，感而遂通天下之故。』寂
然不動，知體也；天下之故，外物也；感而遂通，格物也。感通云者，不
是眞知鑽到物裡去，以眞知蕩然，無物當前故也。眞妄心境，不容兩立，
外物如黑暗，眞知如白日，白日一昇，群暗頓滅，殆約消化處説感通耳。……
今以眞知獨炤，則解處洞然，無物可當情矣。以寂然不動之眞知，達本來
無物之幻物，斯則知不待感而自炤，物不待通而自融，兩不相解，微矣微
矣。〔註64〕

這是將《易傳》說的：『易，無思也，無爲也，寂然不動，感而遂通天下之故』的本
體移在佛教的心體上來說，所以變成「寂然不動之眞知，達本來無物之幻物」。「本
來無物」是佛教的說法，「感通」卻是《易傳》的特色。而且《易傳》說「易」是「無
思無爲」的，這又可以和道家的思想會通，所以又用《莊子》的心齋坐忘、黜肢體、
墮聰明來解說。因此，儒家的「至誠」，道家的「無爲」和佛教的「眞知」，便透過

〔註63〕同註58，頁2387～2389。
〔註64〕同註58，頁2392～2393。

此種關連性而建立其融會的基礎。此處憨山大師用道家思想來注解儒典，是他異於蕅師的特色，我們也可以從憨山大師的《中庸直指》中看出這種傾向。

憨山大師的《中庸直指》在說到吾人之性時，並不在釋文中直接從佛教的觀點指出此爲吾人本自具足的佛性，而必須從其所釋的內容來看，才能判斷其性質而窺見其所指。譬如他說：

> 天命之謂性者，言吾人之性，天然屬我，不假外求，而我得之而爲命，所謂天然之性，而爲天然之命者也。蓋天然之性，賦在形殼之中；是故人之有生，與形爲主者命，與命爲主者性，性命不二，故但言天命，即是天性也，故曰：天命之謂性。〔註65〕

又如他在『誠者，自成也』一節云：

> 此言誠乃性德之全體，故爲天地萬物之大本⋯⋯惟此性德，乃天然具足，本自圓成，眞實無妄，備在於我而不假外求者也，故曰：誠者，自成也。
> 〔註66〕

皆是順著《中庸》原文脈絡來解說，以眞實無妄之「誠」來解說「性德」，乍看之下難以辨別是否爲佛教的心體觀。但如果從其詮釋的意含傾向來看，譬如原文說的是『天命之謂性』，天爲第一因，天到性有一「命」的過程〔朱註：「命，猶令也」，亦即賦予之義〕，因此「天」乃一超越的存在，是一切存有之根據〔註67〕；但從憨山大師的釋文來看，「命」成爲「生命」之命，而「天」成爲「天然」之天，於是「所謂天然之性，而爲天然之命者也」，這一轉折，便將第一因轉到了「性」字上，而成爲萬物的本原。如『誠者，自成也』一節，他續曰：

> 以其此性，天地以之建立，萬物以之化育，而爲天地萬物之大本，故曰：誠者，物之終始。〔註68〕

《中庸》充其量也只說到『盡其性』乃至於『贊天地之化育』而『可以與天地參』而已，更何況性是天所賦予，而在憨山大師的解釋中，天地萬物反而由此性來建立

〔註65〕憨山大師：《中庸直指》，附錄於《四書蕅益解補註》，（臺北：佛教出版社，民國67年5月初版），頁2。

〔註66〕同註65，頁106。

〔註67〕語見高柏園：《中庸形上思想》（臺北：東大圖書股份有限公司，民國77年），頁99。高氏以爲「人雖能由應然的道德意義，而規定實在世界的存在意義，由此而有一種形上學的創造義，所謂『不誠無物』。但是人的創造畢竟不是『本無今有』的創造，而是就此已然存在的世界而加以轉化，就此轉化賦予價值而言創造，此顯然與天道的妙運創生有所差異。也因此，天固然是一超越的道德法則，但同時也是使一切存有成爲可能的創生原理。此即天地之奧，此所以敬畏天命者也。」

〔註68〕同註65，頁107。

與化育，次序剛好相反過來。可見憨山大師雖不明言此性為佛性，卻實在是佛教心體論的說法。這一點和蕅師一開始明說「生滅與不生滅和合，而成阿賴耶識，遂為萬法之本，故謂之性」的直接套上佛教觀念的解法，是有所不同的。而且就「率性」這點來說，蕅師既以「性」為真妄和合的阿賴耶識，故其「教」的著落處就落在「即隨緣而悟不變，從生滅門而歸真如門」的「返妄歸真」上，而憨山大師既以「性」為本然清淨的佛性，故其「教」的著落就和儒家的理路較為類似〔因儒家亦以「性」為一純善的道德主體〕，而落在能不能「率性」上，也就是能不能彰顯這本然清淨的「天然之性」上了，這關鍵又在於「性真」與「情偽」。憨山大師曰：

> 蓋上古之人，性醇德全，無有一毫外慕，且不知有身之為愛，豈有貪愛外面聲色貨利之事。是故不為一身愛外物，則不被外物染習雜亂其性故，所以上古之君如此，上古之民亦如此，故無為之風，乃天德之淳，熙熙皞皞，俱在大道化育之中，所以不用教也。及至中古，人心漸鑿，知身可愛，故愛物以養身，既以一己為我，則我與物對；物我既二，則性不一；性被物染則不精，不精則不一。故凡所作為，不率性而率情矣。情則有所偏，故大中至正之道隱。其於日用當行君臣父子之間，所有忠孝和信，皆不盡出於性真，而多出於情偽矣；情偽出則百弊生，弊生則情愈偽，情愈偽而去性愈遠，是以世人漸趨漸下，物欲固蔽，愈遠愈深，愚不肖者，則只知有物欲之偏情，而不復知有本然之真性矣。……是故聖人憫之，不得已而裁成以輔相之……故立言以垂教，所謂修道者，修即如世之修理物件一般，使其不足者補之，有餘者去之，只就在人人不率性處，或太過者折之，不足者誘引之，以之至於中道，將以復其性真耳。故曰：修道之謂教。非是離率性之道，分外別有教也。〔註69〕

因此，憨山大師整部《中庸直指》的工夫論——「教」之一字，便落在「率性真」和「反情偽」上了。值得注意的是，憨山大師善用道家無為、虛、忘等思想來注解，使得他的《中庸直指》充滿了道家的智慧，而形成他的特色。如上引文，實是引用《老子》的「貴大患若身」、「天之道……有餘者損之，不足者補之」的觀念。此外，在他節的釋文中，亦多出現《老子》的章句，如「沖氣以為和」〔註70〕、「柔弱勝剛強」〔註71〕、「和光同塵」及澹然無欲、心如太虛等引申自《老子》的語句〔註72〕；

〔註69〕同註65，頁5～7。
〔註70〕同註65，頁19。
〔註71〕同註65，頁32。
〔註72〕同註65，頁33。

又如「天道無親，常與善人」〔註73〕、「下德不失德」〔註74〕等。除了《老子》外，亦有引自《莊子》及援用其意之處，如「天之蒼蒼，豈正色耶，其遠而無所至極也」〔註75〕、物我忘而好惡絕〔註76〕、忘言〔註77〕、心未忘者誠未至，故須忘德〔註78〕，凡此「忘」的工夫，皆發揮自《莊子》者。由於《中庸直指》深具道家退一步的智慧，所以表現在工夫論上，就不會像理學家一般將天理與人欲極端對立起來，非必至「滅人欲」而後方可「存天理」，亦即憨山大師的工夫論雖然是著落在率性真、反情偽上，但他並沒有將性與情極端對立起來，譬如他認為聖人亦有情，但能以性寓情而至於物我兩忘的境界：

> 然喜怒哀樂者，凡民之恆情，聖人亦有之……且情出於性，而凡民但知有喜怒哀樂之情，而不知有不屬喜怒哀樂之性，以不知性，故日用率情，各隨所偏而不中……是以聖人之情出於不情，故情之所發而性愈彰，以性寓情，故心無繫著；心無繫著，故無往而非中，故曰：喜怒哀樂之未發謂之中。以性遇物，故物我忘而好惡絕；好惡絕故是非公；是非公則人心樂，故曰：發而皆中節謂之和。〔註79〕

是以「以性和情，如水中鹽味，色裡膠清」，而體現在日用平常之間：

> 雖日用現前，語默動靜，折旋俯仰，乃至揚眉瞬目，莫不舉全體之性，以精誠而充滿之，即在喜怒哀樂處，就舉全體充於喜怒哀樂之間，所謂以性和情，如水中鹽味，色裡膠清，委曲周匝，無一毫之不極致。〔註80〕

體現在日用平常之間，正是「中庸」之義。由於憨山大師深諳道家退一步的哲學，所以即使在教化施行上亦表現出這種無為的思想：

> 是故凡人有不率性處，聖人教之之法，只就在當人本分上不率性處，調而治之，但直令其改悔而已……若人誠能自信自肯，不愁不日近於道，決不可望之太過，亦不可責之太深。〔註81〕

只須在其不率性處調治，自然能復其本性，無為而成。憨山大師《中庸直指》一書的道家思想傾向，和蕅師純以佛教的義理來注解儒典，二者便表現出其差別，也顯

〔註73〕同註65，頁62。
〔註74〕同註65，頁146。
〔註75〕同註65，頁113、114。
〔註76〕同註65，頁17。
〔註77〕同註65，頁144。
〔註78〕同註65，頁145。
〔註79〕同註65，頁16、17。
〔註80〕同註65，頁19。
〔註81〕同註65，頁45。

示了兩種調和論各自的特色。

此外，憨山大師對孔門儒生的看法和蕅師不同。蕅師推崇孔、顏，以為子思、曾子不能傳孔子出世心法；而憨山大師卻認為「子思得孔子之心傳」〔註82〕、「子思親得孔子家傳入道之秘訣」〔註83〕，而對顏回，認為他是「學知利行之大賢」，是所謂「好學近乎智，蓋不得生知安行之大聖」者〔註84〕，地位似乎反不如子思。從這兩種對儒者地位不同的看法，也可以看出這兩位大師對儒學所抱持的觀點與態度的差異，比較起來說，蕅師對儒家思想是較有一份切身的認同感的。

綜上所述，我們可以看出，憨山大師在注解儒典時的許多角度是不同於蕅師的。總的來說，憨山大師較具道家思想傾向，其用來會通儒釋的佛教義理也較單一，大致上是從真常不變的佛性來立說；而蕅師則較全面地融合佛教各宗如天台、唯識、禪、華嚴等以作解；在詮釋的對象上，憨山大師僅就《大學》、《中庸》進行注解，而且解《大學》乃著重在三綱八目上來解說。蕅師則《論語》、《孟子》、《大學》、《中庸》等《四書》及《周易》皆有注文，且有〈性學開蒙〉專文討論儒釋同異的問題，相應於明朝頒行的三大全書來說，蕅師實在是總括了當時儒學的討論內容。由此看來，晚明佛教界內所進行的儒、釋調和的工作，要到蕅師才算完備而成熟。

貳、建立獨特的文化整合方式

中國傳統的思維方式傾向於綜合而非分析。是以佛教雖傳自印度，但歷經格義佛教階段，而終能在中國開花結果，一方面保存了佛教的原始教義，另一方面也受了中國原有文化的熏染，而形成深具中國特色的中國佛教。由於中國人喜歡圓融，是以佛教在中國的發展中，便傾向於如來藏說的真常一系，而開展出像天台、華嚴那樣的圓教思想。但畢竟佛教是外來的文化，因此在中國的流傳過程中，難免會和中土原有的文化發生牴牾。實際上自東漢明帝年間佛法東傳中國後，儒與佛之交涉即開始。早期的交涉，不論是護法論者如牟融的《理惑論》，或是排佛論者如顧歡之《夷夏論》，其交涉的重點乃在於見解上之主張，佛法並未融入其思想〔註85〕，即使就儒家闢佛不遺餘力的韓愈來說，也僅是就夷夏倫常等觀點來非難，並未能就義理上進行批判。直至宋明儒者架構了理學的範疇，發展了形上學，並進一步探討心性論，才開始從義理上來討論或是批評佛教，至明朝王陽明的心學盛行，陽明心學

〔註82〕同註65，頁1。
〔註83〕同註65，頁8。
〔註84〕同註65，頁31。
〔註85〕同註56，頁12～15。

與禪學本就十分接近而易於混淆，發展至陽明後學泰州學派的王襞、羅近溪，及浙中學派的王龍溪等人時，甚至不諱言本身與禪的接近。到了這個階段，儒與佛的交涉將其重心由見解上主張其同或其異，而轉移至經由義理上的討論來非議或調和。藕益大師的《四書藕益解》，正是從義理上來會通儒、佛，他本身不但精通佛教教內各派的義理，亦熟悉理學家朱熹與陸九淵的學說，有一段平章朱陸之爭的文字（見於〈性學開蒙〉），而他對王陽明更是推崇肯定，以爲陽明能夠直接孔、顏心法，發千古聖人心傳之秘，而且將年少時所悟的境界比同於陽明，足見對於宋明理學，藕師是有過一番理解與體會的。從義理上來會通儒佛，不管是儒家立場或佛教立場，其義理終有一指歸，而能保存其根本精神，如《四書藕益解》即是以佛教爲其思想之依歸。這樣的會通方式，可以避免形成一種拼盤式的、雜湊型的兼容並蓄，終至喪失二者的根本精神，乃至儒不成儒、佛不成佛。這也就是藕師所以要先能知儒佛之異，而後能言儒佛之同，並從多種角度來看儒與佛之關係（見於〈性學開蒙〉）的原因，以避免「漫云三教究竟同」（《中庸直指》頁 73）的缺失。不可諱言的，儒與佛有其根本精神的差別，也就是藕師所說的「歸宗異」（〈性學開蒙〉），而《四書藕益解》之調和儒釋，正是在肯定「歸宗異」的情形之下，「開權顯實」地以佛教義理來解說儒書，使一部《四書藕益解》始終以天台圓教的綱領加以貫通，而歸宗到佛教的圓極一乘上。這一方面有別於不牽涉義理指歸及模糊根本精神而漫云三教是同的調和主張（譬如僅僅將調和基礎建立在「宗教都是勸人爲善」這一點上），另一方面亦能凸顯在大乘佛學中採取眞常唯心一系作爲調和基礎，而有別於其他二系爲基礎的調和論（譬如近人章太炎的《齊物論釋》即採取虛妄唯識一系爲調和基礎來會通佛教與《莊子》〔註86〕），因此，《四書藕益解》便爲傳統文化的整合，提供了一種獨特的整合方式，而深具思想圓融的色彩。

　　《四書藕益解》寫作之初，藕師是希望能「以圓極妙宗，來會此文，俾儒者道脈，同歸佛海」（《中庸直指》卷頭語，頁 35）的，也就是爲引儒者歸佛，作一方便法門。但由於這本書在傳統的經學學者看來，這樣的注解法並不被認同，所以在《四書》學史上，並未占有一席之地，《四庫全書》亦未見收錄；而在佛教界中，藕師其餘的釋論之作多收錄於《大藏》或《續藏》中〔註87〕，而《四書藕益解》卻未被收錄，可見在佛教界中，也只是將它視爲一種方便之作，而未被重視，此後流傳的情形不詳，只知道其中《孟子擇乳》一書因兵燹而亡佚，一直到民國九年印光大師、

〔註86〕關於章太炎《齊物論釋》的研究，可以參考蘇美文：《章太炎《齊物論釋》之研究》
　　　　（臺北：淡江大學中國文學研究所碩士論文，民國 82 年）。
〔註87〕同註1，第四章「智旭的著作」。

楊仁山居士等人於金陵刻經處重刻刊行，後又由陽復子江謙居士補註，但外界仍未多見，旋又淹沒無聞〔註88〕。這種情形說明了《四書蕅益解》一書在傳統學界並未受到重視，不論是儒學界或佛教界，都少有討論。然而在儒學史或佛教史上，《四書蕅益解》或許無足輕重，但就儒佛交涉史的角度來看，這本書就特具價值，例如前文所述此書表現了明朝末年佛教界中調和儒釋的成果，並且從宋儒闢佛經明初而發展到明末的儒釋交涉軌跡來看，儒釋二家從義理上的質詢闢斥、澄清反駁乃至《四書蕅益解》的運用佛理融攝儒家，正顯示了佛教界在處理儒釋交涉問題上的日趨圓熟。因此，也許就蕅師原本「引儒歸佛」的目的而言，其功效並不理想；但從儒佛關係的角度來看，此書在明末卻甚具代表性，值得我人深入探討。

〔註88〕見南懷瑾：〈影印蕅益大師《周易禪解》、《四書蕅益解》記〉，影印自美國哈佛大學影本的：《四書蕅益解》（臺北：先知出版社，民國62年）。

第六章　結　論

　　蕅益大師之撰述《四書蕅益解》一書，從它所處的時代背景來看，可以知道這是在三教合一論盛行之時代風氣下的產物，這風氣涵蓋著儒學界、佛教界，甚至民間宗教，乃至文學、藝術上都受其影響，範圍極廣。而《四書蕅益解》一書，則正代表了晚明佛教界在此一風氣下，從義理上調和儒釋的成果。另外，從此書的作者蕅益大師的據儒排佛、然後由儒歸佛，再到以佛攝儒的思想進程看來，《四書蕅益解》之所以成書，亦有其內發的動力。

　　《四書蕅益解》之思想內容，主要是以蕅益大師「現前一念心」為其核心。這「現前一念心」以天台宗「一念三千」的性具思想為其基礎，除了含有在一念之中具足無漏功德善法的意義之外，特別重視《起信論》「一心開二門」的架構，亦即真如隨緣的思想，即隨緣而悟不變，即不變而隨緣，即妄即真，即真即妄的呈顯，而這個架構具體的表現在心體論與功夫論上，即是「全性起修」、「全修在性」，「性修不二」的教理。從《四書蕅益解》中，也可以看出蕅益大師調和性、相二宗的努力，如《大學直指》即是從性宗立場切入三綱領，而卻是以唯識的思想來解說八條目的。又如《中庸直指》從阿賴耶識解說「天命之謂性」的「性」字，卻以「圓解」、「圓行」、「圓證」的性宗立場來講「修道之謂教」的工夫次第。至於《論語點睛》，則重點在於「顏淵問仁章」，此處蕅師有其切身的體會，因其少時讀《論語》至此而「大悟孔、顏心法」，至於其要旨，則是將「仁體」詮釋為「本覺之體」，亦即如來藏真如自性。《四書蕅益解》中常運用「三界唯心」、「萬法唯識」的觀點來注解，因此深具佛教唯心論的特色。

　　《四書蕅益解》一書的詮釋方法，主要是依循傳統經學注解的形式，表面上是「述而不作」，但事實上是「以述為作」地表現其佛教的思想。在方法上，蕅師則運用《法華經》「開權顯實」的教旨，將《四書》看作權文來處理，而以圓宗義理來會

合，令成實義。由於採取的是隨文夾注的方式，所以原文與注文相對照看，便可整理出其詮釋之體式，可整理為三種類型：一、文字多義性的運用，這是以語詞的別解來符應儒釋。二、以佛解儒，這是以佛教觀念來詮釋儒典文句。這兩種方式符應面較小，通常忽略了語詞前後文的關係及語境上儒家文化背景的制約，而多從語詞或文句這樣的一個點出發，引申發揮佛教的義理，其弘法的味道較濃厚。至於第三種類型，則是以佛況儒，這是思考模式的類比，有比喻、譬喻的性質，在同一種共通的思考模式上會通儒佛，而儒家的義理並不會被遮蔽或代置，這是因為只是原則性的道理，用之於儒、用之於佛，莫不皆然，這種符應效果則較全面。另外，從《四書蕅益解》的詮釋理路來看，此書涵蓋大乘佛學三系的思想進路，而以「真常唯心」系為主，至於「虛妄唯識」與「性空唯名」二系，雖亦多運用，但多半都是受了真常系統的影響，其唯識的思想是會通如來藏學的，而性空思想也是與真常雜糅的（詳見第三章一、二節），可見全書詮釋之理路，乃是以真常一系為主。

　　《四書蕅益解》這種在義理上以佛攝儒的方式，如果和明初姚廣孝的《道餘錄》對照來看，可以發現二者雖然同屬於佛教立場對儒、釋問題的關涉之作，但《道餘錄》偏向澄清、反駁程朱的闢佛言論，為佛教爭取與儒者並立的空間；而《四書蕅益解》則站在以佛攝儒的立場，從佛理判攝儒家而歸納其為佛法之一部分（雖然只是權理），在方式上，後者顯然在處理的技巧上更加圓熟，也更符合佛教隨機度生的教旨。又，《四書蕅益解》若與時代較近的憨山大師之〈大學綱目決疑〉、《中庸直指》來比較，則可發現二者雖然同屬於佛教界的大師對儒典的詮釋，但憨山大師在以佛理說儒之外，其思想特色帶有很濃厚的道家老莊色彩，且其據以解說的佛理，在運用上較單一，而蕅師則廣泛地運用天台、唯識、禪、華嚴乃至淨土等各方面的佛教思想來注解，在儒釋的符應上，是較為純粹而全面的佛教立場。二位大師之調和論各有其特色，而蕅師則表現出天台圓教的精神，並建立此種特色的文化整合方式，而獨具一格地呈現其價值。

　　《四書蕅益解》一書，是蕅益大師透過對儒家經典《四書》的注解，而想要達到調和儒釋，甚至引儒入佛的方便之作。蕅師的調和基礎，雖然已較泛說「宗教都是勸人為善」這一類型的調和論者更進一步，而從儒釋的義理上融會貫通，形成他特具一格的天台圓教立場的調和論，也成為晚明佛教界中儒、釋調和工作的高峰，但不可諱言的，《四書蕅益解》的解法，很難說服儒者，而得到他們的認同。這是因為此書所採取的是佛教立場，而儒佛之間，雖然有一些相類似之處，譬如在工夫論上都要求精進不懈，而其目的都是在健全圓滿一個人的人格，也都指出一個終極目標作為依歸，但在儒佛之間，畢竟有其根本精神的差異。儒家的根本精神是入世的，

是效法天道生生不息的創生功能的，是肯定『生生之謂易』這一剛健中正，於穆不已的精神的，是眞實無妄的，是道德性的；而佛教對於宇宙萬法的觀點，卻是如幻如化的存在的，是緣起的，是不實的，是無自性的，是清淨本心隨無明障蔽而現起的，是流轉與還滅的，是出世的〔註1〕。要言之，儒釋兩家根本精神之差異，其關鍵即在於儒家「生生」系統及佛教「流轉」系統的不同〔註2〕。這是二者從解說宇宙萬物的存有論的不同，連帶著到心性論及人生觀等，都有著顯著的差異。這種根本精神上的差異，使得調和論者在處理儒釋問題時，勢必有所取捨，若欲保留其中一家之根本精神，必將忽略另一者，否則即會造成其調和論在義理上的不連貫，形成拼盤式或什錦式的雜糅，終至儒不成儒，佛不成佛。就《四書蕅益解》來說，自然也遭遇了這樣的問題，而蕅師在取捨之後，由於是站在佛教的立場，所以許多儒家精神的特色都被移轉滑脫而不顯現。以下就列舉一些情形，來看儒佛二教之差異，並以說明調和論在《四書蕅益解》中所形成的困難：

　　一、自他關係的差等與融合——就以《大學》來說，《大學》一書講格物致知誠意正心修身，這是屬於「內聖」的部分，而這一部分的修養是給齊家治國平天下的「外王」部分作基礎的，其最終目標是落在後者，這是儒家大同治世的理想。雖然《大學》一書也明白的提到：『自天子以至於庶人，壹是皆以修身爲本』，但是『以修身爲本』的意涵，只是在確立儒家的政治觀——政治是人的事，人的本性是道德的，所以政治也應當是道德的；也就是說，『以修身爲本』是同時兼具有倫理學和政治學的意義的。朱子、陽明等詮釋《大學》，都偏重倫理學的意義；但是就《大學》本文來說，應是比較偏重在政治學的意義上的，亦即修身乃齊家、治國、平天下之本的一面，雖然這政治學的意義必須以倫理學的意義爲依據〔註3〕。況且即使就倫理的意義來說，儒家『親親之殺，尊賢之等，禮所生也』(《中庸》)的差別性的強調，以形成「君臣有義，父子有親，夫婦有別，長幼有序，朋友有信」的倫理規範之依據，這是有其社會性的，自、他之間的界線井然，不容或紊。就儒家來說，不論是政治學或倫理學，都必須在人我的關係上落實，但蕅師從佛教唯心論的立場來詮釋，使得「家國天下，皆是此心中所現物」(《大學直指》，頁8)，完全從「自、他不二」的立場來闡發，將自、他間的倫理關係收攝到一己之本心，而成爲「盡其在我」的

〔註1〕儒佛根本精神的差異，可參考陳郁夫：〈先秦儒家與原始佛教基本思想的差異〉，《師大國文學報》第十五期（民國75年6月），頁37～49。
〔註2〕蔣義斌：《宋代儒釋調和論及排佛論之演進》（臺北：臺灣商務印書館股份有限公司，民國77年），頁199。
〔註3〕岑溢成：《大學義理疏解》（臺北：鵝湖出版社，民國75年），頁145、146。

解說，如此則滑脫了儒家倫理關係的現實意義，而成爲佛教心具萬法的註腳。而且就人我的關係來說，儒家講恕道，講絜矩之道，推己及人，所謂『己所不欲，勿施於人』（《論語·衛靈公》、《論語·顏淵》），所謂『己欲立而立人，己欲達而達人』（《論語·雍也》），所謂『所惡於上，毋以使下；所惡於下，毋以事上；所惡於前，毋以先後；所惡於後，毋以從前；所惡於右，毋以交於左；所惡於左，毋以交於右，此之謂絜矩之道』（《大學》），所謂『忠恕違道不遠，施諸己而不願，亦勿施於人。君子之道四……所求乎子以事父……所求乎臣以事君……所求乎弟以事兄……所求乎朋友先施之……』（《中庸》）這些都是以己度人，想他人與自己一樣，使自心的仁，做到充類至盡；這若表現在政治學上，就是「兼善天下」的外王之學。在這裡，雖然都是以一己做基礎來推度他人，但是自、他，內、外的分際是很明顯的，不容或混。但是蕅師在討論到自他關係時，即使是說到『親民』時，仍然是以「度自性之眾生」（《大學直指》頁 8）來解說，充分表現了佛教唯心論的立場。

二、萬法的實有與非實有——這是儒佛在其根本精神上的差異。因爲就前點所述來說，儒家在充分推展這恕道、充分發揮仁心、擴充自己的善性之後，亦能參天地而合外內，如《中庸》所言：『唯天下至誠，爲能盡其性；能盡其性，則能盡人之性；能盡人之性，則能盡物之性；能盡物之性，則可以贊天地之化育；可以贊天地之化育，則可以與天地參矣。』又曰：『誠者，非自成己而已也，所以成物也。成己，仁也；成物，知也；性之德也，合外內之道也。』在深度與廣度上，都擴充到極致。因此，如果光是從與天地萬物合一的境界上來說，並不足以作爲區分儒佛的根據。那麼其間的差別何在呢？即在於佛家泯除自、他差別，與萬物融爲一體後，並不認爲此是實有，這是佛教的根本立場；否則即使能達萬化同體，也只不過是擴大了「我」的範圍，成爲「大我」罷了，依然存在著我見，而流爲梵我合一論者。儒家則不然，儒家是在生命上體現了創生實體，此爲一形而上的實體而具有創生化育萬物的功能，在「生生」這層意義上呈現道德性，且由此道德的形上實體創生的存在物都是眞實不虛，一一有其獨立的意義，故儒者在體現此創生實體時，亦是充實飽滿，眞實不虛的。萬法的實有與非實有，可以作爲同是物我合一、萬化同體境界下的儒佛差別之判斷依據之一。例如蕅師常以「萬法唯識」的觀點來詮釋，說明萬法不離一心，而皆此心所幻現；即是將天地萬物統合於一心，卻又強調其爲非實。若從這個角度來看，則可以了解若站在佛教的立場，儒家等世間學雖能通達物我合一、萬化同體，卻未能通達我法二空；而聲聞、緣覺二乘，雖能通達空無我性，卻悲心薄弱，不能與眾生同體；唯佛菩薩遍達人法空無我性，即智起悲，悲智平等，才算得上是

圓滿〔註4〕，故藕師在〈性學開蒙〉中判攝儒家爲人乘教，就是基於佛教緣起性空這一根本精神爲考量的，以其未能解脫生死之故；但相對於二乘來說，儒者的仁心是悲心薄弱的二乘所不及的，只是約解脫生死的智慧來說，以佛教出世的立場而言，儒者自然要不及二乘聖者，而被判攝在人乘之中了。

實有與非實有，很能作爲區分儒佛的依據，因爲宋明時期的理學家，在批評佛教爲「空寂」之教時，即使佛教徒提出反駁，認爲就大乘佛教的終極意義來說，佛教並非虛無主義，一如華嚴宗的「事事無礙法界」是彼此融攝而無礙無盡的；但這樣的辯護雖然近理，卻不相應，也就是說沒有和理學家批評的理論脈絡在同一個層面上對話，因爲理學家所據以批評的，正是和佛教非實有系統迥異的「創生的實體」，此創生實體正可作爲生化萬物的「直接生因」，而萬物也都是具體實有的存在著的〔註5〕。而在佛教來說，萬法是緣起性空，如幻如化的存在著的，萬法並非由什麼本體而生，而是「無生」的。歸根究柢，萬法非實有爲佛教的根本立場，這和萬法爲實有的儒家，表現出其根本精神的差異。

三、道德性與無自性──由於佛教不以萬法爲實有，故從眞妄立說，第一件要緊事是返妄歸眞，由生滅門歸眞如門；而儒家則以創生實體爲道德性，故以善惡立論，著眼於修善去惡，率此一天命之善性而行，致良知於事事物物。因此，二者在最終的價值取向上，便有了歧異，例如藕師《中庸直指》之最終價值取向，即在於返迷歸眞，而不以善惡爲其依歸，故曰：「除其修惡，惡性元無可除；習其修善，善性元無可習，故深達善惡之性，即是無性者，名爲悟道。」（頁 36）這裡分成眞、

〔註4〕印順法師曾將世間、聲聞與佛菩薩作一對比：

　　　世間──向外觀察，了解萬化同體，重於仁愛。

　　　聲聞──向內觀察，通達空無我性，重於智證。

　　　佛菩薩──內外交徹，遍達人法空無我性，即智起悲，悲智平等。

　　　見於法師所著：《我之宗教觀》（臺北：正聞出版社，民國81年），頁131。

〔註5〕錢新祖著，林聰舜譯：〈新儒家之闢佛──結構與歷史的分析〉，《鵝湖》第一○四期（1984年2月），頁11、12。此外，如牟宗三先生以爲儒家之著眼點，在於正視眞實心之「自律、自給普遍法則，以指導吾人之行爲，使吾人之行爲成爲普遍法則所貫之實事」，以別於佛家之著眼於「緣起性空、流轉還滅、染淨對翻、生滅不生滅對翻」之眞實心。牟氏認爲佛家之言體用，只是虛繫無礙之體用，而非實體創生、實理所貫之體用；佛家圓融無礙之相資相待只是客觀的、存有論的不相資不相待之抒意詮表上之虛繫無礙地說，事實上則實無體用關係可說。只因佛家本質上非創生的體用關係、因果關係，於此而有別於儒家；故須從此處辨明儒釋，否則若不知此關鍵，只看那些形容之相似，以及皆重主體性、皆可成聖、皆可成佛之形態之相似，便以爲是會通，那是無意義者。以此關鍵，佛家亦不能以「不毀世間而證菩提」來辯飾。說見其〈佛家體用義之衡定〉一文，收於氏著《心體與性體》第一冊（臺北：正中書局，民國80年）。

妄兩個層次,就妄的層次來說,「除其修惡」、「習其修善」,習善除惡誠為必要,卻是從「修」的一面講;至於就真的層次說,則是「善惡之性,即是無性」,這是就「性」的一面講。但真妄兩個層次並非互相對立的,而是即妄即真,即真即妄的,其關係如《起信論》所說的真如隨緣,是隨緣不變而不變隨緣的,所以據此就可以「全性起修」、「全修在性」,而「性修不二」了。佛教之所以不將最終價值取向放在善惡之上,是因為若不達我法空性,則所修善為有漏善,雖能感得人天福報,但終未能解脫生死,仍在六道輪迴之中,一旦福盡仍將墮落。若就儒佛道德性與無自性的差別而言,則蕅師在《論語點睛》中,「顏淵問仁章」對「仁體」的詮釋,儘管有他切身的體驗,但並沒有從道德心的角度去詮釋,也就不能相應儒家這一道德主體的根本精神了〔註6〕。

四、死而後已與死而不已——曾子曰:『士不可以不弘毅,任重而道遠。仁以為己任,不亦重乎?死而後已,不亦遠乎?』(《論語・泰伯》)但蕅師的解文卻說:「弘毅二字甚妙,橫廣豎深皆不思議;但死而後已四字,甚陋……故知曾子只是世間學問,不曾傳得孔子出世心法。」(頁140)的確,站在儒家的角度而言,生命是可以在現世成就而呈顯其價值,因為儒者肯定人的性體之流行與實現,這些並非是如幻如化,如露如電的,乃是真實無妄,具體呈現之事,故孝慈忠信等德行,因人生責任之所及,或親親,或仁民,或愛物,以成就其生命之當為,即此以見其為人之價值而不朽。由於生命的價值在現世就能呈顯,不必待來世,故曰「死而後已」;但佛教站在業感緣起的角度,眾生隨其所造業而在六道中輪迴不已,生死海中頭出頭沒,感受苦果,故此生之後尚有來生,除非修行以求解脫,故站在佛教的角度要說「死而不已」,否則即成斷見。這是因為在生命途徑上、在文化之方向上所表現出的差異〔註7〕。由於這種觀點的差異,就孝道而言,佛教的觀點是要能度親成佛,始可言孝;甚至今生所見眾生都有可能是無始以來不同前世的父母,因此要能度盡眾生,方能稱得上是大孝。因此蕅師在《中庸直指》卷末總結云:

不可謂世間儒學,本與圓宗無別也。觀彼大孝至孝,未嘗度親成佛;盡性

〔註6〕「仁」之所以為道德心,是因為它呼應了創生萬物的形上實體,繼承其生生不已的創造性。例如成中英對「仁」的詮釋,他以「生」為一種德(如《易・繫辭》所謂『天地之大德曰生』),而孔子拈出一個「仁」字作為德行之本及德性之全的理由,就是因為對生之德——也就是對生的創造性、普遍性及悠久性最有體驗。見氏著:〈孔子哲學中的創造性原理——論生即理與生即仁〉,《幼獅學誌》二〇卷第三期(民國78年5月),頁13。

〔註7〕張永儁:〈宋儒「闢佛」經緯談〉,《中國佛教》,二十六卷第八期(民國71年5月),頁15。

　　之極，不過與天地參，則局在六合之內，明矣。（頁72）

佛教不但在時間上是無始劫來的漫長久遠，在空間上也是天外有天，乃至超出三界之外。站在這個立場來看儒家的時空觀，無怪乎要把儒家攝在五乘教的「人乘」之中，而要「開權顯實」地來會儒書之權文，而顯圓宗之實義了。

　　以上雖列舉四點，但這只是歸納上的方便，實則這四點只是儒釋兩家根本精神之差異所造成在存有論、心性論及人生觀等各方面衍生的不同，亦即以上四個面向的不同，實際上只是一個根本精神的差異。一言以蔽之，乃在儒家「生生」系統與佛教「流轉」系統的差別。

　　《四書蕅益解》雖然在調和儒釋問題上遭遇這樣的困難，但是就文化整合的角度來說，它也為我們提供了一種義理上會通的方式，而不再停留在入世則儒、出世則佛這樣的兼容並蓄的態度之上。雖然《四書蕅益解》是站在佛教的立場的，但若以佛教的角度來看，它不失為以儒者為弘法對象的一種方便。而且它在義理上始終是善巧的運用《法華》開權顯實的教旨，使天台圓教的精神貫通全書，令其思想純而不雜，終不至於儒不成儒、佛不成佛。這是因為蕅師善於運用性宗的思考方式，圓融地處理各種不同思想間的差異性，在「現前一念心」的運用之下，性宗與相宗、禪與教、禪與天台、天台與唯識，甚至是儒與佛，都在這個模式下得以折衷而會通，而總其思想會歸於淨土。也許我們可以說，在客觀的立場上，儒、釋確有其根本精神的差異，但如果就主觀上來說，以佛教如此徹底的唯心論者，必將如大珠慧海禪師論儒釋道三家同異曰：「大量者用之即同，小機者執之即異；總從一性上起用，機見差別成三。迷悟由人，不在教之同異。」〔註8〕「迷悟由人，不在教之同異」，此語確實很值得我人深思。佛家所謂「圓人觀法，無法不圓」，同異的差別不在客觀事物上，而在於主觀的心上。蕅師〈性學開蒙〉廣從各種角度來闡發儒佛的同異之致，不正也是體會到立場不同，所見各異乎？然而這樣子的講法，卻又是佛教主觀唯心論的說法，又可以被吾人歸納到佛教的思想脈絡來理解。《四書蕅益解》之調和儒釋，說同說異，亦應作如是觀。

〔註8〕《景德傳燈錄》卷二十八，《大正藏》第五十一卷441頁中。

參考書目

一、專書部分：

1. 蕅益大師著，江謙居士補註：《四書蕅益解補註》（臺北：佛教出版社，不註出版年月）。

2. 蕅益大師著，江謙居士補註：《四書蕅益解補註》（臺北：佛教出版社，民國 67 年 5 月初版）。

3. 蕅益大師：《四書蕅益解》（臺北：先知出版社，民國 62 年）。

4. 蕅益大師：《四書蕅益解》（高雄：高雄淨宗學會（印贈品），民國 82 年）。

5. 蕅益大師：《四書蕅益解》（《蕅益大師全集》第十九冊，臺北：佛教書局，民國 78 年）。

6. 蕅益大師著，蕭天石主編：《周易禪解》（臺北：自由出版社，民國 77 年）。

7. 蕅益大師：《靈峰宗論》（《蕅益大師全集》第十六～十八冊，臺北：佛教書局，民國 78 年）。

8. 《楞嚴經》（《大正藏》第十九卷）。

9. 《圓覺經》（《大正藏》第十七卷）。

10. 《金剛經》（《大正藏》第八卷）。

11. 《六祖壇經》（《大正藏》第四十八卷）。

12. 《入法界體性經》（《大正藏》第十二卷）。

13. 《大乘起信論》（《大正藏》第三十二卷）。

14. 《中觀論頌》（《大正藏》第三十卷）。

15. 《唯識三十論頌》（《大正藏》第三十一卷）。

16. 《成唯識論》（《大正藏》第三十一卷）。

17. 《景德傳燈錄》（《大正藏》第五十一卷）。

18. 阮元校勘：《十三經注疏》附校勘記（臺北：大化書局，民國 71 年）。

19. 朱熹：《四書集註》（臺北：學海出版社，民國 78 年）。

20. 程樹德撰：《論語集釋》（北京：中華書局，1990 年）。

21. 劉寶楠撰：《論語正義》（北京：中華書局，1990 年）。

22. 袾宏大師：《蓮池大師全集》（臺北：中華佛教文化館，民國 72 年）。

23. 憨山德清校閱：《紫柏尊者全集》（《大藏新纂卍續藏經》第七十三卷）。

24. 錢謙益集：《紫柏尊者別集》（《大藏新纂卍續藏經》第七十三卷）。

25. 憨山大師：《憨山老人夢遊集》（臺北：新文豐出版股份有限公司，民國 81 年）。

26. 姚廣孝：《道餘錄》（明萬曆己未（四十七年）海虞錢謙益刊本，收於嘉興楞嚴寺方冊藏經中，共一卷）。

27. 黃宗羲：《黃宗羲全集》七、八冊——《明儒學案》（臺北：里仁書局，民國 76 年）。

28. 王陽明：《王陽明全集》，上海：上海古籍出版社，1992 年）。

29. 王陽明：《王陽明傳習錄及大學問》（臺北：黎明文化事業股份有限公司，民國 81 年）。

30. 李贄：《四書評》（三聯書店香港分店據明萬曆年間刊本之影印本，爲六開毛邊紙本，線裝四冊布函，政大社會資料中心收藏）。

31. 李贄：《焚書／續焚書》（臺北：漢京文化事業有限公司，民國 73 年）。

32. 聖嚴法師著，關世謙譯：《明末中國佛教之研究》（臺北：臺灣學生書局，民國 77 年）。

33. 聖嚴法師：《明末佛教研究》（臺北：東初出版社，民國 76 年）。

34. 釋果祥：《紫柏大師研究》（臺北：東初出版社，民國 76 年）。

35. 鄧繼盈：《蕅益智旭淨土思想之研究》（臺北：政治大學中國文學研究所碩士論文，民國 79 年）。

36. 邱敏捷：《參禪與念佛——晚明袁宏道的佛教思想》（臺北：商鼎文化出版社，1993 年）。

37. 林其賢：《李卓吾的佛學與世學》（臺北：文津出版社，民國 81 年）。

38. 陳錦釗：《李贄之文論》（嘉新水泥公司文化基金會，民國 63 年）。

39. 荒木見悟：《明代思想研究》（東京：創文社，1972 年）。

40. 馮佐哲·李富華著：《中國民間宗教史》（臺北：文津出版社，民國 83 年）。

41. 鄭志明：《無生老母信仰溯源》（臺北：文史哲出版社，民國 74 年）。

42. 鄭志明：《明代三一教主研究》（臺北：臺灣學生書局，民國 77 年）。

43. 印順法師：《如來藏之研究》（臺北：正聞出版社，民國 81 年）。

44. 印順法師：《中觀論頌講記》（臺北：正聞出版社，民國 81 年）。

45. 印順法師：《唯識學探源》（臺北：正聞出版社，民國 81 年）。

46. 印順法師：《我之宗教觀》（臺北：正聞出版社，民國 81 年）。

47. 印順法師：《契理契機之人間佛教》（臺北：正聞出版社，民國 79 年）。

48. 徐典正：《唯識思想要義》（高雄：佛光出版社，民國 82 年）。

49. 楊惠南：《佛教思想發展史論》（臺北：東大圖書股份有限公司，民國 82 年）。

50. 吳汝鈞：《佛教思想大辭典》（臺北：臺灣商務印書館股份有限公司，民國 81 年）。

51. 馬宗霍：《中國經學史》（臺北：臺灣商務印書館股份有限公司，民國 81 年）。

52. 皮錫瑞：《經學歷史》（臺北：藝文印書館，民國 76 年）。

53. 汪惠敏：《宋代經學之研究》（臺北：師大書苑有限公司，民國 78 年）。

54. 林慶彰：《明代經學研究論集》（臺北：文史哲出版社，民國 83 年）。

55. 馮友蘭：《中國哲學史》附補編，臺北：藍燈文化事業股份有限公司）。

56. 王鵬凱：《歷代論語著述綜錄》（臺北：政治大學中國文學研究所碩士論文，民國 78 年）。

57. 岑溢成：《大學義理疏解》（臺北：鵝湖出版社，民國 75 年）。

58. 高柏園：《中庸形上思想》（臺北：東大圖書股份有限公司，民國 77 年）。

59. 鄭琳：《中庸翼》（臺北：文史哲出版社，民國 71 年）。

60. 吳怡：《中庸誠字的研究》（臺北：華岡出版部，民國 63 年）。

61. 朱伯崑：《易學哲學史》（臺北：藍燈文化事業股份有限公司，民國 80 年）。

32. 牟宗三：《心體與性體》（臺北：正中書局，民國 68 年）。

63. 牟宗三：《從陸象山到劉蕺山》（臺北：臺灣學生書局，民國 79 年）。

64. 牟宗三：《中國哲學十九講》（臺北：臺灣學生書局，民國 80 年）。

65. 牟宗三：《中國哲學的特質》（臺北：臺灣學生書局，民國 76 年）。

66. 唐君毅：《中國哲學原論·導論篇》（臺北：臺灣學生書局，民國 82 年）。

67. 蔣義斌：《宋代儒釋調和論及排佛論之演進》（臺北：臺灣商務印書館，民國 77 年）。

68. 熊琬：《宋代理學與佛學之探討》（臺北：文津出版社，民國 80 年）。

69. 蘇美文：《章太炎《齊物論釋》之研究》（臺北：淡江大學中國文學研究所碩士論文，民國 82 年）。

70. 郭正宜：《方東樹詩學源流及其美感取向之研究》（臺南：成功大學歷史語言研究所碩士論文，民國 82 年）。

71. 尤信雄：《桐城文派學述》（臺北：文津出版社，民國 78 年）。

72. 龔鵬程：《文化符號學》（臺北：臺灣學生書局，民國 81 年）。

73. 顏崑陽：《李商隱詩箋釋方法論》（臺北：臺灣學生書局，民國 80 年）。

74. 早川著，柳之元譯：《語言與人生》（臺北：文史哲出版社，民國 70 年）。

75. 戴華山：《語意學》（臺北：華欣文化事業中心，民國 71 年）。

76. 印順法師：《以佛法研究佛法》（臺北：正聞出版社，民國 81 年）。

77. 勞思光：《新編中國哲學史》（臺北：三民書局股份有限公司，民國 80 年）。

78. 吳汝鈞：《佛學研究方法論》（臺北：臺灣學生書局，民國 78 年）。

79. 沈清松：《現代哲學論衡》（臺北：黎明文化事業有限公司，民國 74 年）。

80. 馮耀明：《中國哲學的方法論問題》（臺北：允晨文化實業股份有限公司，民國 78 年）。

二、單篇論文：

1. 林政華：〈蕅益祖師之論語教〉（《華梵佛學年刊》第六期，民國 78 年）。

2. 何佑森：〈明末清初的實學〉（《臺大中文學報》第四期）。

3. 江燦騰：〈李卓吾的生平與佛教思想〉（《中華佛學學報》第二期，民國 77 年 10 月）。

4. 崔文印：〈李贄《四書評》真偽辨〉（《文物》1979 年 4 期，1979 年 4 月）。

5. 崔文印：〈《四書評》不是李贄著作的考證〉（《哲學研究》1980 年 4 期）。

6. 劉建國：〈也談李贄《四書評》的真偽問題〉（《貴州社會科學》1983 年 3 期）。

7. 王煜：〈釋德清（憨山老人）融攝儒道兩家思想以論佛性〉（收於《明清思想家論集》，臺北：聯經出版事業公司，民國 73 年）。

8. 商傳：〈明初著名政治家姚廣孝〉（《中國史研究》，1984 年第 3 期）。

9. 南懷瑾：〈影印蕅益大師《周易禪解》、《四書蕅益解》記〉（影印自美國哈佛大學影本的：《四書蕅益解》，臺北：先知出版社，民國 62 年）。

10. 李曉東：〈經學與宋明理學〉（收入林慶彰編：《中國經學史論文選集》下冊，臺北：文史哲出版社，民國 82 年）。

11. 張永儁：〈宋儒闢佛經緯談〉（《中國佛教》二十六卷八期，民國 71 年 5 月錢新祖著，林聰舜譯：〈新儒家之闢佛——結構與歷史的分析〉（《鵝湖》第一○四期，1984 年 2 月）。

12. 何寄澎：〈論釋契嵩思想與儒學的關涉〉（《幼獅學誌》20 卷 3 期，1989 年 5 月）。

13. 劉貴傑：〈契嵩思想研究——佛教思想與儒家學說之交涉〉（《中華佛學學報》第二期，1988 年 10 月）。

14. 陳郁夫：〈先秦儒家與原始佛教基本思想的差異〉（《師大國文學報》第十五期，民國 75 年 6 月）。

15. 成中英：〈孔子哲學中的創造性原理——論生即理與生即仁〉（《幼獅學誌》二○卷第三期，民國 78 年 5 月）。

16. 西禎光正：〈語境與語言研究〉（收入西禎光正編：《語境研究論文集》，北京：北京語言學院出版社，1992 年）。

17. 江燦騰：〈現代中國佛教研究方法學的反省〉（收於《現代中國佛教史新論》，高雄：淨心文教基金會（印贈品），民國 83 年）。

《四書蕅益解》研究

簡瑞銓　著

作者簡介

作者簡介：簡瑞銓，男。生於民國55年10月，台灣·南投人。畢業於東吳大學中國文學研究所，學術領域為四書學、易經與佛學。目前任教於亞洲大學，課餘並致力於心靈淨化工作之推展。

提　要

《四書蕅益解》，乃明朝末年佛教界大師蕅益智旭的解經作品。其書分為〈大學直指〉、〈中庸直指〉、〈論語點睛〉、〈孟子擇乳〉等四部份。而〈孟子擇乳〉今已亡佚。其成書的最大動機與目的即是「以佛入儒，務誘儒以知禪」，「俾儒者道脈同歸佛海」。

蕅益大師刻意將三教合一乃至儒佛融合的理論落實在其著作裏，其所用的方法乃是完全以其特有的「現前一念心」為思想基礎來融合儒、道之思想，將三教合一論的主張，從義理會通方面落實到《四書》學裡。

《四書》的內容經過蕅益智旭的精心架構後，整部《四書蕅益解》便將儒家維持人倫之德目，轉換成佛家觀心法門，孔子成為一位處處觀機逗教機鋒百出的大禪師，而整部講儒家「內聖外王」的《四書》也徹底的佛化，變成學佛者的修行寶典了。這在儒佛交涉史中，《四書蕅益解》可說是一個高峰，它代表了晚明佛教界有目的、有方法、有系統，全面從義理上融和儒釋的成果。在新《四書》學的風潮中，其最大特色在建構了完整的「援佛入儒」的理論架構，呈現了一種特殊的《四書》學新面貌。而在儒佛互動的歷史脈絡中，其最大的作用，即是將儒家的經典納入佛法之中，成為佛法的一部份，從義理上回應與化解程朱以來儒者的排佛壓力，並藉此作為接引儒者的橋樑。

目

錄

第一章　緒　論

第一節　研究緣起

一、研究動機與範圍

　　佛法自漢朝傳入中國以後，便與儒、道二家思想互相交涉，彼此影響，而匯為中國文化的三大主流，其對中國文化的影響，可說是至深且廣。然而歷代儒者未必學佛，對儒佛間的互動情形，一直沒有很清楚且全面性的交代，殊為可惜。我在研究所就學期間，由於選修林慶彰老師「中國經學史」的緣故，從朱彝尊的《經義考》與《四庫提要》、《續四庫提要》中，發現在晚明尤其是萬曆前後，出現了許多以禪解《四書》的經學著作，這在以朱學為官學的學術環境中，可算是相當的奇特（朱子素有集排佛大成之稱）。尤其在這許多「以禪解經」的著作中，包括了佛門大師的《四書》學作品，如憨山大師的《大學綱目決疑》、《中庸直指》與蕅益大師的《四書蕅益解》，這種儒佛間的互動現象因而使我產生研究的興趣。

　　就經學史演變的軌跡而言，歷代的經學有許多都在不同程度受到佛學的影響，而到晚明時期的《四書》學可說是佛化的最高峰。儒家的經典從兩漢經師以師法、家法對經書做訓詁的工作以後，便確立了經學的地位。到了魏初荊州學派興起，王肅對集漢學大成的鄭學展開攻擊，經學的面貌逐漸改變。鄭學的權威逐漸沒落後，代之而興起了以玄學註經的風氣，如王弼《周易注》、何晏《論語集解》都是這一時期的代表作，此時儒家的經典首次玄學化。到了南朝時，受到佛學逐漸興盛的影響與梁武帝主張和會儒、釋、道三教的關係，經學一變為義疏之學，除了有玄學的色彩外，更添加了佛學的成分，皇侃《論語義疏》即為此時期的代表作。這種風氣，孔穎達即站在儒家的觀點，而如是批評：

> 江南義疏，十有餘家，皆辭尚虛玄，義多浮誕。原夫義理難窮，雖復玄
> 之又玄，至於垂範作則，便是有而教有。若論住內住外之空，就能就所
> 之說，斯乃義涉於釋氏，非為教於孔門也。既背其本，又違於注。（《周
> 易正義》序）

可見代表儒家思想的經學，在魏晉南北朝時期已開始受到佛、道二家思想的影響。雖然這種影響是表面的，流於泛泛的比附文義，可以說只是在儒學的身上，沾上佛、道二家思想的色彩〔註1〕。然而佛學從南北朝進入隋唐以後，獲得了突破性的發展，而逐漸成為唐代學術的特色。傳統的儒家鑑於佛學的興盛與儒學的不振，於是到了唐末開始產生對佛學的反對與本身思想的創發，其排佛的代表人物是韓愈，而謀求儒家思想突破的則屬李翱的《復性書》。這種啟蒙的風氣，到了宋朝以後則開花結果。宋儒吸收了佛、道二家的思想並建立了新儒學——理學以後，更轉而擺脫漢唐舊注，獨抒己見，將其理學思想發揮於經典之中，如朱熹的《四書集註》便是代表作。儒家的經典至此，完全理學化了，經學第二度受到佛道二家思想的影響，而這種影響是深入於思想義理層面的。然而雖然理學的成分核心加有佛道思想，然理學家，尤其是程朱等人，其立場是站在儒家方面，而極端排斥佛、道二教。到了晚明陽明學興起後，學術界產生大量以禪、道解《四書》的作品，經學第三度受到佛道的影響。這個現象，即是本文所要探討的內容，以顯明其在經學史演變中的來龍去脈與特質。

　　另外就佛教的中國化過程而言，首先要面對的即是如何讓佛教的思想能在中國的文化土壤裡生根茁壯，以及如何化解外在的排佛壓力。蓋佛法初入中國，僅靠商人或胡僧零星的傳入，等到學佛之人漸多，對佛法的認識更加深入以後，原有的經典不能滿足與解決諸學人在學習佛法時所遇到的諸般問題，於是才有「格義佛教」的產生以為因應。那麼對「原義經典」的取得，便是佛教界的當務之急。而經典因是從印度或西域傳入，因此如何譯成漢文，便又是另一重要問題了。由於宗教上的熱誠，許多的中原人士，如法顯、玄奘大師等，不惜跋山涉水，遠渡沙漠到西域、天竺去尋求經典，以及許多優秀的僧人，如鳩摩羅什等人，從天竺、西域而來，使中土的佛經愈來愈齊全〔註2〕，所譯出的經典文字愈流利，而使得中原人士，更能得知佛法的奧秘，因而促成了隋唐佛教的盛世。

〔註1〕詳見張恆壽著：〈六朝儒經注疏中之佛學影響〉一文，收於林慶彰老師編：《中國經學史論文選集》上冊（台北：文史哲出版社，民國81年10月），頁482～504。

〔註2〕關於此時期所翻譯的經典以及翻譯者，請參湯用彤：《漢魏兩晉南北朝佛教史》（台北：台灣商務印書館80年9月），頁374～405。

　　而就外在的壓力而言，早期的排佛論，從《弘明集》、《廣弘明集》中的記載，大體上環繞神滅論、夷夏之防及對政治經濟之影響立論〔註 3〕。而最早對排佛論作反應的爲牟子的《理惑論》，其調和三教的立場，深深影響後人的態度。而牟子的持論，亦僅在見解上反駁儒家之非難而已，未深入義理上的調和。等到佛教在唐代興盛以後，各宗各派開始對佛法作系統化、組織化的整理，亦即判教的產生。這時代表儒家反動勢力的韓愈、李翱反佛的言論隨之產生，且李翱更抬出《易》、〈中庸〉的思想與佛家對抗。於是宗密大師便在《原人論》中，擴大判教的精神，以人人本具如來智慧之一眞法界的廣大圓滿立場，來融攝儒道的想法，啓發後世的三教一致論。及至宋代，儒教勃興，採佛教教理匯成新學之同時，排佛之風亦盛，如孫復之〈儒辱說〉、歐陽修之〈本論〉三篇、石介之〈怪道〉、胡寅之〈崇正辯〉、李覯之〈潛書〉等均主排佛，歐陽修撰《新唐書》、《五代史》，更刪除所有有關佛教之事項；對此，智圓於《閑居編》中提倡三教並存不廢之說，契嵩於〈輔教編〉中力主儒釋一貫之道，張商英撰〈護法論〉駁斥韓、歐之主張。可是到了程朱以理學作爲排佛的思想利器，排佛進入到最核心的根本義理層次，並隨著朱熹的《四書集註》成爲官學，從此佛教界備感排佛的壓力。這種儒佛間的互動，到了晚明蕅益大師的《四書蕅益解》時是如何回應？此問題即是本文所要探討的第二個對象。

二、研究方法與目的

　　本文首先即從各種有關晚明《四書》學的目錄中，摘出其以禪解經的書目，然後從原典的閱讀與目錄中的提要介紹，瞭解此時代「以禪解經」的《四書》學數量及概貌。並進而從當代經學環境與佛教環境的兩個角度，探尋此現象產生的前因後果，以及其在經學史上的特質與影響。

　　其次即從《四書蕅益解》的註解文字直接切入，將其「援佛入儒」的部份摘錄出，加以研究，以觀其合會儒釋的思想基礎與註解方法。瞭解他是如何從儒書架構他的佛教思想。最後將《四書蕅益解》放在當代的《四書》學作品當中，以觀其特色。最後放在儒佛交涉史的脈絡中，來看他的「援佛入儒」的成果與影響。

三、前人研究成果之檢討

　　本論文在搜集資料時，發現前人對這個領域的研究實在缺乏。在經學史方面，如皮錫瑞的《經學歷史》，馬宗霍的《中國經學史》等，講到明朝《四書》學的時候，只是幾筆帶過。而由林慶彰老師所主編的《經學研究論著目錄》、《經學研究論著目

〔註 3〕同前註，頁 121～124。

錄續編》所錄來看，近人對晚明《四書》學的研究，還是寥寥數篇。另在佛教史方面，如黃懺華的《中國佛教史》，蔣維喬的《中國佛教史》，野上俊靜等著的《中國佛教史概說》，鎌田茂雄著的《中國佛教史》，講到明朝時只是概述一番，而對佛學甚有研究的湯用彤《漢魏兩晉南北朝佛教史》、《隋唐佛教史稿》，則只寫了從漢魏至隋唐的佛教史。印順法師的《中國禪宗史》，吳經熊的《禪學的黃金時代》都不及明代。在經學史與佛教史對明代都欠缺詳細研究的狀況下，遑論這時期的「儒佛交涉之問題」了。例如：張曼濤所主編的《現代佛教學術叢刊》中關於儒佛交涉之方面，亦僅收錄佛學與宋代理學之交涉，而由熊琬老師所寫的《宋代理學與佛學之探討》，雖對佛學與理學之交涉有深入詳細的討論，但關於《四書》學方面，則不在其討論範圍之內，殊為可惜。而另一方面，日人對這個領域的研究，反而比較多。如：佐野公治的《四書學史の研究》對明朝的《四書》學有全面而詳細的研究；荒木見悟的《明末思想研究》、《陽明學與佛學》、《明代陽明學之開展與佛教》、《明末宗教思想研究》，對晚明儒佛之交涉有很深入的研究。

所幸聖嚴法師的著《明末佛教研究》與《明末中國佛教之研究》對本論文提供了很大的幫助。《明末佛教研究》主要內容是對明代的禪宗、淨土宗、唯識宗、居士佛教等等的流傳以及其代表人物作一廣泛的介紹。而《明末中國佛教之研究》主要則對於蕅益大師的研究，從時代背景、生涯、宗教行儀、著作及思想等五方面加以論述，鉅細靡遺，且此書也提到了蕅益大師思想與儒家的關聯，與當時三教同源論的風氣，並指出蕅益大師以其獨特的「現前一念心」思想為中心，而發展性相融會與三教同源的理論，這些論述都對本論文在論及晚明宗教背景與作者的生活、思想背景時，提供了莫大的幫助。但是《明末中國佛教之研究》，雖然對蕅益大師的思想內涵，宗教行儀等有精闢之研究，但就儒佛交涉的層面來說，尚未落實到蕅益大師所注解的儒家經典之具體內容來討論。另外對於蕅益大師思想進行研究的尚有鄧繼盈的《蕅益智旭淨土思想之研究》，與陳英善的《蕅益智旭思想的特質及其定位問題》，前者屬於佛教宗派的範疇，後者則主要在探討蕅益大師思想的特質與定位問題，都不論及「儒佛交涉」這一層面。另外在禪與《四書》學交涉方面則有黃俊傑的〈張岱對古典儒學的解釋——以《四書遇》為中心〉與朱宏達的〈張岱《四書遇》的發現及其價值〉等二篇，在探討張岱所著的《四書遇》時，有討論到「儒佛關聯」這方面的問題，這點是可參考利用的。另外林政華所著的《蕅益祖師之論語教》則就蕅益大師的〈論語點睛〉加以研究，以觀其合會儒釋之貌，可惜此篇取材不及〈大學〉、〈中庸〉兩篇，範圍不夠全面，且偏重在註釋形式的討論，其論述亦失之簡略。綜上所述，可知就蕅益大師思想中儒佛會通這一部份的面貌，可資參考的研究成果

並不多，使得本論文在寫作時，常要做一些基礎的工作，諸如晚明的《四書》學面貌等等，而對儒佛義理在交涉過程中所發生的問題，因爲時間與學力的關係，不能做很深入的探討，這一點是本論文最不足的地方。

第二節　明代佛教概述

一、明代帝王的宗教態度與政策

（一）明初帝王的宗教態度

　　明太祖本爲皇覺寺小僧，即帝位之後其佛教政策，只是以開國君主的立場，來遂行其統國治民的手段而已。對於佛教仍是沿襲元朝宣政院的制度，設立其統治機關的善世院，在南京的天界寺，釐定統領、副統領、贊領紀化等僧官制度。即對道教也是向飛龍山道士張正常下詔，令其統管天下的道教，其在政策上與前代是沒有多大的改變。然而其對宗教的態度，卻對當時有很大的影響。如其對佛道二教皆有所兼好，更是三教合一論的支持者。他的〈三教論〉說：

> 夫三教之說，自漢歷宋至今，人皆稱之，故儒以仲尼，佛祖釋迦，道宗老聃。於斯三事，誤陷老子已有年矣。孰不知老子之道，非金丹黃冠之術，乃有國有家者日用常行，有不可缺者是也。……若果必欲稱三教者，儒者以仲尼，佛以釋迦，仙以赤松子輩，則可以爲教之名，稱無瑕疵。況於三者之道，幽而靈，張而固，世人無不益其事，而行於世者，此天道也。……於斯三教，除仲尼之道祖堯舜，率三王，刪詩制典，萬世永賴；其佛仙之幽靈，暗助王綱，益世無窮，惟常是吉。嘗聞天下無二道，聖人無二心，三教之立，雖持身榮儉之不同，其所濟給之理一。然於斯世之愚人，於斯三教，有不可缺者。（〈三教論〉）

　　太祖並有〈釋道論〉、〈拔儒僧入仕論〉、〈宦釋論〉等諸篇著作，謂佛乃聖人生於西方，三教不可或廢。他在〈遊新庵記〉中又爲佛教申辯，指斥三武滅佛的愚昧，說他們是「愚昧非仁」之君，「罔知佛老之機」，致「非獨當時爲人唾罵，雖萬古亦污名，罪囚天地間，爾尚弗識，何愚之篤」這可見太祖對三教的態度。所以洪武初年，僧徒道士均被召至京，委以重任。太祖又嘗徵召「通儒僧」出仕，故明初僧人多有「精貫儒釋二家之學」。洪武七年十一月，太祖並認爲老子《道德經》乃「萬物之至根，王者之上師，臣民之極寶」，親自爲之註釋頒示天下。太祖的舉動，對三教的融合具有深遠的影響。明代提倡三教合一的思想家，如羅汝芳、管志道、楊起元、

李贄等人，都徵引明太祖的話作爲典範，例如羅汝芳謂：

> 三教聖人之道，支離已久，天幸生高皇帝，穿透此關，以開其合之端，將來必生一至人，大大合併一番。〔註4〕

李贄亦云：

> 三教聖人，頂天立地，不容異同明矣。故曰：「天下無二道，聖賢無二心」，我高皇帝，統一寰宇，大造區夏，其敬孔子、敬老子、敬釋迦，有若一人，然其御製文集，凡論三教聖人往往以此兩言斷之，以見其不異也。夫既謂之道，謂之心矣，則安有異哉。則雖愚夫愚婦，以及昆蟲草木，不能出乎此道此心之外也，而況三教聖人哉。(《李溫陵集》卷十，〈三教品序〉)

由此可看見明太祖的言論，對三教合一有一定的推動作用，而其「天下無二道，聖賢無二心」與「道一教三」的見解，更是後來主張三教合一者的依據。

明成祖因「靖難」政變而得位，爲廣結人心，掩飾其罪過，除御纂《爲善陰騭》、《孝順事實》等「善書」外，提倡佛教和道教變成了他「勸善」的一部分政策。永樂九年間，明成祖親自謄抄佛經、佛咒數十篇，頒示天下，其中〈御製大悲總持經咒序〉云：

> 凡忠臣孝子，能盡心意以事君，竭力以事親，所作所爲，無私智陂行，廣積陰功，濟人利物，又能持誦是經咒，則跬步之間，即登覺路。若彼不忠不孝，不知敬畏，則鬼神所錄，陰加譴罰，轉盼之間，即成地獄。蓋善惡兩途，由人所趨，凡諸眾庶，宜慎取舍用，書此以爲勸。〔註5〕

其後又御製佛讚，刊行佛經，作《神僧傳》九卷。永樂十七年，命道成、一如等八人，校勘《大藏經》，並刻版二副，分藏南京、北京。明成祖對道教的反應亦同樣積極。如永樂年間多次遣使訪尋武當術士張三丰，稱張三丰爲「眞仙」。永樂四年十一月，敕第四十三代天師張宇初纂校《道藏》，欲廣流傳。這都可見佛、道二教在永樂一朝，是同樣的受到皇帝歡迎。成祖以後，明朝的繼位君主，多親近佛教，崇尚道教方術。英宗刊行《大藏經》，並親爲之作序。又於正統年間，繼成祖之志，纂修《道藏》。正統九年，詔通妙眞人劭以正督校《道藏》，先後成五千三百五卷，四百八十函，是謂《正統道藏》。〔註6〕《明實錄》記英宗一朝，「京師街頭滿佈緇黃」僧道

〔註4〕見酒井忠夫著：《中國善書之研究》第三章，(東京：弘文堂，1960 年 8 月版)，頁245 引。

〔註5〕朱棣：《明成祖寫經》(据永樂十年鈔本重景)，第三冊，葉一一下，一二上。全書共收錄成祖謄鈔經、咒共四一篇，其中部份篇首附錄，並有〈永樂御書〉之印。佛家有所謂「功德」之說，親自謄鈔一次佛經，則得一次功德，成祖鈔經可能與此有關。

〔註6〕詳參陳國符：《道藏源流考》，(北京：中華書局)，1963 年 12 月，頁 174～182。

至於「沿街塞路」，可見其盛。憲宗「於釋道二教俱極崇信」〔註7〕寵任喇嘛僧人，敕賜梵宇為歷代之冠，又縱容方士，喜好丹房之術，終至朝政淆亂，而憲宗亦為金丹所傷。其後的帝王，如武宗自稱「大慶法王」，於禁中建造佛寺；世宗時道流之盛為明代之最，且濫授官爵，道士劭元節人禱有驗進禮部尚書，給一品服，陶仲文以符水至鬼，累進禮部尚書少保少傅少師，為明代一人兼三孤的僅有例子〔註8〕，最後內閣輔臣的進退，亦由「青詞」的撰寫所支配，「青詞宰相」之名亦由此而起，這都可見佛、道二教在明代的流行。而這種環境，正是三教合一思想產生的最好溫床。

（二）宗教政策的性格轉變及影響

　　所謂「宗教政策的性格」，是指原有「宗教政策」在擬定時，曾考量過時代條件及其預定達成的政策效果，才制定頒佈的；若無其他時空的變異因素，而考量的要件未變更之前，它所呈現的政策效用與宗教樣相，即可稱之。此因歷代開國之君，在鼎革之後，在採取政治措施時，常有其政策上的考量，而一旦加以制訂後，除非特殊的狀況出現，否則即垂為「祖訓」，由同朝後代君主繼續遵行。因此，它不但反映了法律的效力，也往往塑造了宗教體制的樣相。可是時空的變異因素，會使當初的政策考量條件，也隨之變遷，因此基於政治功能的現實考量，乃出現宗教政策的法律規定不變，但實際上已將政策的評估方向加以修正或替代的情形，此即謂之「宗教政策的性格轉變」。

　　然在考慮此一「宗教政策的性格」具有多少持續性時，同時必須連帶考慮二個問題：

　　甲、當初太祖認為佛教可「暗助王綱」的政策理由，在佛教和社會疏離的情況下，具有多大可實踐性？假如答案是不大時，則必將產生替代性的政策考量。

　　乙、出家僧侶，一入僧籍，雖有行為上的限制，但享有雜派的、差役的優免；而假如欽賜的寺田的話，像南京的天界寺、靈谷寺、大報恩寺等大寺院，田產廣大，卻稅量全免。如此則等於自整個社會的勞動力和土地資源中，割出一部份專屬佛教使用。道教觀田情況亦同，因而佛教寺產，如要維持其獨立性，必須附帶二個條件：（a）是避免出家人口的增加，超過原寺產可負荷的程度，除非有新來源，否則即需再分割社會的原有資源。（b）在國家政策上維持其重要性，使政府寧願忍受國家資源的被分割，而不會放棄此一宗教政策上的預期功能。特別是（b）項，在中國社會

〔註7〕沈德符：《萬曆野獲篇》卷二七，〈僧道異恩〉條。
〔註8〕趙翼：《二十二史箚記》卷三四，〈成化嘉靖中方技授官之濫〉條，（台灣：洪氏出版社，1974年10月版），頁491。

裡因儒家官僚主宰朝廷政策和影響社會的價值觀，故最有可能因此項而損害了佛教的利益。本來明太祖在三教政策上，是以儒家為主，佛道為輔，〈三教論〉一文說：「三教除仲尼之道，祖述堯舜，率三王，刪書制典，萬世永賴。其仙佛之幽靈，暗助王綱，益世無窮，……斯世之愚人於斯三教有不可缺者。」因此，無論僧、道，皆設衙門管轄之，但隸屬禮部，且官品極低。只是佛教的事務，仍責由「僧錄司」等衙門統轄，「若犯姦非為，但與軍民相涉，在京申禮部審，情重送問；在外即聽有司斷理」。可以說，雖然僧官體統和欽天監相同，起碼維持了僧事僧治的最低自主性。但是這種對佛教的認知態度，到了明成祖時，則逐漸改變，以永樂五年，他拒絕禮部請求度僧的諭旨來看，純粹是財政上的因素。他說：「國家之民，服田力穡，養父母，出租賦，以供財用。僧坐食於民，何補國家？度民為僧，舊有禁令，違者必罪。」因此他對那些私自出家的處罰，也是財政上的，例如他在永樂六年（1408）六月：「命禮部，移文中外，凡軍民子弟僮奴，自削髮冒為僧者，并其父兄，送京師，發五台山輸作，畢日就北京，為田種田，及盧龍牧馬；寺主僧容剃，亦發北京，為民種田。」換句話說，成祖不但處分當事者，連相關者亦隨同處分。

從永樂（1403～1424）、洪熙（1425）、宣德（1426～1435）、到正統（1436～1449），可以說宗教的政策，一直在面對出家人口日增壓力。雖然度牒頒發次數和額數，都增加不少，卻依然不敷社會所需。相對的，私自剃度和自創寺院的情況，也愈增加惡化了。站在儒家官僚的立場，批評出家人口增加的不當，乃至激烈排佛論的迭出，亦在意料中。而在明代因定「朱子學」為「官學」，而「朱子學」中的強烈排佛思想，自明初起即不斷地在朝廷的議論中出現，然自洪武迄宣德年間，由於佛教僧侶的影響力仍在，而佛教人口亦未過度增加，所以其自主性的地位，勉強可維持。到了代宗景泰年間，更基於財政上的需要，開始販賣「空名度牒」，而在憲宗成化年間，因氣候異變，造成江北淮揚、山東等地的嚴重水患，遍及華北、西北和東南沿海，都需救災和賑濟饑民，於是奏准大量頒發空名度牒來換米糧和銀兩。由於次數頻繁、人數眾多，雖是以天災為藉口，但叢林湧入這些失控的眾多人口，其將引發的弊端，是不難想像的。佛教的急遽腐化，叢林被譏為罪惡的巢窟，就從此開始。如舉武宗正德年間，進士林希元的奏文來看，他向朝廷奏道：「……南方之僧，雖於貧乏，而所圖者易，頭髮一落，田園連阡，富擬封君，坐享輕肥間。有身居僧寺，心在塵垢。陽雖削髮為僧，陰置妻生子。又有置典僧田、營植利產。家計既立，僧籍遂除。是利其富腴然也。」這些出家人其實大有來頭，是「富鹽匠籍人家長子」，藉出家「爭趨其利，冒禁詭籍」，並且「越州縣而為僧，不可禁遏」，可見彼等皆非泛泛之輩。而到世宗嘉靖十八年（1539）乾脆

准許每一名納銀十兩，以取得度牒。在兩京（南京、北京）由工部辦理；在外則由各布政司辦理。過去赴京考試請牒這一套就免了。然而出家的條件，一旦放鬆，相對的出家環境、僧人的素質亦大幅低落，毋怪乎湛然圓澄在《慨古錄》說：「高皇帝（明太祖）之《欽錄》猶在；高皇帝之聖旨絕不之行！既無利於僧，僧不肯內牒者，毋怪其然也。」涉及到的，就是這種「宗教政策的性格轉變。」

為什麼圓澄要如此感慨呢？主要是朝廷在頒發「度牒」時，並未附有當初「度牒」在政策上所保證的優待條件，例如稅賦丁役的減免，寺產獨立性的維持，乃至出家人格之政治保障。因此，「度牒」在晚明時期，有如無購買力的「通貨」，其不為佛教有識之士所重視，乃理所當然。而一些購買此「度牒」者，其實是利用了佛教在中國社會的潛在信仰力量，以出家人的形象，來換取社會的供養。

於是晚明叢林真是弊端叢生，其大概情形為：

1. 師徒之誼不治

《慨古錄》中提到：「前輩師資之間，親於父子。今也動輒譏呵，自行不端，學者疑憚。」「今為師徒者，一語呵及，則終身不近矣。」

2. 新出家者，為自立門戶不擇手段

《慨古錄》指出：「有不屑之徒，不知大體所關。才出家來，苟圖聲譽，以為己任。急急於名利之場，或私創山居，或神廟家祠，男女共住；或典賃民房，漫不可稽。」

3. 出家眾中龍蛇混雜

《慨古錄》指摘說：「或為打劫事露而為僧者、或牢獄脫逃而為僧者、或妻子鬥氣而為僧者、或負債無還而為僧者、或夫為僧而妻戴髮者，謂之雙修、或夫妻皆削髮，而共住庵廟，稱為住持者、或男女路遇而同住者。以至姦盜詐偽，技藝百工，皆有僧在焉。」晚明出家人的複雜狀況，於此可見。

4. 師資水準低落，缺乏實學真悟，而冒作權威

《慨古錄》揭發真相說：「諸方各剎，上堂小說，概之不聞。間有一二商榷者，不過依經傍教而已。其次皆世諦流布，不足聽也。懸說懸談，抽釘拔楔，舉世不聞。」「大抵叢林多有不識字者主之，其領徒不過三等；上者勸其作福；次者令其應務；再次者平交而已。……其不賢者，恐弟子處我之上，見其習學，怒云：你不老實修行，學此擬裝大漢耶？又云：學此口頭三昧奚為？何不老實修行！」「又有一等，宗教曾不之聞，出家又且不久，便去守山，或復坐關，稱善知識，誑誘人者。」

5. 雖號稱「宗師」，仍因無新意而遭譏

《慨古錄》責難說：「今之宗師依本談禪，惟講評唱，大似戲場優人。雖本欲加半字不得。學者不審皀白，聽了一遍，已謂通宗。……由是而推；今之談宗者，實魔所持耳。」類似批評，亦見之袾宏的著作。

6. 為謀衣食，而行為失檢

《慨古錄》提到幾種：（一）入外道屠儈之家者：「……今之沙門，毋論神廟天祠，乃至人家享堂，苟衣食可足，皆往住焉。是非不懼來生，為其徒黨眷屬。但云：火燒眉毛，且圖眼下無事。」（二）妄學古意而當街跪乞者：「……今時有等為法師者，不體古意，妄意效顰，嚴整法服，跪街乞錢。學者持樂吹打，人不為恥，彼以為得志。」（三）為謀衣食，不擇身份拜人為父母。「……今之流輩，毋論富貴貧賤，或妓女丐婦，或大士白衣，但有衣食可資、拜為父母。棄背至親、不顧廉恥，作忤逆罪。在明（名）教中，逆之大逆；在佛教中，割愛出家，當為何事。」（四）為得供養、即無學首座，亦作樣欺人：「……今之首座，不通一經，不識一字，師承無據。但有幾家供養，辦得幾擔米，設得幾堂供，便請為之。所言發揮蘊奧，勘驗學者，斥為閒事；一味不言，是其談柄。」總之，謀生重於一切！

7. 對戒律無知、忽視戒律者

《慨古錄》說：「今時沙門，視叢林為戲場，眇規矩為閒事。乍入乍出，不受約束。其猶如世人拼一死，而刑政無所復施矣。」又說：「今之沙門，多有傍女人住者，或有拜女人為師者，或女人為上輩，公然受沙門禮，而漫不知為非者。」

8. 徒弟凌辱師友者

《慨古錄》指控說：「或師範誡訓過嚴，或道友議論不合，便欲殺身以報之也。或造揭帖，或捏匿名，遍遞縉紳檀越，誘彼不生敬信，破滅三寶。」

佛教界到這種狀況，對其宗教形象與宗教影響力可說相當損害，僧人在一般人中的社會地位也降到了最低點，如果佛教界對這種狀況不加以改善話，後果真不堪設想。

二、晚明佛教的復興與融合

（一）晚明佛教的復興

中國佛教在唐代大師雲集，八宗盛弘之後，受到了唐武宗滅佛的影響，致使教

運衰落，一蹶不振，到了晚明〔註 9〕才又現佛學的另一高峰。關於此一時期之佛教概況，茲略述如下：

甲、禪　宗

　　禪宗重視修證經驗，其所證經驗的真偽及深淺，縱然已有自信，仍得經過先進禪德的勘驗與印可。凡是有能印證他人的人，必是自己也曾接受過上一代禪德的印可。為人印證者，通常即是指導你修行的人，也可能僅在一面之間，便承認了你的修證功夫。不論如何，你受了何人的印可，便算接受了他的傳承，而成為他下面的另一代傳人，稱為法嗣。由於傳承的關係，代表了法統的延續，也證明了修證經驗的可靠性；所以自宋朝的《祖堂集》、《景德傳燈錄》〔註 10〕之後，有《天聖廣燈錄》、《續燈》、《聯燈》、《普燈》、《五燈會元》等諸書〔註 11〕，記述禪宗諸家的系譜，經元朝，迄明初，又出了《續傳燈錄》及《增集續傳燈錄》〔註 12〕。正如明初玄極的《續傳燈錄序》所敘述的史實一樣：

> 　　吳僧道原，於宋景德間，修《傳燈錄》三十卷，真宗特命翰林學士楊億等，裁正而序之，目曰《景德傳燈錄》，自是禪宗寖盛，相傳得法者益繁衍。（宋）仁宗天聖中，則有駙馬都尉李遵勗，著《廣燈錄》。建中靖國初，則有佛國白禪師，為《續燈錄》。淳熙十年，淨慈明禪師，纂《聯燈會要》。嘉泰中，雷菴受禪師述《普燈錄》。宋季（紹定間）靈隱大川濟公，以前五燈為書頗繁，迺會粹成《五燈會元》。〔註 13〕

以上序中所敘六種燈錄，除了《廣燈錄》之外，餘均被收在《大正藏》及《卍續藏》的「史傳部」。然後，經過一百六十年，至明初（1401 年），玄極輯出《續傳燈錄》，

〔註 9〕所謂晚明，主要是指明神宗的萬曆年間（1573～1620），其活躍之人物，有些雖生於萬曆之前，卻活躍於萬曆初年；有些人生於萬曆年間，亦活躍於萬曆年間；有些人生於萬曆末期，卻活躍於萬曆之後，這些人物其生歿年代則自一五〇〇～一七〇二年，最遲的時代雖及清代，仍是生於萬曆年代的人。有關這一年代活躍之佛教人物甚多，聖嚴法師所著之《明末佛教研究》已有詳細之研究，此處不及詳列，其主要人物乃以四大師：雲棲袾宏、達觀真可、憨山德清、蕅益智旭為代表。

〔註 10〕《景德傳燈錄》三〇卷，宋之道原，纂成於一〇〇四年，現存於《大正大藏經》五一卷。

〔註 11〕一、《建中靖國續燈錄》三〇卷，宋之《惟白集》。二、《聯燈會要》三一卷，宋之《悟明集》。三、《嘉泰普燈錄》三〇卷，宋之正受編。四、《五燈會元》二〇卷，宋之《普濟集》。以上現均存於《卍續藏經》之史傳部。

〔註 12〕一、明初之玄極所輯《續傳燈錄》三六卷，序於一四〇一年，存於《大正藏》五一冊及《卍續》一四二冊。二、明初之文琇所集《增集續傳燈錄》六卷，存於《卍續藏經》一四二冊。

〔註 13〕見《卍續藏經》一四二冊，213 頁。

又過一百九十年，至明末的萬曆二十三年（1595），瞿汝稷集《指月錄》（1631 年），有《教外別傳》、《禪燈世譜》、《居士分燈錄》。1632 年至 1653 年間，有《佛祖綱目》、《序燈存稿》、《五燈會元續略》、《繼燈錄》、及《五燈嚴統》等諸書〔註 14〕，相繼問世，明末僅僅六十年間，竟比任何一個時期所出的燈錄更多，而且此一趨勢，延續到清之乾隆時代的一七九四年時，又繼續出現了《續指月錄》、《錦江禪燈》、《五燈全書》、《正源略集》、《揀黑豆集》等諸書〔註 15〕。在明末及清的兩百年間，如果不是禪者中的人才輩出，豈會產生如此多的燈錄？那些禪者中的傑出者，不僅在修證的禪境上各有其突破處，且在文字經義的修養上，多半也有相當的造詣〔註 16〕。故自一五九五至一六五三年的五十八個年頭之間，新出現的禪宗典籍，包括禪史、語錄，禪書的輯集編撰註解等，共有五十種計三八六卷，動員了三十六位僧侶及十位居士，平均不到十四個月即有一種新的禪籍問世〔註 17〕。

乙、唯識宗

　　唯識思想在中國，主要是指玄奘（603～664）譯出了彌勒、無著、世親的諸書，特別是護法系統的成唯識諸論，由窺基（632～682）一一加以註釋，完成了中國唯識學的體系〔註 18〕唯識宗在唐代期間，曾大爲盛行，可是經唐武宗滅佛以後，直到明末時代爲止的大約八百年間，除了在華嚴宗四祖澄觀的《華嚴經疏鈔》，以及華嚴思想的擁護者永明延壽的《宗鏡錄》之中，引用唯識思想之外，僅見到元人雲峰的《唯識開蒙問答》二卷〔註 19〕。故到明代，已無人研究唯識，甚至被視爲唯識要典的唐代唯識述記（即《成唯識論述記》）及三疏（即《成唯識論掌中樞要》、《成唯識論了義燈》、《成唯識論演秘》），既未編入藏經，也不流傳於當時的中國，即使有心研究唯識，也均無門可入。幸有魯菴普泰法師，於明武宗正德年間，從一位無名老翁處，以月餘的時間，盡傳其唯識學之後〔註 20〕，便爲《八識規矩頌》及《百法明門論》做註。即此二書，推動了明末諸家研究並弘揚唯識學的熱潮。以年代先後次

〔註 14〕明末諸種燈錄資料，請參閱聖嚴法師著：《末佛教研究》，第一章所附《明末禪籍一覽表，明末諸家禪宗史傳》，頁 32～33。

〔註 15〕以上諸書的資料，請參閱《明末禪宗人物資料表》，同前註，頁 9～24。

〔註 16〕同註 14，頁 57～69。

〔註 17〕同註 14，參看《明末禪籍一覽表》。

〔註 18〕由窺基大師註釋的則爲：《成唯識論》、《百法明門論》、《唯識三十論》、《瑜伽師地論》、《攝大乘論》、《阿毘達磨集論》、《辨中邊論》、《觀所緣緣論》、《顯揚聖教論》、《異部宗輪論》，以及《因明入正理論》。窺基大師的全部著述，總共有四十一種，百六十六卷，範圍極廣，然以唯識爲主。

〔註 19〕收於《卍續藏經》九十八冊，四一五～五一二頁。

〔註 20〕王肯堂序《唯識論集解》。《卍續藏經》八十一冊，三〇三頁上。

序，他們依序為普泰、眞界、正誨、眞可、德清、廣承、明昱、通潤、王肯堂、大
眞、大惠、廣益、智旭、王夫之等，均有唯識的著述傳至現代，單從人數而言，明
末的唯識風潮，遠盛於唐代，諸家所註釋的範圍大約皆為《成唯識論》、《百法明門
論》、《唯識三十論》、《觀所緣緣論》，以及方法論書《因明入正理論》〔註21〕。

　　除上所舉禪宗與唯識宗之外，淨土宗、華嚴宗與天台宗亦逐漸興起，淨土宗更
是明末居士間非常流行的法門。晚明佛教的復興與四大師（即：雲棲祩宏、紫柏眞
可、憨山德清、蕅益智旭）的出現是有著密切的關連，例如雲棲祩宏，既是禪門的
重鎮，更是淨土宗的尊宿，他以禪的觀念及方法，用來弘揚淨土，使禪者歸向淨土，
也使修行淨土者，得到禪修的實益。在晚明淨土宗的人物中，有許多人是雲棲的弟
子，那些人多半是由於接觸到了大師或讀了他關於淨土法門的著述之後，才歸向淨
土的。他對於士人階級的知識份子，特具接引方便〔註22〕。大師四十餘歲出家，平
生標榜死生事大，日夜勤於自策自勵，持戒念佛。隆慶五年，入於浙江杭州雲棲寺，
勤於念佛三昧，藉華嚴教義說明禪、淨同歸之說，提倡諸宗互融之新佛教，並大力
弘布，獲得僧俗同道千餘人支持，將念佛的宗風廣布至江南一帶，且其為肅正當時
之僧風，除為僧團共同生活所設的「共住規約」外，又著作了《緇門崇行錄》、《禪
關策進》、《竹窗隨筆》、《僧訓日記》等，以砥礪當時之僧風，並著作了〈自知錄〉
以為學人反省之鏡，此對於整個佛教風氣之改變，有著非常大的影響，其弟子聞古
廣印為做塔銘，而稱之曰：「一度弟子、得戒弟子，萬有餘人。」足證其化導之盛，
且根據聖嚴法師對《居士傳》的資料整理，發現對晚明居士最能發揮影響作用的就
是蓮池大師〔註23〕，因此，可以說雲棲祩宏是晚明佛教復興的第一功臣。而繼起之
三大師，學行俱優，著述豐富，亦對晚明之佛教貢獻良多〔註24〕。在一股復興的趨
勢中，晚明佛教與以前之中國佛教有顯著不同之特色，一為諸宗之互融，一為三教
同源說之盛行，並因而造成居士佛教的興盛。

（二）晚明佛教諸宗的融合

　　關於諸宗互相融合風氣的形成，可能與禪宗的式微及其自覺有關，自唐宋以下
的禪宗，多以不立文字，輕忽義學為風尚，以致形成沒有指標也沒有規式的盲修瞎
煉，甚至徒呈口舌之能，模擬祖師的作略，自心一團漆黑，卻偽造公案、呵佛罵祖。
所以有心振興法運的大師們，揭出了「禪教一致」的主張。而此思潮的源頭，則為

〔註21〕同註14，頁221～225。
〔註22〕同註14，頁263。
〔註23〕見聖嚴法師：《明末中國佛教之研究》，頁88。
〔註24〕同前註，頁57～84。

永明延壽的《宗鏡錄》。延壽以禪宗法眼的身份，接受華嚴思想，融會性相，統攝禪教，集各宗之說，撰成《宗鏡錄》百卷，對於明末佛教，影響極大。他憑著「心」的理念，而就天台與賢首的思想，以及性宗與相宗的主張，將之統合起來，而編集百卷的《宗鏡錄》。表達了性相融會與諸宗融通、禪教一致的主張。《宗鏡錄》序文云：

> 唯一眞心，達之名見道之人，昧之號生死之始。……（中略）……剔禪宗之骨髓、標教網之紀綱。……（中略）……性相二門，是自心之體用。若具用而失衡常之體，如無水有波。若得體，而關妙用之門，似無波有水。且未有無波之水，曾無不濕之波。以波徹水源，水窮波末。如性窮相表，相達性原。須知體用相成，性相互顯。（《大正藏》卷四八頁 416）

其所論述，就是性相融會思想的要旨。這裡所謂的「唯一眞心」，就是人生界與宇宙界的本源，也就是萬法的根本，又是一切世間法與出世間的本體。於是，如果悟得這眞心的本來實際，就可能出離生死。假如這眞心迷惘了，那就是生死的開始。因此，這個眞心，可以說是禪宗的骨髓，又是一切教法的紀綱。而這眞心，實際上，是我們自己所本有的，又是恆有的，而佛法的作用，不過是爲了說明這個眞心而實施的方便法罷了。縱然如此，性宗之說，就是說明自我眞心的理體；而相宗之說，是在說明這自我眞心的作用。儘管體與用有所不同，其實只是原理與現象的差異而已，他的本質則完全是不可分的。譬如說，水與波儘管是不同，其實水與波的本質，都是由濕性所衍生的。不過從現象的作用看來，雖然確實是相異的樣子，但其原理的濕性，則完全是同一的。相宗唯識說的道理，既如上述，那是在說明水與波的心現象面的；而性宗的眞如與如來藏之說，是在解釋水稱濕性的眞心，其本質的方便施設。永明延壽的這項主張，是在調融性相二宗的矛盾之點，使令統一。

在中國的性相融會之說，是由地論宗的學者所肇興，但經天台宗和華嚴宗的學者們，尤其是清涼澄觀的《華嚴經疏》和圭峰宗密的《圓覺經大疏》都強烈地加以提倡。永明延壽的《宗鏡錄》則更爲向前推進，從而樹立起性相平等的理念。因此，蕅益師的思想，可能也是得自《宗鏡錄》的靈感而來。所以，蕅益師在五十五歲撰著的〈校訂宗鏡錄跋〉中，對《宗鏡錄》的價值與地位，做了如次的評估：

> 集三宗義學沙門，於宗鏡堂，廣辨臺賢，性相旨趣，而衡以心宗，輯爲宗鏡錄百卷。不異孔子之集大成也。……（中略）……細讀宗鏡問答引證，謂非釋迦末法第一功臣可乎。（《宗論》七，卷二頁 16～17）

永明延壽既能以「唯一眞心」，融通天台，賢首與法性、法相的差異之點，由之彙集

百卷的《宗鏡錄》，真正可以稱是末法時代釋尊的第一功臣。如果以之與中國的儒教人物相較，可與《孟子·萬章》篇所說，集三聖大成的孔子，幾乎無何差異。這就是蕅益師對永明延壽的讚頌。

到了明朝末年，性相融會的需求，變成為明末四大師的共同課題。以下當分別予以介紹。

甲、雲棲袾宏的性相融會說

在他的《竹窗隨筆》中，以「性相」為主體，有如次的敘述：

> 相傳佛滅後，性相二宗學者，各執所見，致分河飲水，其爭如是。孰是而孰非歟。曰：但執支則皆非，不執則皆是。性者何，相之性也。非判然二也。……（中略）……或謂永嘉云：「入海籌沙徒自困」，又曰：「摘葉尋枝我不能」，似乎是性而非相矣。曰：永嘉無所是非也，性為本而相為末。故云：但得本，不愁末。未嘗言，末為可廢也。是故，偏言性不可，偏言相尤不可。（《竹窗隨筆》）

由此加以考證，袾宏的性相融會說是「性為本而相為末」的理念。

乙、紫柏真可的性相融會論

關於紫柏真可的性相融會思想，在《紫柏尊者別集》卷一，有如次的敘述：

> 性宗通而相宗不通，則性宗所見，猶未圓滿。通相宗而不通性宗，則相宗所見，亦未精徹。性相俱通而未悟達摩之禪，則如葉公畫龍頭角，望之非不宛然也，故〔欲〕其濟亢旱興雷雨，斷不能焉。〔註25〕

在真可而言，法性與法相二宗，被看做是平等的位置，在性宗的學者，也有必要去研習相宗；相對地，在相宗的學者，也必須修學性宗。把這性相二宗歸納起來，那就是《楞伽經》所說的「宗通」。從而，真可的性相融會說，是站在性相平等上面，由此顯現其宗說俱通的《楞伽經》思想。

就這一點，以真可的立場，因為是與菩提達摩以《楞伽經》印心而為禪宗初祖的情形。非常相似，所以蕅益師才以真可作禪宗私淑對象的。

丙、憨山德清的性相融會論

關於憨山德清的性相融會論，憨山德清的《百法論義》中說：「嗟今學者，但只分別名相，不達即相即性歸源之旨，故使聖教不明。」又在他的《西湖淨慈寺宗鏡堂記》中，載有如次的性相融通說的論調：

> （永明）大師，愍佛日之昏也，乃集賢首、慈恩、天台三宗義學，精於法

〔註25〕見《卍續》一二七冊，46頁。

義者，百餘人，館於兩閣，博閱義海，更相質難。師則以心宗之衡準乎
之。……（中略）……雖性、相、教、禪，皆顯一心之妙，但佛開遮心病，
末後拈花，自語而自異，卒無以一之。……（中略）……是知大師，厥功
大矣。〔註26〕

但這只是對於永明延壽《宗鏡錄》的讚頌言詞，此外，幾乎並無德清本人的見解在
裡面。

丁、蕅益智旭的性相融會論

　　蕅益大師在二十五歲時，即已悟得性相融會的道理，他的理論根據，是從《占
察善惡業報經》發現的唯心識觀及真如實觀的兩種觀法。故在〈教觀要旨答問十三
則〉一文中，他說：「唯心是性宗義，依此立真如實觀。唯識是相宗義，依此立唯心
識觀，料簡二觀，須尋占察行法。」〔註27〕，又在他的〈刻占察行法助緣疏〉中說：
「此二卷（《占察善惡業報經》），已收括一代時教之大綱，提挈性相禪宗之要領。」
（《宗論》卷七之三），又在《觀心法要》的凡例之中，聲稱：「性之與相，如水與波，
不一不異，故曰性是相家之性，相是性家之相。今約不一義邊，須辨明差別，不可
一概儱侗；又約不異義邊，須會歸圓融，不可終滯名相。」〔註28〕，關於蕅益師的
「性相融會」與「諸宗之互融」的觀點，則待下文闡述。

　　晚明佛教的另一特色，即是三教同源論之盛行（關於四大師對三教同源的論
點，為了文章內容之連貫，移至下一章論述。）。三教同源論之盛行，則又促成了
晚明居士佛教之興起，我們從清代著名居士彭際清所著的《居士傳》中發現五十
六卷的篇幅中，從第三十七卷直到五十三卷，都是明朝居士的傳記。而且，從明
初到中明的居士人數，僅只有宋景濂、劉祖庭、萬民望、李文進四人而已。其餘
則是從明萬曆年間直到明朝滅亡時活躍於佛教界的在家居士的傳記。觀明末居士
的人數，其所以呈現急劇增加的原因之一，是因為陽明學派，對於佛教信仰的接
近；另一原因則是明末四大師極力提倡三教同源說的結果，使得儒教學者和道教
學者，轉身傾向佛教的人相當多。《二通》的著者趙大洲，他是袾宏的外護者，另
有《樂邦文類序》的著者嚴敏卿，原本也是儒教學者。另有王陽明的再傳弟子李
卓吾與焦弱侯，他們二人，在明末的學術界，是極富影響力的學者，即在佛教界，
當蕅益師為《論語點睛》做註解時，幾乎都常引用李卓吾的《四書評》；另在憨山
大師的《觀老莊影響論》，也常引用焦弱侯的《老子翼》。李卓吾的弟子，有袁宗

〔註26〕見《卍續》一二七冊，283頁，《憨山大師夢遊全集》卷二十五。
〔註27〕見《宗論》卷三之三。
〔註28〕見《卍續藏經》八二冊，頁392。

道、袁宏道、袁中道三兄弟。其中袁宏道的《西方合論》，是頗負盛名的淨土宗名著。更有《指月錄》的著者瞿汝稷，他曾與曾光亨、傅光宅、唐文獻、曾鳳儀、徐氖、于立玉、吳惟明、王宇泰、袁了凡等九人，共同發願雕刻，由紫柏大師推動的方冊本《徑山藏》，並傾全力以襄其成。這九人中的曾鳳儀，曾著有《楞嚴經宗通》十卷，王宇泰則著有《成唯識論證義》。在明末居士之間所流行的修行方法，除了念佛之外，血書經典的風氣也很盛行。而他們經常講述的經典有：《金剛經》、《法華經》、《華嚴經》、《唯識論》、《起信論》、《楞嚴經》等，尤其《楞嚴經》是當時最流行的經典。明末居士，主要可分成兩大類型：一類是親近出家的高僧而且重視實際修行的；另一類則信仰佛法，研究經教卻未必追隨出家僧侶修學的讀書人。後者大抵與陽明學派有關，所謂左派的陽明學者，便是理學家之中的佛教徒，而且這一批居士對明末佛教的振興，亦有不可磨滅的功勞，關於晚明居士佛教的詳細情形，聖嚴法師的《明末佛教研究》一書第四章〈明末的居士佛教〉有很周延深入的介紹，茲不再贅言。

　　佛教在中國，自從宋室南遷之後，漸漸式微，尤其經元朝蒙古族的統治以後更糟，而明朝開國君主朱元璋，雖曾做過沙彌，並未特別重視佛教，以致到了萬曆前的百餘年間，佛教的人才奇缺，勢力不振，直到萬曆年間始有復甦的氣象。此乃由僧侶人才的出現和居士佛教的活躍而來，正所謂紅花綠葉，當時的佛教因而顯得生機盎然。

第二章 《四書蕅益解》產生的經學背景

朱子《四書集註》自從元仁宗皇慶二年成為科舉考試的定本之後，朱子學也成為官方正統意識形態，因此，直到明代中期為止，《四書》的解釋基本上籠罩在朱子集註之下。但從明代晚期以降，摒棄乃至批判朱註為基調的新《四書》學日益興起，而形成與以往不同的風貌，整個從宋元以來的《四書》學史，可以說是從朱子《四書》學的繼承、發展，到揚棄的過程，其中明代的王陽明，居於分水嶺的地位，到了晚明的《四書》學則自由解釋大興，佛教思想也大量流入《四書》學解釋之中，形成了《四書》學史上的一種特色。

第一節 晚明以前之《四書》學

在明代《四書》學解釋史的脈絡中，眾所周知，明初是朱子學昂揚的時代，大儒宋濂及其門人方孝孺均是朱學傳人。朱子《四書集註》通過科舉考試與官方的提倡，而主導整個《四書》學的解釋方向，這時期的《四書》學著作大抵皆圍繞在朱子學的發揮，少有新意，這個時期可視為朱子《四書》學的發展與繼承期。

一、《四書》學的形成

所謂《四書》即包含了《論語》、〈大學〉、〈中庸〉、《孟子》四部子書，其結集與編定，開始於朱子，但是對於《四書》的重視並不開始於朱子。《四書》各部份的由來與形成的過程簡述如下：

《論語》：《論語》是編輯孔子與弟子及時人之間的應答，或弟子等互相問答的語錄，或謂仲弓、子游、子夏等所撰。或謂是有子、曾子門人所作，或謂是孔子歿後，七十弟子等共同撰錄而成。在《四書》中，《論語》是最早被重視的書，漢人所尊的經典《詩》、《書》、《易》、《禮》、《春秋》，其中雖沒有論語，但是在漢朝時就有

三種異本，一是魯人傳的《魯論》、一是齊人傳的《齊論》、一是漢景帝之子魯恭王，由孔子故居的壁中所得之古論語〔註1〕。其後由張禹、鄭玄到何晏集解，皇侃、刑昺的疏、可以說明《論語》早就為人重視。

〈大學〉：或謂孔子之孫子思所作，或謂是孔子之弟子曾子及其門人所作。〈大學〉原與〈中庸〉同是《禮記》中的一篇。此篇主旨陳述儒家修齊治平之次第，名為〈大學〉是由篇首有「大學之道」故也。漢魏以來不受人重視，至唐韓愈，在〈原道〉中開始強調〈大學〉的道德修養方法，才逐漸被人重視〔註2〕。至宋司馬光時更抽出這兩篇，書所謂廣義註解，開單行之端，同時程顥、程頤兄弟甚表推崇，各為一書，傳授門人。百年後朱熹繼之，於《論語集註》、《孟子集註》、《學庸章句》等，各行註解，併合稱《四書》，此遂為學者必讀之寶典。

〈中庸〉：〈中庸〉是孔子之孫子思所做，此書亦是《禮記》的一篇，書中的主旨是講治國平天下之道，在「誠」之一字。稱「中庸」者是書中多此文字故也。在《漢志》中，除《禮記》之外，亦有〈中庸說〉兩篇，且在南北朝時因能與釋道相通之故，間接的開始受人重視，如《隋志》有戴顒《中庸說》二卷，梁武帝有《中庸講疏》一卷，則〈中庸〉在司馬光〈中庸廣義〉之前，早有別行之本。且唐李翱本〈中庸〉言復性，成為宋明理學的先導，宋張橫渠初謁范希文時，希文授以〈中庸〉，可見〈中庸〉在理學流行前已受重視。

《孟子》：《孟子》書中的主旨在王道、在仁義、說性善。在漢朝時屬子類，與淮南子、管子、墨子同等，到了唐韓愈時提出道統說，認為孟子獨能得孔氏之傳，他說：「自孔子歿後，群弟子莫不有書，獨孟軻氏之傳得其宗……故求聖人之道，必自孟子始。」《韓昌黎集卷二十》至此《孟子》的地位方被提高，而到了宋王安石時，又最尊《孟子》，宋禮部韻略所附條式，元祐中即以論、孟取士。可知尊孟不始於朱子。

《四書》開始並重的被提出與表彰，實濫觴於北宋的二程子，朱子〈跋臨漳刊四子書〉云：

> 河南程夫子之教人，必先使之用力於〈大學〉、《論語》、〈中庸〉、《孟子》
> 之書，然後及乎六經，蓋其難易遠近大小之序，故如此而不可亂也。

〔註1〕漢代《論語》的傳佈因其所傳地域不同及今古文體的區別，故有齊、魯、古三論之分，皇侃《論語義疏》序引劉向《別錄》云：「魯人所學，謂之魯論；齊人所學，謂之齊論；孔壁所得，謂之古論。」

〔註2〕朱子《大學或問》即云：
大學之條目，聖賢相傳，所以教人為學之次第，至為纖悉。然漢魏以來，諸儒之論，未聞有即之者。至唐韓子乃能援以為說，而見於《原道》之篇，則庶幾其有同矣。

朱子受二程子的影響最深，他後來的畢生學問，完全就是循著「用力於〈大學〉、《論語》、〈中庸〉、《孟子》之書，然後及乎六經」這一學習過程的。然《四書》之真正集結則成於朱子，他取《禮記》中的〈大學〉、〈中庸〉，以配《論語》、《孟子》，編註《四書》，可以說是接受宋初理學家們（尤其是程子）表彰《四書》、重視《四書》的觀念而來。至此以後《四書》即對中國學術產生重大深遠的影響。

　　然而理學家們為什麼那麼重視且積極提倡《四書》呢？尤其朱子特以畢生精力為之作《四書集註》呢？其中最主要的動機即在於發揮儒學、維護道統、以與佛教相抗衡。我們知道代表儒家正統思想的經學，東漢末年以後，逐漸凋零。魏晉以降，玄學反而成為學術的主流，此時佛學藉機與玄學合流而逐漸興起，到了隋唐時，佛學更在中國文化的土壤裡，開出璀璨的花朵，而有八宗之分。從佛教傳入流傳之際，儒者基於文化意識、社會問題、經濟因素、倫理觀念等種種因素，間有排佛主張〔註3〕，到了唐、宋時，排佛的風氣更達於頂端，前有韓昌黎、李習之開闢佛之先導，後有歐陽修、范仲淹以儒學自任，以後的學者更能以哲學義理的建構來與佛學抗衡，形成所謂的理學。而佛教之所以能在中國興盛的原因，即在於它有整套的心性修養論以及宇宙論，這是傳統儒學所最欠缺的，因此理學家們就必須從舊有的經典中，找尋足以對抗佛教的部份，來加以發揮，於是《四書》便應運而生了。為什麼是提倡《四書》呢？其因有如下幾點：

　　（一）疑經的風氣：宋學的疑經風氣，動搖了傳統對於經書權威的尊奉〔註4〕，朱子對五經亦持著懷疑態度，進而隨意更訂經文，如重訂《大學章句》，將《孝經》分章分注，並刪去二百三十二字等，甚而更謂經書非絕對必要。如朱子語類云：

　　　藉經以通乎理耳，理得則無俟乎經。又云：若曉得理，經雖無亦可。

經書的權威，至此已然喪失其傳統的地位。

　　（二）理學學風的驅使：宋代理學有別於漢學，漢學旨在研經，著重訓詁考證，而宋學乃以研究性命義理為主，著重存養功夫；且經書之旨多於修齊治平之道、禮樂刑政之術，較少言及義理之學，故而宋儒轉於諸子求之，《四書》的內容除了儒家所重之王道綱領、倫常道德外，更有傳統經學罕言的性命義理之學，足以抗衡佛教、補前儒之不足。如：《論語》一書，主旨在於人道精神，注重入世的仁人胸懷，達成人與人之間和諧的關係，實踐道德人格以完成為人的使命，這種精神亦是理學思想的標的。《孟子》一書注重心性修養，推廣其不忍人之心的善端，使

〔註3〕此時期的排佛主張及其對應可詳見，黃盛璟撰《從弘明集看魏晉南北朝儒釋道三家的譽應》一書，（東吳大學中文研究所碩士論文，民國73年12月）
〔註4〕詳見：葉國良《宋人疑經改經考》，（台北：台灣大學文學院印行，民國69年）。

浩然之氣充滿天地間，具有發掘心靈人格在天地間的巨大意義。〈中庸〉將「中」的意義提昇到本體論核心的高度，又與心性結合，〈中庸章句〉序說這部書「始言一理，中散爲萬事，末復合爲一理。放之則彌六合，卷之則退藏於密。其味無窮」，「理」正是程朱哲學思想的最高範疇，也是他們對宇宙本體的說明，足見其意義之重要。〈大學〉一書更可作爲《四書》綱領，修身齊家，治國平天下，內外兼修，爲內聖外王的集中體現。綜此四部書，正是這種精神的展開，藉由古代哲學書中的智慧涵養，體現爲人的價值尊嚴，而得以安身立命於天地間。如此，自可不必依傍外來佛教的指導，挽救當時人學佛的陷溺。因此《四書》和理學是有一而二，二而一的密切關係。《四書》的重視和理學的開啓，也是緊緊聯繫的。這兩者都開始在宋初，也都集成於朱子，絕不是一件偶然的事。宋初理學家們漸漸重視《四書》，正可以反映宋人理學方面的一種見解與認識。他們拿《四書》來作爲建設理學的基礎，這種見解與認識則凝定於朱子。

（三）研讀《四書》較易得力，且更能接近聖人本意：朱子的語錄中屢次稱說他從《四書》得益最多，其中尤其《論語》、《孟子》更是他常常提到而且常勸人去讀的，他說：「某自卯角讀《論》《孟》，自後欲一本文字高似《論》《孟》者竟無。」「今欲直得聖人本意不差，未須理會經，先需於《論語》。《孟子》必專意看他，切不可忙，虛心觀之。」「某生平也費了些精神理會《易》與《詩》，然其得力則未《語》《孟》之多也。《易》與《詩》所得似雞肋焉。」甚至更言「《易》與《春秋》難看，非學者所當先。」（《朱子語類》）「《春秋》是學者末後事。爲是珠明義精。方見得《春秋》是言天下事。今不去理會己身上事，卻去理會天下之事。則理會得天下事，於己身上卻不曾處置得。所以學者讀書，先要理會自己本分事。」（《朱子語類》）而且「《語》《孟》功夫少，得效多，六經功夫多，得效少。」因此朱子便把自己的思想依著《四書》而發揮，務使其成爲學者必讀之書，以明修己治人之方，而收化民成俗之效。

二、朱子的《四書》學

朱熹字元晦，一字仲晦，亦稱晦翁，徽州婺源人。父松仕閩，以南宋高宗建炎四年，生熹於南劍之尤溪。憲宗慶元六年卒。享年七十有一。朱子學識廣博，著述豐富，而其一生的學問則是以《四書》（尤以《論》《孟》）爲中心基礎，再逐步地擴充及於他書。如他說「《論》《孟》用三年功夫看，亦須兼看〈大學〉及《書》《詩》，所謂興於《詩》，諸經諸史大抵皆不可不讀。」朱子注《四書》，也是用其畢生精力的。他在《論孟綱領》中說：「某於《論》《孟》四十餘年理會，中間逐字稱等，不

較偏些子，學者將注處宜仔細看。」朱子窮其一生精力著述《四書集注》，且因其年紀識見的增長，而不斷有增刪修訂，用力之勤，可謂至矣。《四庫提要》亦云：

> 大抵朱子平生精力殫於《四書》。其剖析疑似，辨別毫釐，實遠在《易本義》、《詩集傳》上。讀其書者要當於大義微言求其根本。

朱子在《四書集注》定稿之前曾經過幾個歷程：

（一）宋高宗紹興三十二年壬午，朱子寫成第一部《論語要義》，大約刊行於孝宗隆興元年癸未，流傳不廣，早就沒有傳本。但此書的序文仍保留於《晦菴文集》內：

> 熹年十三四時，受二程先生論說於先君，未通大義，而先君棄諸孤。中間歷師訪友，以為未足。於是遍求古今諸儒之說，合而編之。誦習既久，益以迷眩。晚親有道，竊有所聞。乃慨然發憤，盡刪餘說，獨取二先生（據王懋竑增訂年譜補）及門人朋友數家之說，補緝訂正，以為一書，目之曰：《論語要義》。

據陳鐵凡先生云，朱子這篇序顯示了朱子思想由迷離的階段，轉變到純正的伊洛之學的重要歷程。朱子少年時代，尊其父韋齋先生遺命，師事胡憲、劉子翬、劉子羽、劉勉之等，二十四歲見李侗，敬之以父執。三十一歲始受學延平（李侗）。蓋以籍溪（胡憲）、屏山（子翬），兼好佛老，不免欠純，朱子至此乃「意下自慊」，而延平為龜山（楊時）之再傳弟子，學有本源，朱子乃棄其所學而師事焉。《論語要義》當成於受學延平之後，而「獨取二先生及其門人朋友數家之說」，成為伊洛之學的正宗。故知《論語集注》的最初藍本，當是這部《論語要義》。

（二）《論語要義》寫成不久後朱子又作《論語訓蒙口義》，序曰：

> 予既敘述《論語要義》，以備觀覽，又以其訓詁略而義理詳，殆非啟蒙之要。因為刪錄，以成此編。本之注疏，以通其訓詁；參之釋文，以正其音讀。然後會之於諸老先生之說，以發其精微。一句之義，繫之本句之下，一章之指，列之本章之左。又以平生所聞師友，而得於心思者，間附見一二條焉。本末精粗，大小詳略，無或敢偏廢也。然其本所以取便於童子之習而已。故名之曰《訓蒙口義》。

故知此書乃方便童子之習，當較為簡略，且本義重義理，口義重訓詁，各有所長。

（三）孝宗乾道八年，朱子四十三歲，又作成《論孟精義》，初曰精義，後改名要義。又增訂為集義。序曰：

> 《論》《孟》之書，學者所以求道之至要。古今為之說者，蓋已百有餘家。宋興百年，河洛之間有二程先生者出，然後斯道之傳有繼。期於孔子、孟

子之心，蓋異世而同符也。其所發明二書之說，言雖盡而索之無窮，指雖遠而操之有要。所以興起斯文，開悟後學，可謂至矣。問嘗搜輯條疏，以附本章之次。既又取夫孝之有同於先生者，若橫渠張公、范氏、二呂氏、謝氏、游氏、楊氏、侯氏、尹氏凡九家之說，以附益之，名曰《論語精義》。…或曰：然則說之行於世而不列於此者，皆無取已乎？曰：不然也。漢魏諸儒，正音讀、通訓詁、考制度、便名物，其功博矣。

由序中可見，朱子雖是理學家，但仍不偏廢漢學所重知音讀、訓詁。

（四）淳熙四年丁酉，朱子年四十八歲，成《論孟集注》及《或問》，《朱子年譜》云：

先生既編次《論孟集義》，又作《訓蒙口義》，既而約其精粹妙得本旨爲《集注》，又疏其所以去取之意爲《或問》。然恐學者轉而趨薄，故《或問》之書未嘗出以示人。

《集注》一書爲朱子關於《論》《孟》之作的定稿，且爲朱子一生力作，許謙序《集注考證》云：「朱子深求聖心，貫宗白氏，作《集注》，竭生平之力，始集大成，誠萬世之絕孝也。」

（五）〈大學〉、〈中庸〉章句的寫成較遲，至淳熙十六年才寫好序文，而《章句》刊於何時，卻沒有正確時間記載，但朱子對於《章句》一直不斷修改，到他去世前三天－宋憲宗慶元六年，還在修改誠意章注。

陳鐵凡先生將朱子有關《四書》著作，分爲三個歷程，附表以詳：

歷 程	書 名	寫 成 時 間	附 記
第一歷程	一、論語要義 二、論孟訓蒙口義	一、宋高宗紹興三十二年（西元 1162 年）	一、無傳本 二、無傳本
第二歷程	一、論孟精義 二、孟子要略 三、論孟集義（原名論孟要義）	一、宋孝宗乾道八年（西元 1172 年） 二、宋孝宗淳熙三年 三、宋孝宗淳熙七年（西元 1180 年）	二、無傳本 三、論孟精義之增訂
第三歷程	一、論語孟子集注 二、大學中庸章句	一、宋孝宗淳熙四年（西元 1177 年）	二、《章句》序文作於淳熙十六年

一般坊間流傳的《四書集註》本對於四部書的編排次序不盡相同，有的排列順序是〈大學〉、〈中庸〉、《論語》、《孟子》，這樣的順序，是以書籍的頁數排定的，如《四庫提要》云：「書坊刊本，以〈大學〉、〈中庸〉篇頁無多，並爲一冊，遂移

〈中庸〉於《論語》前。」但照朱子的意思，是先〈大學〉，然後順序為《論語》、《孟子》、〈中庸〉。他說：「學問需以〈大學〉為先，次《論語》次《孟子》次〈中庸〉，〈中庸〉功夫密規模大」「某要人先讀〈大學〉以定其規模，次《論語》以立其根本，次讀《孟子》亦觀其發越，次讀〈中庸〉以求古人之微妙處。〈大學〉一篇有等級次第，總做一處易曉宜先看，《論語》確實，但言語散見初看亦難，《孟子》有感激興發人心處，〈中庸〉亦難讀，看三書後方宜之。」這種排列順序是以為學先後為準，其教人先讀〈大學〉，是因為由〈大學〉中可見古人為學首末次第，他說：「〈大學〉是為學綱目，先通〈大學〉立定綱領，其他經皆雜說在裏，許通得〈大學〉了去看他經，方見的此是格物致知事，此是正心誠意事，此是修身事，此是齊家治國平天下事。」換言之，進德修業，均以〈大學〉為入德之門，這依然是遵循著程子的意思，此種次第的安排，正可顯示出朱子對為學歷程的看法。

　　朱子集《論語》、《孟子》、〈大學〉、〈中庸〉成為《四書》，並施以集註，融合漢註唐疏並北宋諸老於一爐而治之，誠不朽之偉業。關於《四書集註》的內容特色，除了朱子自己說的字勘句酌的優點外，更有勝於前人之處，那就是每一段註解，其中的思想脈絡，都能貫徹明白。又能從許多解說之中，擷取精要，組成簡潔的新意，這些都是集註超出前人之處。除此之外，《四書集註》更有幾點作為影響後代的《四書》學甚鉅，茲分述於下：

　　（一）以己意改削，移易經文：如朱子注〈中庸〉，分全文為三十三章，將「素引行怪」改為「索隱行怪」，注〈大學〉，分經一章，傳十章，顛倒原次，移易本文，並添補「格物致知」一章，使得後來的學者大受影響〔註5〕。

　　（二）託經學以言其理學，使《四書》變為理學作品：二程子、朱子用了李翱以「心通」釋經的方法，把〈中庸〉推崇為「孔門傳授心法」，發揮他們的一套修養思想。（「傳授心法」這個概念不見於儒家經典，而來源於佛教。二程子首先提出這一說法，朱子把他進一步具體化了）。照朱子的解釋，這個「孔門傳授心法」就是「人心惟危，道心惟微，惟精惟一，允執厥中」十六個字。其實在〈中庸〉原書裏，根本找不到這十六個字的蹤影，但是這十六個字也確實最適合表述理學的修養思想，所以朱子要把他們附會到〈中庸〉中去。他說：「其日天命率性，則道心之謂也。其日擇善固執，則精一之謂也。其日君子時中，則執中之謂也。」〈中庸章句序〉因此，理學家所發明出來的一套「存天理、滅人欲」的學說便在〈中庸〉裡找到了根據。通過二程子、朱子的發揮，〈中庸〉所說的那種封建倫常關係以及「禮儀三百，威儀

────────────────

〔註5〕關於朱子對〈大學〉一書的改動及其影響，請詳見李紀祥著，《兩宋以來大學改本之研究》（台北：學生書局，1988年8月）。

三千」，儘管是普通平常，細小瑣碎，通通從本體論的高度重新作了論證，它們都是天理的體現，只能遵循而不能違反了。另外朱子對〈大學〉的發揮，主要是圍繞著「致知在格物」這個命題展開的。因為這個命題接觸到主體和客體的關係問題，但是又含混不清，能夠做出各種各樣的解釋，是建立性命之學的最合用的思想資料。而理學家既然把理說成是世界的本體，且理又是體現在萬事萬物之中，如何通過萬事萬物把理體認出來，就成了理學的一個特別重要的問題。於是他們就借用這個命題做為傳聲筒發揮了一套大大超出〈大學〉本意的理學的方法論、認識論、和體驗論的思想。如鄭玄注《禮記》，解釋「致知在格物」說：

> 知，謂知善惡吉凶之所終始也。格，來也。物，猶事也。其知於善深，則來善物。其知於惡深，則來惡物。言事緣人所好來也。

這是一種樸素的解釋，沒有理學氣味，比較契合〈大學〉本意。而在《大學章句》中，朱子則獨出心裁地補寫了一章《格物致知傳》，他說：

> 右傳之五章，蓋釋格物致知之義，而今亡矣。閒嘗竊取程子之意以補之，曰：所謂致知在格物者，言欲致吾之知，在即物而窮其理也。蓋人心之靈，莫不有知，而天下之物，莫不有理。惟於理有未窮，故其知有不盡也。是以大學始教，必使學者即凡天下之物。莫不因其已知之理，而益窮之，已求至乎其極。至於用力之久，而一旦豁然貫通焉。則眾物之表裡精粗無不到，而吾心之全體大用無不明矣。此謂物格，此謂知之至也。

朱子把「格物」解釋成「即物而窮其理」，認為「格物」的目的在於明「吾心之全體大用」。「理」和「全體大用」這些範疇是理學的產物，朱子把這些範疇加於〈大學〉身上，則已把〈大學〉理學化了。

朱子把〈大學〉、〈中庸〉說成是「孔門傳授心法」並與《論語集註》、《孟子集註》合為《四書集註》而積極傳佈，於是這套理學觀點便漸漸的取得了儒家經典的權威，在與佛道二教的鬥爭中起了重要的作用（這套理學觀點把儒家的宗法思想宗教化，也把佛道二教的宗教思想宗法化，充分地滿足了封建統治者的需要）。於是經過宋寧宗、元仁宗、明太祖的推行，《四書集註》便在南宋末至清朝以來的政治統治和學術思潮上起了重大的影響。

三、元明以來之《四書》學

朱子《四書集註》自從元仁宗皇慶二年成為科舉考試的定本之後，朱子學也成為官方正統意識形態，到了有明立國之後，明太祖、明成祖亦都提倡理學。明太祖詔天下立學，以朱子的《四書集註》和五經命題試士，《明史》卷七十〈選舉

志〉記載：

> 頒科舉定式，初場試《四書》義三道，經義四道。《四書》主朱子集註，
> 《易》主程傳，朱子本義，《書》主蔡氏（沈）傳及古注疏，《詩》主朱
> 子集傳，《春秋》主左氏、公羊、穀梁三傳及胡安國、張洽《傳》，《禮記》
> 主古注疏。

明成祖亦敕胡廣等纂修《五經大全》、《四書大全》、《性理大全》，輯宋元理學諸學說。
因此，直到明代中期爲止，《四書》的解釋基本上籠罩在朱子集註之下，朱子《四書
集註》通過科舉考試與官方的提倡，主導整個《四書》學的解釋方向，大儒宋濂及
其門人方孝孺均是朱學傳人，曹端、吳與弼、薛瑄、胡居仁等，亦皆主朱學。這時
期的《四書》著作大抵皆圍繞在朱子學的發揮，少有新意。例如，薛瑄說：

> 《四書集註》、章句、或問，皆是朱子萃群賢之言議，而折衷以義理之權
> 衡，至廣至大，至精至密，發揮先聖賢之心，殆無餘蘊，學者但當依朱子
> 精思熟讀，循序漸進。（《讀書錄》卷一）

薛瑄這一段話，可說是代表當時知識份子心中的看法，而如趙順孫甚至把朱子的註
當經一般來看，他在其所著《四書纂疏》的序中說：

> 子朱子《四書》註釋，其意精密，其語簡嚴，渾然猶經也。順孫舊讀數百
> 過，茫若望洋，因徧取子朱子諸書及諸高弟講解，有可發明注者，悉彙于
> 下，以便觀省，閒亦以鄙見一二附焉，因名曰纂疏。

在趙順孫心目中，朱子的註已經「渾然猶經也」！朱註的權威地位是不容置疑的。
因此從元、明以降對《四書》的解釋就一直籠罩在朱子集註的影響之下，如趙順孫
的《四書纂疏》、胡炳文的《四書通》、倪士毅的《四書輯釋》、楊守陳《論語私抄》、
范謙等《二刻禮部增補訂正四書合注篇主意》、許獬《四書合喙鳴》、顧夢麟《四書
說約》、自翔《四書群言折衷》、張居正《四書集註直說解約》、莫如忠《四書程朱繹
旨》、呂柟《四書因問》、張一陽《四書正學淵源》等，皆以朱註爲依歸。其中也有
能抒己見者，如景星《四書集說啓蒙》、孫肇興《直解說約》、孫應鰲《四書近語》、
戴宗華《四子書塵言》等，於朱注外，頗能發明己見，不盲從附和。此時期可說是
朱子《四書》學的發展與繼承期。明永樂十二年，胡廣、楊榮、金幼孜等人奉敕修
《五經大全》、《四書大全》，其中《四書大全》採宋元人經說而成，並訂爲科舉考試
用書，遂使士子棄古注疏不觀，逐功利而忘經義。且《四書大全》乃「因元倪士毅
《四書輯釋》一書，稍加點竄以成編」（《鄭堂讀書志》卷十三），是爲剽竊之作，因
此也造成剽竊的學風。《四書大全》以後，學者著述多爲舉業而作，如楊松齡《四書
廣炬訂》、黃汝亨《論孟語錄》、陳際泰《四書讀》、徐養原、趙漁《四書集說》等，

都是為舉業而作之書，其中以蔡清《四書蒙引》、林希元《四書存疑》較有成就。之後，又有輾轉因襲他人之作者，如陳琛《四書淺說》，合蔡清之《蒙引》、林希元之《存疑》；邱舜《四書摘訓》、管大勳《四書三說》也是折衷蔡、林二書以為己意而成；王守誠《四書傳三義》輯《蒙引》、《存疑》、《淺說》三書而成，諸如此類剽襲之作，皆無多大價值，顧炎武言「八股行而古學廢，大全出而經說亡」（《日知錄》卷十九〈書傳會選〉頁 802），實有深意。刁包亦云：

> 大全而後惟蔡文莊《蒙引》專以發明朱注為主。注者，《四書》功臣，《蒙引》又朱注功臣也。（《經義考》卷二百五十六引）

這種學術風氣則要到陳獻章、王陽明的學說提出後，方有明顯改變。如《明史》·〈儒林傳〉云「學術之分，則自陳獻章、王守仁起」，《明儒學案》亦云：

> 有明之學，至白沙始入精微，其喫緊功夫，全在涵養，喜怒未發而非空，萬感交集而不動，至陽明而後大。兩先生之學，最為相近。（卷五，頁 78）

第二節　《四書》學轉變的關鍵

一、陽明學的興起

「朱子學常常用一定的準則或定理等名稱稱呼理，此種理所具有的安定性格，正是把主體的實踐意欲加以限制，而成為阻礙思想流動性發展的泉源。當然在朱子學，對於理之膠著化，定有細心的準備。但是規定為性即理，而以追求一物之定理的格物致知為實踐中心的作法，即使如何地注意終究，也難免使思想停滯，進而招致活潑的人性之喪失」〔註6〕。及至朱子學被採用為科舉之標準而國教化後，其傾向更加厲害。但是明初以來諸儒卻以為朱子學本身是毫無缺點的圓滿教理，而朱子的著述是「至廣至大，至精至密，發揮先聖先賢之心，殆無餘蘊」（《讀書錄》卷一）因此可以說不但認為接觸儒教以外之教理是無用且有害，就連謀求儒教本身獨創性的開展餘地亦被封閉了。這種情況發展至明代中葉以後，變為士大夫溺於訓詁詞章之學，把程朱學說當成獵取名利的工具。此種學術風氣則要到了王陽明的「心學」提出以後才有改變，對這一轉變的記載，顧炎武在《日知錄》卷十八中說：

> 蓋自弘治、正德之際，天下之士，厭常喜新，風會之便，已有其從來，而文成以絕世之資，倡其新說，鼓動海內。

〔註6〕見荒木見悟著，如實譯：〈陽明學與明代佛學〉，《中國近世佛教史研究》（台北：華世出版社，1985 年 8 月），頁 381。

王守仁（1427～1528）字伯安，浙江餘姚人，曾築室於故鄉陽明洞，世稱陽明先生。弘治進士，受刑部主事，改兵部主事，早歲因反對宦官劉瑾，被謫爲貴州龍場驛丞，又起官吏部主事，南京太僕寺少卿，南京鴻臚寺卿，官至南京兵部尙書，卒諡文成。王陽明對上述情形至爲不滿，在《傳習錄》上說：

> 從冊上鑽研，名物上考索，形跡上比擬，知識愈廣，而人欲愈滋；人才愈多，而天理愈蔽。

針對這一時弊，他提出心學以對治之。他在《紫陽書院集》序裡說：

> 德有本而學有要。不於本而泛焉以從事，高之而虛無，卑之而支離，終亦流弊失宗而無所得矣。是故君子之學唯求得其心，雖至於應天地得萬物，未得出於吾心者也。

他所說的心，也叫「良知」，又稱「天理」。他的理學思想突出成就，是將禪學與陸氏心學結合起來，創立自成一家的心學思想體系，沈重打擊了當時佔統治地位的程朱之學，有力地批判了舊權威舊教條的言論，從弘治、正德之際開始，陽明學成爲時代的號角，他打開了人們心靈與感情的閘門，使人們從程朱理學存天理去人欲，以倫理綱常壓抑感情的禁錮中釋放出來，掀起了一股反對宋代理學的新思潮，而成爲以後的學術主流，影響天下至鉅。

王學的興起，對明中葉以後的學術界有著兩個重要的影響，第一點在於打破了百年來朱注的權威，開啓了廣闊的《四書》注疏空間；第二點在於拉近了三教間的疆界，給與了三教合一，乃至儒佛合流的新契機。茲分述於下：

第一點：就經學註釋的歷史來說，歷來學者幾乎都是依附經書來表達自己的思想，其中以宋、明學者的著作最爲明顯。宋明儒者所重視的是《論語》、《孟子》、〈大學〉、〈中庸〉、《易傳》等書。把這幾部書作爲發揮自己思想的素材。他們並不重視經書中一章章、一句句的考據、訓詁，而是選擇其中幾個足以建構自己思想體系的概念，來大加發揮。陽明既然對朱子「性即理」的理學觀有所不滿，而產生其「心即理」的「心學」學說，自然的，其學說的主旨，及其對程朱之學的不滿，就反映在《四書》學的注釋上面來。首先他對《大學章句》的版本提出質疑，《年譜》云：

> 先生在龍場時，疑朱子《大學章句》非聖門本旨，手錄古本，伏讀精思，始信聖人之學，本簡易明白，其書止爲一篇，原無經傳之分；格致本於誠意，原無缺傳可補。以誠意爲主，而爲致知格物之功，故不必增一敬字；以良知指示至善之本體，故不必假於見聞，至是錄刻成書，傍爲之釋，而引以爲敘。（《王陽明年譜》，頁24）

就《年譜》所說，陽明於是刊刻《古本大學》，加以旁釋，即今傳《古本大學注》，

或稱《大學古本旁釋》，而對流行數百年的《大學章句》中的注釋一概不取，且作序（即《大學古本旁釋》）曰：

> 《大學》之要，誠意而已矣；誠意之功，格物而已矣；誠意之極，止至善而已矣。……是故不務於誠意，而徒以格物者，謂之支；不事於格物，而徒以誠意者，爲之虛；不本於致知；而徒以格物誠意者，謂之妄；支與虛與妄，其於至善也遠矣。合之以敬而益綴，補之以傳而益離；吾懼學之日遠於至善也；去分章而復舊本，傍爲之什，以引其義，庶幾復見聖人之心，而求之者有其要。（《文集》，卷一）

此一段序，有數個要點：其一，陽明以爲〈大學〉的要旨在「誠意」一事，「格物」是誠意的功夫，既如此，朱子先「格物」後「誠意」，實非〈大學〉之本旨。其二，「誠意」和「格物」不可相離，離誠意而專事格物，則流於「支」；離格物而專事誠意，則流於「虛」。然「誠意」和「格物」，都應本於「致知」。能「致知」，則可免支、虛、妄之病。其三，朱子之《大學章句》即有支、虛、妄之病，則應回復〈大學〉古本，聖人作〈大學〉之本意也才能突顯出來。

陽明恢復〈大學〉古本的用意，自是因朱子《大學章句》無法彰明聖人作〈大學〉的本旨有以致之。然此一事，更徹底表明朱子經說雖懸爲功令，但義理上的矛盾卻也不少。對朱子的權威確實造成很大的打擊。且爲了要讓一般人對《大學》本旨有透徹的理解，則非有更簡易的解說不爲功。所以陽明又在嘉靖六年作《大學問》以指引後學。《大學問》是就《大學》首章加以申釋，全文首在論釋大人和小人之學，以爲「大人者，以天地萬物爲一體者也。」大人所以能以天地萬物爲一體，是因爲他有「與天地萬物爲一體」的「仁心」，且認爲格物、致知、誠意、正心、修身，就自我昇進的過程來說，自有其一貫性，所以說，格、致、誠、正、修者，其實只是一事。《大學問》最後強調格、致、誠、正是孔門的「心印」，即傳心的準據。由於陽明學的興盛及普遍的流傳，打破了元、明以來程朱理學及《四書集註》在學術上的權威，讓《四書》學的發展，不再侷限於程朱理學的藩籬，而有更廣闊的揮灑空間，且隨著陽明派學者的相繼興起，陽明所秉持的「經學即聖人之心學」的思想，就形成一股以心學注經的風氣，而反映在明中葉以後的《四書》學上了。

第二點：由於陽明學說與佛、道的關係相當密切〔註7〕，且王陽明本人對佛、道的態度比程朱學者更爲開放，影響後來陽明學派學者的態度，爲三教合一說開啓了新頁。雖然宋代理學本身即是受佛、道二教影響下的產物（此點前賢多已言之），

〔註7〕詳見柳存仁：〈王陽明與佛道二教〉（《清華學報》新十三卷一、二期，1981年12月）。

如近代學者周予同言：

> 吾人如謂無佛教即無宋學，決非虛妄之論。宋學之所號召者，曰儒學，而
> 其所以號召者實爲佛學。要言之，宋學者，儒表佛裏之學而已。（中國經
> 學史論文選集，頁 114）

但是，宋之理學家大都主張排佛，或以夷夏之辨繩之，或以滅棄人倫責之，其中尤
以朱子爲烈。如朱子曰：

> 禪學最害道。莊老於義理絕滅猶未盡，佛則人倫已壞，至禪則又從頭將許
> 多義理掃滅無餘。（《朱子語類》一二六）

又曰：

> 異端之學，不察氣質情欲之偏，率意妄行，便謂無非至理，此尤害事。近
> 世儒者之論，亦有流入此者，不可不察。（《朱子語類》一二）

對儒教而言，主張虛無寂滅的佛教，乃是最可惡的異端，而接近佛教，是污辱儒者
顏面之事，此種宋代程朱學狷介的佛教觀，及至明初尚繼續不變地保持著其大勢。
例如邱濬（1419～1495）云：

> 秦漢以來，異端之大者，在佛老。必欲天下之風俗皆同，而道德無不一，
> 非絕去異端之教不可也。（《大學衍義補》卷七十八）

彼又評佛教初傳中國之史實而歎曰：「嗚呼，自天地開闢以來，夷狄之禍，未有甚於
此者也。」（《世史正綱》卷七）對此，薛瑄（1392～1464）則憂世態而云：「如佛老
之教，分明非正理，而舉世趨之。雖先儒開示精切，而猶不能袪其惑。」（《讀書錄》
卷七）；胡居仁（1434～1484）認爲「禪學絕滅物理，摒除思慮，以謂心存。是空其
心，絕其理。內未嘗有主，何以具天下之理哉。」（《居業錄》卷七）而責言曰：「楊
墨老佛莊列，皆名異端，皆能害聖人之道，爲害尤甚者，禪也。」（《胡敬齋集》卷
二〈歸儒峰記〉）在這種以佛、老爲異端的精神風向中，一般儒者對佛、老的思想是
避之唯恐不及，而遑論其他了。這種情況到了王陽明以後，則逐漸改觀。一方面由
於其心學受了禪學很大的影響，其學說與禪學有很類似而互相可通的地方，一方面
由於其心學性格開放，且其本人曾出入釋、老〔註 8〕，因此在對佛、老的態度上較
爲柔和，對異端的觀念較淡薄，而給與了三教融合的新契機。關於其心學受佛教影
響的地方甚多，例如，其心學的具體內容，是無心外之理，無心外之物。所謂無心
外之理，良知是心之本體。良知的功能，「見父自然知孝，見兄自然知弟，見孺子入
井自然知惻隱，此便是良知，不假外求」（《傳習錄》上）。所謂心外無物，「良知」

〔註 8〕詳見秦家懿著：《王陽明》一書，第二章，頁 37 至 42。

不僅是社會賴以存在的原則，也是自然界天地萬物賴以存在的根據。須知「人的良知就是草木瓦石的良知。若草木瓦石無人的良知，不可以草木瓦石矣。蓋天地萬物與人原是一體，其發竅的最精處，是人心一點靈明。」(《傳習錄》下) 這種心外無理的內容，則是套用《楞嚴經》的思想來加以引申和發揮的，《楞嚴經》卷二說：

> 如來常說，諸法所生，唯心所現。一切因果，世界微塵，因心成體。

他說的「一點靈明」，也是從《楞嚴經》「元清淨體」移植過來的〔註9〕。而他的四句教「無善無惡心之體，有善有惡意之動，知善知惡是良知，爲善去惡是格物」與《起信論》眾生心具體、相、用義，是如出一轍。〔註10〕柳存仁先生即言：「王學之包融佛教者其事多方，……抉其大而可尋者，竊以爲實有（一）明覺自然義；（二）無所住義；（三）無善無惡義；（四）萬物一體義及（五）破生死義。五者皆佛也。然王陽明思想中如去此五事，則不惟其思想之光芒大爲減色，即其體系亦將受影響。」〔註11〕此點陽明自亦不諱言而云：

> 覺悟之說，雖有同於釋氏，然釋氏之說亦自同於吾儒而不害其爲異者，惟在於幾微毫息之間而已。亦何必諱於其同，而遂不敢以言？(《傳習錄》·〈答徐成之〉)

又云：

> 無所住而生其心，佛氏曾有是言，未爲非也。明鏡之應物，妍者妍，媸者媸，一照而皆真，即是生其心處。妍者妍，媸者媸，一過而不留，即是無所住處。(《傳留錄》)

又云：

> 不思善不思惡時認本來面目，此佛氏爲未識本來面目者設此方便。本來面目即吾聖門所謂良知，……隨物而格，是致知之功，即佛氏之常惺惺，亦是常存他本來面目耳。(《傳習錄》中〈答陸原靜書〉)

除學說的性質相近外，王學的修養方法、接引後學的技巧亦皆受禪家影響。如某次蕭惠問：「己私難克，奈何？」陽明曰：「將汝己私來替汝克」(《傳習錄》上)，此即菩提達摩「將心來與汝安」(《五燈會元》卷一) 之倣用。又有問功夫不切者，陽明曰：「學問功夫，我已曾一句道盡。如何今日轉說轉遠，都不著根？」對曰：「致良知，蓋聞教矣。然亦須講明。」陽明曰：「既知致良知，又何可講明？良知本是明白。實落用功便是。不肯用功，只在語言上轉說轉糊塗。」曰：「正求講明

〔註9〕詳見方興著：《王守仁的理學與佛學》一文。(《內明》，一八四期，民國76年7月)
〔註10〕同前註。
〔註11〕同註7，頁39。

致知之功。」陽明曰：「此亦須自家求。我亦無別法可道。昔有禪師，人來問法，只把塵尾提起。一日，其徒將塵尾藏過，試他如何設法。禪師尋塵尾不見，又只空手提起。我這個良知，就是設法的塵尾。捨了這個，有何可提？」少間又有請問功夫切要者。陽明旁顧曰：「我塵尾安在？」此禪師故事出處不詳。然陽明之採用禪法，此其著也。且陽明每用禪語，又引禪門故事〔註12〕。如謂心為「虛靈不昧」，又謂省察克己之功，應『常如貓之捕鼠，一眼看著，一眼聽著』（均《傳習錄》上）等等之例，在《傳習錄》中，則屢見不鮮。平心論之，吾人或可從陽明自己之辯說，謂陽明之心學與佛、道在修養方法方面，相同之處甚多，陽明自言：「夫禪之學與聖人之學，皆求盡其心也，亦相去毫釐耳。」可謂不易之論。

　　另一方面，由於其心學性格開放，包容性較廣，給與三教融合新的契機。如其發揮二氏與儒門相通之說云：

　　　　道一而已，仁者見之謂之仁，智者見之謂之智。釋氏之所以為釋，老氏之所以為老，百姓日用而不知，皆是道也，寧有二乎？（《傳習錄》‧〈答鄒謙之〉）

又：

　　　　聖人不得見之矣，……其能有若老氏之清淨自守，釋氏之究心性命者乎？……居今之時，而有學仁義求性命外記誦詞章而不為者，雖其陷於楊、墨、老、釋之偏，吾猶且以為賢。彼其心猶求以自得也。夫求以自得，而後可與之言學。（《別湛甘泉序》）

於是陽明學與禪之間的接近通路被開闢了，三教融會之觀念亦逐漸形成於不自覺之間。如王門大弟子王龍谿云：

　　　　儒學明，佛學益有所證。……道固並行不相悖也。（《王龍谿集》卷六，〈答五台陸子問〉）

至於楊起元（1547～1599）則述曰：「二氏在往代則為異端，在我明則為正道。」（〈正學篇〉上）這與程子所言：「學者於釋氏之說，直須如淫聲美色以遠之。」（《二程全書》，卷二）之間，可看出很大的思想變遷的跡象，於是「儒學盛則佛學衰，佛學盛則儒學衰」這種站在朱子學觀點的儒佛對立之想法崩潰，而「儒學興盛，同時佛學亦盛」這種事成為可能的了。

二、三教合一論的盛行

　　「三教合一」的觀念，在中國已經有比較悠長的歷史。在佛教傳入中國後，由

〔註12〕同註7，頁43。

於文化上的差異，首先即面臨了傳教的問題，而其中最大的問題，即是來自傳統文化的阻力－儒家的思想及人物的對抗，針對這一點，在東漢末、三國初時，佛教中的牟融在《理惑論》中即提出了三教融合的觀點以爲因應。牟子在《理惑論》序章自傳中，即自謂：

> 銳志於佛道，兼研老子五千文。含玄妙爲酒漿，翫五經爲琴簧。世俗之徒多非之者，以爲背五經而向異道。欲爭則非道，欲默則不能，遂以筆墨之間，略引聖賢之言證解之，名曰牟子理惑云。

是知牟子之作《理惑論》旨在「引聖賢之言」來銷解「世俗之徒」以佛、老、儒三家爲對立的觀點。而在當時的爭論中，常被議論者，可綜爲三類：夷夏之爭、禮俗之議、義理之辯。針對這些論題，各家依其所宗而進行無休止的爭議，足以令人目眩眼花，而牟子則本其調和三家之一貫作風來處理這些論題，例如，中國士人重視道統，嚴於夷夏之防，因此面對日益興盛之外來佛教，首先爭論的便是夷夏有別，主客當分，所以《理惑論》十四，難問者曰：

> 孔子曰：「夷之有君，不如諸夏之亡也。」孟子譏陳相更學許行之術，曰：「吾聞用夏變夷，未聞用夷變夏者也。」吾子弱冠學堯舜周孔之道，而今舍之，更學夷狄之術，不已惑乎。

牟子乃從道德之實質加以協調，以孔孟所言爲有專對，而主張「金玉不相傷，精魄不相妨」，故答其難問曰：

> 此吾未解大道時之餘語耳。若子可謂見禮制之華。而闇道德之實；闚巨燭之明，未睹天庭之日也。孔子所言，矯世法矣。孟軻所云，疾專一耳。昔孔子欲居九夷，曰：「君子居之，何陋之有？」……傳曰：「北辰之星，在天之中，在人之北。」以此觀之，漢地未必爲天中也。佛經所說，上下周極含血之類，物皆屬佛焉，是以吾復尊而學之，何爲當捨堯舜周孔之道？金玉不相傷，精魄不相妨。謂人爲惑。實自惑乎！

是牟子不捨周孔道統而尊佛，使之會通於道德的形上內涵之上，此一超越的意識形態，爲三教融合之思想奠立了良好的基礎。接下來在兩晉南北朝期間，三教融合的風氣便開始蔓延，至宋、元而更盛。南北朝以來，儒者皈依佛、道，或佛徒兼修儒、道的例子，不勝枚舉。唐代官方舉行的三教講論活動，更促成了三教思想的交流和融合。宋代以後出現的「三教堂」，和一些寺觀安置供奉子、釋迦牟尼佛、老子的「三聖圖」、「三教圖」、「三教像」，說了三教合一風氣的流行〔註13〕。

〔註13〕酒井忠夫：《中國善書之研究》第三章，東京弘文堂，1960 年 8 月版，頁 245 引。

宋代的大儒，如張載、程顥、程頤、朱熹、陸九淵等，亦無不受佛、道思想的影響。可見佛、道二教已普遍地在思想家的腦海中植根。而宋、元期間三教調和論者的著作，如沙門契嵩的《輔教篇》、張商英的《護法論》、夏元鼎的《三教歸一圖說》、李純甫的《鳴道集說》、陶宗儀的《三教一源圖》、劉謐的《三教平心論》等；對明代三教合一思想的發展，亦有一定的開途作用。到了明朝（尤其是明中葉王學興起）以後，三教合一論的主張更爲盛行，蔚爲風潮。造成明代這種風氣的原因，除了上述歷史的因素外，最主要的還有以下三點原因：明初帝王的影響、明中王學的興起盛行、明末佛教的復興。

　　明太祖本爲皇覺寺小僧，即帝位之後，對佛道二教皆有所兼好，他更是三教合一論的支持者。他的〈三教論〉、〈釋道論〉、〈拔儒僧入仕論〉、〈宦釋論〉等諸篇，謂佛乃聖人生於西方，三教不可或廢。太祖的舉動，對三教的融合具有深遠的影響。明代提倡三教合一的思想家，如羅汝芳、管志道、楊起元、李贄等人，都徵引明太祖的話作爲典範。由此可看見明太祖的言論，對三教合一者的影響。太祖雖對三教抱著融合的看法，可是當時的學術主流程朱理學，確是極端排佛的。因此，在明初以來的學術界，三教合一是少被提及的，這種情況則要到王學的興起，才開始轉變（見上文）。由於王學的內涵與禪學相近，且其異端的思想淡薄，使得原本儒、佛間的鴻溝逐漸弭平，開創了三教融合的新契機。到了陽明的高徒王龍谿，其對儒釋之辨的問題，更有其獨特的看法。王龍谿基本上是平等看待儒釋道三教，並且各承認其價值意義〔註14〕龍谿反對輕易地排斥佛、道爲異端之說，〈三教堂記〉曰：

> 三教之說，其來尚矣。老氏曰虛，聖人之學亦曰虛；佛氏曰寂，聖人之學亦曰寂。孰從而辨之？世之儒者，不揣其本，類以二氏爲異端，亦未爲通論也。……佛氏始入中國，主持世教，思易五濁而還之純，圓修三德、六度、萬行，攝歸一念空性，常顯一切聖凡差別，特其權耳。洎其末也，欲盡棄去禮法，蕩然淪於虛無寂滅，謂之沈空。乃不善學者之過，非其教使然也。……良知者，性之靈，以天地萬物爲一體，範圍三教之樞。……學佛老者，苟能以復性爲宗，不淪於幻妄，是即道釋之儒也。〔註15〕

龍谿認爲虛、寂雖爲道、釋二教所常言，但是儒家也談虛、寂，不可單由字面上一見到虛、寂等字眼，就排斥爲異端。且龍谿在講說中，喜歡借用佛家的形式，如：

〔註14〕《語錄》，卷七，〈南遊會紀〉，龍谿曰：二氏之學與吾儒異，然與吾儒並傳而不廢，蓋亦有道在焉。

〔註15〕《全集》，卷十七。

徐子曰：鏡體本瑩，故黑白自辨。若鏡爲塵垢所蔽，需用力刮磨，以復其本體，刮磨正是致知工夫。苟執非樹、非台之說，只懸空談。……

先生曰：……非樹、非台，不是說了便休。然須認得本來無物宗旨，自無塵埃可惹。終日徒執，只復此無物之體。〔註16〕

按：這段對話與著名的「天泉證道」，是法師五祖傳法時，惠能與神秀二偈的談論方式。

（張氏）嘗問子：夫子良知之教與佛同異？

予謂：良知之靈，心之覺體，佛是覺義，即心爲佛。致良知即開佛見知。同異未暇論也。

問：觀音能度一切苦厄，有諸？

予謂：此是全憑念力。一念覺時，即是見佛，苦厄頓消，所謂自性自度也。

問：因果報應？

予謂：一念善因終成善果；一念惡因，成惡果，其應如響。此惡修善，不昧因果，便是大修行人。一念萬年，無有生滅，即無輪迴。知生則死矣。

又問：六如之法？

予謂：人在世界，四大假合而成，如夢境，如幻相，如水上泡，如日中影、草頭露，如空裡電，倏忽無常，終歸變滅，所謂有爲法也。惟無爲本覺眞性，萬劫長存，無有變滅。大修行人做如是觀，借假修眞，即有爲而證無爲，此世、出世究竟法。〔註17〕

按：此問答最後一段是用《金剛經》之四句偈：「一切有爲法，如夢幻泡影，如露亦如電，應作如是觀。」前段則是《六祖壇經》〈般若品〉：「不悟，即佛是眾生；一念之悟，眾生是佛。」

　　隨著陽明心學的盛行，與其對三教間的看法漸漸演變成三教合一說的提出，在當時主張三教合一的學者如：祝允明、屠龍、王道、穆孔暉、薛惠、陸西星、袁黃、鄧球、王世懋、鄭曉數、林兆恩、李贄、羅汝芳、管志道、楊起元、焦竑、袁宏道等，大都是陽明派的學者，由此可看出陽明與其弟子對三教合一說是有多大的影響。

　　另一方面，晚明佛教的復興，更是促成三教合一論盛行的最主要因素，其人物可以明末四大師（雲棲袾宏、憨山德清、紫柏眞可、蕅益智旭）爲代表。由於四大師的德學俱優以及致力佛法的弘揚，他們的出現使得沈寂已久的佛教復興起來，受

〔註16〕《語錄》，卷六，〈與存齋徐子問答〉。
〔註17〕《全集》，卷二十，〈亡室純懿張氏安人哀辭〉。

到佛法盛行的風氣影響所及，許多學者（尤其是陽明派的學者）亦開始研習佛法並與禪師相往還，有的甚至身體力行而成爲佛教的在家居士〔註18〕。有的更著力於經典的註解，如：李卓吾的《華嚴經合論簡要》、《般若心經提要》，焦竑的《法華經精解評林》、《楞嚴經精解評林》，袁宏道的《西方合論》，錢謙益的《楞嚴經疏解蒙鈔》等等〔註19〕四大師除了有極深的佛學素養之外，亦兼涉世學，其間蓮池大師（即雲棲袾宏）首開並論三教的風氣，其餘的三大師則主張三教融合，配合著陽明派在家居士的響應，三教融合的主張在當時則蔚爲一股風潮。「三教合一」論盛行後，對當時的經學、思想、小說、戲曲、民間宗教都造成一股很大的影響，其表現在《四書》學的註釋則更快、更爲明顯，蓋「明代儒生以時文爲重，時文以《四書》爲重」〔註20〕。關於明代「三教合一」論的內容主張，近代學者多所研究，此處僅就四大師的意見，加以探討，以見其融合的角度，而得知其在佛教方面的影響。首先蓮池大師在《竹窗隨筆》中有三則記載，即對三教有所評論，他說：

> 夫南華於世書誠爲高妙，而謂勝楞嚴，何可笑之甚也。孔子之文正大而光明，日月也。彼南華佳者如繁星掣電，劣者如野燒也。震旦之書，周孔老莊爲最矣。佛經來自五天，欲藉此間語而發明。……然多用其言，不盡用其義。

於此可見在蓮池大師的心中，佛書是居於第一優位，儒典其次，道書則是排在第三。然而，從印度傳來的佛書，偶爾也借用儒書或道書的術語，但這種情形，只是假借他的中國固有成語，來解析佛書的精義，絕對毫未採用儒道二教的教義。例如其在《起信論裂網疏》卷第三等，也曾引《莊子·逍遙遊》的寓言，但卻不接受莊子的思想。觀其動機，無非是想導引儒、道人士轉向佛教而已。

至於紫柏尊者則把佛教的五戒與儒家的五常解釋成名異實同的內涵，他說：「不殺即孔之仁，不盜即孔之義，不邪淫即孔之禮，不妄語即孔之信，不飲酒即孔之智。」（《紫柏尊者全集》卷七）更把佛陀的「如來」尊號理解爲五常所說的五種美德，分別寫成五首偈誦，企圖借用一般中國人普遍接受的儒家倫理道德標準，來推廣佛法：

> 南無仁慈佛，愛人如愛己，此心常不昧如來即出世。
> 南無義氣佛，愛人必得所，臨事不苟且立地成正覺。

〔註18〕詳見聖嚴法師著《明末佛教研究》，第四章第五點明末居士與明代理學家的關係，頁267。
〔註19〕詳見聖嚴法師著：《明末佛教研究》，第四章第九點，明末居士的佛教著作，頁281。
〔註20〕《四庫提要》語，見《四庫全書》總目提要，經部，四書類存目，四書人物考下。

> 南無禮節佛，事事要明白，長幼序不亂世尊即是你。
>
> 南無智慧佛，變通無滯礙，扶正不扶邪化苦而爲福。
>
> 南無信心佛，眞實無所改，一念與萬年始終常若一。

紫柏尊者爲順應時代的潮流，亦喜套用理學家論說的形式及常用的語言。尤其是對於理學家所喜歡探究的心性問題，他則以性、心、情、理，四者來排列組合，有時甚至摻雜陰陽五行之說或《易經》六十四卦的理論，如他說：

> 情即心也，以其應物有累但可名情不可名心。心即情也，以其應物無累但可名心不可名情。然外性無應與不應、累與不累耳。若然者，情亦性也，心亦性也，性亦心也，情亦心也。有三名而無三實，此乃假言語而形容之。至其眞處大非言語可以形容彷彿也。〔註21〕

儘管他使用了許多理學家的名詞或觀念，但是他眞正的思想內涵並沒有離開佛法。〔註22〕至於尊者所認爲的儒釋道三家相同之處則在「三教聖人皆教眾生脫離身心」，如他在其〈七佛偈示眾〉一文中說：

> 老氏云：「吾有大患爲吾有身，及吾無身吾有何患。」又曰：「介然有知，行於大道，唯施是畏。」又顏子心齋坐忘，則曰墮肢體黜聰明。墮肢體得非老氏以身爲患之意。黜聰明得非老氏以心爲畏之意哉。三教聖人皆教眾生脫離身心，寧唯釋氏乎？

與紫柏尊者同時代的憨山大師，在他的《憨山大師夢遊全集》卷第四十五中，有關三教同源的論說，收錄有《觀老莊影響論》、《道德經解發題》和《大學綱目決疑》，此外，並著有《中庸直指》二卷、《老子解》二卷、《莊子內篇註》七卷。他是以「唯心識觀」的理念，來理解諸法的現象，認爲一切諸法只是影像與音響的幻現而已。而諸法實相的本體，就是吾人的心識，稱之爲法界的眞心。亦即在《華嚴經疏鈔玄談》卷二所說「無不從此法界流，無不還歸此法界」的法界。從而老莊思想也是由此法界眞心所流演而來，是站在此一觀點，來釐定萬法同源和三教同源的義理〔註23〕。

關於蕅益大師的三教同源論，他在〈金陵三教祠重勸施棺疏〉中，有如次的認識：

> 儒以之保民；道以之不疵癘於物；釋以之度盡眾生。如不龜手藥，所用有大小耳。故吾謂求道者，求之三教，不若求於自心。自心者，三教之源，三教皆從此心施設。

〔註21〕見《紫柏尊者全集》卷一，卍續藏一二六冊，頁 323。

〔註22〕見釋果祥著：《紫柏大師研究》，第二章第五點，頁 70。

〔註23〕關於憨山大師的三教調和論及其實例可參看陳運星撰《儒道佛三教調和論之研究——以憨山清的會通思想爲例》，（中央大學哲學研究所，碩士論文，民國 79 年）一文。

由此可知蕅益大師認爲儒道佛三教，無非都是由我們的心中所顯現而已，只是在其適用範圍方面，有廣狹、大小的差異罷了，其所依的心，其實是相同的。因此，吾人所求之道，不必去求向心外的三教，不如向自己的心中去尋求，才最爲適當。

第三節　晚明《四書》學的新面貌

　　依據佐野公治的《四書學史の研究》言，晚明的《四書》學解釋立場，可區分爲三大傾向，即（一）朱子學註釋之尊重與敷衍，（二）反朱子學之註釋，開創《四書》學解釋之新方向，（三）舉業之參考書〔註24〕。關於第一項與第三項是從明初以來就一直存在《四書》學的解釋史中，其共同點皆是以朱子《四書集註》的觀點爲其立場，而加以闡發，所不同者，前者尚能在義理上有所發揮，而後者則純爲科舉而作，沒有學術價值。在經過王學的盛興以及三教合一論流行的衝擊以後，以述朱爲主的《四書》學著作，與明代前期相比較，可說是相當程度地沒落。而隨著科舉的一直舉行，那些專爲科舉所用的《四書》學參考書，仍是大量的出產，例如：《四書八進士釋疑講義》、《四書千百年眼》、《四書主義心得解》、《四書考備》等等〔註25〕，這些書很容易就能從其書名看出其爲科舉服務的屬性，其學術性可說是相當的低，很多都是轉相抄襲或剪裁他人著作而成，然後再掛以在當時比較有名氣者之名，以增加其權威與銷路。例如掛名余應科撰的《四書千百年眼》其書前凡例即言：

> 坊刻最可笑者，每歲講義，汗牛充棟，將數十年腐本，改頭換面，雷同抄襲，藉一二新貴名色，額之曰某元魁所輯也。而天下遂信耳。吠聲爭相購酬，自謂獲一佳珍。間有出於名宿眞本，窮玄測奧者，定是不類覽者，反以污下之識參勘，不到輒爲棄去，噫！坊弊益深，其誤天下世不淺矣。

因此，晚明《四書》學的主流，則是前面佐野公治所言之第二項，我們稱之爲「新四書學」。其產生的原因乃上一節所說，與王學興盛與三教合一論之流行有著密切的關係。其面貌主要有以下三個特徵：反朱子之《四書》學解釋、自由學風解放精神、三教融合乃至儒佛合流。其作者大都是陽明學派的學者與佛教之僧人及居士。茲分述於下：

一、反朱子的《四書》學

　　晚明新《四書》學的基調即是反朱子的《四書》學。「不讀朱註」幾乎是晚明知

〔註24〕見佐氏著《四書學史の研究》，第五章第一節頁284。
〔註25〕這些書目前中央圖書館漢學研究中心收藏很多，其來源主要是從日本翻印而回。

識份子解讀《四書》時的共識。如黃宗羲在其〈孟子師說序〉就表明這種立場：

> 四子之義易易近人，非難知難盡也。學其學者，詎止千萬人千百年！而明
> 月之珠，尚沈於大澤，既不能當身理會，求其著落，又不能撝去傳註，獨
> 取遺經。精思其故，成說在前，此亦一述朱，彼亦一述朱，宜其學者之愈
> 多而欲晦也。

反朱子《四書》學的意見，彙總起來可從最基本的版本體例問題、內容註解方式、
到最核心的義理思想等等。茲略述如下：

甲、關於版本體例方面

朱子重訂〈大學〉章句，認為〈大學〉宜有經、傳之分，「經一章，蓋孔子之言，
而曾子述之；其傳十章，則曾子之意，而門人記之」（《大學章句》頁 2）；再則，認
為構成經的部份，是「三綱八目」，必如此，經始「辭約而理備，言近而旨遠，非聖
人不能及」；〔註 26〕朱子改本中，有師於二程者，有自訂者；有移錯簡、有刪字、
有增補文句等〔註27〕，這種見解，到了明中期以後則受到了相當的質疑，最先發難
的則屬王陽明，他並抬出《大學古本旁釋》以為因應（詳見本章第二節），晚明《四
書》學的註者，繼承了陽明的看法，對朱子的改訂持有相反的見解，紛紛主張恢復
〈大學〉古本。蕅益大師就是抱持著這種看法：

> 〈大學〉戴禮列為第四十二，所以章首在明明德承前章末，子懷明德而言。
> 本非一經十傳。舊本亦無錯簡，王陽明居士已辨之矣。〔註28〕

又曰：

> 親民、止至善，只是明明德之極致，恐人不了，一一拈出，不可說為三綱
> 領也。〔註29〕

對朱子的「格物致知」補傳，晚明之《四書》學者更是認為是多餘的，有些甚至只
在其「格物致知」補傳文末題「不必補」三字〔註30〕，晚明學者除了反對朱子的〈大
學〉改本，主張恢復古本外，有些學者甚至自己改訂〈大學〉，例如，豐坊的《偽石
經大學》、王道的《大學億》、李才的《大學約言》、管志道的《重訂古本大學章句》、
顧憲成的《重定大學》等等造成一股風潮〔註31〕。

〔註26〕詹道傳《大學或問纂箋》，頁 12 引《通志堂經解》，冊三十八。
〔註27〕詳見李紀祥著《兩宋以來大學改本之研究》，第二章第四節頁 60。
〔註28〕見蕅益大師原著，江謙補註：《四書蕅益解補註》（台北：佛教書局），頁 2。
〔註29〕同前註。
〔註30〕例如，李卓吾的《四書評》、張汝英的《四書參》，等等。
〔註31〕詳見李紀祥著《兩宋以來大學改本之研究》一書。

乙、關於內容註解方式

此時之學者對朱子《四書集註》的內容解釋方式與字義的訓詁亦表不滿，例如李卓吾的《四書評》解「此謂知本・此謂知之至也」時云：

> 朱文公既曰「明德」爲本，「新民」爲末，則第一章釋「明明德」，第二章釋「新民」，是「本末」已釋過了，何必又釋「本末」？無乃眉下添眉耶？況三綱領、八條目有傳，而「本末」二字不過經文中字眼，何必有傳？若「本末」有傳，「終始」、「先後」亦當有傳耶？都不可解。還是此篇釋「格致」耳。「大畏民志」，「使之無訟」，正是「格物」處。「物格而後知至」，故以「此謂知本，此謂知之至也」結之。文字明明白白，人自看不到耳。〔註32〕

這裡則明白指出朱註解「本末」之不當。又如「子張問崇德、辨惑。子曰：『主忠信，徙義，崇德也；愛之欲其生，惡之欲其死，既欲其生，又欲其死，是惑也。』（誠不以富，亦祇以異。）」（《論語・顏淵篇》）這一節，關於「誠不以富，亦祇以異。」（《詩・小雅・我行其野篇》）這二句的引文，朱熹引程頤之言而註曰：「程子曰：『此錯簡也，當在第十六篇齊景公有馬千駟之上，因此下文亦有齊景公字而誤也。』」〔註33〕，而《四書評》在此節則曰：

> 就在此處，有何不好，引來證其意耳，何必字字明白。宋儒解書，病在太明白。〔註34〕

這評語正呼應了其序文中對「講章」之反感，同時也表現出卓吾對朱子學注疏繁瑣的不滿。除此之外，甚至有人著書專門來討論朱子《四書集註》之缺失，例如高拱的《問辨錄》，就是專爲批判朱註而作。例如「士不可不弘毅」章（〈泰伯篇〉），《問辨錄》對朱註的評論：

> 問「弘毅」章。曰：「『道遠』，是足任重之意：『死而後已』，是足仁以爲己任之意。」曰：「註云：『非弘不能勝其重，非毅不能至其遠。』何如？」曰：「如此則破碎，破碎則支離而失其完理矣。何以故？曰弘而不毅，可以任重乎？毅而不弘，則道遠者何物耶？蓋曰士不弘毅，乃可以任重而道遠，非謂弘任重而毅致遠也。」（頁153）

這裡指出朱子的解釋太破碎，很容易失去整體的義理。關於對朱註註解形式與內容不滿的例子，可說是不勝枚舉。這可說是晚明新《四書》學，在註解《四書》時的

〔註32〕見《四書評》頁4，「此謂知本，此謂知之至也」註文。
〔註33〕見朱熹撰《四書集註》之〈大學章句〉頁136，學海出版社。
〔註34〕同註28，頁104。

一種態度傾向。

丙、關於義理方面

朱子《四書》學的特色乃是將其理學見解融入於《四書》當中，將《四書》理學化，而納入於自己的思想體系當中，並藉著《四書》的流行，影響後來的知識份子。等到王學興起，提出「心即理」與朱子的「性理」相抗衡時，自然要對已遭朱子理學化的《四書》做一番改造的工夫。首先陽明本人即主張恢復〈大學〉古本並著作《大學問》一書以為因應。後起之陽明派學者更是繼承了陽明的路線，以「陽明心學」取代「程朱理學」做為註解《四書》時的理論基礎。例如《中庸·無息章》：「博厚配地，高明配天，悠久無疆。」朱註：「此言聖人與天地同體。」張岱則批駁說：「博厚六字是功，不可云同體，聖人與天地同體在至誠，不在博厚、高明、悠久。」就是說只要具備至誠之心，就可與天地同體。這和陽明「心是宇宙的本體」，陸象山「宇宙就是吾心，吾心便是宇宙」是一脈相承的。除了堅守「心即理」之一元論立場外，並據以對朱學的「性即理」、「理一氣殊」的二元論展開批判，例如，黃宗羲的《孟子師說》言：

> 「性猶杞柳也，義猶桮棬也」，告子之意，以為人生所有，唯此知覺，理則在於天地萬物，學者必當求天地萬物之理，使與我知覺為一，而後為作聖之功。……此與先儒知是知此事，覺是覺此理，故必格物窮理以致此知；其徒恃此知覺者，則釋氏本心之學，亦復何殊？第先儒言「性即理」也，既不以性歸之知覺，又不可以性歸之天地萬物，於是謂性受於生之初，知覺發於既生之後。性，體也；知覺，用也……靜是天性之真，動是知覺之自然，因惻隱羞惡辭讓是非之在人心，推源其上一層謂之性，性反墮於渺茫矣。告子不識天性之真，明覺自然，隨感而通，自有條理，即謂之天理也；先儒之不以理之歸於知覺者，其實與告子之說一也。仁義之性，與生俱來，率之即是：若必欲求之於天地萬物，以己之靈覺不足恃，是即所謂戕賊也。（《孟子師說》卷下，〈性杞柳章〉，頁 132）。

梨洲在此，一舉批評朱學二個觀點：一謂「性即理」之說是把人心向上推於一渺茫之境；二是力主天理、條理都在「靈明」、或「明覺自然」之中，朱子不以「理」歸於知覺而在萬物，故向外格物窮理，是為戕賊。諸如此類的見解，在晚明《四書》中，是常常可見的，晚明學者幾乎都是以陽明心學做為註解《四書》時的核心思想，並據以批判朱子的《四書》學立場。

二、自由學風、解放精神

　　從明初以來，以朱註為《四書》學主流的情形受到陽明心學提出的衝擊以後，《四書》學的解釋可說是擺脫了朱註的藩籬而呈現百家爭鳴，自由解釋大興的狀況。很多人表達了對朱註以降《四書》注疏繁瑣的不滿，如李卓吾就這樣說：

> 千古善讀書者，陶淵明一人而已。何也？以其「好讀書不求甚解」也。夫讀書解可也；即甚解亦無不可者，只不可求耳。蓋道理有正言之不解，反言之而解者；有詳言之不解，略言之而解者。世之案頭講章之所以可恨者，正為講之詳，講之盡耳。（《四書評》序）

因此，李卓吾甚至將《四書》當成小說一般加以評點，這如在明初時可說是離經叛道的行為。在朱註權威日趨沒落當中，明末許多儒者解讀《四書》，都強調摒棄朱註，以己心解釋《四書》。張岱的《四書通》便是一個典型的例子：

> 六經四子自有註腳而十去其五六矣，自有詮解而去其八九矣。故先輩有言：六經有解不如無解。完完全全幾句好白文，卻被訓詁講章說得零星破碎，豈不重可惜哉！余幼尊大父教，不讀朱註。凡看書，未嘗敢以各家注疏橫據胸中。正襟危坐，朗誦白文數十餘過，其意義忽然有省，間有不能強解者，無意無義，貯之胸中，或一年，或二年，或讀他書，或聽人議論，或見山川雲物，鳥獸蟲魚，怵目驚心，忽於此書有悟，取而出之，名曰《四書》遇。（《四書遇》自序）

這種「朗誦白文數十餘過，其意義忽然有省」的研讀方法與晚明前學者之態度：

> 《四書》集註、章句、或問，皆是朱子萃群賢之言議，而折衷以義理之權衡，至廣至大，至精至密，發揮先聖賢之心，殆無餘蘊，學者但當依朱子精思熟讀，循序漸進。（《讀書錄》卷一）

簡直是天壤之別。張岱對其書名中的「遇」字，有一段很傳神的描寫：

> 蓋遇之云者，謂不於其家，不於其寓，直於途次邂逅遇之也。古人見道旁蛇鬥而悟草書，見公孫大娘舞劍器而筆法大進，蓋有以遇之也。古人精思靜悟，鑽研已久，而石火電光，忽然灼露，其精神攝合，正不知從何處著想也。舉子十年攻苦，於風簷寸晷之中構成七藝，而主司以醉夢之餘忽然相投，如磁引鐵，如珀攝芥，相悅以解，直欲以全副精神注之，其所遇之奧竅，真有不可得而自解者矣。推而究之，色聲香味觸發中間，無不可遇之。一竅特留，以待深心明眼之人，邂逅相遇，遂成莫逆耳。

張岱強調讀《四書》必須讀者與經典「相悅以解」、「邂逅相遇，遂成莫逆」，以今語釋之，可以說是建立讀者自己的「主體性」，再與經典的精神相「遇」，達到互為主

體性的境界。張岱在解釋《孟子》(〈盡心〉上，四一) 時說：

> 康節子學於李之才，請曰：「願先生微開其端，毋竟其說。」蓋道理要自
> 己理會出來，方有無窮妙處，若自己未曾見得到那地位，教者就容易與他
> 說盡，則我自說我的，與學者有何干涉？

在解釋《孟子》(〈盡心〉上，四) 時說：

> 題之血脈有從上章來者，「萬物皆備於我」題，重仁、重誠、重我。紛紛
> 作者，皆非也。上章既說「求在我」，而「求」之一字，卻說得渾淪未破，
> 故此章直指個「我」體出來，令人從「強恕」下手，正「求我」著落處也。

這類說法，都指向「主體性」的建立。張岱所謂的「遇」，正是以個人的「主體」，
去詮釋經典的精神，張岱這種以己心任意解經的行為，可說是晚明學者中的一個典
型例子，充分展現明末「新四書學」自由解釋的學風。這種自由解釋的精神，反映
在《四書》學上的面貌，除了版本的任意更改，註解方式的解放，最主要的還是內
容的多樣性，因為大家都強調以己心解經，而每個人對心學的理解卻又未必一樣，
因而造成了各種性格的《四書》學作品了。我們現在就從《四庫提要》中，略窺當
時之面貌：

> ◎《論語商》二卷，明周宗建撰，……其學則沿姚江之末流，乃頗近於禪。
> 如云人心之樂，非情非趣、非思非為；虛中之影、水中之相。如斯之類，
> 殆似宗門語錄。
>
> ◎《論語學案》十卷，明劉宗周撰，……其解性相近章，謂氣質還他氣質，
> 如何扯著性，性是就氣質中指點義理者，非氣質即為性也。雖與朱子之說
> 稍異，然亦頗分明不苟，蓋宗周此書，直抒己見，其論不無純駁。
>
> ◎《大學管窺》一卷，明廖紀撰，……(是書) 其後依大學古本次序，採
> 輯眾說，加以己意而疏解之。
>
> ◎《中庸管窺》一卷，明廖紀撰，是書不用朱子章句，亦不從鄭元舊註，
> 分中庸為二十五段，……(其文) 特自抒其一人之見而已。
>
> ◎《大學千慮》一卷，明穆孔暉撰，……其書就章句或問，引伸其說，中
> 引佛遺教經，以為儒釋一本。
>
> ◎《孟子訂測》七卷，明管志道編，……是書詮解孟子，分訂釋、測義二
> 例，訂釋者，取朱子所釋而訂之。測義則皆自出臆說，恍惚支離，不可勝
> 舉。
>
> ◎《元晏齋困思鈔》三卷，明孫慎行撰，……是書乃其自萬曆庚戌至甲寅
> 積年鈔存，其中頗多心得之語，然亦不免好出新論，如解鄉黨色斯舉矣節，

以虞廷歌舞志聖之隆，山梁雌雉志聖之逸。又以中庸致曲之曲，爲即經禮
三百曲禮三千之曲。雖才辨縱橫，足以自暢其說，然非本經之旨矣。

◎《四書通義》三十八卷，明魯論撰，……其解大學……專爲明末時事而
發……，全書大旨往往雜引史事，以相發明，固不主於闡釋精義也。

◎《三經見聖編》一百八十卷，明譚貞默撰，……說殊穿鑿，至其詮釋支
離，類皆因言求事，如以論語孝弟章，爲有子譏刺三家，巧言章爲孔子評
論老聃，皆率其胸臆，務與程朱牴牾，可謂敢爲異說者矣。

◎《四書則》明桑拱陽撰，……其書取諸家講章立說不同者，刪定歸一，
間以己意參之。

◎《圖書衍》五卷，喬中和撰，……凡《四書》所言皆以五行八卦配合之
也。如說大學明德爲火，新民爲水，至善爲土之類，皆穿鑿無理，不足與
辨。

從上舉諸條中，可發現晚明諸人不受拘束，各自解經，而呈現當時《四書》學的多
樣貌。

三、三教合流之傾向

　　晚明《四書》學的內容是多樣性的，而在各種風貌的《四書》學中，三教合流
乃至以禪解經的傾向是晚明《四書》學最主要的面貌。其作品如下：

著錄於《四庫全書》者：

　　◎《論語商》二卷　明萬曆　周宗建撰

存目於《四庫全書》者：

　　◎《大學千慮》一卷　明弘治　穆孔暉撰

　　◎《孟義訂測》七卷　明隆慶　管志道撰

　　◎《四書疑問》十一卷　明萬曆　姚舜牧撰

　　◎《論語義府》二十卷　明萬曆　王肯堂撰

　　◎《中庸點綴》一卷　明　方時化撰

　　◎《大學中庸讀》二卷　明萬曆　姚應仁撰

　　◎《四書湖南講》九卷　明萬曆　葛寅亮撰

　　◎《四書測》六卷　明萬曆　萬尚烈撰

　　◎《四書說叢》十七卷　明萬曆　沈守正撰

　　◎《四書說約》明萬曆　鹿善繼撰

　　◎《四書酌言》三十一卷　明萬曆　寇慎撰

見於《續修四庫全書提要》者：

◎《大學古本》一卷、《大學述》一卷、《大學述問》一卷　明萬曆　許孚遠撰

◎《四書小參》一卷附或問一卷　明　來斯行撰

◎《空山擊碎》一卷　明泰昌　陸鴻漸撰

◎《古本大學釋論》五卷　明萬曆　吳應賓撰

◎《大學綱目決疑》一卷　明萬曆　釋德清撰

◎《四書鞭影》二十卷　明天啓　劉鳳翔撰

其他資料：

◎《四書評》、《說書》　明萬曆　李贄撰

◎《中庸直指》　明萬曆　釋德清撰

◎《四書薀益解》　明　釋智旭撰

◎《四書遇》　明　張岱撰

◎《四書正義》　明　林兆恩撰

◎《四書一貫》　明　樊問仁撰

◎《論語訂釋》十卷　明隆慶　管志道撰

◎《近溪子論語答問篇》　明　羅汝芳撰

以上這些著作成書之年代約為萬曆前後，其作者也大多是陽明心學的繼承者，由這些作品可看出其產生與王學的興起及三教合一論的流行有著密切的關係。這些作品大致可分成兩類：一類作品呈現三教合流之傾向，另一類作品則完全是以禪解經。茲分述於下：

第一類作品：前面書目中所列之作品大皆屬之。其產生主要是受時代風氣所影響，把三教合一的主張反映在其著作裡，並沒有特殊的動機。其著作主要思想核心仍是「陽明心學」，其援佛或老莊入儒的地方，多半止於詞彙的引用、行為的比擬、觀念的託付或表面文意之比附，較少涉及義理層次。茲舉例以說明之：

甲、詞彙的引用

此點出現甚多，許多的《四書》著作在詮釋文字中，或多或少夾雜著佛、道之語罷了。如：《論語》·〈憲問篇〉：「子曰：『莫我知也夫！』子貢曰：『何為其莫知子也？』子曰：『不怨天、不尤人，下學而上達，知我者其天乎！』」《四書評》曰：「不做誑語。」「誑語」乃佛家名詞，此處只是用來形容孔子的話是真實的罷了。像這種用法在晚明的《四書》學著作中，是時常出現的。

乙、行為的比擬

　　例如，《論語》·〈憲問篇〉：「子貢方人。子曰：『賜也賢哉乎？夫我則不暇。』」李卓吾則評曰：「好棒喝。」又《論語》·〈公冶長篇〉：「子謂子貢曰：『女與回也孰愈？』對曰：『賜也何敢望回？回也聞一知十，賜也聞一以知二。』子曰：『弗如也，吾與女弗如也。』」李卓吾則評曰：「夫子造就子貢處，大有禪機。」這裡很顯然地李卓吾是把孔子對子貢的教化比成當頭棒喝的禪師。

丙、文意之比附

　　例如，《論語》·〈雍也篇〉：「子曰：『中庸之為德也，其至矣乎，民鮮能久矣。』」評曰：「大道甚夷，而民好徑。」又《論語》·〈子罕篇〉：「子在川上曰：『逝者如斯夫！不捨晝夜。』」評曰：「亦動人不捨也。與道家『流水不腐』之意同。」這裡上一則以《老子》之文解孔子之意，可說相輔相成，但是第二則就有點偏離孔子之意。這種比附有時就顯的牽強附會，例如張岱《四書遇》：

> 夫子自言「無可無不可」，與此旨同。劉元城曰孔子佛氏之言，相為表裡。
>
> 孔子之言「毋意、毋必、毋固、毋我」，而佛言「無我，無人，無眾生，無壽者」其言若出一人。（《四書遇》，頁208）

張岱這裡以佛教的「無我」比附孔子的「毋我」，俱取其表面之文意，忽略兩者之根本差異：佛教之「無我」乃在捨離世界的脈絡中言之；孔子之「毋我」，乃是在個體的「小我」融入群體的「大我」的脈絡中，而使「小我」的意義在「大我」生命的綿延之中彰顯，兩者的意義是不可混為一談。

　　第二類作品：這種作品的形成，乃是刻意將三教合一乃至儒佛融合的理論落實在其著作裡，其所用的方法乃是完全以禪為思想中心來融合儒、道之思想，將三教合一論的主張，從義理會通方面落實到《四書》學裡，其作品有：方時化的《中庸點綴》、萬尚烈的《四書測》、來斯行的《四書小參》、陸鴻漸的《空山擊碎》、釋德清的《大學決疑》《中庸直指》、釋智旭的《四書藕益解》等。現在我們就來看看大概面貌。例如憨山大師在《中庸直指》中即這樣解釋「中庸」二字：

> 中者，人人本性之全體也。此性，天地以之建立，萬物以之化理，聖凡同稟，廣大精微，獨一無二，所謂惟精惟一，大中至正，無一物出此性外者。故云中也。庸者，平常也。乃性德之用也。謂此廣大之性，全體化做萬物之靈，即在人道日用平常之間，無一事一法不從性中流出者。故吾人日用行事之間，皆是性之全體大用顯明昌著處，以全中在庸，即庸全中，非離庸外別有中也。

這裡憨山大師把「中」解釋成聖凡同稟，人人本俱的「性體」天地萬物皆從此建立；「庸」解釋成「性德之用」，即吾人日常施為，應機接物之妙德。簡而言之，即是以「自性本體」解「中庸」二字，「中」表「佛性」之體、「庸」表「自性本體」之用，如六祖壇經云：「定慧一體不是二。定是慧體，慧是定用；即慧之時定在慧，即定之時慧在定。」〈定慧品〉憨山大師即是以「自性本體」為中心思想來融攝儒、道兩家的思想。例如其解〈大學〉之「至善」云：

> 今言至善，乃是悟明自性本來無善、無惡之真體。只是一段光明，無內無外，無古無今，無人無我，無是無非。所謂「獨立而不改」，此中一點著不得，蕩無纖塵。若以善破惡，惡去善存。此猶隔一層，即此一層，原是客塵。不是本主，故不是至極可止之地，只需善惡兩忘，物我跡決，無依倚，無明珠，無去來，不動不搖，方為到家時節。到此，在己不見有可明之德，在民不見有可新之民，渾然一體，乃是大人境界。

由這一段引文知道憨山大師以「自性本體」融貫了陽明「無善無惡心之體」與老子「獨立而不改」之觀念來註解「至善」，並以此為中心思想逐步地把整部〈大學〉禪化。這種現象到了蕅益大師時，表現的更為徹底，他不用儒家與道家的思想，而純以佛理來解《四書》。例如，其注〈大學〉云：

> 大者，當體得名，常遍為義，即指吾人現前一念之心，心外更無一物可得。無可對待，故名當體；此心前際無始，後際無終，生而無生，死而不死，故名為常；此心包容一切家國天下，無所不在，無有分劑方隅，故名為遍。學者覺也，自覺覺他，覺行圓滿，故名大學。大字即標本覺之體，學字即彰始覺之功。本覺是性，始覺是修，稱性起修，全修在性，性修不二，故稱大學。

這段文字，涵蓋了整部〈大學直指〉的意趣。由此可看出貫穿整部〈大學直指〉的中心思想即其所謂「現前一念心」，「此心包容一切家國天下，無所不在，無有分際方隅」。蕅益大師即以此「現前一念心」作為其註解《四書》時的中心思想，逐步地把《四書》佛化。蕅益大師曰：「學者，覺也。」以覺訓學，則所謂「大學之道」，即成為「大覺之道」，而〈大學直指〉的宗旨，也就即著這個成就究竟大覺的過程來鋪陳發揮，換言之，〈大學直指〉乃是就〈大學〉這部儒家的典籍，來開示「成佛的大道」。許多儒家之基本概念，到了《四書蕅益解》時，則轉變成佛教的觀念或修養方法。例如，〈大學〉：「所謂誠其意者，毋自欺也。」〈大學直指〉云：「直心正念真如，名為誠意，妄計實我實法，名為自欺。」又〈大學〉：「是故君子有大道，必忠信以得之，驕泰以失之。」〈大學直指〉云：「大道，即大學之道。君子不以位言，

忠信即誠意之異名，直心正念眞如，名至誠心，亦名爲忠；了知心佛眾生，三無差別，名之爲信。……」這裡蕅益大師即把儒家的「誠意」、「忠信」解爲佛家的「直心正念眞如」。至此，儒家維持人倫之德目，轉換成佛家之觀心法門，整部儒家「內聖外王」的經典因而徹底的禪化，變成學佛者的修行寶典了。關於這一部份則是本論文的核心，留待到下文再詳細探討。

第三章　《四書藕益解》之作者及其書

第一節　藕益大師的生平及思想

關於大師的生平及思想所保留最完整的原始資料，首推佛教書局蒐集出版的《藕益大師全集》，而其中將之做最爲詳細的研究，則屬聖嚴法師的《明末中國佛教之研究》。今根據以上的資料及其他的研究成果，略述於後。

一、大師的生平

藕益師的生存年代是從明神宗萬曆二十七年（1599）到永明王永曆九年，即滿清世祖順治十二年（1655）的五十六年期間。藕益師的祖先，原來是汴梁地方的一族。汴梁，就是河南開封縣的古地名。他的家族後來便遷移至南方江蘇地方。藕益師的出生地，是瀕臨江蘇太湖北濱的木瀆鎮。這個地方因爲是古昔的吳國，所以亦稱「古吳」。師生於明神宗萬曆二十七年（1599），父親鍾之鳳，字岐仲，母親金大蓮，當生藕益師時，他的雙親已經四十歲了。在大師四十五歲那年，亦即順治元年（1644），明朝的正統便已完全滅亡。藕益師就是成長在明朝即將滅亡時，所產生的邊患、流寇、飢饉、諸王的作亂等等混亂、恐慌的時期。這時明末的政治紊亂，朝廷官僚對待佛教高僧，濫扣罪名的事例層出不鮮。例如，徧融眞圓就在穆宗時代刑部尚書的牢獄，遭受到「苦逼萬端」的肉刑〔註1〕，又在神宗萬曆二十五年，由於政府的命令，使得憨山德清身陷牢獄，並在八個月後，被驅逐到廣東的雷州〔註2〕。另在神宗萬曆三十一年，紫柏眞可也因莫須有的妖書事件，同樣也由皇帝下詔而繫

〔註1〕見《錦江禪燈》卷九，〈燕京大千佛寺徧融眞圓禪師傳〉，《卍續藏》一四五冊，614頁。
〔註2〕見《宗統編年》卷三十，《卍續藏》一四七冊，226頁。

身牢獄，且在獄中了卻殘生〔註3〕。在如此迫害佛教的同時，明朝末年的社會，亦
呈現著混亂紛擾的現象，此起彼落，熹宗天啓二年，即蕅益師二十四歲出家之年，
正是白蓮教暴徒徐鴻儒作亂之年，蕅益師三十歲時，陝西地方流賊蜂起暴亂。此後，
接續便有高迎祥、李自成、張獻忠等匪寇流賊，在各地方策動兵亂，蜂火四起。同
時，各地也連年發生水災、旱魃、疫癘、飢饉等不幸事件。出家爲僧的蕅益師，面
對社會的苦難，民眾的悽楚，只有滿懷著宗教情懷的感慨及同情心相待，在〈鐵佛
寺禮懺文〉中即言：

> 目擊時艱。倍增愀愴。斗米幾及千錢。已歎民生之苦。病死日以千計。尤
> 驚業報之深。

又在〈禮千佛告文〉中亦曰：

> 疾疫饑荒涾至。已至寒心，干戈兵革頻興，尤堪喪膽。父母妻孥首分離。
> 百骸潰散。誰思一性常靈。萬鬼聚號、肯信三緣自召。悠悠長夜、淚與血
> 而俱枯。漠漠荒郊、魂與魄而奚泊。

由於疾病與飢荒，物價飛漲，尤其食米更爲昂貴，導致民生凋弊。而因爲兵亂而戰
死、病死的人數，更日呈直線上昇的狀況。對於這種狀況，他也只能從宗教的禮懺
及功德迴向，來悼念這些罹難的眾生，祈願浩劫餘生者，得以脫離苦境；已亡故的
先靈，往生佛國淨土。其〈占察行法願文〉言曰：

> 又祈江南、江北乃至震旦域內。近日遭兵難者。種種債負消除，一一怨嫌
> 解釋；脫幽冥之劇苦、胎蓮萼以超昇。

蕅益師便是在這種動亂的社會環境中成長的。也因爲這種動亂的環境，養成他悲天
憫人的宗教情懷；官府對佛教的迫害，更促使他一生不夤緣攀附達官顯貴。

在蕅益師的從學過程中，自幼即受到程朱學派的影響，如他說：

> 余少時，亦拘虛於程朱。（〈示范明啓〉）

又曰：

> 十二歲，就外傅、開聖學、即千古自任、誓滅佛老；開葷酒、作論數十篇、
> 闢異端。夢與孔顏晤言。（〈八不道人傳〉）

蕅益師在十二歲時，即接觸到程朱之學〔註4〕，並以誓滅佛、老自任。然雖自小就
受到科舉之學的薰陶，可是他卻不曾有透過科舉的管道，而進身爲官僚的企圖。因

〔註3〕見《宗統編年》卷三十，《卍續藏》一四七冊，228 頁。
〔註4〕蕅益師的師承，可能是東林書院或劉宗周的證人書院的成員之一。見聖嚴法師的《明
　　　末中國佛教之研究》第一章，第一節頁 17。

爲他是拘持著「天子不得臣、諸侯不得友」〔註5〕的理想。十七歲時，師讀了蓮池大師（即雲棲袾宏）的《自知錄》序文及《竹窗隨筆》之後，深有感悟〔註6〕，於是從程朱學派的追隨者，轉而爲佛教的信仰者。二十歲時，因父親過世，聽聞了《地藏菩薩本願經》的緣起後，發出世的心〔註7〕。二十三歲時，聽《大佛頂經》，而決定出家〔註8〕。二十四歲時，夢受教於憨山大師，可是因路途遙遠而未能往學，乃依雪嶺峻（憨山弟子）出家。出家後，他便到處參學（蕅益師遊學的地區，主要在福建、浙江、江西、江蘇、安徽等長江以南的五個省分。）〔註9〕如他自己說：

> 予自壬戌出家，於今十九年已。學無常師、交無常友。（〈贈純如兄〉。《宗論》，卷二，頁12）

首先，他即兩度到徑山修習坐禪，結果在悟境上得到很大的體會，其言曰：

> 予初志宗乘。苦參力究者數年。雖不敢起增上慢，自謂到家。而下手工夫得力。便謂「淨土可以不生」（〈刻淨土懺序〉）

在二十五歲時的冬季，到蓮池大師的道場雲棲寺，稟受比丘戒；又在翌年的冬季，在同一地點求菩薩戒。爾後漸漸由禪道轉身成爲一位持律的淨土念佛行者。其轉變的關鍵則在於「逮一病濱死，平日得力處，分毫俱用不著。乃一意西歸，然猶不捨本參，擬附有禪有淨之科」（見〈刻淨土懺序〉）這一轉變的心路歷程，他自己這樣說的：

> 今夏兩番大病垂死，秋季閱藏方竟，仲秋一病更甚。七晝夜不能坐臥、不能飲食、不可療治、無術分解。唯痛苦，稱佛菩薩名字，求生淨土而已。具縛凡夫，損己利人，人未必利，己之受害如此。平日實唯在心性上用功，尚不得力，況僅從文字上用力哉。出生死、成菩提，殊非易事。非丈室，誰知此實語也。（《宗論》，卷二，頁20）

爾後蕅益師的修行法門，依聖嚴法師的歸納可分爲以下三段：

（一）從三十一歲到三十九歲，是以持咒行爲中心的階段。蕅益師受持的密咒約有八種，其中尤以地藏菩薩滅定業眞言、觀音菩薩大悲咒、大佛頂首楞嚴咒等爲主〔註10〕。（二）由三十三歲到四十八歲之間，是以禮懺行爲中心的階段。蕅益師

〔註5〕與〈行恕書簡〉，《宗論》五、卷一。
〔註6〕見〈八不道人傳〉：「十七歲閱〈自知錄〉序及《竹窗隨筆》，乃不謗佛，取所著闢佛論焚之。」；自像贊：「十七聞佛言，幡然始改惡。」
〔註7〕見〈八不道人傳〉。
〔註8〕同上。
〔註9〕同註4，頁165～177。
〔註10〕見《明末中國佛教之研究》第三章第三節，頁236～237。

禮懺的回數，佔第一的是大悲懺，第二是占察經行法，第三是金光明懺，第四才是淨土懺〔註11〕。（三）由三十九歲起終其一生，都是專心致志，從事於念佛的階段。

　　觀其以持咒、禮懺、念佛的法門為其一生的行持，乃是因為蕅益師少年時，曾造謗法重罪，而有著很大的罪惡感，在其文集中屢屢提及，茲舉幾例為證：

　◎ 不肖智旭，少時無知，毀謗三寶，罪滿虛空。（〈復九華常往〉）

　◎ 旭十二三時，因任道學而謗三寶，此應墮無間地獄，彌陀四十八願所不收。（〈與了因及一切緇素〉）

　◎ 智旭少年，謗三寶業，今尚憶知，誠心懺悔，願盡消除。（〈祖堂結大悲壇懺文〉）

而懺悔與持咒，都具有除障滅罪的功能，所以他才由持咒行而入懺悔行，希望：

　　一切罪障，悉皆消滅，一切十惡五逆、謗人、謗法、破齋、破戒、破塔、壞寺、偷僧祇物、污淨梵行，如是等一切惡業重罪，悉皆滅盡。

　　（《大正藏》二十卷107頁）

除了在宗教行為有著精勤的修持外，他在教義上，亦下了一番功夫。查證他讀書的記錄，可知他曾閱讀律藏三遍、大乘經典二遍、小乘經典二遍、大乘論一遍、小乘論一遍、西土選述一遍、《宗鏡錄》三遍〔註12〕。其在閱讀如上的三藏經典後，隨即編輯成《閱藏知津》和《法海觀瀾》兩種閱藏的指導書籍。有關《閱藏知津》的優點，在望月信亨的《佛教經典成立史論》的序論，以及《佛教大辭典》第一卷中均曾予以介紹。並且以「應該說：這是一本在藏經編成史上，構成了一項新的紀元。」〔註13〕加以讚賞。但是如此偉大的佛教學者，卻是岑寂孤高地結束了一生。其在詩偈中，即常如是感慨：

　◎ 千年學脈憑誰寄，萬古秋懷祇自知。（〈丙戌春幻遊石城隨緣閱藏詩〉）

　◎ 五十餘年夢幻身，寥寥斯世久無鄰。（〈癸巳元旦過秋曙拈花庵詩〉）

　◎ 法門寥落少知音，偶與維摩論古今。（〈作狎浪樓詩〉）

與蕅益師同一時期中，傑出的佛教學者，較為稀少。而在學養程度上能與其相匹儔者，可謂絕無僅有，更何況其為使佛門興盛，而常對時下人物有著強烈的批判，使得許多人都對他持反感的態度〔註14〕。從這些詩偈中，真可以瞭解，其做為一代大師，而「半世傾腸腑，寥寥有幾知」（〈獨坐書懷詩〉）。

〔註11〕見《明末中國佛教之研究》第三章第二節，頁229。
〔註12〕見《明末中國佛教之研究》第五章第五節，頁482。
〔註13〕見《佛教經典成立史論》頁7。
〔註14〕《宗論》十，卷三，頁9。

二、大師的思想

依據聖嚴法師的分類，蕅益師的思想層面，可以分為四期。是即：變化多端的青年期（十二歲～三十歲）、思想成長期的壯年前期（三十一歲～三十九歲）、思想成熟的壯年後期（四十歲～四十九歲）、乃至思想大成的晚年期（五十歲以後）〔註15〕。而我們這裡所要探討的是大師一生思想的核心，以瞭解其佛教事業及種種著作所依據的中心思想。他的思想雖有著如此的轉變，但是，其思想的立足點始終是禪，而其禪思想的根本經典，則是《楞嚴經》。《楞嚴經》的思想是蕅益師的思想核心，他從《楞嚴經》中，開展出他的「現前一念心」學說，並以之為基礎，融合諸宗、更力主儒、釋、道三教的融合。他在二十七歲時，曾經兩次敷講《楞嚴經》，並在三十三歲時，結成楞嚴咒壇，以百日的時間，在此咒壇中專持首楞嚴咒，又在三十九歲時，於註釋《梵網經》的同時，也講說此《楞嚴經》的要旨。當時所述作的壇中十問十答之中，其五、六、七、八，四個題目，都是與《首楞嚴經》有關的問答。進而更在四十歲時，於新安陽山的止觀山房結夏安居，四度講演此經。翌年四十一歲，接著又脫稿本經的《玄義》和《文句》十二卷的卓越著作。他的思想，就是以此為契機，而開展了以《楞嚴經》為中心的佛教統一論，並進一步發展至儒釋道三教的融合。聖嚴法師即如是言：「智旭思想的大成者，不只是他作成的《教觀綱宗》與《法華會義》，而是性相、禪教的調和，是天台與唯識的融通，是天台與禪宗的折衷，也是儒教與禪的融通，進而統括律、教、禪、密以歸向淨土。」〔註16〕

而居於蕅益師思想核心地位的「現前一念心」，其性質又是如何呢？所謂吾人現前一念心性，即是指吾人現前一念知覺之性〔註17〕，亦即是吾人現前一念見聞之性〔註18〕。因此，蕅益師所謂的「現前一念心」，即是指吾人剎那之心，吾人當下之心，此現前一念心包括了吾人之知覺見聞等，亦即天台《摩訶止觀》的「介爾之心」〔註19〕。如《彌陀要解》云：

> 吾人現前一念心性，不在內，不在外，不在中間；非過去，非現在，非未
> 來；非青、黃、赤、白、方、圓；非昏，非昧，非觸、非法。覓之了不可

〔註15〕見氏著：《明末中國佛教之研究》，頁407～466頁。

〔註16〕同前註，頁472。

〔註17〕如蕅益師《盂蘭盆經新疏》云：「只此眾生現前一念知覺之性，非內非外，不在中間。……欲言其有，則毫無朕跡，欲言其無，則不可斷滅」見蕅益師：《蕅益大師全集》（台北：佛教書局，1989年），第八冊，頁5109～5110。

〔註18〕如蕅益師《靈峰宗論》云：「只此現前一念見聞之性，本非內方外隅，亦非有情無量」。

〔註19〕如《摩訶止觀》云：「若無心而已，介爾有心，即具三千，亦不言一心在前，一切法在後；亦不言一切法在前，一心在後。」

得，而不可言其無；具造百界千如，而不言其有。離一切緣慮分別語言文
字相，而緣慮分別語言文字非離此別有自信。要之，離一切相，即一切法。

離故，無相；即故，無不相。不得已，強名實相。〔註20〕

此就現前一念心性而言，知吾人現前一念心性不在內、外、中間、不在……覓之了
不可得。此顯示現前一念心是無自性、空，所以離一切緣慮分別語言文字相。現前
一念心雖無自性、空，但不可言其無，因為心能具造百界千如；雖具造百界千如，
但不可言其有，因為覓心了不可得。總而言之，說現前一念心為「無」（空），或為
「有」（不空），皆屬不當。為什麼呢？依蕅益師的看法，「有」「無」不外都是吾人
緣慮分別語言文字之產物，然而緣慮分別語言文字亦不能離吾人現前一念心而獨立
存在，即以為語言文字之所依存，如引文中所言「而緣慮分別語言文字非離此（指
心或心性）別有自性」。

所謂「緣慮分別語言文字非離此別有自性」，此雖一方面顯示緣慮分別語言文字
依心而有，而以「離一切相，即一切法」來表達心性。此「離一切相，即一切法」
即是心性之體，亦即是實相，它包含自性三寶：

次觀心辨體者，只此眾生現前一念知覺之性，非內非外，不在中間，非過
非現，亦非未來，非青黃赤白，非長短方圓，豎無初後，橫絕邊涯。欲言
其有，則毫無朕跡；欲言其無，則不可斷滅。本自離諸戲論，但因觀體自
迷，雖九積沉迷，然終無減缺，是名佛寶。〔註21〕

此即就觀心釋自性佛寶，顯佛寶乃吾人現前一念之心性。接著蕅益師就現前一念心
所現十法界依正諸法，來說明自性法寶，其云：

現前一切十界依正諸法，皆此介爾心中之所顯現，如彼夢中所見諸法，終
不離於夢心，現前諸法，亦復如是。雖妄謂在我心外，各各實有，而實非
有，猶如夢未醒時，執夢為實，醒後尋覓，了不可得，如此心中所現十界，
不離自心，名為法寶。〔註22〕

所謂觀心釋自性僧寶，乃就心外無法，法外無心，心法不可分離而言，其云：

心外無法，法外無心，一任顛倒昏迷，分能分析，究竟離心覓法，無分毫
法相可得；離法見心，亦無少許心相可得。即心是法，即法是心，本自和
合，不可乖異，名為僧寶。〔註23〕

〔註20〕同前註，第四冊，頁 2181～2182。
〔註21〕同前註，第八冊，頁 5109～5110。
〔註22〕同前註。
〔註23〕同前註。

最後，對以上觀心所釋自性三寶，作一總結：

> 此介爾一念之中，圓具如此三寶體性，無欠無缺，猶如金剛不可壞滅。
> 一念既爾，一切諸念，亦復如是，一切諸佛依此得道，轉大法輪，入大
> 涅槃。〔註24〕

而對「現前一念心」的定義，聖嚴法師以爲：「在原則上，蕅益師的『現前一念心』
與《摩訶止觀》的『介爾一心』，同樣都是當下第六意識的剎那變異妄念心。天台大
師的介爾心，是當下一念心之中，具足十法界的性質。這就是所謂十界互具之心，
又是具足三千性相的心。此一思想源流，是以《法華經》和《華嚴經》爲中心的。
而蕅益師的現前一念心，固然是繼承於天台大師之說，卻是依《起信論》的「一心
眞如」說，甚至《楞嚴經》的「如來藏妙眞如性」說與之互有關聯，而構築成的：
即眞即妄，非眞非妄，亦眞亦妄、亦非眞亦非妄的心說。這是因爲我們的第六意識，
雖然是剎那變異的妄心，但卻是妄心無體，而體即眞如的。因此，妄念若有自性，
即是如來藏的妙眞如性，也是法性、佛性，或自性清淨的實相與實性。準此，這一
『現前一念心』的性，是非相、非無相的，只是統括百界千如而依然存在的意思。」
〔註25〕蕅益師所以特就「現前一念心」來論述佛性，用意在於觀破諸法皆心所現，
由此而離一切之執著，如《靈峰宗論》云：

> 須知一切了義大乘，諸祖公案，皆我現前一念註腳，說來說去，總不離我
> 一心。我今此心，全眞成妄，全妄即眞。若不能當下反觀，則靈知靈覺之
> 性，恆被一切法所區局。縱慧成四辯，定入四空，依舊迷己爲物，認物爲
> 己。若能直觀現前一念，的確不在內外中間諸處，無體無相，無影無蹤，
> 但有一法當情，皆心所現，終非能現，此能現者，雖云量同虛空，亦無虛
> 空形相可得，若有虛空情量，又是惟心所現之相分矣！一切時教歷歷明
> 明，空空蕩蕩，亦不認歷歷明明空空蕩蕩者爲心。以心體離過絕非，不可
> 思議故。了知一切惟心，心非一切，忽然契入本體，一切語言公案。無不
> 同條共貫矣。〔註26〕

因此，蕅益師對「現前一念心」之運用，吾人可以說此在蕅益思想理論中已臻於圓
熟的地步。吾人亦可得知蕅益師基本上亦以心性說來化解性相衝突問題，乃至以此
來解決禪教問題，由「現前一念心」而了知心不可得不可執著，而一切法皆因心而
現，所以性相、禪教等問題，可由此現前一念心中而得到化解、融合。首先，就性

〔註24〕同前註。
〔註25〕同前註，頁424。
〔註26〕同前註，第十六冊，頁10434～10435。

相與禪教的調和論，蕅益師在〈示何德坤〉的法語中，即有如是的見解：

> 心性無法不具，無法不造，而所具所造一切諸法，皆悉無性。明此無性之法，一一皆非實我實法者，謂之慈恩宗。明此諸法無性，一一皆能遍具遍造者，謂之法性宗。直指現前妄法妄心，悉皆無性，令見性成佛者，謂之禪宗。是故臨濟痛快直捷，未嘗不精微，曹洞精細嚴密，未嘗不簡切，唯識存依圓，未嘗不破遍計。般若破情執、未嘗不立諦理。護法明眞如不受熏，未嘗謂與諸法定異。馬鳴明眞如無明互熏，未嘗謂其定一。（《宗論》二，卷五）

這裏所說的「心性」就是《楞嚴經》的「如來藏妙眞如性」，亦即其「現前一念心」。蕅益師便是以這「一念心」爲融合諸宗的理論依據，認爲諸宗的理論皆是以之爲基礎而發展出來的，雖然各自的修法途徑及理論角度並不一樣，但是回歸這清淨的「現前一念心」的目的，卻是一樣〔註27〕。

除了融合諸宗外，他更進一步以之來融合儒、釋、道。他對有史以來三教間的互相批評，甚不以爲然。他認爲：

> 大道之在人心，古今唯此一理，非佛祖聖賢所得私也。統乎至異，匯乎至同，非儒釋老所能局也。剋實論之，道非世間，非出世間，而以道入眞，則名出世，以道入俗，則名世間。眞與俗皆跡也，跡不離道，而執跡以言道，則道隱，故曰：形而上者謂之道，形而下者謂之器。又曰：君子上達，小人下達。嗚呼！今之求道於跡者，烏能下學而上達，直明心性，迴超異同窠臼也。夫嘗試言之，道無一，安得執一以爲道？道無三，安得分三教以求道？特以眞俗之跡，姑妄擬焉，則儒與老，皆乘眞以御俗，令俗不逆眞者也；釋乃即俗以明眞，眞不混俗者也，故儒與老主治世，而密爲出世階；釋主出世，而明爲世間祐。（見《宗論》卷五，〈儒釋宗傳竊議〉）

其相異處，只在於作用大小不同罷了。其言曰：

> 儒以之保民，道以之不疵癘於物，釋以之度盡眾生。如不龜手藥，所用有大小耳。故吾謂求道者，求之三教，不若求於自心。自心者，三教之源；三教，皆從此心施設。（《宗論》卷四，〈金陵三教祠重勸施棺疏〉）

總而言之，其思想的形成、轉變，乃至成熟固定，從下面這段序言中，最可以明瞭：

> 蕅益子年十二，談理學而不知理；年二十，習玄門而不知玄；年二十三，參禪而不知禪；年二十七，習律而不知律；年三十六，演教而不知教。逮

〔註27〕見《明末中國佛教之研究》第五章第五節，頁473。

大病幾絕，歸臥九華，腐滓以為饌，糠粃以為糧，忘形骸，斷世故，萬慮
盡灰，一心無寄；然後知儒也、玄也、佛也、禪也、律也、教也，無非楊
葉與空拳也。隨嬰孩所欲而誘之，誘得其宜，則啞啞而笑；不得其宜，則
呱呱而泣。泣笑自在嬰孩，於父母奚加損焉？顧兒笑，則父母喜；兒泣，
則父母憂，天性相關，有欲罷而不能者，伐柯伐柯，其則不遠，今之誘於
人者，即後之誘人者也，倘猶未免隨空拳黃葉而泣笑，其可以誘他乎？（《四
書蕅益解》序）

蕅益師之意以為儒、釋、道三教及佛教各宗，雖分派相爭；然原來目的則一，不外
乎明其自心而已。如其言曰：「佛祖聖賢之學無他，求盡其心而已。盡其心者，不外
心外別立一法，不外心內欠缺一法。」〔註28〕故唱三教融合、諸宗一致論；謂佛教
有教、禪、律三大區別；禪為佛心，教為佛語、律為佛行，此三者具備，始為完全
佛教；執一以相爭者，乃學者之誤謬；這種主張，即是以「現前一念心」為基礎，
此蕅益師思想之大體也。

第二節　《四書蕅益解》的成書經過

一、著作之濫觴

　　在中國現有的文獻資料裏，最早將儒家經典與佛、道之理相交涉者，首推皇侃
的《論語集解義疏》，皇侃生於南北朝佛教最盛行的年代－梁朝，此時期的學術環境，
大皆瀰漫著佛教的氣息，不論是經學、思想、文章、或志怪小說，都染著佛教的色
彩。在這種環境下，皇侃的《論語集解義疏》，自亦受其影響。例如：

　　〈子罕篇〉，「智者不惑」句，《皇疏》云：「智以照了為用，故於事無疑惑也。」
〈憲問篇〉，「智者不惑」句，亦云：「智者以照了為用，是無疑惑也。」是皆以「照
了」釋智，明見世界，是佛家語，此與儒家之「是非之心，智也。」顯有不同。又：

　　〈子罕篇〉，「子絕四」章，「毋意」句，《皇疏》云：「聖人無心，泛若不繫之
舟，豁寂同道，故無意也。」〈顏淵篇〉，「愛之欲其生，惡之欲其死」句，《皇疏》
云：「猶是一人，而愛憎生死，起於我心。我心不定，故為惑矣。」毋意解為無心、
豁寂；欲生欲死解為我心不定，實為佛家語。

除以佛家語解經外，皇四侃亦以道家之說解經，例如：

　　〈先進篇〉，「回也其庶乎，屢空」句，《皇疏》云：「空猶虛也。言聖人體寂而

〔註28〕見《宗論》卷四，〈聖學說〉。

心恆虛，無累，故幾動即見；而賢人不能體無，不能見幾，但庶幾慕聖，而心或時而虛，故曰屢空。其虛非一，故屢名生焉。」又引顧歡之言曰：「夫無欲於無欲者，聖人之常也；有欲於無欲者，賢人之分也。二欲同無，故全空，以目聖；一有一無，故每虛，以稱賢。賢人自有觀之，則無欲於有欲；自無觀之，則有欲於無欲。虛而未盡，非屢而何！」屢空之空，解爲體寂、心虛、見幾；聖賢之分，在於無欲、有欲，全空、每虛。此處即以老子之言解經，如老子言：「知幾其神乎！」無欲、有欲，亦老子中常言。又〈顏淵篇〉，「子帥以正，孰敢不正」句，《疏》引李充曰：「我好靜而民自正也。」同篇，「苟子之不欲，雖賞之不竊」句，又引李充曰：「我無欲而民自樸也。」此解源自《老子》五十七章；「我無爲而民自化，我好靜而民自正，我無事而民自富，我無欲而民自樸。」

　　除了皇侃的《論語集解義疏》外，接下來對《四書蕅益解》有著前驅作用的，則屬明教契嵩的觀念及其著作。自唐韓愈之後，闢佛之論不一而足。其時儒家思想蓬勃發展，綿延不絕，及至宋，契丹、女眞等北方民族大肆入侵中土，值此異族擾攘、險象環生之際，深具民族精神與憂患意識之宋儒，乃承韓愈之言，高揚排外心理，因此促成尊儒抑佛之思想。宋初，排佛之儒者主要有孫復、石介、歐陽修、李覯、張載、程顥、程頤等人。其以佛「爲夷狄之法，亂我聖人之教」爲大辱，力排佛教，其有言曰：

　　　　佛、老之徒橫行於中國……滅仁義以塞天下之耳；摒棄禮樂以塗天下之
　　　　人。(《孫明復小集》，儒辱)

歐陽修亦曰：

　　　　佛法爲中國患千餘歲，……使王政明而禮義充，則雖有佛，無所施於民。
　　　　(《歐陽文忠公集》卷十七，〈本論〉下)

此類闢佛之言甚多，不勝枚舉，於此激烈之排佛運動中，「天下學者反不能自信其心之然，遂毅然相與排佛之說，以務其名」〔註29〕因儒者以文排佛，而佛法日衰，於是佛日契嵩禪師乃「作〈原教〉、〈孝論〉十餘篇，明儒釋之道一貫，以抗其說。諸君讀之，既愛其文，又畏其理之勝，而莫之能奪也。因與之遊，遇士大夫之惡佛者，仲靈無不懇懇爲言之，由是排佛者浸止，而後有好之甚者」(北宋陳舜俞《鐔津明教大師行業記》)，如李覯即因之而皈依佛教，歐陽修亦留心佛學，自號六一居士，誦持《華嚴經》，以迄於終。若佛日契嵩禪師因應排佛論的對策，主要是會通儒佛，而提倡儒佛合一。其《鐔津文集》卷四，有五篇〈中庸解〉，均盛贊中庸之道，其有言曰：

　　〔註29〕「當是時，天下之士學爲古文，慕韓退之排佛而尊孔子，東南有章表民、黃聲隅、
　　　　　李泰伯尤爲雄傑，學者宗之。」見《鐔津文集》卷首，《大正藏》卷五二，頁 648 中。

夫中庸者，蓋禮之極而義之原也。禮、樂、刑、政、仁、義、智、信其八

者，一於中庸者也。

並盛讚〈中庸〉之重要性曰：

飲食可絕也，富貴崇高之勢可讓也，而中庸不可去也。其誠其心者，其修

身者，其正其家者，其治其國者，其明德於天下者，舍中庸其何以爲也。

亡國滅身之人，其必忘中庸故也。

其贊〈中庸〉之眞意乃在藉闡論〈中庸〉來彰顯佛道，其曰：

以中庸幾於吾道，故竊而言之。（〈中庸解〉第五）

更進一步指出〈中庸〉與佛經一貫：

若中庸曰：「自誠明爲之性，自明誠爲之教。」豈不與經所謂「實性一相」

者相似乎？（《萬言書》）

甚至還說〈中庸〉所道不及佛經盡理：

中庸但道其誠，未始盡其所以誠也。及乎佛氏，演其所以誠者，則所謂彌

法界、遍萬有、形天地、幽鬼神而常似；而天地鬼神不見所以者，此言其

大略耳。

所以契嵩認爲儒道還需佛教來發明之。這即是援儒入釋之法，並且還抬高了佛教的

地位。〈中庸解〉五篇便全用此法，第五篇云：

曰：「子能中庸乎？」曰：「吾之不肖豈敢也！亦嘗學於吾之道，以中庸幾

於吾道，故竊而言之，豈敢謂能中庸乎？」

明白指出〈中庸〉近佛教，而其所以能深知〈中庸〉，以有得於佛之故也。此無異暗

示學〈中庸〉必先學佛，同時亦在不露痕跡中，把〈中庸〉納入佛教了。

考契嵩特言《易》、〈中庸〉與佛教無異，亦非無的而發。蓋自唐以迄宋，儒者

之排佛論多就佛無益於國計民生之經濟觀點而發，從未能自其內蘊之玄妙排之。直

至李覯始，乃漸有轉向，其〈答黃著作書〉

……吾儒自有至要，反從釋氏而求之，然後乃曰及味。其言有可愛者，蓋

不出《易》、《繫辭》、〈中庸〉數句間。

可知李覯已看出可用《易經》、〈中庸〉的高深來對抗佛理的玄妙。然後至曾鞏乃有

更深入精采的發揮，《梁書目錄序》云：

自先王之道不明，百家並起，佛最晚出，爲中國之患，而在梁爲尤甚，故

不得而不論也。蓋佛之徒自以謂吾之所得者內，而世之論佛者皆外也，故

不可詘。雖然，彼惡睹聖人之內哉？

明白提示佛家所自我標榜的獨門之學，事實上儒家早已有之；而且更勝者，能應乎

外以化人，是天下之達道。曾鞏在此序中所闡述的論點甚有可觀：

> ……聖人者，道之極也。儒之說其有以易此乎？求其有以易此者，故其所以爲失也。夫得於內者，未有不可行於外也；有不可行於外者，斯不得於內矣。易曰：「智周乎萬物，而道濟乎天下，故不過。」此聖人所以兩得之也。知足以知一偏而不足以盡萬事之理；道足以爲一方而不足以適天下之用，此百家之所以兩失之也。佛之失，其不以此乎？則佛之徒自以謂得諸內者，亦可謂妄矣。〔註30〕

條貫清楚，理致深刻，曾鞏清晰的揭示佛理的長處早已盡在儒道之中，而儒道的長處則爲佛所無。這篇序論，在理辨上誠較前之排佛論有所突破；而以《易經》、〈中庸〉之性理來抵制佛理，排佛論至此可謂進入新境界。因此契嵩才謂《易經》、〈中庸〉與佛同，張其儒釋一貫之說；繼又言〈中庸〉不及佛經盡理，行其援儒入釋、釋勝於儒之策，以爲因應。可是這種情形到了理學興起時，情況就又有所不同。理學家吸收融合了佛、道之理，而發展出其理學思想後，更將此理論拿來成爲對抗佛法的新武器，大加鼓吹其排佛之主張。尤其朱熹註解〈大學〉、〈中庸〉，並將之與《論語》、《孟子》合爲《四書章句集註》，用以與佛學相抗衡。至此，儒者的排佛已能從外在的經濟、文化風俗批評而進入理論思想的核心，儒者的排佛可說到了最高峰。隨著朱熹《四書》學的成爲官學，佛教界則逐漸的感受到其排佛的壓力，因此必須有所因應，這個重擔則需落到後起之秀完成了。

　　自從明初以來，朱熹的《四書》學一直是官學，其排佛之主張也一直在學術界流行，受到這種情況的影響，佛教一直處於很沒落的狀況。這種狀況則要到王學的興起以後，才有改觀。（詳見上文）王學的興起，使得三教之間的疆界逐漸拉近，三教同源說有著重新升起的契機，並因而得到發展。這時許多陽明學的學者及佛教的高僧與居士乘機鼓吹三教合一，以因應理學家的排佛，並將此主張落實在《四書》學的注解上，因而產生《四書》學的新面貌（詳見上文）。在這一些《四書》學的著作中，有些著作是受時代風氣影響所及，將三教合一論表現在其《四書》學的著作中。其作品沒有完整的理論架構以及有系統的註解方法來合會三教。例如：管志道的《孟義訂測》、《論語訂釋》，周宗建的《論語商》，李贄的《四書評》，張岱的《四書遇》等等著作皆是。另一種著作，則是有主觀的動機以及核心理論來合會三道乃至溝通儒、佛，例如：方時化的《中庸點綴》，萬尙烈的《四書測》，來斯行的《四書小參》，釋德清的《大學決疑》、《中庸直指》等等，乃是以禪爲思想中心，來融合

〔註30〕詳見〈梁書目錄序〉。

儒、道之思想。而這些作品中，直接影響蕅益大師《四書蕅益解》的則有李贄的《四書評》與憨山大師的《大學決疑》、《中庸直指》。蕅益師即是在這個新《四書》學的風氣中，將合會儒釋的工作落實在其《四書蕅益解》中，以回應理學家的排佛論，完成佛教界的歷史使命，並藉此接引一些陽明學之在家居士，推廣佛法。

二、撰著之動機

如果就《四書蕅益解》本身來看，在自序中，蕅益師即明言其著作的動機為：

> 維時徹因比丘，相從於患難顛沛，律學頗諳，禪觀未了，屢策發之，終隔一膜，爰至誠請命於佛，卜以數鬮，須藉《四書》助顯第一義諦，遂力疾為拈大旨，筆而置諸笥中，屈指復十餘年，徹因比丘且長往矣，嗟嗟！

這是說《四書蕅益解》寫作的動機乃是為了徹因比丘而作，徹因比丘對於律學有所心得，可是對於禪的瞭解，雖經過蕅益師的時加策勉，始終隔著一層，未能有所突破。於是蕅益師便以占卜的方法，請示佛菩薩，所得的結果顯示必須藉助《四書》以顯禪宗心法的第一義諦，於是蕅益師便開始了《四書蕅益解》的撰著。關於徹因比丘的資料背景，據聖嚴法師的《明末中國佛教之研究》可知，他是新伊大真的弟子，奉師命隨身親近於蕅益師。他之初次與蕅益師會面，是在蕅益師二十四歲的時刻，但他也是蕅益師在三十歲時說示《梵室偶談》的筆錄者。在蕅益師的文獻裏，與徹因有關的約有五篇〔註31〕，此中就徹因的資性與風格，除了上舉《四書蕅益解》序所言，在〈退戒緣起並囑語〉有言：

> 根性稍鈍，僅知開遮持犯條目，未達三學一貫源委。且福相未純，智慧力薄，缺於辯才，短於學問。〔註32〕

總而言之，是說徹因的為人，雖然談不上聰慧，但卻非常誠實，可能是一種頭陀僧類型的人類。他就禪、教、律的三學之中，只是理解於戒律的開、遮、持、犯有關的條目，但對於戒律與禪定乃至教觀的連帶關係，無法理解融會。所以蕅益師在三十五歲和三十六歲的兩年中間，因為是處身於特殊的困苦逆境，徹因則始終隨侍左右。因此，蕅益師便把高揚戒律的使命，付囑於徹因，而且把《毗尼事義集要》的手稿全帙，都付與徹因〔註33〕，至於徹因對禪觀的修學，雖然煞費苦心戮力以赴，

〔註31〕〈囑徹因比丘〉，《宗論》五，一卷 15～17 頁；〈寄徹因大德〉，《宗論》五，一卷 21 頁；〈退戒緣起並囑語〉，《宗論》六，一卷 6 頁；《四書蕅益解序》，《宗論》六，卷一，頁 23～25。

〔註32〕《宗論》六，卷一，頁 6。

〔註33〕蕅益師在三十八歲時，曾在退隱九華山之前，特意把手書的〈毗尼事義集要〉全帙，以涕淚悲泣的心情，付與徹因，其緣故就是因為毗尼社的盟友紛紛離散而去。《宗論》

但總是不得要領，縱然經歷蕅益師的一再啓發教導，終歸還是無濟於事。後來終以占卜的方式，以《四書》內容，作爲他領會佛法第一義諦的輔助說明教材。因此，蕅益師基於他那獨特的三教同源論，把儒教的《論語》，〈中庸〉，〈大學〉、《孟子》，依照順序，依次加以注釋。但完成之後的十三年或十四年，蕅益師四十九歲時，又把這些舊稿加以補充、修正，而定稿之時，徹因卻已撒手遠離人世。

至於爲什麼蕅益師會以占卜的方式來決定對徹因比丘的教法呢？本來佛教徒，尤其是沙門釋子，是禁止涉獵於醫、卜、星、算等一切行爲的，否則，恐怕會被指責爲邪命外道。因爲佛陀示教的八正道中，正命就是正當的生存方式，避免這些醫、卜、星、算等行爲的路徑。因此，卜筮在印度雖已存在，但那絕不是佛教徒所應信行。另一方面，在中國的卜筮種類，則非常之多，在《左傳》、《史記》、《漢書》等史書中多所記載，其中有的是以月之所行爲占的，也有以日占事的，更有依時來占事，還有以觀天地之會，來辨別陰陽的氣象，乃至有以日月星辰，來占六夢的吉凶等等。這些在中國的卜筮理論基礎，該是《易經》的八卦六爻，這在《日知錄》卷四有言：

> 群物交集、五星四氣、六親九族、福德刑殺、眾形萬類、皆發生於爻。

既如上述，卜筮的原理，雖然是依據《易經》，但把《易經》哲學化，則是宋明時代儒教一椿大事件的契機。所以，少年儒士出身的蕅益師，於《易經》相連的卜筮信仰，大爲所好，也不足爲怪。在蕅益師的資料中，於卜筮信仰的記錄，當有以下幾點：（一）先是在二十一歲時，爲了想預知母親的壽命，而去造訪星象家；（二）爲盟友惺谷道壽的出家或參訪時所做的卜筮行爲。（三）在三十二歲註釋《梵網經》時，就其註解方法的採擇，頗爲困惑難決，終於採取卜筮信仰的佛前抽籤方式，決定私淑於天台教法。（四）三十五歲夏安居終了之日，作八個鬮抽籤，在佛像前以占卜的方式，占問戒體的有無，來決疑自己所得戒體的現況。（五）在三十八歲時依《占察經》的占卜方法，來決定他今後的生存方式。結果，終於抽到「著述宏經、先修觀智」的鬮。（六）四十六歲時依《占察經》行法，占察罪障，而得清靜輪相〔註34〕。上述資料中，我們可以見到許多重要的決定，蕅益師都是憑卜筮信仰決定，像這樣的佛教學者，在中國佛教史上，可說是極端的特例。

以上即就《四書蕅益解》本身的序言，來看蕅益師撰作的緣起，即是因徹因比丘而來。但若從歷史與時代的脈絡中觀察，蕅益師撰作的動機與當時的學術風氣有著密切的關連。明末初期的中國儒教學術界，仍然不過是程朱學派的延伸而已。何

六，卷一，頁 6。

〔註34〕見《明末中國佛教研究》，第三章頁 247～250。

以至此呢？因為明朝科舉制度的應試基礎，是受程朱的影響，在明成祖永樂年間，以三大全書：《周易大全》二十四卷、《四書大全》三十六卷、《性理大全》七十卷，遴選應試的考生，縱使到了明朝末年，程朱學派的勢力，依然還是舉足輕重，三大全書仍是當時士子人人所必讀的科舉用書，《周易》、《四書》、《性理大全》是當時最熱門的學科，而在蕅益師的現存著作中，就有《周易禪解》、《四書蕅益解》、《性學開蒙》等三書。聖嚴法師認為，這就是受前述三大全書的影響而撰作，這三書的撰作動機都是一樣的，由下面這一段話中最可明白：

> 蕅益子結冬於月臺，禪誦之餘，手持韋編而箋釋之。或問曰：子所解者是易耶？余曰：然。復有視而問曰：子解非易耶？余曰：然。又有視而問曰：子解亦易亦非易耶？余曰：然。更有視而問曰：子解非易非非易耶？余曰：然。侍者笑曰：若是乎，墮在四句中也。余曰：汝不聞，四句皆不可說，有因緣故，皆可說乎？因緣者，四悉檀也。人謂我釋子也，通儒能解易，則歡喜焉，故謂易者吾然之，世界悉檀也。或謂釋子何解易以同俗儒？知所解之非易，則善心生焉，故謂非易者吾然之，為人悉檀也。或謂儒釋殆無分也，若知易與非易必有差別，雖異而同，雖同而異，則儱侗之病不得作焉，故謂亦易易非易者吾然之，對治悉檀也。或謂儒釋必有實法也，若知非易，則儒非定儒，知非非易，則釋非定釋，但有名字，而無實性，頓見不思議理焉，故謂非易非非易者吾然之，第一義悉檀也，侍者曰：不然。若所解是易，人謂亦可助出世法，成增益謗；若非易，則人謂師自說禪，何嘗知易，成減損謗；若亦易亦非易，人謂儒原非禪，禪亦非儒，成相違謗，若非易非非易，人謂儒不成儒，禪不成禪，成戲論謗，烏見其為四悉檀也。余曰：是固然。汝不聞，人參善補，而氣喘者服之立斃乎？大黃最損，而中滿者服之立瘥乎？春之育萬物也，物固有遇春而爛者，夏之長養庶品也，草亦有夏枯者，秋之肅殺也，而菊有花，冬之必藏也，而松柏青，梅英馥。如必擇其有利無害者而後為之，天地不能無憾矣。且佛以慈眼視大千，群機已熟，然後示生，猶有魔波旬亂之，九十五種妒之，提婆達多思中害之，豈為堯舜稱猶病哉！吾所由解易者無他，以禪入儒，誘儒知禪耳，縱令不得四益，起四謗，如從地倒，還從地起，置毒乳中，轉至醍醐，其毒仍在。遍行為外道師，薩遮為尼犍主，意在斯也。侍者拜謝曰：此非弟子所及也，請筆而存之。（〈周易禪解序〉）

經過一番對話，蕅益師終於說出了其撰作的動機：「吾所由解者無他，以禪入儒，誘儒知禪耳。」由於《周易》、《四書》、《性理大全》都是當時知識分子關心所在，因

此，蕅益師便以佛法對這三本書加以註解，「俾儒者道脈，同歸佛海」，其目的，則誠如印光大師所言：

> 如來大法，自漢東傳，至唐而各宗悉備，禪道大興，高人林立，隨機接物。由是濂洛關閩以迄元明諸儒，各取佛法要義以發揮儒宗，俾孔顏心法絕而復續，其用靜坐參究以期開悟者，莫不以佛法是則是傚。故有功深力極，臨終豫知時至，談笑坐逝者甚多。其誠意正心，固足爲儒們師表，但欲自護門庭，於所取法者，不唯不加表彰，或反故爲鬪駁，以企後學尊己之道，不入佛法。然亦徒爲是舉。不思己既陰取陽排，後學豈無見過於師之人，適見其心量狹小，而誠意正心之不無罅漏也，深可痛惜。明末蕅益大師，係法身大士，乘願示生，初讀儒書，即效先儒鬪佛，而實未知佛之所以爲佛。後讀佛經，始悔前愆，隨即殫精研究，方知佛法乃一切諸法之本，其有鬪駁者，非掩耳盜鈴，及未見顏色之瞽論也。遂發心出家，弘揚法化，一生註述經論四十餘種，卷盈數百。莫不言言見諦，語語超宗，如走盤珠，利益無盡。又念儒宗上焉者，取佛法以自益，終難究竟貫通。下焉者習詞章以自足，多造謗法惡業，中心痛傷，欲爲救援。因取《四書》、《周易》以佛法釋之，解《論語》、《孟子》則略示大義；解〈中庸〉、〈大學〉則直指心源。蓋以秉法華開權顯實之義，以圓頓教理，釋治世語言，俾靈山泗水之心法，徹底顯露，了無餘蘊。其取佛法以自益者，即得究竟實益，即專習詞章之流，由茲知佛法廣大，不易測度，亦當頓息邪見，漸生正信。
>
> （〈四書蕅益解重刻序〉）

印光大師這裡指出了，自佛法傳入中國以後，對中國固有的文化有著一定的貢獻，可是有的儒者雖然「取佛法以自益，終難究竟貫通」；有的儒者卻因種種的理由，諸如門戶之見等，而持排佛的主張；有的「習詞章以自足，多造謗法惡業」，因此蕅益大師「中心傷痛，欲爲救援，因取《四書》、《周易》，以佛法釋之」「俾靈山泗水之心法，徹底顯露，了無餘蘊。其取佛法以自益者，即得究竟實益，即專習詞章之流，由茲知佛法廣大，不易測度，亦當頓息邪見，漸生正信。」印光大師的見解可說相當精闢，現在我們從當時的環境來看，就可更清楚蕅益師的苦心，其「援佛入儒」的目的，即爲消解排佛的壓力，使知佛法的廣大，並進而成爲教的信仰者。茲略述如下：

第一點：就消解排佛論而言：佛教在傳入中國之後，就開始不斷地和中國本土原有的儒家文化發生交涉。從牟融的《理惑論》出，站在佛教立場爲佛者解說答辯，此後，排佛論者與護法論者亦交替興起，往復辯訟。這種風氣到了宋朝尤烈（此點

前文已言之），而等到朱熹出來以後，排佛的主張更是進入了嶄新的境界。以前的排佛論，大都僅止於外圍的問題，諸如經濟問題、社會問題、人倫秩序、民族情感等等，但由於佛教有獨特的心性修養方法，是儒家所欠缺的，因此使得歷來的排佛風氣，並沒對佛教造成太大的影響。可是到了宋儒以後，則提出了理學與佛法相對抗，朱熹更將其理學心得融入到《四書》中，以與佛教抗衡。隨著朱熹的《四書集註》成爲元明時期的官學，而爲科舉的用書以後，其程朱學派的排佛主張，亦隨而擴散並影響著整個學術界。這從元明以後佛教界的沒落即可見一斑。這種以佛教爲異端之學的主張，到了明朝以後，仍不變地保持著其大勢，如邱濬、薛瑄、胡居仁等人皆強烈的主張排佛，針對這種狀況，佛教界必須有以因應，否則情形眞不堪設想。而這種情形一直要到王學的興起與三教合一論的提出，情形才有所改觀。蕅益師即是趁著三教合一論與新《四書》學之盛行，而合會儒、釋二道，「俾儒者道脈，同歸佛海」，以消解儒者之排佛，以完成佛教界的歷史使命。

　　第二點，就接引在家居士而言：在元、明交替之際，士大夫的文章中，儒書與佛典並陳兼用的情況，非常廣泛〔註35〕。縱然如此，這並不表示他們對佛教有何種程度的信仰；又有顯然自稱居士，但未必即已歸信了佛教。即使已對佛法有信仰的居士，如果要他否定原本的儒學基礎，也是絕對辦不到。因此與他們有書簡的往還，反覆討論佛法的高僧，以儒學的知識爲佛法做媒介的情形很多。這種情形在蕅益師的作品中，已常有所顯現。例如，〈答唐宜之二書〉、〈致知格物解〉等文之中，都是儒佛並論，用以解釋佛教的眞實義。這即是蕅益大師所說的：「以禪入儒，務誘儒以知禪。」（〈周易禪解序〉）另外，晚明士大夫好禪，多與禪師結納，形成一股居士佛教的風氣，或結社讀佛經、參禪，也重視持咒。明末的居士們，大多是自己接觸了佛教的書籍及修行方法，於是進一步訪問當時的高僧，求取更深入的認識和體驗，而當時對居世界影響力最大的，是雲棲袾宏大師，他極力主張「參究念佛」，原則是禪和淨土並重並修，但仍側重於念佛法門。所以當時的居士們，以念佛爲主要的修行法門，而且由於袾宏大師力倡戒殺放生，所以當時的居士之中，組織放生會，設置放生池，大有人在〔註36〕。明末的居士中，有許多是儒學的健將，如李贄、焦竑、袁宏道等人，多和儒家泰州學派的羅汝芳有師友關係，而他們本身也多有佛學方面的著作，如李贄有《華嚴經合論簡要》、《般若心經提綱》、《淨土決》等，焦竑有《楞嚴經精解評林》、《楞伽經精解評林》、《法華經精解評林》，而袁宏道有《西方合論》

〔註35〕參見清彭際清著之〈居士傳發凡〉。

〔註36〕聖嚴法師：〈明末的居士佛教〉，收於《明末佛教研究》（台北：東初出版社，民76年）頁240、241。

等〔註37〕。爲因應這股居士佛教的風氣，使他們能對佛法有更深入的瞭解，並進而成爲佛教的擁護者與追隨者。因此將佛法高深義理，融入於時人所必讀的《四書》之中，乃不失爲悉檀益物之善巧。

以上兩點即蕅益師所謂「援佛不儒，務誘儒以知禪」的兩個目的。至於其著作置身於明朝一窩蜂科舉應制之作中，大師特爲此澄清其著作動機乃是爲去掉眾生之執著，而不是爲科舉服務。其云：「佛祖聖賢，皆無實法繫綴人，但爲人解粘去縛，今亦不過用楔出楔，助發聖賢心印而已。若夫趨時制藝，本非予所敢知，不妨各從所好。」（《四書蕅益解》自序）

第三節　《四書蕅益解》的版本與體例

《四書蕅益解》一書包含〈大學直指〉、〈中庸直指〉、〈論語點睛〉、〈孟子擇乳〉四個部分。現在市面所流通的本子大概有幾種：一、由佛教出版社發行，連同民國江謙的補註一起印行的單行本，名爲《四書蕅益解補註》，書末附錄有清末楊仁山居士所著的《論語發隱》與《孟子發隱》。二、佛教書局印行的《四書蕅益解》，收於《蕅益大師全集》第十九冊。三、先知出版社印行的《四書蕅益解》。四、高雄淨宗學會印行的《四書蕅益解》，這幾種本子都是同一個版，只是第一種多加了江謙的補註。而另有一種本子，則是最近才由眾生文化出版公司所印行的新式標點本，分上、下兩冊，亦爲《四書蕅益解補註》，其版亦與前述各書相同，只是其附的內容與《四書》的排列順序與前述諸書有所不同。此書除附有江謙的補註與楊仁山居士所著的《論語發隱》與《孟子發隱》外，並附錄有憨山大師的《中庸直指》與弘一大師所寫的〈蕅益大師略傳〉。其《四書》各篇排列順序則依照蕅益師原來的順序「首《論語》、次〈中庸〉、次〈大學〉、後《孟子》」（《四書蕅益解》序）來編排，上冊爲〈論語點睛〉，下冊爲〈中庸直指〉、〈大學直指〉。與佛教書局的單行本順序（〈大學直指〉、〈中庸直指〉、〈論語點睛〉）有所不同。本論文所採用的本子則是佛教書局所印行的圈點本，其書前有序三篇，首爲《四書蕅益解》，序一篇，敘述其著作的動機緣由，序末題「丁亥孟冬九日古吳西有道人智旭漫識」可知《四書蕅益解》成書時間爲順治四年。再來有〈四書蕅益解重刻序〉一篇，序末題「中華民國九年庚申孟夏，常慚愧僧釋印光撰」，文中簡單介紹佛法與儒家的關係，其間人物互動之情形以及蕅益大師著作《四書蕅益解》的目的等等；最後有〈大學補註序〉一篇，言明〈大學〉之精義與〈大學直指〉的殊勝，序末題「民國二十三年甲戌孟夏，陽復子江謙謹述」

〔註37〕同前註，頁 253～255、268～269。

由這些序言可知，《四書蕅益解》一書成書在順治四年，到了民國九年時，印光大師
曾予以重刻刊行，且由其重刻序言「孟子擇乳，兵燹後失傳，楊仁山居士，求之東
瀛，亦不可得，惜哉！」可知民國九年時〈孟子擇乳〉早已經因為戰亂的緣故而失
傳，雖然經楊仁山居士努力搜尋於日本，仍不可得；而到了民國二十三年時，江謙
又為《四書蕅益解》做補註，而成為今日所見之通行本。但本論文所探討的對象內
容則僅止於《四書蕅益解》本身，而不旁涉於江謙的補註。蕅益師註《四書蕅益解》
時所採用的底本是古本，而其編排次序則是《論語》、〈中庸〉、〈大學〉、《孟子》，其
序言：

> 首《論語》，次〈中庸〉、次〈大學〉、後《孟子》；《論語》為孔氏書，故
> 居首；〈中庸〉、〈大學〉，皆子思所作，故居次；子思先作〈中庸〉，《戴禮》
> 列為第三十一，後作〈大學〉，《戴禮》列為第四十二。所以章首在明明德
> 承前章末，予懷明德而言。本非一經十傳，舊本亦無錯簡，王陽明居士已
> 辨之矣。孟子學於子思，故居後。

由這段序言而言，蕅益師以為，〈大學〉是子思所做，而〈大學〉是承〈中庸〉「予
懷明德」一語而作；古本無錯簡，故不依朱熹《大學章句》一經十傳的編排方式，
而依王陽明復古本之舊而註解之；其《四書》的排列順序則是依作者及成書時代的
先後而排。可是今天通行的本子，其順序則已改為〈大學〉、〈中庸〉、〈論語〉，這可
能是由於篇幅的關係吧。對於各篇的命名，蕅益師亦有其見解與用意，其序云：

> 解《論語》者曰點睛，開出世光明也；解〈庸〉〈學〉者曰直指，談不二
> 心源也；解《孟子》者曰擇乳，飲其醇而存其水也。

由這裡蕅益師解〈大學〉、〈中庸〉曰〈大學直指〉〈中庸直指〉，可見其以為〈大學〉、
〈中庸〉與佛說之經典無異，〈大學〉、〈中庸〉，兩篇所言無非是直接吾人之自心，
從研究〈大學〉、〈中庸〉兩篇亦可明白自心自性：解《論語》曰〈論語點睛〉，可見
蕅益師此書，乃是欲藉儒家這部經典，闡發出世思想，以世間儒書作佛教出世之階
也。解《孟子》曰〈孟子擇乳〉，蕅益師以為孟子所言，並不能直得孔子真傳，必須
作一番篩檢的功夫。可惜由於戰爭的緣故，〈孟子擇乳〉已經失傳，今日我們無法得
知其內容。因此，《四書蕅益解》雖然包括〈論語點睛〉、〈中庸直指〉、〈大學直指〉、
〈孟子擇乳〉四個部分，而本論文只能就〈論語點睛〉、〈中庸直指〉、〈大學直指〉
等三篇加以探討。在《四書蕅益解》一書之前有一篇蕅益師所寫的序言，對瞭解本
書有很大的助益，今全錄如下：

> 蕅益子年十二，談理學而不知理；年二十，習玄門而不知玄；年二十三，
> 參禪而不知禪；年二十七，習律而不知律；年三十六，演教而不知教。逮

大病幾絕，歸臥九華，腐滓以爲饌，糠粃以爲糧，忘形骸，斷世故，萬慮
盡灰、一心無寄；然後知儒也、玄也、佛也、禪也、律也、教也，無非楊
葉與空拳也。隨嬰孩所欲而誘之，誘得其宜，則哑哑而笑；不得其宜，則
呱呱而泣。泣笑自在嬰孩，於父母奚加損焉？顧兒笑，則父母喜；兒泣，
則父母憂，天性相關，有欲罷而不能者，伐柯伐柯，其則不遠，今之誘於
人者，即後之誘人者也，倘猶未免隨空拳黃葉而泣笑，其可以誘他乎？維
時徹因比丘，相從於患難顛沛，律學頗諳，禪觀未了，屢策發之，終隔一
膜，爰至誠請命於佛，卜以數鬮，須藉《四書》助顯第一義諦，遂力疾爲
拈大旨，筆而置諸笥中，屈指復十餘年，徹因比丘且長往矣，嗟嗟！事邁
人遷，身世何實？見聞如故，今古何殊。變者未始變，而不變者，亦未始
不變，尚何存於一分無常一分常之邊執也哉！今夏述《成唯識心要》，偶
以餘力，重閱舊稿，改竄其未妥，增補其未備。首《論語》，次〈中庸〉、
次〈大學〉、後《孟子》；《論語》爲孔氏書，故居首；〈中庸〉、〈大學〉，
皆子思所作，故居次；子思先作〈中庸〉，《戴禮》列爲第三十一，後作〈大
學〉，《戴禮》列爲第四十二。所以章首在明明德承前章末，予懷明德而言。
本非一經十傳，舊本亦無錯簡，王陽明居士已辨之矣。孟子學於子思，故
居後。解《論語》者曰點睛，開出世光明也；解〈庸〉〈學〉者曰直指，
談不二心源也；解《孟子》者曰擇乳，飲其醇而存其水也。佛祖聖賢，皆
無實法繫綴人，但爲人解粘去縛，今亦不過用楔出楔，助發聖賢心印而已。
若夫趨時制藝，本非予所敢知，不妨各從所好。

　　丁亥孟冬九日，古吳西有道人，智旭漫識。（《四書薀益解》序）

由這篇序言，可以得知薀益師的爲學過程，其對佛教各宗以及三教彼此之間關係的
看法，其撰作本書之因緣，及對《四書》的基本態度與看法等等。至於其註解方式
採用傳統隨文夾注的方式，先引經文，然後再逐一訓解經文的方式進行，而其體例
則可分成〈大學直指〉、〈中庸直指〉與〈論語點睛〉兩部分來談。

一、關於〈大學直指〉、〈中庸直指〉的體例

這兩篇注文的體例，可說相當一致，篇首皆有一段注文，解釋篇名之意義。如
其解「大學」云：

大者，當體得名，常遍爲義，即指吾人現前一念之心，心外更無一物可得，
無可對待，故名當體。此心前際無始，後際無終，生而無生，死而不死，
故名爲常。此心包容一切家國天下，無所不在，無有分劑方隅，故名爲遍。

學者覺也，自覺覺他覺行圓滿，故名〈大學〉。大字即標本覺之體，學字
即彰始覺之功。本覺是性，始覺是修，稱性起修，全修在性，性修不二，
故稱大學。

其解「中庸」云：

中之一字，名同實異，此書以喜怒哀樂未發爲中，若隨情解之，只是獨頭
意識邊事耳。老子不如守中，似約第七識體，後世玄學，局在形軀，又非
老子本旨矣。藏教所詮眞理，離斷離常，亦名中道。通教即物而眞，有無
不二，亦名爲中，別教中道佛性，有名有義，而遠在果地，初心絕分，惟
圓人知一切法，即心自性，無非中道，豈得漫以世間中字，濫此極乘，然
既秉開顯之旨，則治世語言，皆順實相，故須以圓極妙宗，來會此文。俾
儒者道脈，同歸佛海。中者，性體；庸者，性用。從體起用，全用在體；
量則豎窮橫遍，具乃徹果該因。

蕅益師在註解〈大學直指〉、〈中庸直指〉時，亦如傳統僧人註釋佛經的方法，將全
文依其脈絡，加以科段分釋，使吾人更易得知全文綱領，例如其注〈大學〉與〈中
庸〉，皆將之科段爲：

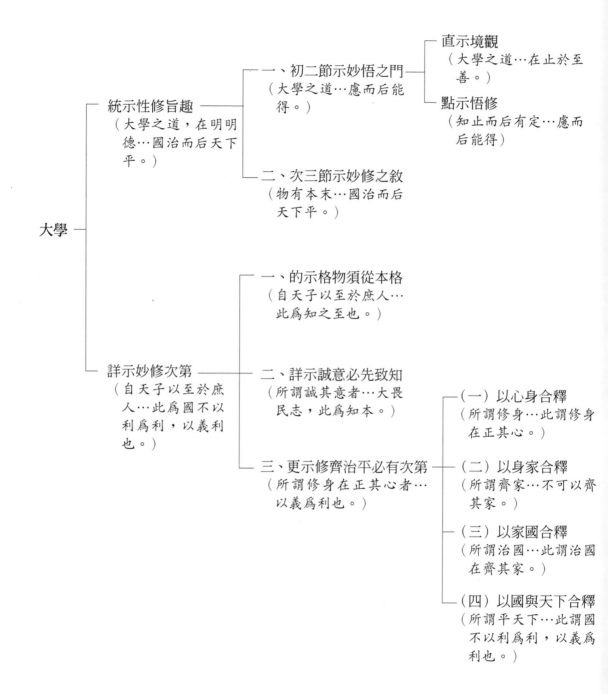

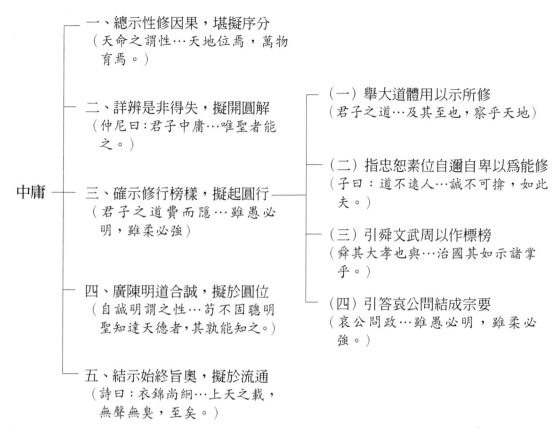

中庸

一、總示性修因果，堪擬序分
（天命之謂性…天地位焉，萬物育焉。）

二、詳辨是非得失，擬開圓解
（仲尼曰：君子中庸…唯聖者能之。）

三、確示修行榜樣，擬起圓行
（君子之道費而隱…雖愚必明，雖柔必強）

（一）舉大道體用以示所修
（君子之道…及其至也，察乎天地）

（二）指忠恕素位自邇自卑以爲能修
（子曰：道不遠人…誠不可揜，如此夫。）

（三）引舜文武周以作標榜
（舜其大孝也與…治國其如示諸掌乎。）

（四）引答哀公問結成宗要
（哀公問政…雖愚必明，雖柔必強。）

四、廣陳明道合誠，擬於圓位
（自誠明謂之性…苟不固聰明聖知達天德者，其孰能知之。）

五、結示始終旨奧，擬於流通
（詩曰：衣錦尚絅…上天之載，無聲無臭，至矣。）

由這些科段就很容易看出《四書蕅益解》的全文脈絡與其「援佛入儒」之大綱，對瞭解《四書蕅益解》一書，有很大的助益。

另外這兩篇之註解方式亦與〈論語點睛〉有極大的不同，由於〈大學〉、〈中庸〉兩篇有很強的理論基礎與嚴密的架構，因此蕅益師在註解這兩篇時亦有其理論架構體系（詳見第四章）來行其「援佛入儒」之目的。因此，其註解的內容，理論性很強，主要以禪、天台、唯識三宗之思想，交互註解經文，如：

〈大學〉：**大學之道，在明明德，在親民，在此於至善。**

註文：道者，從因趨果所歷之路也。只一在明明德，便說盡大學之道。上明字，是始覺之修，下明德二字，是本覺之性。性中本具三義，名之爲德，謂現前一念靈知洞徹，而未嘗有形，即般若德。現前一念雖非形象，而具諸妙用。舉凡家國天下，皆是此心中所現物，舉凡修齊治平，皆是此心中所具事，即解脫德。又復現前一念莫知其鄉而不無，位天育物而非有，不可以有無思，不可以凡聖異，平等不增不減，即法身德。我心既爾，民心亦然，度自性之眾生，名爲親民。成自性之佛道，名止至善。親民、止至善，只是明明德之極致，恐人不了，一一拈出，不可說爲三綱領也。此中明德、民、至善，即一境三諦，明、親、止，即一心三觀，明明德即自覺；

親民，即覺他；止至善即覺滿。自覺本具三德，束之以爲般若，覺他令覺三德，束之以爲解脫。至善自他不二，同具三德，束之以爲法身，不縱不橫，不並不別，不可思議。此理名爲大理，覺此理者，名爲大學。從名字覺，起觀行覺，從觀行覺，得相似覺，從相似覺，階分證覺，從分證覺，歸究竟覺，故名大學之道。

此處則以天台宗的說法，將「明德」解釋爲包含「般若德、解脫德、法身德」等三個意函。「明」明德之「明」乃是「始覺之修」，大學之道即是天台宗的修行歷程。名字覺起觀行覺，從觀行覺得相似覺，從相似覺，階分證覺。從分證覺，歸究竟覺，故名大學之道。此外並以其獨特的禪思想，「現前一念心」來融攝天台的般若、解脫、法身三德，以及〈大學〉的「明明德、親民、止至善」三個綱領。又：

〈大學〉所謂修身在正其心者，有所忿懥，則不得其正；有所恐懼，則不得其正；有所好樂，則不得其正；有所憂患，則不得其正。

　　註文：身者，前六識身也，忿懥、恐懼、好樂、憂患、即貪瞋癡等根隨煩惱也。現行熏成種子，故使第八識心不得其正。

此處則以唯識之第八識比擬儒家的「心」，以「前六識身」即「眼、耳、鼻、舌、身、意」比擬儒家的「身」。哀樂等情感之表現替換成唯識宗之專門術語。

二、關於〈論語點睛〉的部分

　　〈論語點睛〉的註解方式與體例和〈大學直指〉、〈中庸直指〉可說有相當的差異，〈論語點睛〉並沒有如前兩篇有精密的科判，只是隨文註解而已。且其注文方式，也沒有如前者有系統的理論架構，只是將《論語》如小說一般的加以評點而已。其篇名爲〈論語點睛〉，固然如其序云：「開出世光明也。」而點睛一詞亦正有點出關鍵所在，而能由此掌握住整體境界、整體精神之意，正所謂「畫龍點睛」之謂，亦即透過此一關鍵的點出，使美篇之精神昭然若揭，躍然紙墨之上。楊倫《杜詩鏡銓》凡例云：

　　詩貴不著圈點，取其淺深高下，隨人自領。然畫龍點睛，正可使精神愈出，

　　不必以前人所無而廢之。〔註38〕

這是說評點有時如畫龍點睛，正可使境界全出。此處說的雖然是詩，但對蕅益大師藉《論語》發揚佛教思想來說，理則同然。且評點之學，在當時是一種風氣，曾國藩〈經史百家簡編序〉：

　　自六經燔於秦火，漢世掇拾殘遺，徵諸儒能通其讀者，支分節解，於是有

〔註38〕轉引自郭正宜：《方東樹詩學源流及其美感取向之研究》（台南：成功大學歷史語言研
　　　　究所碩士論文），頁 94。

章句之學。劉向父子勘書祕閣，刊正脫誤，稽合同異，於是有校讎之學。梁世劉勰、鍾嶸之徒，品藻詩文，褒貶前哲，其後以丹黃識別高下，於是有評點之學。三者皆文人所有事也。前明以《四書》經藝取士，我朝因之，科場有勾股點句之例，蓋猶古者章句之遺意；試官評定甲乙，用硃墨旌別其旁，名曰圈點，後人不察，輒仿其法，以塗抹古書，大圈密點，狼籍行間。故章句者，古人治經之盛業也，而今專以施之時文；圈點者，科場時文之陋習也，而今反施之古書，末流之遷變，何可勝道。〔註39〕

這段記載說明了評點之學的由來與流變，評點之學到了明朝，因爲以《四書》經藝取士，所以成爲科場時文影響下的一種風氣，而反過來施於《四書》等經書。每鄉會試，主司喜於文卷之佳者，圈點標示其旁，又加評語於其上，以別妍媸，影響所及，書肆所刻《四書》文，莫不有評點〔註40〕，而蕅益師〈論語點睛〉所參考的李卓吾的《四書評》正是這一風氣之下的著作。且《論語》一書多記載孔子和他的弟子之間的生活言談、舉止等事，較沒有嚴密的理論架構，異於〈大學〉、〈中庸〉之有三綱八目，及天命與心性的遙契相貫作爲其思想骨架。如就佛家的典籍來說，《論語》的性格較像經，而〈大學〉、〈中庸〉較像論。經是佛所說，呈顯出來的性格是較爲具體、活潑、舒朗而開擴的心胸；而論是菩薩所造，目的在闡明佛經之義理，故理論性較強〔註41〕。因此，蕅益師在註解《論語》一書時，不論是臧否人物或即事論理，其所用的註解方式，則呈現活潑而多樣式之性格。例如：有時將佛法之義融入於《論語》之中：

子曰：「仁遠乎哉！我欲仁，斯仁至矣。」（〈述而篇〉）

　　註文：欲二即仁，仁體即是本來至極之體，猶所云念佛心即是佛也。

此處以「本來至極之體」比擬仁體，亦即以佛性喻仁體。又：

子曰：「吾十有五而志於學，三十而立，四十而不惑，五十而知天命，六十而耳順，七十而從心所欲而不踰矩。」（〈爲政篇〉）

　　註文：只一學字到底。學者，覺也。念念背塵合覺，謂之志。覺不被迷情所動，謂之立。覺能破微細疑網，謂之不惑。覺能透眞妄關頭，謂之知天命。覺六根皆如來藏，謂之耳順。覺六識皆如來藏，謂之從心所欲不踰矩。此是得心自在。若欲得法自在，須至八十九十，始可幾之。故云：若聖與仁，則吾豈敢。此孔子之眞語實語。若做謙詞解釋，冤卻大聖一生苦心，反聞聞自性。初須入流亡所，名之爲逆，

〔註39〕同前註，頁90。
〔註40〕尤信雄：《桐城文派學述》（台北：文津出版社，民78年），頁113。
〔註41〕牟宗三：《中國哲學十九講》（台北：台灣學生書局，民國80年）頁287。

逆極而順，故名耳順。即聞所聞盡。分得耳門圓照三昧也。

此處則以佛法修行工夫融入《論語》之中，將禪宗之保任工夫與《楞嚴經》之觀音菩薩耳根圓通法門來比擬孔子一生的爲學境界。有時則不註文義，而以感情語、感嘆語代替，如：

子曰：「夏禮吾能言之，杞不足徵也，殷禮吾能言之，宋不足徵也，文獻不足故也。足則吾能徵之矣。」（〈八佾篇〉）

　　　　註文：無限感慨。

或以寥寥數語，將《論語》之義以及人物之神情樣貌點出，充分展現畫龍點睛之妙，如：

季氏使閔子騫爲費宰。閔子騫曰：「善爲我辭焉，如有復我者，則吾必在汶上矣。」（〈庸也篇〉）

　　　　註文：有志氣，有節操，羞殺仲由、冉求。

子曰：「非其鬼而祭之，諂也。見義不爲，無勇也。」（〈爲政篇〉）

　　　　註文：罵得痛切，激動良心。

關於〈論語點睛〉之註解特色，則在第五章說明。

第四章　《四書蕅益解》之「以佛入儒」

　　蕅益大師的《四書蕅益解》一書，採取中國學者傳統的注經解經方式，依章句逐節註解之，並且就從註解的文字中，發揮佛教的義理、思想，使得儒佛二家的思想，透過蕅益師此一註解的過程而得以會通，而就如前文所言，《四書蕅益解》成書的最大動機與目的，即是「以佛入儒，務誘儒以知禪」，「俾儒者道脈同歸佛海」，如何合會儒、釋二教，以及其所顯現的成果，乃是本書成敗之關鍵。因此本章節即順著前文脈絡，分析《四書蕅益解》合會儒釋二教之方法與成果，以觀其概。本章共分三節，將〈大學直指〉、〈中庸直指〉、〈論語點睛〉三篇分開作解析研究。每節之間列出其以佛入儒之處，以見其貌。並以此為基礎，深入研究其「以佛入儒」的基礎。其用什麼方法來合會儒、釋，以及其所顯現融合之後的面貌。

第一節　〈大學直指〉研究
一、〈大學直指〉之「以佛入儒」

經　　文	註　　文
大	常、遍為義；即指吾人現前一念之心，心外更無一物可得。
學	覺。
大學	常覺、遍覺。
大學之「道」	從因趨果之路。
大學之道	只一在明明德便說盡大學之道。
「明」明德	始覺之修。
明「明德」	本覺之性。具般若德、解脫德、法身德；分心、意、知三名。

明明德	致知、致、誠、正，明明德之別名。
親民	度自性之眾生，名爲親民。
止至善	成自性之佛道，名止至善。親民、止至善只是明明德之極至，不可說爲三綱領。
知「止」	明德本體。
「知」止	妙悟。
定	動、靜二相了然不生名能定，外境不擾故。
靜	聞所聞盡，名能靜，內心無喘故。
安	覺，所覺空，名能安，煩惱永寂故。
慮	空所空滅名能慮，寂滅現前，如鏡現象故。
得	忽然超越名能得，獲二殊勝故。
「物」有本末	蓋迷明德而幻成身及家國天下名爲物。
「事」有終始	反迷歸悟之功名爲事。
正其心	轉第八識爲大圓鏡智也。
誠其意	轉第七識爲平等性智也。
致其知	轉第六識爲妙觀察智。
致知在「格物」	作唯心識觀。
「物格」而后知至	我法二執破，則物自格。
「知至」而后意誠	二空妙觀，無間斷也。
「意誠」而后心正	由第六識，入二空觀，則第七識不復執第八識之見分爲內自我、法也。
「心正」而后身修	由六、七二識無我執故，第八識捨賴耶名。由六七二識無法執故。第八識捨異熟名，轉成菴摩羅識，亦名大圓鏡智，相應心品也。
「身修」	第八識既成無漏，則一切五陰、十二處、十八界，皆無漏也。
家齊、國治、天下平	一身清靜故，多身清靜，乃至十方三世圓滿清淨也。
所謂「誠其意」者	眞心正念眞如名爲誠意。
毋自欺也	妄計實我實法名爲自欺。
君子必慎其「獨」也	心外本無實我、實法名之爲獨。
君子必「慎」其獨也	斷意中我法二執，斷無不盡，修良知二空妙觀，修無不圓，名之爲「慎」也。

小人「閒」居	閒居即慎獨之「獨」字，雖在大庭廣眾，亦名閒居。
小人閒居「為不善」	為不善者，即是妄起我法二執，二執為眾惡根本。
湯之盤銘曰：苟日新、日日新、又日新	苟者斬然背塵合覺也。日日新者，不肯得少為足；又日新者，不肯半途而廢。又苟日新者，斷分別二執；日日新者，斷俱生二執。又日新者，斷二障種子。
詩云：「穆穆文王，於緝熙敬止。」為人君，止於仁……止於信	明德一理耳。對臣下則名為仁，對君上則名為敬，對父母則名為孝，對子孫則名為慈，對國人則為信。
無所不用其極	極即至善，至善即明德本體。
「無情」者不得盡其辭	不達人我一體，則有爭有競，便名之為無情。
身有所忿懥，則不得其正。有所恐懼，則不得其正。有所好樂，則不得其正。有所憂患，則不得其正。	忿懥、恐懼、好樂、憂患即貪、瞋、癡等，根隨煩惱也。
「心」不在焉，視而不見	第八識體，本自無所不在，亦無所在。
一家「仁」，一國興仁	堯舜之仁，不過是格物致知，誠意正心以修身耳。
是故君子先「慎乎德」，有德此有人	正顯明明德之工夫，全在慎獨也。
唯仁人，為能愛人，能惡人	唯仁人，無愛無惡，亦唯仁人，能愛能惡。仁是性體，無愛無惡是性量，能愛能惡是性具。
君子有大道，必「忠信」以得之	「忠信」即誠意之異名，直心正念真如名至誠心，亦名為忠。了知心、佛、眾生，三無差別，名之為信。

二、其基礎、方法及面貌

（一）基　礎

　　蕅益師注〈大學〉，其所用的手段，乃是以其獨特的「現前一念心」為核心思想，然後將〈大學〉逐步地佛化，達到「以佛入儒」的目的。在〈大學直指〉卷首，蕅益師即開宗明義注〈大學〉二字云：

> 大者，當體得名，常遍為義，即指吾人現前一念之心，心外更無一物可得。無可對待，故名當體；此心前際無始，後際無終，生而無生，死而不死，故名為常；此心包容一切家國天下，無所不在，無有分劑方隅，故名為遍，學者覺也，自覺覺他，覺行圓滿，故名大學。大字即標本覺之體，學字即彰始覺之功。本覺是性，始覺是修，稱性起修，全修在性，性修不二，故稱大學。（頁7）

這段文字，涵蓋了整部〈大學直指〉的意趣。蕅益師曰：「學者，覺也。」以覺訓學，則所謂「大學之道」即成爲「大覺之道」，而「大學直指」的宗旨，也就即著這個成就究竟大覺的過程來鋪陳發揮，換言之，〈大學直指〉乃是就著〈大學〉這部儒家的典籍，開示「成佛的大道」。

然而吾人應如何邁向成佛的大道呢？就從吾人之「現前一念心」著手。蕅益師所謂：「現前一念心」，與天台宗所說的「一念三千」、「介爾一心」差不多，都是在當下的一念之中，具足十法界的性質。這一念心，同樣都是指當下第六意識刹那變異的妄念心〔註1〕，但相對於天台宗強調的「具足」義，蕅益師的「現前一念心」卻更強調即此一心中，即妄即眞，即眞即妄的呈顯。這是依於《起信論》的本覺隨染，無明、覺性不相捨離說〔註2〕，及《楞嚴經》的眾生心，見聞覺知本如來藏，如來藏隨眾生心應所知量〔註3〕而來。因爲，我們如果認爲第六意識只是單純的妄心，那就是唯識宗的解釋；假若理解到眞如心只是單純不變的眞實心，這又成了性宗的觀念。蕅益師的「現前一念心」說，本著眞如是妄念心的隨緣不變與妄心是眞如的不變隨緣的理路，圓融地將二者統一起來〔註4〕。

理解了蕅益師「現前一念心」的定義之後，我們可以發現，這「現前一念心」具有雙重性格：

甲、「常」、「遍」爲義的當體，也就是「本覺之性」，前際無始，後際無終，生而無死，死而不死（常）；而又包容一切家國天下，無所不在，無有分際方隅（遍）。這相當於《起信論》中的「心眞如門」。

乙、自覺覺他的菩提道，由此向上一直到達覺性圓滿的「始覺之修」，這相當於《起信論》中的「心生滅門」，如蕅益師釋「物有本末，事有終始」一節云：

蓋迷明德，而幻成身及家國天下，名之爲物；既已迷德成物，且順迷情，

〔註1〕見聖嚴法師著《明末中國佛教之研究》第五章有關「現前一念心」部分，頁424。又，天台宗的「一念三千」，這一念心爲妄，是天台宗的原義，其後山家派亦沿用此意。山外派則以此一念爲眞心，這是受了華嚴宗的影響，以華嚴思想來說天台。

〔註2〕《起信論》曾以風動大海水波爲喻，說明本覺隨染相，云：「此義云何？以一切心識之相皆是無明，無明之相，不離覺性，非可壞，非不可壞。如大海水，因風波動，水相風相不相捨離，而水非動性。若風止滅，動則相滅，濕性不壞故。如是眾生自性清淨心因無明風動，心與無明俱無形相，不相捨離。而心非動性，若無明滅，相續相滅，知性不壞故。」《大正藏》第三十二卷576頁下。

〔註3〕《楞嚴經》卷三：「阿難，汝性沈淪，不悟汝之見聞覺知，本如來藏。……汝曾不知如來藏中，性見覺明，覺精明見，清淨本然，周遍法界，隨眾生心，應所知量。」《大正藏》第十九卷118頁下、119頁上。

〔註4〕同註1、頁424，有關「現前一片心」的定義部分。

辨其本末，反迷歸悟之功，名之爲事，既向生滅門中，商榷修證，須知有
終始。（頁 10）

而此二門，又統攝之於一心，所謂「現前一念心」是也。並由此「心眞如門」稱「性」，
由「心生滅門」起「修」，在統攝於一心的意義下，「稱性起修」而「全修在性」。無
明、覺性不相捨離，因此彰顯蕅益師「性修不二」之教，由此邁向「大學（覺）之
道」。蕅益師即是以此「現前一念心」統合禪、天台、唯識三宗之義，並以此爲基礎，
靈活的使用禪、唯識、天台三家的教法，逐步合會〈大學〉之文，使「儒者道脈，
同歸佛海」。

（二）方　法

　　蕅益大師之註解《四書》，雖然他採用的方法是傳統學者隨經文章句逐文註解
的經學形式，但這並非所謂「注不悖經，疏不悖注」的嚴謹守著先儒說法，不違
師說的舊有注疏之學傳統。所謂「注不悖經，疏不悖注」的原則，其實是反映了
一種「神聖的作者觀」，也就是作者是神聖的，聖者作，其他人便來傳述之、彰明
之。因此，在傳統學者的人文箋釋活動中，一直存在著追求「作者本意」的觀念，
由於經書是載聖人之道的，聖人之道有其神聖性、超越性、普遍性，故經書只有
聖人才能創作，而其箋釋者最主要的工作，是在追求「作者本意」，對箋釋經書來
說，就是發明「聖人本心」。因此，箋釋者的地位都是「述者」，「述而不作」成爲
傳統學者箋釋經書的態度。

　　「注不悖經，疏不悖注」的原則，反映了傳統學者的解經活動中追求「作者本
意」的基調，同時由於經書是聖人所作，具有神聖性，因此引發了尊經思想，這種
尊經思想說明了何以傳統的解經模式是採取跟隨原典逐章逐句的加以註釋疏解，而
不是解經者以範疇、命題爲中心而建立有系統、有組織的思想體系之部分原因。因
爲就一個「述者」的立場來說，前者的模式無疑是較能照顧到「述而不作」的宗旨，
同時箋釋經書仍是以經書爲主，箋釋者不過是附於經文之後加以說明、傳述而已，
由此達到了尊經的效果。但是由於蕅益大師之著作並非是想發揮《四書》之精義成
一家之言，而乃是欲「藉《四書》助顯第一義諦」，要如何將〈大學〉之經文，解釋
成佛理，而融入於其「現前一念心」的思想架構中，乃是其首先要克服的關鍵問題，
對此蕅益大師則跟隨著時代風氣潮流，採取「以己心注經」的方法自由解釋《四書》
之經文，俾能把佛理巧妙地融入於《四書》精義之中，而不顯得突兀。觀其所使用
之方法，有如下幾種：

甲：將儒家之基本德目與觀念詮釋成佛家之意涵

　　即以佛法之概念意涵詮釋儒典之基本觀念，其方法最重要的是將儒家思想之德目與重要概念改爲佛家之意涵，然後順此解釋轉變成爲佛教之思想體系。

1. 德　目

經文：**大學之道，在明明德，在親民，在止於至善。**

　　註文：……明德二字，是本覺之性。性中本具三義，名之爲德。謂現前一念靈知洞澈，而未嘗有形，即般若德。現前一念雖非形象，而具諸妙用舉凡家國天下，皆是此心中所現物。舉凡修齊治平，皆是此心中所具事，即解脫德。又復現前一念莫知其鄉而不無，位天育物而非有。不可以有無思，不可以凡聖異，平等不增不減，即法身德。我心既爾，民心亦然。度自性之眾生，名爲親民；成自性之佛道，名止至善。……

按：此處將「明德」解釋爲佛家之「本覺之性」亦名「現前一念心」，具有「般若德、解脫德、法身德」三種性質，而「親民、止至善」即覺性之圓滿過程。

經文：**所謂誠其意者，毋自欺也。如惡惡臭，如好好色，此之謂自謙，故君子必愼其獨也。**

　　註文：直心正念眞如，名爲誠意；妄計實我實法，名爲自欺。蓋稍習聞聖教，未有不知我法二執之爲惡。未有不知二空妙觀之爲善者，但其惡我法二執，不能如惡惡臭，好二空妙觀，不能如好好色，所以名爲自欺，不自謙耳。夫臭必知臭，色必知色，可喻良知。知臭必惡，知色必好，可喻致知。今知二執之惡而不力破，知二空之善而不力修，豈可謂致知乎？心外本無實我實法，名之爲獨。斷意中我法二執，斷無不盡，修良知二空妙觀，修無不圓，名之爲愼也。

按：此處將「誠意」、「自欺」解爲「直心正念眞如」、「妄計實我實法」等佛教內涵，並以「我、法二執」之去取，作爲善惡之標準。又將「獨」解爲「心外本無實我實法」之佛性，「愼」則爲修行功夫。

經文：**唯仁人，放流之，迸諸四夷，不與同中國，此謂唯仁人，爲能愛人，能惡人。**

　　註文：唯仁人，無愛無惡，亦唯仁人，能愛能惡。仁，是性體；無愛無惡，是性量；能愛能惡，是性具。

按：「仁」是性體，即指「佛性」。「佛性」的現量是無愛無惡的，而其作用則能愛能惡。所謂「性具」乃天台宗的術語，即指吾人本有之眞如本性。天台宗主張法界中之一一事法，本來圓具十界三千迷悟因果之諸法，此稱「性具」。亦即各個現象世界，皆具有善有惡，彼此完全具足，且彼此互不混淆。

經文：**是故君子有大道，必忠信以得之，驕泰以失之。**

　　註文：大道，即大學之道。君子，不以位言；忠信，即誠意之異名。直心正念

眞如，名至誠心，亦名爲忠。了知心、佛、眾生，三無差別，名之爲信。自恃爲驕，驕則不忠；輕他爲泰，泰則不信。

按：此處以「直心正念真如」為「忠」，「了知心、佛、眾生，三無差別」為「信」，儒家基本之人倫德目轉為佛家修行觀念。

2. 基本概念

經文：大學。

　　註文：大者，當體得名，常遍爲義；即指吾人現前一念之心，心外更無一物可得。無可對待，故名當體，此心前際無始，後際無終，生而無生，死而不死，故名爲常；此心包容一切家國天下，無所不在，無有分劑方隅，故名爲遍，學者覺也。自覺覺他、覺行圓滿，故名大學。

按：以「現前一念心」解「大」、「覺」解「學」，於是「大學」變爲「本性的圓滿覺悟」，儒家的知識論轉爲佛家的本體論。

經文：心不在焉，視而不見，聽而不聞，食而不知其味，此謂修身在正其心。

　　註文：第八識體，本自無所不在，亦無所在，唯其受染法熏，持染法種，隨彼染法所起現行，爲視、爲聽、爲食、而見聞知之妙性。遂爲彼所覆蔽矣，蓋其光圓滿得無增愛者。名之爲見，既有所視，便不名見。十方擊鼓，十處齊聞者，名之爲聞。既有所聽，便不名聞。舌根不動，淡性常在者，名爲知味。既有所食，便不知味。故前一節，深明現行熏種子之失；此一節，深明種子生現行之失。身心相關若此，故必格物致知，以誠其意。然後心正而修也。有所忿懥等，只是不能格物，故意不誠；不見不聞等，只是不能致知，故心不正，而身不修。…

按：此處以唯識宗的「第八識」解釋儒家的「心」；而「心」的見聞覺知，通通是「第八識」的作用。

經文：物有本末，事有終始，知所先後，則近道矣。

　　註文：此起下文兩節之義，蓋迷明德，而幻成身及家國天下。名之爲物，既已迷德成物，且順迷情，辨其本末，反迷歸悟之功，名之爲事。……

按：蕅益師以爲儒家所謂的「身、家、國、天下」等觀念的產生，都只是「明德」（即覺性）被蒙蔽以後才產生的幻象而已，亦即佛家所謂的「萬法唯心造」。把這些幻相去除的修道功夫，就稱爲「事」了。

經文：所謂修身，在正其心者，身有所忿懥，則不得其正；有所恐懼，則不得其正；有所好樂，則不得其正；有所憂患。則不得其正。

　　註文：身者，前六識身也。忿懥、恐懼、好樂、憂患，及貪瞋癡等，根隨煩惱

也。現行熏成種子，故使第八識心，不得其正。

按：唯識宗認為「心王」總共有八識，前六識分別為：「眼識、耳識、鼻識、舌識、身識、意識」，蕅益師這裡把儒家的「心」解為「第八識」，「身」則包括前六識。

經文：君子無所不用其極。

　　註文：無所不用其極，無二極也。極，即至善。至善，即明德本體。……

按：此處把「極」解釋成「至善」、「明德」亦即是「覺性」。

經文：小人閒居為不善，無所不至，見君子，而后厭然。揜其不善，而著其善，人之視己，如見其肺肝然，則何益矣。此謂誠於中，形於外，故君子必慎其獨也。

　　註文：此明小人亦有良知，但不能致知，故意不得誠也。閒居，即慎獨之獨字，雖在大庭廣眾，亦名閒居。為不善者，即是妄起我法二執。二執，為眾惡根本。故一有二執，便無所不至，見君子而後厭然，正是良知不可昧處，揜不善而著善，是不能誠於中，如見其肺肝然，是不能形其外，故使人得窺其中也。

按：此處以佛家「妄起我法二執」作為儒家「善惡」觀念的標準，儒家人倫內涵轉變成佛家功夫內涵。

經文：子曰：聽訟，吾猶人也，必也使無訟乎。無情者，不得盡其辭，大畏民志，此謂知本。

　　註文：世人不知心外無物，妄謂仁敬孝慈信，可以對君臣父子良民，不可以化頑惡。殊不知只是物未格、知未至，意未誠耳。如文王之使虞芮息爭，何必別商聽訟之法，大凡不達人我一體，則有爭有競，便名之為無情，非必告謊狀，而後為無情者也。……

按：將「無情」解為「不達人我一體」，換句話說即有「人、我二相」即是「無情」。

乙：將儒家「內聖外王」之功夫轉換成佛家修行過程之工夫

經文：大學之道，在明明德，在親民，在止於至善。

　　註文：道者，從因趨果所歷之路也。只一在明明德，便說盡大學之道。上明字是始覺之修，下明德二字，是本覺之性。性中本具三義，名之為德，謂現前一念靈知洞徹，而未嘗有形，即般若德，現前一念雖非形像，而具諸妙用，舉凡家國天下，皆是此心中所現物。舉凡修齊治平，皆是此心中所具事，即解脫德。又復現前一念莫知其鄉而不無，位天育物而非有。不可以有無思，不可以凡聖異，平等不增不減，即法身德。我心既爾，民心亦然。度自性之眾生，名為親民；成自性之佛道，名止至善。親民、止至善只是明明德之極致，恐人不了，一一拈出，不可說為三綱領也。此中明德，民，至善，即一境三諦，明、親、止，即一心三觀，明明德即自覺；親民，即覺他；止至善，即覺滿。自覺本具三德，束之以為般若；覺他令覺三德，束

之以爲解脫；至善自他不二，同具三德，束之以爲法身。不縱不橫，不並不別，不可思議，此理名爲大理。覺此理者，名爲大學。從名字覺，起觀行覺；從觀行覺，得相似覺；從相似覺，階分證覺，從分證覺，歸究竟覺，故名大學之道。

按：此處將儒家「內聖外王」的「大學之道」解爲佛家修行成佛的「大覺之道」，而〈大學〉的三綱領則是「自覺、覺他、覺行圓滿」之過程。「明、親、止」即「一心三觀」的功夫，「明德、民、止至善」即「一境三諦」的內容。

經文：知止而后有定，定而后能靜，靜而后能安，安而后能慮，慮而后能得。

　　註文：止之一字，雖指至善，只是明德本體。此節指點人處，最重在知之一字。《圓覺經》云：知幻即離，不作方便；離幻即覺，亦無漸次，當與此處參看。《大佛頂經》云：以不生不滅爲本修因，然後圓成果地修證，即知止之謂也。此中知，爲妙悟；定，靜、安、慮，爲妙修；得爲妙證。動靜二相，了然不生，名能定；外境不擾故，聞所聞盡，名能靜；內心無喘故，覺所覺空，名能安；煩惱永寂故，空所空滅，名能慮；寂滅現前，如鏡現像故，忽然超越，名能得，獲二殊勝故。

按：此處將儒家的修養功夫「定、靜、安、慮、得」轉爲《楞嚴經》觀音菩薩耳根圓通法門，而「知止」的「知」比擬爲《圓覺經》中的妙悟。

經文：古之欲明明德於天下者，先治其國；欲治其國者，先齊其家；欲齊其家者，先修其身；欲修其身者，先正其心；欲正其心者，先誠其意；欲誠其意者，先致其知，致知在格物。

　　註文：說個明明德於天下，便見親民止善，皆明德中事矣。正其心者，轉第八識爲大圓鏡智也；誠其意者，轉第七識爲平等性智也；致其知者，轉第六識爲妙觀察智也。格物者，作唯心識觀，了知天下國家，根身器界，皆是自心中所現物，心外別無他物也。是故若欲格物，莫若觀所緣緣。若知外所緣緣非有，方知內所緣緣不無。若知內所緣緣不無，方能力去內心之惡，力行心內之善，方名自謙，方名愼獨。又祇一明德，分心、意、知，三名，致知，即明明德。

按：此處將儒家「內聖外王」的歷程轉換成唯識宗「轉識成智」的修行過程。

經文：物格而后知至，知至而后意誠，意誠而后心正，心正而后身修，身修而后家齊，家齊而后國治，國治而后天下平。

　　註文：我法二執破，則物自格。猶大佛頂經所云：不爲物轉，便能轉物也。知至者，二空妙觀無間斷也；意誠者，由第六識入二空觀，則第七識不復執第八識之見分，爲內自我法也。心正者，由六七二識無我執故，第八識捨賴耶名。由六七二識無法執故，第八識捨異熟名，轉成菴摩羅識，亦名大圓鏡智，相應心品也。身修者，第八識既成無漏，則一切五陰，十二處，十八界，皆無漏也。家齊國治天下平

者，一身清淨故，多身清淨，乃至十方三世圓滿清淨也。

按：此處將「身、家、國、天下」都視爲「物」，其產生的原因則是有「我法二執」的關係，「格物」即是要格「我法二執」，「格」的功夫即是「二空妙觀」，將「第八識」轉爲「大圓鏡智」。如此則「知至、意誠、心正、身修、家齊、國治、平天下」亦即「一身清淨故，多身清淨，乃至十方三世圓滿清淨」。

經文：**湯之盤銘曰：苟日新，日日新，又日新。**

註文：欲誠其意，莫若自新。自新者，不安於舊習也。我法二執，是無始妄習，名之爲舊；觀我法空，是格物致知，名之爲新。苟者，斬然背塵合覺也；日日新者，不肯得少爲足；又日新者，不肯半途而廢。又苟日新者，斷分別二執；日日新者，斷俱生二執；又日新者，斷二障種子。

按：此處仍以唯識宗的證悟過程作比擬。

丙：將儒佛二家之觀念相互比擬融通

此即觀念的類比，儒家的觀念義涵，並未被轉換掉，只是同一種道理，放在儒家或佛教都可以講得通，而呈現出儒佛並列存在的情形，在文中則常用「觀心釋者」、「佛法釋者」、「猶如」等字眼。例如下列幾個例子：

經文：**詩云：殷之未喪師，克配上帝，儀監于殷，峻命不易，道得眾，則得國。失眾，則失國，是故君子先慎乎德，有德，此有人；有人，此有土；有土，此有財；有財，此有用。**

註文：是故二字，頂上三則字來，緊切之極，不曰明德，而曰愼德，正顯明明德之工夫，全在愼獨也。有德此有人，便爲下文用人張本；有土有財，便爲下文理財張本。若悟大道，則生財亦大道。不於大道之外，別商生財矣。用人理財，是平天下要務，而皆以愼德爲本，皆即愼德中事，誰謂明明德外，更有他道哉？觀心釋者，性具三千名爲天下。愼德，是先悟性體。。

按：此處「用人、理財」詮釋成「智慧莊嚴、福德莊嚴」，內涵一樣，說法不同罷了。

經文：**是故財聚，則民散；財散，則民聚。**

註文：民散，將何以守財？民聚，何憂乎不富。觀心釋者，一毫之善，施與法界眾生，則能成佛，而九界攸歸。

經文：**生財有大道，生之者眾，食之者寡，爲之者疾，用之者舒，則財恆足矣。**

註文：大道，亦即大學之道也。既有大道，何必聚斂哉？生之者眾，爲之者疾，只是民之所好好之；食之者寡，用之者舒，只是民之所惡惡之。觀心釋者，隨喜凡聖一毫之善，則生之者眾；不向三有，則食之者寡；勤策三業，修行五悔，則爲之者疾；不向二乘，則用之者舒；又不向二乘三有，皆是食之者寡；觀察三輪體空，

則是用之者舒。

經文：未有上好仁，而下不好義者也。未有好義，其事不終者也。未有府庫財，非其財者也。孟獻子曰：畜馬乘，不察於雞豚；伐冰之家，不畜牛羊；百乘之家，不畜聚斂之臣。與其有聚斂之臣，寧有盜臣，此謂國不以利為利，以義為利也。長國家而務財用者，必自小人矣。彼為善之，小人之使為國家，菑害並至，雖有善者，亦無如之何矣。此謂國不以利為利，以義為利也。

　　註文：此二節以用人理財合說，尤見二事只是一事，須是先慎乎德，方能用人，方能理財。大約賢臣，決以愛民為務，聚斂，決定便是小人，故仁者只須得一賢臣，則不必聚財而恆足；不仁者只是一味貪財，則小人便得進用而致菑也。觀心釋者，由悟法身，方知性具緣了二因，由智慧力，方能熾然修習菩提資糧，而不成有漏有為。
　　按：以上幾則詮釋例子，蕅益師並沒有把儒家的觀念內涵轉換成佛家的義理內涵，而是援引佛家之觀念與儒理可通者加以說明，以明儒、佛之共通處。

（三）面　貌

　　程子云：「〈大學〉，孔子之遺言也，學者由是而學，則不迷於入德之門也。」〔註5〕朱子在〈大學章句〉即云：「子程子曰：『〈大學〉，孔氏之遺書，而初學入德之門也。』」可見〈大學〉在程朱的眼中，即是進入「德業」的途徑。那麼「德業」的具體內涵是什麼呢？簡而言之，即是「內聖外王」，整篇〈大學〉所講的即是「內聖外王」的道理。〈大學〉從三綱領：「明明德、親民、止至善」，到八條目「格物、致知、誠意、正心、修身、齊家、治國、平天下」都是就「內聖外王」說的。「明明德」即是就自己而言，「親民」即是就自己與他人的關係而言，兩者推到極至，即是「聖」與「王」的境界。而「格物、致知、誠意、正心」即是「明明德」的功夫，「修身、齊家、治國、平天下」即是「親民」的具體內容。兩者的關係是以「明明德」為本，「親民」為末，所以〈大學〉云：「古之欲明明德於天下者，先治其國；欲治其國者，先齊其家；欲齊其家者，先修其身；欲修其身者，先正其心；欲正其心者，先誠其意；欲誠其意者，先致其知，致知在格物。」此即謂：「物有本末，事有終始，知所先後，則近道矣。」知道這個道理才能「知止而后有定，定而后能靜，靜而后能安，安而后能慮，慮而后能得」，得到什麼呢？即是「物格而后知至，知至而后意誠，意誠而后心正，心正而后身修，身修而后家齊，家齊而后國治，國治而后天下平」意即「內聖外王」。

　　〈大學〉從「康誥曰：『克明德。』太甲曰：『顧諟天之明命。』」一直到整篇

〔註 5〕見《三程遺書》粹言，卷一。

經文最後：『此謂「國不以利爲利，以義爲利」也。』即就前面的三綱八目反覆論述，加以發揮。」所以朱子云：「前四章統論綱領旨趣，後四章細論條目功夫。」所以整篇〈大學〉的核心理論即「三綱八目」，「三綱八目」的核心則是「明明德」，「明明德」的功夫則在「格物致知」、「誠意正心」，所以朱子云：「其第五章乃明善之要，第六章乃誠身之本，在初學尤爲當務之急，讀者不可以其近而乎之也。」。「格物致知」既是儒者「內聖外王」的關鍵功夫所在，可是〈大學〉經文並沒明言，因此，朱子便爲〈大學〉作了一篇「格物致知補傳」，然而卻引發了後人路線之爭，造成了「程朱理學」與「陸王心學」的互相爭訟。蕅益師爲〈大學〉作註解，即從「格物致知」下手，以此爲核心從事一連串的「援佛入儒」的工作。他首先把「格物」解釋成唯識宗「唯心識觀」、「二空妙觀」的修法，然後以佛家「萬法唯心造」的觀念，認爲「蓋迷明德，而幻成身及家國天下，名之爲物。」以此解釋「身、家、國、天下」等等「皆是自心中所現物，心外別無他物。」，要格去這些「內心之惡」（亦名「我法二執」）才能「慎獨」、才能「致知」。至此，大學「內聖外王」的含意一變成爲只剩下「內聖」的目的了，且又認爲「明德分心、意、知三名，致知即明明德」，並把「明德」解爲「本覺之性」，包括「般若德、解脫德、法身德」三種性質，「明明德」的「明」則解爲「始覺之修」，並云：

> 度自性之眾生名爲親民，成自性之佛道，名爲止至善。親民、止至善，只
> 是明明德之極致……，不可說爲三綱領。（頁8）

於是〈大學〉的三綱領變成佛家「自覺、覺他、覺行圓滿」的過程，儒家「內聖」的含意再變成爲佛家「本覺之性」的圓滿達成。至此一部講如何「內聖外王」的儒家大學之道，變成了一部佛家如何「覺行圓滿」的經典了。

第二節　〈中庸直指〉研究

一、〈中庸直指〉之「以佛入儒」

經　　文	註　　文
中庸	中者，性體；庸者，性用。從體起用，全用在體。量則豎窮橫遍，具乃徹果該因。
天命之謂性	不生不滅之理，名之爲天；虛妄生滅之原，名之爲命。生滅與不生滅和合，而成阿賴耶識，遂爲萬法之本，故謂之性。蓋天是性體，命是功能，功能與體，不一不異。由波與水也，體則非善非惡，功能則可善可惡。

經　　　文	註　　　文
率性之謂道	道猶路也，路有大小，無人不由，故曰道二，仁與不仁而已矣。然善種發行時，性便舉體而爲善；惡種發行時，性亦舉體而爲惡。
修道之謂教	斷無性之惡，惡無不盡；積無性之善，善無不圓者，名爲修道也。
喜怒哀樂之未發謂之「中」	熾然喜怒哀樂時，喜怒哀樂不到之地，名之爲中。非以無喜怒哀樂時，爲未發也。
中也者，天下之「大本」；和也者，天下之「達道」也。	無不從此法界流，故爲大本；無不還歸此法界，故爲達道。
致中和，天地位焉，萬物育焉。	三千在理，同名無明，三千果成，咸稱常樂，故知位焉育焉，不必向效驗上說，自有眞實效驗，……誰謂心外實有天地萬物哉。天地萬物皆心中影耳。
仲尼曰：君子中庸，小人反中庸。	君子背塵合覺，故直曰中庸。九界皆是背覺合塵，名爲逆修，故皆名反中庸。
人莫不飲食也，鮮能知「味」。	味，是舌識之相分，現量所得，非心外法。
執其「兩端」，用其中於民。	問，何名兩端。答，善惡是也。善惡皆性具法門，惟聖人能用善用惡，而不爲善惡所用，則善惡無非中道。
子曰：回之爲人也，擇乎中庸，得「一善」則拳拳服膺而弗失之矣。	言一善者，猶所謂最上一乘。
君子依乎中庸，遯世不見知而不悔，唯聖者能之。	眞智、眞仁、眞勇三德，只是一心；一心具足三德。全修合性，故名爲依。……慈室忍衣是名不悔也。
子曰：道不遠人，人之爲道而遠人，不可以爲道。	世人安於卑陋，妄以君子之道爲遠，猶眾生妄以佛道爲遠，而高推聖境也。詎知法界不離一心，何遠之有。
故君子「以人治人」，改而止。	人人本具，故云以人治人，即指自治之法，非謂治他人也。
「忠恕」違道不遠	忠者，無人無我，道之本體也。恕者，以人例我，以我推人，修之方便也。
君子素「其位」而行，「不願乎其外」。	一切富貧等位，皆是自心所現境界。故名其位。心外別無少法可得，故不願其外。
素富貴，行乎富貴；素貧賤，行乎貧賤。	觀一切境，無非即心自性，富貴亦法界，貧賤亦法界。
無入而不自得焉	一心三觀，觸處圓明，不離境以覓心，故無境不入。善即境而悟心，故無不自得。
在上位不陵下，在下位不援上。	下合六道眾生，與諸眾生同一悲仰，故不陵，上合十方諸佛，與佛如來同一慈力，故不援。

經　　　　文	註　　　　文
正己而不求於人	知十法界，皆即我之本性，故正己而不求人。
君子「居易」以俟命	居易即是慎獨。
小人「行險」以徼幸	不慎獨便是行險。
夫微之顯，「誠」之不可揜，如此乎。	即是眞如之性。
夫孝者，善繼人之志，善述人之事者也。	善繼善述，須與時措之宜參看。須從慎獨、時中處發源。
故君子不可以不修身，思「修身」不可以不事親；思事親不可以不「知人」；思知人，不可以不「知天」。	知天謂悟性眞也。知人謂親師取友，以開智慧也。事親爲修身第一務，即躬行之始也。知天爲法身，知人成般若，事親修身爲解脫。
智、仁、勇三者，天下之達德也，所以行之者，一也。	悟性具三德，則三非定三，而三德宛然。正顯圓行，必由圓解，解性行本一，隨以三德，而行五達也。
好學近乎智，力行近乎仁，知恥近乎勇。	智、仁、勇爲眞修，好學、力行、知恥爲緣修，故但云近。
知斯三者，則知所以修身；知所以修身，則知所以治人；知所以治人，則知所以治天下國家矣。	緣修亦是全性所起，故悟性具緣修，則一了百當。
凡爲天下國家有九經，曰修身也、尊賢也、親親也、敬大臣也、體群臣也、子庶民也、來百工也、柔遠人也、懷諸侯也。	九經無非性具。悟性方行九經，故曰行之者一也。
凡事「豫」則立，不豫則廢。	擬開圓解，隨起圓行，圓解不開，不名爲豫。
果能此道矣，雖愚必明，雖柔必強。	所謂吾今爲汝保任此事，終不虛也。古人云：但辦肯心，決不相賺。
自誠明謂之性	自誠明者，猶大佛頂經所謂性覺必明，此則但有性德，而無修德，凡聖平等，不足爲貴，直須以始覺合本覺。
其次「致曲」	須觀介爾有心，三千具足，方是致曲，致字是妙觀之功；曲字是所觀事境。
曲能有誠，誠則形，形則著，著則明，明則動，動則變，變則化，爲天下至誠，爲能化。	誠字是所顯理諦，形、著、明三字是觀行位。即初、中、後三心。動字在相似位；變字在分眞位；化字在究竟位。
誠者，自成也。	即所謂天然性德也。謂一切根身器界之物，無不從此誠出，無不還歸此誠。故誠乃是物之終始。
天地之道，可一言而盡也。其爲物不貳，則其生物不測。	觀心釋者，觀一念中所具國土千法，名爲天地爲物不貳，正是一切惟心。若非惟心，則天是天，地是地，安得不貳。

經　　文	註　　文
故君子尊德性，而道問學。	性雖具德，由修方顯，以修顯性，名曰德性。
是故居上不驕，爲下不倍，國有道，其言足以興；國無道，其默足以容，詩曰：既明且哲，以保其身。其此之謂與。	不驕不倍，即是時措之宜。又下同悲仰，故不驕。上合慈力，故不倍。機熟，則爲聖說法。四悉益物，故足興。機生，則爲聖默然，三昧觀時，故足容。知實理爲明，知權理爲哲，自利利他爲保身。
子曰：愚而好自用，賤而好自專，生乎今之世，反古之道，如此者，災及其身者也。	佛法釋者，不知權實二智，不知四悉善巧，必有自害害他之失。
非天子，不議禮，不制度，不考文。	佛法釋者，禮是體義，擬法身德；度是方法，擬解脫德，又是能詮，擬般若德。
王天下有三重焉，其寡過矣乎。	佛法釋者，得法國土，王於三界；自悟三諦，而證三德，以此三諦，立一切法，破一切法，統一切法，方無過處。
上焉者，雖善無徵。無徵，不信；不信，民弗從。下焉者，雖善不尊，不尊，不信；不信，民弗從。	佛法釋者，過去諸佛，機感已盡，未來諸佛，機緣未熟，所以化導爲難，又約教釋者，單提向上第一義諦，契理而未必契機，名爲雖善無徵。單讚散善及戒定等，逗機而未必出世，名爲雖善不尊。
故君子之道，本諸身徵諸庶民，考諸三王而不謬，建諸天地而不悖，質諸鬼神而無疑，百世以俟聖人而不惑，質諸鬼神而無疑，知天也。百世以俟聖人而不惑，知人也。	本諸身者，身證三德祕藏，密藏乃本性所具也。徵諸庶民者，一切眾生，皆有三佛性也，考不謬者，過去諸佛道同也。建不悖者，依正無非三諦，又以性爲天，則修不悖性也。質無疑者，十法界無非一性也，舉鬼神爲言端，顯界異而理不異耳。俟不惑者，未來諸佛道同也。質鬼神，是約十法界同性，故曰知天。俟聖人，是約佛法界同修，故曰知人。
是故君子動而世爲天下道，行而世爲天下法，言而世爲天下則，遠之則有望，近之則不厭。	「動」即意輪不思議化，「行」即身輪不思議化。「言」即口輪不思議化，世爲天下，顯其豎窮橫遍也。
唯天下「至聖」，爲能聰明睿知，足以有臨也。	應知至聖至誠，皆吾人自心所具極果之名，不可看屬他人也。
唯天下至誠，爲能經綸天下之大經，立天下之根本，知天地之化育，夫焉有所倚。	既是至聖，則已究竟盡性，亦名至誠聖，約能證之智，即大菩提誠。約所證之理，即大涅槃。涅槃，名祕密藏，圓具三諦，大經，是俗諦：大本，是眞諦；化育，是中諦。經綸之、立之、知之，是一心三智也。舉一即三，言三即一，不著二邊不著中道，故無所倚。
肫肫其仁，淵淵其淵，浩浩其天。	三諦皆能立一切法，故皆肫肫。同名爲仁，三諦皆能破一切惑，故皆淵淵。同名爲淵，三諦皆能統一切法，故皆浩浩。皆名爲天，三個其字，正顯雖由修道而證，實皆性具也。
苟不固聰明聖知達天德者，其孰	聰明聖知而達天德，全悟眞因而成果覺。全以果覺，而

經　　　文	註　　　文
能知之。	爲眞因者也，惟佛與佛乃能究盡諸法實相。
君子之道，闇然而日章。	背塵合覺，守於眞常，始則不爲物轉。棄外守內，後則靜極光通，便能轉物，故闇然而日章。
小人之道，的然而日亡。	若不向眞妄源頭悟徹，不向圓通本根下手，而泛濫修習，即所謂的然而日亡也。
君子之道，淡而不厭。簡而文，溫而理；知遠之近，知風之自，知微之顯，可與入德矣。	正因緣境，名爲淡，一心三觀名爲簡；始終修習名爲溫。境中本具妙諦，故淡而不厭，三觀攝一切法門皆盡，故簡而文。修習從因至果，具足差別智斷，條然不斷，故溫而理。介爾有心，可謂至近也。三千具足，可謂遠矣。成佛而名聞滿十方界，可謂道風遐布也。由悟圓理、圓修、圓證，以爲其本，可謂風所自矣。初心一念修習三觀，可謂至微也。即能具足一切究竟功德，可謂顯矣。此節重在三個知字，正是妙悟之門。
詩云：潛雖伏矣，亦孔之昭。故君子內省不疚，無惡於志。君子之所不可及者，其唯人所不見乎。	此結示從妙悟而起妙修，即愼獨工夫也。
詩云：予懷明德，不大聲以色。子曰：聲色之於以化民，末也。詩曰：德輶如毛，毛猶有倫，上天之載，無聲無臭，至矣。	此總結示位天育物之中和，即是性具之德，雖復修至究竟，恰恰合於本性，不曾增一絲毫也。

二、其基礎、方法及面貌

（一）基　礎

　　蕅益師在〈中庸直指〉中仍是以「現前一念心」作爲融攝儒佛的思想基礎。在融攝過程中，蕅益師則用《大乘起信論》「一心開二門」的觀點逐漸融釋〈中庸〉之文，如卷末云：

> 章初天命之謂性，率性之謂道，是明不變隨緣，從眞如門而開生滅門也。
> 修道之謂教一語，是欲人即隨緣而悟不變，從生滅門，而歸眞如門也。一
> 部〈中庸〉，皆是約生滅門，返妄歸眞。（頁72）

這段文字，可說是蕅益師自敘其〈中庸直指〉之綱要與闡述之宗旨。不過在此篇卷首釋題之文字中，蕅益師特別言明：

> 中之一字，名同實異，此書以喜怒哀樂未發爲中，若隨情解之，只是獨頭
> 意識邊事耳。老子不如守中，似約第七識體，後世玄學，局在形軀，又非
> 老子本旨矣。藏教所詮眞理，離斷離常，亦名中道。通教即物而眞，有無

不二，亦名爲中，別教中道佛性，有名有義，而遠在果地，初心絕分，惟圓人知一切法，即心自性，無非中道，豈得漫以世間中字，濫此極乘，然既秉開顯之旨，則治世語言，皆順實相，故須以圓極妙宗，來會此文，俾儒者道脈，同歸佛海。（頁35）

可知蕅益師的〈中庸直指〉乃是秉法華開顯之旨，以「圓極妙宗」的角度來解釋中庸，「俾儒者道脈，同歸佛海」。不可說〈中庸〉的義理與佛經無別，在篇末蕅益師仍是反覆叮嚀此意：

此皆用法華開顯之旨來會全文，令成實義。不可謂世間儒學，本與圓宗無別也。（頁72）

（二）方法及面貌

此篇用以「援佛入儒」的方法，仍是沿襲〈大學直指〉所用的方法，轉換〈中庸〉的原義代以佛家的義理，或儒佛兩家的義理俱存，互相比擬以顯其共通性。因〈大學直指〉中，已有比較詳細的舉例，因此這裡則不再作說明。〈中庸〉一書，原本是儒家重要的典籍，它爲儒家建立了一套道德的形上學，使得孔孟所開啓的心性論與道德學，與〈中庸〉之形上學得以應合的發展，而圓滿的展示出來。牟宗三先生稱此爲「內在的遙契」，這種「內在的遙契」，不是「把天命、天道推遠」，而是「一方把它收進來做爲自己的性，一方又把它轉化而爲形上學的實體」〔註6〕。依〈中庸〉卷頭開宗明義一語：「天命之謂性」來說，則天道爲既超越又內在〔註7〕，如孟子所謂：「盡其心者，知其性也；知其性，則知天矣。」（〈盡心篇〉），超越的「天」與內在的「性」由「天命之謂性」這樣向下貫注而成爲一體，人與人的距離也就消弭於無形了。從這裡來談「天人合一」、談「內聖外王」，而以一「誠」字做爲樞紐〔註8〕，乃至人格的圓滿——合天道的聖人。儒者的理想境地，便由〈中庸〉揭示出來。

〈中庸〉一書的綱領，就是卷三句話：「天命之謂性，率性之謂道，修道之謂教」。人既秉受天命而有性，而此性又能自循自率而自成，所謂「誠者，自成也」、「誠者、天之道也」是也。此爲道德實踐的超越根據─本體論；然吾人在現實中既有不率性之可能，是以人亦即有不誠之可能，因此率性與誠皆同具工夫義，此即所謂「誠之

〔註6〕牟宗三：《中國哲學的特質》（台北：台灣學生書局，民國76年）第六講。

〔註7〕同前註，第四講

〔註8〕如高柏園：《中庸形上思想》第四章第四節；又如鄭琳：《中庸翼》第七、八章；吳怡《中庸誠字的研究》第四、五章，都討論到以「誠」作爲貫樞而帶出的天與人的關係，及人與萬物的關係。

者，人之道」的展開，也就是道德實踐的超越根據之證成─工夫論〔註9〕，亦即「修
道之謂教」一義的呈現。因此，綜觀一部〈中庸〉，既有道德的超越的形上根據，亦
須由道德實踐來證成，也就是本體論與工夫論兼備，二者不可偏廢。由文中「誠者」、
「誠之者」的相對言，以及「天之道」、「人之道」的相對言，二者透過「誠」字來
貫通，人乃能上契於天，合聖人之道於天地之道，這便是〈中庸〉一書的思想綱領
及脈絡。而蕅益師欲融攝「中庸之道」於佛海中，亦順著這個綱領脈絡而為之。首
先他把中庸的本體論轉換成其「現前一念心」的內涵，如其解「中庸」一義為：

> 中者，性體；庸者，性用。從體起用。全用在體。量，則豎窮橫遍；具，
> 乃徹果該因。（頁35）

從體用關係上來闡明，無疑是從「性具」、「本具」的立場，融攝涵蓋了一切，使得
「中」字不僅是不落兩邊的中道正見，更使「中」字蘊含了一切本有功德善法，而
能夠「從體起用，全用在體」，全體大用無不明，表現出如來藏思想的特色。又：

> 熾然喜怒哀樂時，喜怒哀樂不到之地，名之為中；非以無喜怒哀樂時，為
> 未發也。無不從此法界流，故為大本；無不還歸此法界，故為達道。（頁
> 38）

此則以「法界」來解釋「中」，故為大本，呼應卷頭「中者，性體之說」；而從此流
出，復歸於此，則呼應「庸者性用」之意。又云：

> 一切根身器界之物，無不從此誠出，無不還歸此誠。故誠乃是物之終始。
> （頁58）

從上面三段引文，很明顯的就可看出，蕅益師即是以其「現前一念心」解釋〈中庸〉
裏的「誠」與「中庸」二義。而以「性修不二」的圓教思想，來貫通〈中庸〉一書，
其云：

> 內證誠之全體，外得誠之大用，則全體即用，全用即體。（頁59）

「全體即用」、「全用在體」，這是「全性起修、全修在性」的語法，在書中其他地方，
亦有類似之用語，如「全真是妄」、「全妄是真」（頁61），這如同「體」、「用」一樣，
只是語詞變化，而其架構確是一樣的。至於這個架構的具體描述，即是卷末所言，《大
乘起信論》「一心開二門」的架構：

> 章初天命之謂性，率性之謂道，是明不變隨緣，從真如門而開生滅門也。
> 修道之謂教一語，是欲人即隨緣而悟不變，從生滅門，而歸真如門也。一
> 部〈中庸〉，皆是約生滅門，返妄歸真。（頁72）

〔註9〕同前註，第四章第三節。

這段文字，可說是蕅益師自敘其〈中庸直指〉之綱要與闡述之宗旨。〈中庸直指〉，全書所欲陳述者，乃在「性修不二」之教，蕅益師以爲性德本具十方三世一切諸法，而性德之珍貴由修方顯，由於強調修德之重要。在〈中庸〉一書的綱領：「天命之謂性，率性之謂道，修道之謂教」一節，蕅益師云：

> 不生不滅之理，名之爲天；虛妄生滅之原，名之爲命；生滅與不生滅和合，而成阿賴耶識，遂爲萬法之本，故謂之性。蓋天是性體，命是功能，功能與體，不一不異，由波與水也。（頁35）

「天」、「命」、「性」之關係，撐開了〈中庸直指〉一書的思想架構。「天」是天生不滅之理，是心眞如門，是不變，是性體；「命」是虛妄生滅之原，是心生滅門，是生滅變化，是功能；生滅與不生滅的關係，透過眞如的不變隨緣，從眞如門而開出生滅門，由此貫通起來，統合在「生滅與不生滅和合」的阿賴耶識中，而謂之「性」。既以阿賴耶識爲性，則從種子立說，有善種也有惡種；率善種而行便成君子之道，率惡種而行便成小人之道。故修此性，要能即隨緣而悟不變，從生滅門而歸眞如門也。蕅益師這「一心開二門」，是本著《起信論》本覺隨染來說的，故其解釋「從生滅門而歸眞如門」的「修道之謂教」之一義，即是從「以始覺合本覺」來說。在「自誠明謂之性，自明誠謂之教」一節的釋文中，蕅益師曰：

> 但有性德，而無修德，凡聖平等，不足爲貴；直須以始覺合本覺，自明而誠，則修德圓滿，乃爲修道之教。（頁56）

以始覺合本覺，並非有本覺可合，如《起信論》所說：「本覺義者，對始覺義說，以始覺者，即同本覺」〔註10〕，這是由於「性具」的思想，故在末章「詩云：『予懷明德。』」一節，蕅益師解釋「上天之載，無聲無臭，至矣」時，說：

> 此總結示位天育物之中和，即是性具之德；雖復修至究竟，恰恰合於本性，不曾增一絲毫也。（頁72）

「不曾增一絲毫也」即是無所得，此乃在「性具」上說「修道之教」，而此修道之教之極成，卻止「恰恰合於本性」罷了。這就是蕅益師「性修不二」之教旨。原來以儒家道德性格之理路來說，其「天命之謂性」之「性」字則是純善的道德主體，故其「修道之謂教」一由便落在「能不能率性而行」之上，倘能率此純然之善性，便能上契天道，而達天人合一境界。而蕅益師的「教」則是著落在「即隨緣而悟不變，生滅門而歸眞如門」的「反妄歸眞」上的（頁72）。這是由於他對「天命之謂性」之「性」字的詮釋，是落在「生滅與不生滅和合」的阿賴耶識上，並非如儒家以「性」爲純善者，

〔註10〕《大正藏》第三十二卷，頁576中。

所以必須「即妄顯眞」，也就是所謂「即隨緣而悟不變」，以「始覺合本覺」，而非以「率性」爲其功夫，這就是蕅益師將〈中庸〉之儒家道德理路轉爲佛家〈中庸直指〉的地方，於是一部儒家的〈中庸〉，至此完全佛化，變成佛家的〈中庸〉了。

第三節 〈論語點睛〉研究

一、〈論語點睛〉之「以佛入儒」

經　　文	註　　文
學 而 第 一	
子曰：學而時習之，不亦說乎。有朋自遠方來，不亦樂乎。人不知而不慍，不亦君子乎！	……今學即是始覺之智，念念覺於本覺，無不覺時，故名時習。無時不覺，斯無時不說乎。此覺原是人所同然，故名來而樂。此覺原無人、我對待，故不知不慍。
有子曰：其爲人也「孝弟」，而好犯上者鮮矣。	孝弟是良知良能，良知良能是萬事萬物之本源也。
曾子曰：吾日三省吾身，爲人謀而不忠乎？與朋友交而不信乎？傳不習乎？	三事只是己躬下一大事耳，倘有人、我二相可得，便不忠信。
子曰：君子不重則不威，學則不固，主忠信，無友不如己者，過則勿憚改。	期心於大聖大賢，名爲自重，戒愼恐懼，名爲威，始覺之功，有進無退，名爲學固。……忠則直心正念眞如，信則的確知得自己可爲聖賢，正是自重之處。
為 政 第 二	
子曰：爲政以德，譬如北辰，居其所，而眾星共之。	……蓋自正正他，皆名爲政，以德者，以一心三觀觀於一境三諦。知是性具三德也。三德秘藏，萬法之宗，不動道場，萬法同會，故譬之以北辰之居所。
子曰：吾十有五而志于學，三十而立，四十而不惑，五十而知天命，六十而耳順，七十而從心所欲，不踰矩。	只一學字到底，學者覺也，念念背塵合覺謂之志；覺不被迷情所動，謂之立；覺能破微細疑網，謂之不惑；覺能透眞妄關頭，謂之知天命；覺六根皆如來藏，謂之耳順；覺六識皆如來藏，謂之從心所欲不踰矩，此是得心自在。
子曰：溫故而知新，可以爲師矣。	觀心爲溫故，由觀心故。圓解開發，得陀羅尼，爲知新。蓋天下莫故於心，亦莫新於心也。

子曰：君子周而不比，小人比而不周。	生緣、法緣、無緣三慈皆是周；愛見之慈即是比。
子曰：由，誨女知之乎。知之為知之，不知為不知，是知也。	子路向能知所知上用心。意謂無所不知，方名為知。不是強不知以為知也。此則向外馳求，全昧知體，故今直向本體點示。只要認得自己真知之體，更無二知。此與知見立知，即無明本，知見無見，斯即涅槃之旨參看，方見聖人道脈之妙。若捨此而別求知，不異丙丁童子求火，亦似騎牛覓牛矣。
子曰：人而無信，不知其可也。	不信自己可為聖賢，如何進德修業。
子張問十世，可知也。子曰：殷因於夏禮，所損益可知也；周因於殷禮，所損益可知也。	知來之事，聖人別有心法，與如來性具六通相同。如明鏡無所不照，非外道所修作意五通可比也。子張騖外，尚未能學孔子之跡，又安可與論及本地工夫。
子曰：周監於二代，郁郁乎文哉，吾從周。	……至德本於身而考於古，即是千聖心法，故從周只是以心印心。
子貢欲去告朔之餼羊，子曰：賜也爾愛其羊，我愛其禮。	子貢見得是羊，孔子見即是禮，推此苦心，便可與讀十輪，佛藏二經。
事君盡禮，人以為諂也。	於三寶境，廣修供養，人亦以為靡費者，多矣。哀哉。

里　仁　第　四

子曰：不仁者，不可以久處約，不可以長處樂。……	見有心外之約樂，便不可久處長處。
子曰：惟仁者，能好人，能惡人。	無好無惡，故能好能惡。無好無惡，性量也。能好能惡，性具也。仁，性體也。
子曰：苟志於仁矣，無惡也。	千年暗室，一燈能破。
子曰：人之過也，各於其黨。觀過，斯知仁矣。	此法眼也，亦慈心也。
子曰：朝聞道，夕死可矣。	……便知道是豎窮橫遍，不是死了便斷滅的。
子曰：君子之於天下也，無適也，無莫也，義之與比。	……當與趙州使得十二時，壇經悟時轉法華並參。
子曰：不患無位，患所以立，不患莫己知，求為可知也。	此對治悉檀，亦阿伽良藥也。
子曰：參乎，吾道一以貫之，曾子曰：唯。子出，門人問曰：何謂也？曾子曰：夫子之道，忠恕而已矣。	此切示下手工夫，不是印證，正是指點初心，須向一門深入耳。
子曰：君子喻於義，小人喻於利。	喻字形容君子、小人心事，曲盡其致。喻義，

	故利亦是義。喻利，故義亦是利。釋門中發菩提心者，世法亦成佛法，名利未忘者，佛法亦成世法，可爲同喻。
子曰：見賢思齊焉，見不賢而內自省也。	……方可云盡大地無不是藥，此聖賢佛祖總訣也。
子曰：父母在，不遠遊，遊必有方。	方、法也，爲法故遊，不爲餘事也。不遠遊句，單約父母在說，遊必有方，則通於存歿矣。
子曰：以約失之者，鮮矣。	觀心爲要。

公　治　長　第　五

子使漆雕開仕。對曰：吾斯之未能信，子說。	唯其信有斯事，所以愈覺未能信也。今之硬作主宰，錯下承當者，皆未具信根故耳。寡過未能，聖仁豈敢，既不生退屈，亦不增上慢，其深知六即者乎。
子謂子貢曰：女與回也孰愈？對曰：賜也，何敢望回，回也，聞一以知十。賜也，聞一以知二，子曰：弗如也，吾與女弗如也。	子貢之億則屢中是病，顏子之不違如愚是藥。故以藥病對拈，非以勝負相形也。子貢一向落在聞見知解窠臼，卻謂顏子聞一知十，雖極贊顏子：不知反是謗顏子矣，故夫子直以弗如二字貶之，蓋凡知見愈多，則其去道愈遠。幸而子貢只是知二，若使知三知四，乃至知十。則更不可救藥，故彼自謂弗如之處，正是可與之處，如此點示，大有禪門殺活全機，惜當機之未悟，恨後儒之謬解也。
子貢曰：夫子之文章，可得而聞也。夫子之言性與天道，不可得而聞也。	言性言天，便成文章。因指見月，便悟性天。子貢此言，只得一半。若知文字相，有因緣故，亦可得說，則無聞即聞。
子在陳曰：歸與！歸與！吾黨之小子狂簡，斐然成章，不知所以裁之。	木鐸之任，菩薩之心。
子曰：已矣乎。吾未見能見其過，而內自訟者也。	千古同慨。蓋自訟，正是聖賢心學眞血脈。

雍　也　第　六

哀公問弟子：孰爲好學。孔子對曰：有顏回者好學，不遷怒，不貳過，不幸短命死矣，今也則亡。未聞好學者也。	無怒無過，本覺之體，不遷不貳，始覺之功，此方是眞正好學。曾子以下，的確不能通此血脈，孔子之道，的確不曾傳與他人。
子曰：回也，其心三月不違仁。其餘，則日月至焉而已矣。	顏淵心不違仁。孔子向何處知之？豈非法眼，他心智耶。三月者，如佛家九旬辦道之期。其心其餘，皆指顏子而說。只因心不違

	仁，得法源本，則其餘枝葉，日新月盛。德業並進矣。此方是溫故知新。
伯牛有疾，子問之：自牖執其手。曰…亡之！命矣夫！	說一命字，便顯得是宿業，便知爲善無惡果。
子曰：知之者不如好之者。好之者，不如樂之者。	知個甚麼，好個甚麼，樂個甚麼。參。
子曰：中人以上，可以語上也。中人以下，不可以語上也。	不可語上不須語上作下說，爲實施權也。可以語上，方知語語皆上，開權顯實也。
子曰：知者樂水，仁者樂山。知者動，仁者靜。知者樂，仁者壽。	形容得妙。智者仁者，不是指兩人說。樂者，效法也。智法水，仁法山。法水故動，法山故靜。山水同依於地，動靜同一心機，樂壽同一身受，智仁同一性眞。若未達不二而二，二而不二，則仁者見之謂之仁，智者見之謂智矣。
宰我問曰：仁者雖告之曰：井有仁焉？其從之也。子曰：何爲其然也。君子可逝也，不可陷也。可欺也，不可罔也。	此問大似禪機，…
子曰：君子博學於文，約之以禮，亦可以弗畔矣夫。	學於文，乃就聞以開覺路，不同貧數他寶。約以禮，乃依解而起思修，所謂克己復禮，不同無聞暗證。所以弗畔，畔者，邊畔。以文字阿師，偏於教相之一邊。暗證禪和，偏於內觀之一邊，不免罔殆之失也。
述 而 第 七	
子曰：二三子以我爲隱乎。吾無隱乎爾，吾無行而不與二三子者，是丘也。	方外史曰：正惟和盤托出。二三子益不能知，如目連欲窮佛聲，應持欲見佛頂。何處用耳，何處著眼。
子曰：聖人吾不得而見之矣。得見君子者，斯可矣。善人吾不得而見之矣。得見有恆者，斯可矣。亡而爲有，虛而爲盈，約而爲泰，難乎有恆矣。	聖人只是證得本亡本虛本約之理。有恆須是信得本亡本虛本約之理，就從此處下手，便可造到聖人地位。所謂以不生不滅爲本修因，然後圓成果地修證也。亡，是眞諦。虛，是俗諦。約，是中諦。依此而修，爲三止三觀。證此妙理，成三德三身。
子釣而不綱，弋不射宿。	現同惡業，曲示善機。可與六祖吃肉邊菜同參。
子曰：人遠乎哉。我欲仁，斯仁至矣。	欲二即仁。仁體即是本來至極之體。猶所云念佛心即是佛也。
泰 伯 第 八	
曾子有疾。召門弟子曰：啓予足，啓予手。詩云：戰戰兢兢，如臨深淵，如履薄冰。而	既明且哲，以保其身，推而極之，則佛臨涅槃時，披衣示金身，令大眾諦觀，亦是此意。

今而後，吾知免夫，小子。	
子曰：民可使由之，不可使知之。	若但讚一乘，眾生沒在苦。故不可使知之，機緣若熟。方可開權顯實，不可二字，正是觀機之妙。
子曰：篤信好學，守死善道。危邦不入，亂邦不居。天下有道則見，無道則隱，邦有道，貧且賤焉，恥也。邦無道，富且貴焉，恥也。	信得人人可為聖賢，名篤信。立地要成聖賢，名好學。假使鐵輪頂上旋，定慧圓明終不失，名守死善道。危邦不入四句，正是守死善道註腳。正從篤信好學得來，邦有道節，正是反顯其失。
子曰：不在其位，不謀其政。	約事，即是素位而行，不願乎外。約觀，即是隨境鍊心，不發不觀。
子曰：狂而不直，侗而不愿，悾悾而不信，吾不知之矣。	大家要自己簡點，勿墮此等坑塹。

子　罕　第　九

子絕四。毋意、毋必、毋固、毋我。	由誠意，故毋意。毋意故毋必，毋必故毋固，毋固，故毋我。細滅，故粗必隨滅也。由達無我，方能誠意。不於妄境生妄惑，意是惑。必、固，是業；我是苦。
子畏於匡，曰：文王既沒，文不在茲乎，……	道脈流通即是文。
子曰：吾有知乎哉。無知也。有鄙夫問於我，空空如也。我叩其兩端而竭焉。	不但無人問時，體本無知。即正當有人問時，仍自空空，仍無知也。……
子疾病。子路使門人為臣，病閒曰：久矣哉，由之行詐也。無臣而為有臣，吾誰欺，欺天乎。……	……今有禪門釋子，開喪戴孝。不知何面目見孔子，不知何面目見六祖，不知何面目見釋迦。
子在川上曰：逝者如斯夫，不舍晝夜。	此歎境也，蓋天地萬物，何一而非逝者。但愚人於此，計斷計常。今既謂之逝者，則便非常。又復如斯不舍晝夜，則便非斷。非斷非常，即緣生正觀。引而申之，有逝逝，有逝不逝，有不逝逝，有不逝不逝。非天下之至聖，孰能知之。
子曰：語之而不惰者，其回也與。	後一念而方領解，即是惰。先一念而預相迎，亦是惰。如空谷受聲，乾土受潤，大海受雨，明鏡受像，隨語隨納，不將不迎，方是不惰。
唐棣之華，偏其反而，豈不爾思，室是遠而。子曰：未之思也，夫何遠之有？	此與思無邪一語參看。便見興於詩的真正學問，亦可與佛門中念佛三昧作註腳。……

鄉　黨　第　十

| 肉雖多，不使勝食氣，惟酒無量，不及亂。 | 生得如此好酒量，尚以不為酒困為愧。可見禹惡旨酒，佛門戒酒，方是正理，濟顛，林 |

	酒仙之屬，一時權變，不可為典要也。
寢不尸，居不容。	吉祥而臥，故不尸。

先　進　第　十　一

季路問事鬼神。子曰：未能事人，焉能事鬼？敢問死？子曰：未知生，焉知死？	季路看得死生是兩橛，所以認定人鬼亦是兩事。孔子了知十法界不出一心，生死那有二致。正是深答子路處。程子之言，頗得之。
子曰：由之瑟，奚為於丘之門？門人不敬子路。子曰：由也，升堂矣，未入於室也。	收之則升堂，揀之則門外，可參。
子張問善人之道。子曰：不踐跡，亦不入於室。	此須四句料簡，一踐跡而入室，君子也。二不踐跡而入室，聖人也。三不踐跡而不入室，善人也。四踐跡不入室，有恆也。

顏　淵　第　十　二

顏淵問仁。子曰：克己復禮為仁。一日克己復禮，天下歸仁焉，為仁由己，而由人乎哉？顏淵曰：請問其目？子曰：非禮勿視，非禮勿聽，非禮勿言，非禮勿動。顏淵曰：回，雖不敏，請事斯語矣。	克，能也。能自己復禮，即名為仁。一見仁體，則天下當下消歸仁體，別無仁外之天下可得。猶云十方虛空，悉皆消殞。盡大地是個自己也，故曰由己。由己，正即克己，己字，不作兩解。夫子此語，分明將仁體和盤托出，單被上根。所以顏子頓開妙悟，只求一個入華屋之方便。故云請問其目。目者，眼目。譬如畫龍，須點睛耳。所以夫子直示下手工夫。正所謂流轉生死，安樂涅槃，惟汝六根，更非他物。視聽言動，即六根之用，即是自己之事。非教汝不視不聽不言不動。只要揀去非禮，便即是禮。禮復，則仁體全矣。古云：但有去翳法，別無與明法。經云：知見立知，即無明本。知見無見，斯即涅槃。立知，即是非禮。今勿視勿聽勿言勿動，即是知見無見也。此事人人本具，的確不由別人。只貴直下承當，有何利鈍可論。故曰回雖不敏，請事斯語。從此三月不違，進而未止。方名好學。豈曾子子思，所能及哉。
愛之欲其生，惡之欲其死。既欲其生，又欲其死，是惑也。	四個其字，正顯所愛所惡之境，皆自心所變現耳。同是自心所現之境，而愛欲其生，惡欲其死，所謂自心取自心，非幻成幻法也。非惑而何。

子　路　第　十　三

樊遲請學稼。子曰：吾不如老農。請學為圃。曰：吾不如老圃。樊遲出。子曰：小人哉，樊須也。上好禮，則民莫敢不敬；上好義，	寧為提婆達多，不為聲聞緣覺。非大人何以如此。

則民莫敢不服；上好信，則民莫敢不用情。夫如是，則四方之民，襁負其子而至矣，焉用稼？	
子曰：如有王者，必世而後仁。	可見五濁甚難化度。
子夏爲莒父宰，問政。子曰：無欲速，無見小利，欲速則不達，見小利則大事不成。	觀心者，亦當以此爲箴。
葉公語孔子曰：吾黨有直躬者，其父攘羊，而子證之。孔子曰：吾黨之直者。異於是，父爲子隱，子爲父隱，直在其中矣。	才有第二念起，便不直，此即菩薩不說四眾過戒也。

憲 問 第 十 四

子曰：有德者，必有言。有言者，不必有德。仁者必有勇，勇者，不必有仁。	有見地者，必有行履。有行履者，不必有見地。故古人云：只貴見地，不問行履也。倘無行履，決非正見。
子曰：古之學者爲己，今之學者爲人。	盡大地是個自己。所以度盡眾生，只名爲己若見有己外之人可爲，便非眞正發菩提心者矣。
子曰：君子道者三。我無能焉。仁者不憂，知者不惑，勇者不懼。子貢曰：夫子自道也。	仁者知者勇者，三個者字，正與道者者字相應。所謂一心三德，不是三件也。夫子自省，眞是未能。子貢看來，直是自道。譬如華嚴所明，十地菩薩，雖居因位，而下地視之，則如佛矣。
子曰：不逆詐，不億不信，抑亦先覺者，是賢乎。	不惟揀去世間逆億，亦復揀去二乘作意神通矣。……
或曰：以德報怨，何如？子曰：何以報德？以直報怨，以德報德。	達得怨親平等，方是直。若見有怨，而強欲以德報之，正是人我是非未化處。……
子曰：不怨天，不尤人，下學而上達。知我者，其天乎。	心外無天，故不怨天。心外無人，故不尤人。……
子路問君子。子曰：修己以敬。曰，如斯而已乎？曰：修己以安人。曰，如斯而已乎？曰：修己以安百姓。修己以安百姓，堯舜其猶病諸。	盡十方世界是個自己，豎窮橫遍，其體其量其具，皆悉不可思議。人與百姓，不過自己心中所現一毛頭許境界耳。……
原壤夷俟。子曰：幼而不孫弟，長而無述焉。老而不死，是爲賊。以杖叩其脛。	以打罵作佛事。

衛 靈 公 第 十 五

子曰：可與言而不與之言，失人。不可與言而與之言，失言。知者不失人，亦不失言。	四悉檀。
子曰：人無遠慮，必有近憂。	未超三界外，總在五行中。斷盡二障慮斯遠

	矣。
子曰：吾之於人也，誰毀誰譽？如有所譽者，其有所試矣。斯民也，三代之所以直道而行也。	人自謂在三代後，孔子視之，皆同於三代時。所以如來成正覺時，悉見一切眾生成正覺。
子曰：人能弘道，非道弘人。	可見道，只是人之所具。天地萬物，又只是道之所具。誰謂天地生人耶。
子曰：過而不改，是謂過矣。	為三種懺法作前茅。
子曰：知及之，仁不能守之，……動之不以禮，未善也。	……如來得三不護，方可名動之以禮。故曰修己以敬，堯舜其猶病諸。
子曰：有教無類。	佛菩薩之心也。若使有類，便無教矣。

季 氏 第 十 六

孔子曰：君子有三畏。畏天命、畏大人、畏聖人之言。小人不知天命而不畏也。狎大人，侮聖人之言。	天命之性，真妄難分。所以要畏。大人，修道復性，是我明師良友，所以要畏。聖言，指示修道復性之要，所以要畏。畏天命，是歸依一體三寶。畏大人，是歸依住持佛寶僧寶。畏聖人之言，是歸依住持法寶也。不知天命，亦不知大人，亦不知聖人之言，小人既皆不知，而不畏。則君子皆知，故皆畏耳。不知心佛眾生，三無差別。不知人心惟危，道心惟微。不能戒慎恐懼。是不畏天命。妄以理佛，擬究竟佛，是狎大人。妄謂經論是止啼法，不知慧命所寄，是侮聖人之言。

陽 貨 第 十 七

子曰：性相近也。習相遠也。	性近習遠，方是不變隨緣之義。

微 子 第 十 八

楚狂接輿，歌而過孔子，曰：鳳兮！鳳兮！何德之衰？往者不可諫，來者猶可追。已而！已而！今之從政者殆而。孔子下，欲與之言。趨而辟之，不得與之言。	又是聖人一個知己。趨而辟之，尤有禪機。
大師摯，適齊；亞飯干，適楚；三飯繚，適蔡；四飯缺，適秦；鼓方叔，入於河；播鼗武，入於漢；少師陽、擊磬襄，入於海。	悽愴之景，萬古墮淚。亦可助發苦空無常觀門。

堯 曰 第 二 十

子曰：不知命，無以為君子也；不知禮，無以立也；不知言，無以知人也。	知命只是深信因果耳，知禮則善於觀心，所謂約之以禮。知言則善於聞法，所謂了達四悉因緣。

二、其基礎、方法及面貌

（一）基　礎

　　由於《論語》體裁乃屬於語錄體，其儒家理論散見在各章之中，不像〈大學〉、〈中庸〉一般有嚴密的架構，因此蕅益師雖仍以「現前一念心」爲融攝儒釋觀念的思想基礎外，更主觀的視孔子爲禪師，《論語》則爲一本禪師的語錄，如：〈公冶長篇〉：「子謂子貢曰：『女與回也，熟愈？』對曰：『賜曰，何敢望回。回也，聞一以知十。賜也，聞一以知二。』子曰：『弗如也，吾與女弗如也。』」蕅益師則註云：

> 子貢之億則屢中是病，顏子之不違如愚是藥。故以藥病對拈，非以勝負相
> 形也。子貢一向落在聞見知解窠白，卻謂顏子聞一知十。雖極贊顏子，不
> 知反是謗顏子矣。故夫子直以弗如二字貶之。蓋凡知見愈多，則其去道愈
> 遠。幸而子貢只是知二。若使知三知四，乃至知十。則更不可救藥，故彼
> 自謂弗如之處，正是可與之處。如此點示，大有禪門殺活全機。惜當機之
> 未悟。恨後儒之謬解也。（頁 113）

又如：〈里仁篇〉孔子云：「君子之於天下也，無適也，無莫也，義之與比。」蕅益師謂「當與趙州使得十二時，壇經悟時轉法華，並參。」（頁 107）〈述而篇〉記載孔子「釣而不綱，戈不射宿。」大師云：「現同惡業，曲示善機。可與六祖吃肉邊菜同參。」（頁 135）。另有一則尤爲奇妙，孔子曰：「予欲無言。」子貢曰：「子如不言，則小子何述焉？」子曰：「天何言哉？四時行焉，百物生焉，天何言哉！」〈陽貨篇〉大師除注云：「無言，豈是不言？天何言？卻是有言」外，又云：「說時默，默時說，參。」（頁 215）由這裡可看出，蕅益師基本上在註解《論語》時是把它當成禪宗的語錄一般註解，要學人把孔子的話當成修行的座右銘般加以奉行，且如參究公案般參出《論語》中的出世心法。而遇到儒家特有名詞與觀念時，則再透過其合會的方法，將倫語中的儒家觀念轉換成佛家的觀念，使《論語》一書佛化，達成其「援佛入儒」的目的。

（二）方　法

甲：以佛解儒：以佛教觀念解釋儒家之觀念與文句。如：

1. 將儒家基本德目與概念轉爲佛教的意涵：

從以下諸例來看即可明白蕅益師的做法，如：

子曰：「仁遠乎哉！我欲仁，斯仁至矣。」（〈述而篇〉）

〈點睛〉：欲二即仁，仁體即是本來至極之體，猶所云念佛心即是佛也。（頁163）

曾子曰：「吾日三省吾身。爲人謀而不忠乎？與朋友交而不信乎？傳不習乎？」（〈學而篇〉）

〈點睛〉：三事，只是己躬下一大事耳。倘有人我二相可得，便不忠信。倘非見過於師。便不能習。此是既唯一以貫之後，方有此真實切近功夫。（頁81）

子曰：「君子不重則不威，學則不固；主忠信，無友不如己者；過則勿憚改。」（〈學而篇〉）

〈點睛〉：期心於大聖大賢，名爲自重。戒慎恐懼，名爲威。始覺之功，有進無退，名爲學固。倘自待稍輕，便不能念念兢業惕厲，而暫覺還迷矣。此直以不重，爲根本病也。忠，則直心正念真如。信，則的確知得自己可爲聖賢，正是自重之處。既能自重，更須親師取友，勇於改過。此三，皆對證妙藥也。故知今之悅不若己，憚於改過者，皆是自輕者耳。又主忠信，是良藥。友不如，憚改過，是藥忌。（頁82）

子曰：「篤信好學，守死善道。危邦不入，亂邦不居。天下有道則見，無道則隱。邦有道，貧且賤焉，恥也。邦無道，富且貴焉，恥也。」

〈點睛〉：信得人人可爲聖賢，名篤信。立地要成聖賢，名好學。假使鐵輪頂上旋，定慧圓明終不失。名守死善道。危邦不入四句，正是守死善道註腳。正從篤信好學得來，邦有道節，正是反顯其失。（頁142）

2. 將儒家之觀念轉爲佛家之觀念：

子曰：「學而時習之，不亦說乎？有朋自遠方來，不亦樂乎？人不知而不慍，不亦君子乎？」（〈學而篇〉）

〈點睛〉：此章以學字爲宗主，以時習二字爲旨趣，以悅字爲血脈，朋來及人不知，皆是時習之時。樂及不慍，皆是說之血脈無間斷處。蓋人人本有靈覺之性，本無物累，本無不說。由其迷此本體，生出許多恐懼憂患。今學，即是始覺之智，念念覺於本覺。無不覺時，故名時習。無時不覺，斯無時不說矣。此覺原是人所同然，故朋來而樂。此覺原無人我對待，故不知不慍。夫能歷朋來，人不知之時，而無不習，無不說者斯爲君子之學。若以知不知二其心，豈孔子之所謂學哉？

子絕四。毋意、毋必、毋固、毋我。（〈子罕篇〉）

〈點睛〉：由誠意，故毋意。毋意，故毋必。毋必，故毋固。毋固，故毋我。細滅，故粗必隨滅也。由達無我，方能誠意。不於妄境生妄惑，意，是惑。必、固，是業：我是苦。（頁145）

子曰：「由誨女知之乎？知之爲知之。不知爲不知，是知也。」（〈爲政篇〉）

〈點睛〉：子路向能知所知上用心。意謂無所不知，方名爲知。不是強不知以爲

知也。此則向外馳求，全昧知體。故今直向本體點示，只要認得自己眞知之體。更無二知。此與知見立知，即無明本。知見無見。斯即涅槃之旨，參看。方見聖人道脈之妙。若捨此而別求知，不異丙丁童子求火，亦似騎牛覓牛矣。（頁93）

3. 直接援引佛家之觀念名詞解釋經文：

子曰：「不患無位，患所以立。不患莫己知，求爲可知也。」

〈點睛〉：此對治悉檀，亦阿伽良藥也。（頁107）

按：「阿伽良藥」即「阿伽陀藥」，原意爲健康、長生不老、無病、普去、無價，後轉用藥物名稱，尤指解毒藥而言。阿伽陀藥又稱不死藥、丸藥。此藥靈奇，價值無量，服之能普去眾疾〔註11〕

伯牛有疾，子問之，自牖執其手。曰亡之，命矣夫。斯人也，而有斯疾也。斯人也，而有斯疾也。

〈點睛〉：說一命字。便顯得是宿業，便知爲善無惡果。（頁120）

按：「宿業」即過去世所造之善惡業因。又稱宿作業。即指於現世感宿業之果報，而現世之行業又成爲來世招果報者。惟一般多以宿業指惡業因，另以宿善指善業因〔註12〕。

子曰：「如有王者，必世而後仁。」

〈點睛〉：可見五濁甚難化度。（頁178）

子曰：「過而不改，是謂過矣。」

〈點睛〉：爲三種懺法作前茅。（頁201）

按：「懺法」即指依諸經之說而懺悔罪過之儀則。又作懺儀。據智顗之摩訶止觀卷二上、金光明文句卷三載，懺悔分爲事懺與理懺兩種；又作法懺悔、取相懺悔、無生懺悔等三種，稱爲三種懺法，前二者屬於事懺，後者屬於理懺〔註13〕。

子曰：「人無遠慮，必有近憂。」

〈點睛〉：未超三界外，總在五行中。斷盡二障，慮斯遠矣。（頁198）

按：「三界」乃佛家的空間觀念，包含欲界、色界、無色界。

寢不尸，居不容。

〈點睛〉：吉祥而臥，故不尸。（頁156）

子曰：「苟志於仁矣，無惡也。」

〈點睛〉：千年暗室，一燈能破。

〔註11〕見《佛光大辭典》中冊，頁3617。
〔註12〕見《佛光大辭典》中冊，頁4511。
〔註13〕見《佛光大辭典》中冊，頁6770。

按：語出《華嚴經》卷七十八與《大集經》卷一。謂燈能破暗，以喻菩提之心，能破煩惱之暗。《華嚴經》載，譬如一燈入於暗室，百千年暗，悉能破盡。菩提心燈，亦復如此，一入眾生心室之內，百千萬億不可說劫，諸業障煩惱種種暗障，悉能除盡。

子曰：「人之過也，各於其黨。觀過，斯知仁矣。」

〈點睛〉：此法眼也，亦慈心也。世人但於仁中求過耳。孰肯於過中求仁哉？然惟過，可以觀仁。小人有過。則必文之。仁人有過，必不自掩。故也。

按：「法眼」乃五眼之一，即菩薩為救度一切眾生，能照見一切法門之眼。〔註14〕

乙：以佛喻儒

此即觀念的類比，儒家的說法，並未被轉換掉，只是同一種道理，放在儒家或佛教都可以講得通，而呈現出儒佛並列存在的情形，在這個方法下，蕅益師大量的運用了佛教的名詞、觀念乃至典故，其意不外乎是在傳播佛法的知識於讀者的閱讀中。其例如下：

曾子有疾，召門弟子曰：「啓予足，啓予手。」詩云：「戰戰兢兢，如臨深淵，如履薄冰，而今而後，吾知免夫。小子。」

〈點睛〉：既明且哲，以保其身。推而極之，則佛臨涅槃時，披衣示金身，令大眾諦觀，亦是此意。但未可與著相愚人言也。（頁139）

子貢欲去告朔之餼羊。子曰：「賜也，爾愛其羊，我愛其禮。」

〈點睛〉：子貢見得是羊，孔子見即是禮。推此苦心，便可與讀十輪、佛藏二經。（頁99）

子曰：「我非生而知之者，好古敏以求之者也。」

〈點睛〉：方外史曰：不但釋迦尚示六年苦行，雖彌勒即日出家，即日成道，亦是三大阿僧祇劫修來的。（頁133）

樊遲請學稼。子曰：「吾不如老農。請學為圃。」曰：「吾不如老圃。」樊遲出。子曰：「小人哉！樊須也。上好禮，則民莫敢不敬。上好義，則民莫敢不服。上好信，則民莫敢不用情。夫如是，則四方之民，襁負其子而至矣。焉用稼？」

〈點睛〉：寧為提婆達多，不為聲聞緣覺。非大人，何以如此？

子夏為莒父宰，問政。子曰：「無欲速，無見小利。欲速，則不達；見小利，則大事不成。」

〈點睛〉：觀心者，亦當以此為箴。（頁179）

〔註14〕同前註上冊，頁1151。

子曰：「君子之於天下也，無適也，無莫也，義之與比。」

〈點睛〉：義之與比，正所謂時措之宜。卻須從格物慎獨來。若欲比義，便成適莫。義來比我，方見無適莫處。比義，則爲義所用。義比，則能用義。比義，則同告子之義外，便成襲取；義比，則同孟子之集義，便是性善。當與趙州使得十二時，壇經悟時轉法華並參。

（三）面貌

《論語》一書，透過蕅益師的一番轉換功夫，則完全變成了佛教的修行語錄了，〈論語點睛〉中所呈現的孔子，則是一位得心自在的禪師，如其云：

〈爲政篇〉：子曰：「吾十有五，而志於學；三十而立；四十而不惑；五十而知天命；六十而耳順；七十而從心所欲而不踰矩。」

〈點睛〉：只一學字到底。學者，覺也；念念背塵合覺，謂之志。覺不被迷情所動，謂之立。覺能破微細疑網，謂之不惑。覺能透眞妄關頭，謂之知天命。覺六根皆如來藏，謂之耳順。覺六識皆如來藏，謂之從心所欲不踰矩。此是得心自在。若欲得法自在，須至八十九十，始可幾之。（頁 89）

由這裡蕅益師的解釋，孔子是一位得心自在的禪師，而其爲學過程則是佛家一連串覺悟的過程。並且具足了佛家所說的神通：

> 私者，人所不見之地，即慎獨獨字。惟孔子具他心道眼，能於言語動靜之際，窺見其私。故曰，回也其心三月不違仁。（頁 91）
> 知來之事，聖人別有心法，與如來性具六通相同。如明鏡無所不照，非外道所修作意五通可比也。（頁 95）

其所傳的道，乃佛家之道，其面貌爲：

> 道曠無涯，那有盡極（頁 86）
> 道是豎窮橫遍，不是死了便斷滅的。（頁 106）
> 可見道只是人之所具，天地又只是道之所具，誰謂天地生人耶。（頁 201）

此外，孔子在與弟子生活間，處處機逗教，機鋒百出，「以打罵作佛事」。如其云：

> 聖賢心事，雖隱居求志。而未嘗置天下於度外。雖遑遑汲汲，而未嘗橫經濟於胸中。識得此意，方知禹稷顏子，易地皆然。奈四子各見一邊，終不能知孔子行處。故因此侍坐，巧用鉗錘，以曾點之病，爲三子之藥；又以三子之病，爲曾點之藥也。（頁 165）
> 鏗爾者，舍瑟之聲。此非與點，乃借點以化三子之執情耳。（頁 166）
> 卓吾云：然則師愈。子貢卻呈自己供狀，過猶不及，夫子亦下子貢鉗錘。

　　信而曰忠，敬而曰篤，對治子張病根也。（頁 196）

於是一部講進德修業，講人與人之間如何相處的學問，到了蕅益師的〈論語點睛〉
中，則變成了一部禪意百出，以爲「覺悟本性」的一本禪師語錄了。

第五章　《四書薀益解》內容之特色

第一節　註解方式之多樣性

　　《四書薀益解》一書之註解方式仍是依宋明之註解傳統，以義理爲主，不重訓詁。由於《四書》本身內容結構之差異性，因此薀益大師在註釋經文時，特將《四書》分成〈大學直指〉與〈中庸直指〉一類與〈論語點睛〉一類等兩類來解釋。

一、關於〈大學直指〉與〈中庸直指〉部份

　　由於〈大學〉〈中庸〉與整篇思想精密、架構完整，所以薀益師在註解此二篇時，亦以其精密博深之佛學涵養（包括：禪、天台、唯識三家思想）來詮釋這兩篇之經文，充分顯融佛入儒之特色。其所使用之方式則呈現多樣性之面貌，諸如：

甲、有時以一家思想為釋，例如：

　　〈大學〉：所謂修身在正其心者，有所忿懥，則不得其正；有所恐懼，則不得其正；有所好樂，則不得其正；有所憂患，則不得其正。

　　註文：身者，前六識身也，忿懥、恐懼、好樂、憂患、即貪嗔癡等根隨煩惱也。現行熏成種子，故使第八識心不得其正。

按：此處乃以唯識之第八識比擬儒家的「心」，以「前六識身」即「眼、耳、鼻、舌、身、意」比擬儒家的「身」。哀樂等情感之表現規換成唯識宗之專門術語，「根隨煩惱」、「種子」等等。

乙、有時以兩家思想重複為釋：例如其註「大學」為

　　〈直指〉：大者，當體得名，常遍爲義；即指吾人現前一念之心，心外更無一物可得。無可對待，故名當體。此心前際無始，後際無終，生而無生，死而不死，故

-111-

名為常：此心包容一切家國天下，無所不在，無有分劑方隅，故名為遍。學者覺也。自覺覺他、覺行圓滿，故名大學。大字即標本覺之體，學字即彰始覺之功。本覺是性，始覺是修；稱性起修，全修在性，性修不二，故稱大學。（頁7）

按：這一段註文從「大者，當體得名，常遍為義」至「自覺覺他，覺行圓滿，故名大學」為禪思想，從「大字即標本覺之體」至「全修在性，性修不二，故名大學」為天台思想。此處以禪解釋過後，又再重複以天台思想解「大學」一義。又：

經文：湯之盤銘曰：苟日新，日日新，又日新。

〈直指〉：欲誠其意，莫若自新。自新者，不安於舊習也。我法二執，是無始妄習，名之為舊；觀我法空，是格物致知，名之為新。苟者，斬然背塵合覺也；日日新者，不肯得少為足；又日新者，不肯半途而廢。又苟日新者，斷分別二執；日日新者，斷俱生二執；又日新者，斷二障種子。（頁16）

按：此處乃以禪與唯識的修行過程重複比擬「苟日新、日日新、又日新」之涵意。

丙、有時則以佛典經文為釋：例如

〈大學〉：知止，而后有定；定，而后以；靜，而后能安；安，而后能慮；慮，而后能得。

〈直指〉：止之一字，雖指至善，只是明德本體。此節指點人處，最重在知之一字。《圓覺經》云：知幻即離，不作方便；離幻即覺，亦無漸次，當與此處參看。《大佛頂經》云：以不生不滅為本修因，然後圓成果地證修，即知止之謂也。此中知，為妙悟；定、靜、安、慮，為妙修；得為妙證。動靜二相，了然不生，名能定；外境不擾故，聞所聞盡，名能靜；內心無喘故，覺所覺空，名能安；煩惱永寂故，空所空滅，名能慮；寂滅現前，如鏡現像故，忽然超越，名能得，獲二殊勝故。（頁9）

按：此處則直引《圓覺經》與《大佛頂經》（即楞嚴經）為註。又：

〈中庸〉：在上位不陵下，在下位不援上；正己而不求於人則無怨，上不怨天，下不尤人。

〈直指〉：下合六道眾生，與諸佛生同一悲仰，故不陵；上合十分諸佛，與佛如來同一慈力，故不援。知十法界皆即我之本性，故正己而不求於人。

按：此處亦以《楞嚴經》為釋，在《四書蕅益解》中，蕅益師大量引用了《楞嚴經》的原文作為註解的文字，這種特色與時代有著密切的關係，明代最流行的佛經即為《楞嚴經》，引用《楞嚴經》可能很容易就讓讀者明瞭其註解的意涵。而其引用的方式有時言明語出《楞嚴經》，有時則不標明出處。

二、關於〈論語點睛〉部份

相對於前面的部份，由於《論語》體裁的緣故，大師在解經時，所用的方式則承襲了李卓吾《四書評》的方式將《論語》如小說般地加以品評，而使得其內容更顯的活潑與多樣化，其方式除像一般正常的註解文意之外，尚有如下幾樣比較特別的，如：

1. 引前人之言為訓

書中大量的引用前人之言以為註解，其中總共引李卓吾九十二例，王陽明六例，陳旻昭四例，程季清、覺浪禪師、周季侯、吳因之、吳建先、袁了凡、程子各一例。例如：

〈述而篇〉：互鄉難與言。童子見，門人惑。子曰：「人潔己以進，與其潔也，不保其往也；與其進也，不與其退也，唯何甚！」

　〈點睛〉：卓吾云：「天地父母之心。」

按：此處只以卓吾之言為訓。有時則用己之意為訓，然後再引前人之言，諸如：

〈憲問篇〉：子曰：「辭達而已矣。」

　〈點睛〉：從古有幾個真正達的。卓吾云：「五字，便是談文秘密藏。」

有時則以李卓吾的話註解，然後在順其文意加以發揮，如：

〈子罕篇〉：子罕言利、與命、與仁。

　〈點睛〉：卓吾云：「罕言利，可及也。罕言利與命與仁，不可及也。」方外史曰：「言命言仁，其害與言利同，所以罕言。今人將命與仁掛在齒煩，有損無益。」

《四書蕅益解》中常有「方外史」這個名稱，這是蕅益師的別號，意即出家之人，在〈性學開蒙〉中蕅益師即用「方外史」署名。在引用前人之語處，〈論語點睛〉與李卓吾的《四書評》之關係，可說相當的密切。〈論語點睛〉中明言「李卓吾曰」、「卓吾曰」、「卓吾云」之處就有九十二處之多；而未曾直接註明引自《四書評》的地方，也有許多處的解釋與《四書評》類似或是順著《四書評》的文意而加以發揮的，例如：

《四書評》：「必也射乎」以下，正說君子無所爭。

　〈點睛〉：「必也射乎」，正是君子無所爭處。（〈八佾篇〉「君子無所爭」章）

《四書評》：末二語有無限感慨。

　〈點睛〉：無限感慨。（〈八佾篇〉「夏禮吾能言之」章）

《四書評》：子路痴。

　〈點睛〉：正為點醒子路而發。非是歎道不行。（〈公冶長篇〉「道不行」章）

《四書評》：夫子造就子貢處、大有禪機。

　〈點睛〉：……如此點示、大有禪門殺活全機。惜當機之未悟、恨後儒之謬解也。

（〈公冶長篇〉「女與回也孰愈」章）

由這裡可見出蕅益師在註解〈論語點睛〉時，是大量參考了《四書評》的評點，甚至可以說是以《四書評》為底本的。

2. 以佛教名相、觀念典故為訓

「援佛入儒」乃是本書的特色，因此在〈論語點睛〉中，亦大量的引用佛教的經典、名詞、義理觀念來解釋經文，如引經典之文為訓：

〈里仁篇〉：子曰：「苟志於仁矣，無惡也。」

〈點睛〉：千年暗室，一燈能破。

按：語見《華嚴經》卷七十八、《大集經》卷一。

〈顏淵篇〉：顏淵問仁。子曰：「克己復禮為仁。一日克己復禮，天下歸仁焉，為仁由己，而由人乎哉！」……顏淵曰：「回雖不敏，請事斯語矣。」

〈點睛〉：……正所謂流轉生死，安樂涅槃，惟汝六根，更非他物。視聽言動，即六根之用，即是自己之事，非教汝不視不聽不言不動。只要揀去非禮，便即是理。……

按：《楞嚴經》卷五原文為：「善哉阿難，汝欲識知，俱生無明，使汝輪轉，生死結根，唯汝六根，更非他物。汝復欲知，無上菩提，令汝速證，安樂解脫，寂靜妙常，亦汝六根，更非他物。」

又，引佛教名詞、觀念為訓：

〈子路篇〉：子曰：「如有王者，必世而後仁。」

〈點睛〉：可見五濁甚難化度。

按：「五濁」即「五濁惡世」，指（一）劫濁：減劫中，人壽減至三十歲時飢饉災起，減至二十歲時疾疫災起，減至十歲時刀兵災起，世界眾生無不被害。（二）見濁：正法已滅，像法漸起，邪法轉生，邪見增盛，使人不修善道。（三）煩惱濁：眾生多諸愛欲，慳貪鬥爭，諂曲虛誑，攝受邪法而惱亂心神。（四）眾生濁：眾生多諸弊惡，不孝敬父母尊長，不畏惡業果報，不作功德，不修慧施，齋百歲者稀。五濁之中，以劫濁為總，以其餘四濁為別。〔註1〕

〈鄉黨篇〉：寢不尸，居不容。

〈點睛〉：吉祥而臥，故不尸。

按：「吉祥臥」又名「獅子臥法」，謂比丘之臥法如獅子，即兩足相疊，右脅而臥。

〔註 1〕見《佛光大辭典》上冊，頁1202。

〔註2〕

〈爲政篇〉：子曰：「君子周而不比，小人比而不周。」

〈點睛〉：生緣、法緣、無緣三慈，皆是周；愛見之慈即是比。

按：據《大智度論》卷四十、北本《大盤涅槃經》卷十五等載，慈悲有三種：（一）生緣慈悲：又作有情緣慈、眾生緣慈。即觀一切眾生猶如赤子，而與樂拔苦，此乃凡夫之慈悲。然三乘最初之慈悲亦屬此種，故亦稱小悲。（二）法緣慈悲：指開悟諸法乃無我之眞理所起之慈悲。係無學（阿羅漢）之二乘及初地以上菩薩之慈悲，又稱中悲。（三）無緣慈悲：爲遠離差別之見解，無分別心而起的平等絕對之慈悲，此係佛獨具之大悲，非凡夫、二乘等所能起，故特稱爲大慈大悲。以上三種慈悲，並稱爲三緣慈悲、三種緣慈、或三慈。〔註3〕

又，以佛教典故爲訓：

〈述而篇〉：子曰：「二三子以我爲隱乎？吾爲隱乎爾。吾無行而不與二三子者，是丘也。」

〈點睛〉：卓吾云：「和盤托出。」方外史曰：「正惟和盤托出，二三子亦不能知。如目連欲窮佛聲，應持欲見佛頂，何處用耳，何處著眼。」

按：「目連欲窮佛聲」、「應持欲見佛頂」即是出於佛經典故。

3. 以感慨語為訓：

在〈論語點睛〉中，薀益師有時並未對解釋文義，而只以感慨語、感情語代替，充分顯現評點的特色。如：

〈爲政篇〉：孟武伯問孝。子曰：「父母爲其疾之憂。」

〈點睛〉：此等點示，能令有人心者痛哭。

〈爲政篇〉：子曰：「非其鬼而祭之，諂也。見義不爲，無勇也。」

〈點睛〉：罵得痛切，激動良心。

4. 以佛教專有註法為訓

在〈論語點睛〉中，亦引用佛教特有的註釋方法，如：

〈子罕篇〉：子在川上曰：「逝者如斯乎，不捨晝夜。」

〈點睛〉：此嘆境也，即嘆觀也。蓋天地萬物，何一而非逝者，但愚人於此計斷計常。今既謂之逝者，則便非常。又復如斯不舍晝夜，則便非斷。非斷非常，即緣生正觀。引而申之，有逝逝，有逝不逝，有不逝逝，有不逝不逝，非天下至聖，孰

〔註 2〕同前註，頁 4092。
〔註 3〕同前註，頁 5806。

能知之。（頁 149）

〈先進篇〉：子張問善人之道。子曰：「不踐跡，亦不入於室。」

〈點睛〉：此須四句料揀。一、踐跡而入室，君子也；二、不踐跡而入室，聖人也；三、不踐跡而不入室，善人也；四、踐跡不入室，有恆也。（頁 163）

按：所謂「四料揀」即四種算別法，為臨濟義玄所施設。即能夠應機應時，與奪隨宜，殺活自在地教導學人之四種規則。（甲）奪人不奪境，即奪主觀而僅存客觀，於萬法之外不承認自己，以破除對人、我見之執著。（乙）奪境不奪人，即奪客觀而僅存主觀，以世界映現在一己心中，破除以法為實有之觀點。（丙）人境俱奪，即否定主、客觀之見，兼破我執與法執。（丁）人境俱不奪，即肯定主、客觀各各之存在。此乃義玄禪師於小參之際，應普化、克符之問法，對機而設施之軌範〔註4〕。又：

〈衛靈公篇〉子曰：「可與言而不與之言，失人；不可與言而與之言，失言；知者不失人，亦不失言。」

〈點睛〉：四悉檀（頁 196）

按：「悉檀」乃是梵語，意譯作成就、宗、理等。佛化導眾生之教法可分四個範疇，即：世界、各各為人、對治、第一義等四悉檀。悉，即遍之義；檀，為檀那之略稱，及佛以此四法遍施一切眾生，故稱四悉檀。據《大智度論》卷一所載，佛之教法有種種差別，乍見似為矛盾，若總其教說，則有四悉檀之別，皆為實義而不相違背。（甲）世界悉檀，及隨順世間之法，而說因緣和合之義；亦即以世間一般之思想、語言、觀念等事物，說明緣起之真理。例如：人類係由因緣和合而存在，故非為實體。以人存在本是一般世俗之見，乃說適合世俗之法以隨順眾人，令凡夫喜悅而得世間之正智，故此悉檀又稱樂欲悉檀。（乙）各各為人悉檀，略作為人悉檀。即應眾生各別之根機與能力，而說各種出世實踐法，令眾生生起善根，故又稱生善悉檀。（丙）對治悉檀，及針對眾生之貪、嗔、癡等煩惱，應病而予以法藥。此係為滅除眾生煩惱與惡業之教；以其能斷眾生諸惡，故又稱斷惡悉檀。（丁）第一義悉檀，即破除一切論議語言，直接以第一義詮明諸法實相之理，令眾生真正契入教法，故又稱入理悉檀〔註5〕。

第二節　諸宗之互融

把蕅益師的《四書蕅益解》放在晚明的《四書》學中來看，可能發現，在一片

〔註 4〕同前註，頁 1748。
〔註 5〕同前註，頁 1758。

「以禪解經」的《四書》學潮流中，融合「禪、天台、唯識」三家思想，作為《四書》註文的《四書藕益解》，可說是一項特色。蓋藕益師之意以為佛教各宗，雖分派相爭，然原來目的則一，不外乎明其自心而已。故唱諸宗融合一致論；謂佛教有教、禪、律三大區別：禪為佛心、教為佛語、律為佛行；此三者具備，始為完全佛教，執一相爭者，乃學者之誤謬。其在《四書藕益解》的序言即謂：「知儒也、玄也、佛也、禪也、律也、教也，無非楊葉與空拳也。隨嬰孩所欲而誘之，誘得其宜，則啞啞而笑；不得其宜，則呱呱而泣。泣笑自在嬰孩，於父母奚加損焉？顧兒笑，則父母喜；兒泣，則父母憂，天性相關，有欲罷而不能者，伐柯伐柯，其則不遠，今之誘於人者，即後之誘人者也，倘猶未免隨空拳黃葉而泣笑，其可以誘他乎？」（《四書藕益解》序）因此，藕益師特將其諸宗融合的論點表現在其著作中。而另一重要原因，則與當時狂禪之風有關。自唐宋以下的禪宗，多以不立文字，輕忽義學為風尚，以致形成沒有指標也沒有規式的盲修瞎煉，甚至徒逞口舌之能，模擬祖師的作略，自心一團漆黑，卻偽造公案、呵佛罵祖。所以有心振興法運的大師們，揭出了「禪教一致」的主張，以針砭時弊。

　　前文有言，藕益師思想的立足點始終是禪，而其禪思想的根本經典，則是《楞嚴經》。《楞嚴經》的思想是藕益師的思想核心，他從《楞嚴經》中，開展出他的「現前一念心」學說，並以之作為融合諸宗的核心思想。聖嚴法師即如是言：「智旭思想的大成者，不只是他作成的《教觀綱宗》與《法華會義》，而是性相、禪教的調和，是天台與唯識的融通，是天台與禪宗的折衷，也是儒教與禪的融通，進而統括律、教、禪、密以歸向淨土。」〔註6〕首先，就性相與禪教的調和論，藕益師在〈示何德坤〉的法語中，即有如次的見解：

> 心性無法不具、無法不造、而所具所造一切諸法，皆悉無性。明此無性之法，一一皆非實我實法者，謂之慈恩宗。明此諸法無性、一一皆能遍具遍造者，謂之法性宗。直指現前妄法妄心、悉皆無性、令見性成佛者，謂之禪宗。是故臨濟痛快直接、未嘗不精微。曹洞精細嚴密、未嘗不簡切。唯識存依圓、未嘗不破遍計。般若破情執、未嘗不立諦理。護法明真如不受熏、未嘗謂與諸法定異。馬鳴明真如無明互熏、未嘗謂定一。（《宗論》二，五卷）

這裏所說的「心性」，就是《楞嚴經》的「如來藏妙真如性」，亦即其「現前一念心」。藕益師便是以這「現前一念心」為融合諸宗的理論依據，認為諸宗的理論皆

〔註6〕見聖嚴法師著《明末中國佛教之研究》，頁472。

是以之爲基礎而發展出來的，雖然各自的修法途徑及理論角度並不一樣，但是回歸這清淨的「現前一念心」的目的，卻是一樣〔註7〕。而就天台與唯識的融通方面，蕅益師在〈示景文〉的法語中，即有很明白的交代，他是依據唐譯八十卷本的《華嚴經》第十九：「一切唯心造」的理念，以及《摩訶止觀》卷第五上：「一念三千」的理念來解釋《唯識論》的百法和《起信論》的大乘義理。是即：心造的諸法，乃是唯識的百法心相，而一念三千，則包含天台的事理三千，至於唯識的百法心相，實際上就是天台的事造三千的內容。也就是說：天台的一念三千義理，是容納唯識教義，而《大乘止觀》，雖是天台以前的著書，但在解釋上，已經依於止觀所依等的五番建立，而接納三千性相和百界千如的一切。因此，唯識可能說是天台之序，而天台則是唯識的深意。致力於融通這兩者的人，正是《大乘止觀》的撰述者——南岳慧思禪師。

所以，蕅益師在晚年的時段裡，稱呼天台宗曾用「臺衡」的名稱。對蕅益師來說，《大乘止觀》才是性相融會精神的顯現。因此，蕅益師陳述了如次的論點：

> 欲善唯識玄關，須善臺衡宗旨，欲得臺衡心髓，須從唯識入門。……（中略）……嗚呼，臺衡心法，不明久矣。蓋彼不知智者，《淨名疏》，純引天親釋義故也。疏流高麗，莫釋世疑。而南獄《大乘止觀》，亦約八識，辨修證門。正謂捨現前王所，別無所觀之境，所觀既無，能觀安寄。辨境方可修行止觀，是臺衡眞正血脈，不同他宗泛論玄微。法爾之法，道不可離。彼拒法相於山外，不知會百川歸大海者，誤也。（《宗論》卷五，13～14頁）

依上所述，在蕅益師的認爲，南岳慧思固不待言，即使天台智者大師的《維摩經疏》，也是引用世親的唯識思想。但在當時的天台學者，於此則渾然不覺，而隨意排斥唯識法相爲山外。而且，《大乘止觀》對於約八識而分辨止觀修證的所觀境，也是不明究底一事，嘆息爲非常的過咎。因此，蕅益師重視唯識思想的同時，他在《法華會義》中，也是經常引用唯識學者世親所著的《法華經論》。另就天台與禪的折衷，蕅益師以爲：

> 道不在文字，亦不在離文字，執文字爲道，講師所以有說食數飽之譏也。執離文字爲道，禪士所以有暗證生盲之禍也。達磨大師，以心傳心，必藉楞伽爲印，誠恐離經一字，即同魔說。智者大師，九旬妙談，隨處結歸止觀，誠恐依文解義，反成佛冤。少室、天台，本無兩至，後世禪既謗教，

〔註7〕同前註，頁473。

教亦謗禪，良可悲矣。予二十三歲，即苦志參禪，今自稱司淑天台者，深
痛我禪門之病，非台宗不能救耳。〔註8〕

蕅益師即以這個「道」的理念，而肯定「現前一念心」的稱性功能。是即：具備本
來清淨的德行，以及全性起修的修德，性修不二的如來藏。而如來藏的本體，是離
言的真如。由如來藏中變現的根身器界或心心所法，就是依言的真如。因此，這個
所謂的「道」，並不是文字形式的，也不是離文字的。在禪宗和天台宗都說是修道，
或證悟道的法門，不論哪一方都應該是主張不執文字或不離文字。譬如禪宗初祖菩
提達摩，雖然是首倡以心傳心之說，然亦以《楞伽經》為印證之憑藉。此外，天台
智者大師，曾在金陵瓦官寺講說《法華玄義》，但其結論，還是歸向於修行止觀。依
上述各端，禪宗與天台宗都是明顯地主張於心與文字法的不離不執。

那麼性相融合，禪教合一的主張既是蕅益師論學的核心，當然亦反應在其以宣
傳為導向的《四書蕅益解》著作中，在本書中處處可見大師融合禪與教、性與相的
努力，諸如〈大學〉的三綱領：「大學之道，在明明德，在親民，在止於至善。」蕅
益師即以禪與天台的思想融合為釋，其云：

> 道者，從因趨果所歷之路也。只一在明明德，便說盡大學之道。上明字是
> 始覺之修，下明德二字，是本覺之性。性中本具三義，名之為德。謂現前
> 一念靈知洞徹，而未嘗有形，即般若德。現前一念雖非形象，而具諸妙用
> 舉凡家國天下，皆是此心中所現物。舉凡修齊平，皆是此心中所具事，即
> 解脫德。又復現前一念莫知其鄉，而不無，位天育物，而非有。不可以有
> 無思，不可能凡聖異，平等不增不減，即法身德。我心既爾，民心亦然。
> 度自性之眾生，名為親民；成自性之佛道，名止至善。親民、止至善只是
> 明明德之極致，恐人不了，一一拈出，不可說為三綱領也。此中明德，民，
> 至善，即一境三諦，明、親、止，即一心三觀，明明德即自覺；親民，即
> 覺他；止至善，即覺滿。自覺本具三德，束之以為般若；覺他令覺三德，
> 束之以為解脫；至善自他不二，同具三德，束之以為法身。不縱不橫，不
> 並不別，不可思議，此理名為大理。覺此理者，名為大學。從名字覺，起
> 觀行覺；從觀行覺，得相似覺；從相似覺，階分證覺，歸究竟覺，故名大
> 學之道。

這裡蕅益師即以其禪思想「現前一念心」融攝天台的「般若德、解脫德、法身德」，
用以解釋「明德」一詞之含義。並以禪思想解釋三綱領一遍後，再以天台「一心三

〔註8〕見〈示如母〉的法語，《宗論》頁14。

觀」與「一境三諦」的觀念解釋一遍，其調和二者思想之用意，明白可見。而對〈大學〉的八條目：「古之欲明明德於天下者，先治其國；欲治其國，先齊其家；欲齊其家者，先修其身；欲修其身者，先正其心；欲正其心者，先誠其意；欲誠其意者，先致其知，致知在格物。」蕅益師則轉用唯識的觀念詮釋，其云：

> 說個明明德於天下，便見親民止至善，皆明德中事矣。正其心者，轉第八識爲大圓鏡智也；誠其意者，轉第七識爲平等性智也；致其知者，轉第六識爲妙觀察智也。格物者，做唯心識觀，了知天下國家，根身器界，皆是自心中所現物，心外別無他物也。是故若欲格物，莫若觀所緣。若知外所緣緣非有，方知內所緣緣不無。若知內所緣緣不無，方能力去內心之惡，力行心內之善，方名慎獨。又祇一明德，分心、意、知，三名，致知，即明明德。

又，〈大學〉：「湯之盤銘曰：『苟日新、日日新、又日新。』」一文，蕅益師則用禪的修證歷程解釋一遍後，又用唯識的修證歷程，解釋一遍：

> 欲誠其意，莫若自新。自新者，不安於舊習也。我法二執，是無始妄習，名之爲舊；觀我法空，是格物致知，名之爲新。苟者，斬然背塵合覺也；日日新者，不肯得少爲足；又日新者，不肯半途而廢。又苟日新者，斷分別二執；日日新者，斷俱生二執；又日新者，斷二障種子。（頁16）

在〈大學直指〉與〈中庸直指〉裡蕅益師即是以禪、天臺、唯識三家思想或合釋或輪流爲釋，這種融合性相與禪教的例子在此二篇中比比皆是，處處都可見蕅益師融合諸宗的用心與努力。

第三節　鍼砭時代風氣

一、對狂禪風氣之反應

當萬曆以後，有一種似儒非儒、似禪非禪的「狂禪」運動〔註9〕風靡一時。這個運動以李卓吾爲中心，上溯至泰州派下的顏、何一系，而其流波及於明末的一般文人。他們的特色是「狂」，旁人罵他們「狂」，而他們也以「狂」自居。本來當年陽明就自命爲「狂者」。如傳習錄載：

> 薛尚謙鄒謙之馬子莘王汝止侍坐，因嘆先生自征宸濠以來，天下謗議益眾，請各言其故。有言先生功業勢位日隆，天下忌之者眾；有言先生之學

〔註9〕詳見嵇文甫著：《左派王學》，第三章。

日明，故爲宋儒爭是非者亦日博；有言先生自南都以後，同志信從者日眾，而四方排阻者日益力。先生曰：諸君之言，信皆有之。但吾一段自知處，諸君未道及耳。諸友請問。先生曰：我在南都以前，尚有些子鄉愿的意思在。我今信得這良知眞是眞非，信手行去，更不著那些覆藏。我今纔做得個「狂者」的胸次，使天下之人都說我「行不揜言」也罷。薛尚謙出，曰：信得此過，方是聖賢的血脈。

由此可知「狂」正是王學的本色。不過陽明究竟還不甚「狂」，後來左派就專從這一路發展了。龍谿極力辨別狂狷與鄉愿，對於「狂者」大爲贊揚〔註10〕。至於心齋，連陽明也覺得他「意氣太高，行事太奇」，而加以裁抑，其「狂」更不用說了。然而他們究竟還都是名教中人，沒有大越普通儒者的矩矱，沒有乾脆成爲「狂禪」。直到顏、何一派，情形更不同了。他們已經眞成爲具備理論大綱的「狂禪」〔註11〕，而爲李卓吾的先驅了。

卓吾所著有《焚書》、《藏書》、《說書》、《九正易因》等書。其學不守繩墨，出入儒佛之間，而大旨源於姚江。他自稱「不曾四拜受業一個人以爲師」，而對王學左派諸人備致推崇。尤其傾倒的是王畿，其次則羅汝芳。他稱泰州學派道：

當時陽明先生門徒遍天下，獨有心齋爲最英靈。心齋本一灶丁也，目不識丁。聞人讀書，便自悟性。逕往江西，見王都堂，欲與之辯質所悟，此尚以朋友往也。後自知其不如，乃從而受業焉。故心齋亦得聞聖人之道。此其氣骨爲何如者？心齋之後爲徐波石，爲顏山農。山農以布衣講學，雄視一世，而遭橫死，波石以布政使請兵督戰，而死廣南。雲龍風虎，然哉！蓋心齋眞英雄，故其徒亦英雄也。波石之後爲趙大洲，大州之後爲鄧谿渠，山農之後爲羅近溪，爲何心隱，心隱之後爲錢懷蘇，爲程後臺，一代高似一代。所謂大海不宿死屍，龍門不點破額，豈不信乎！心隱以布衣出頭倡道而遭橫死。近溪雖得免於難，然亦幸耳，足以一官不見容於張太岳。蓋英雄之士，不可免於世，而可以進於道。（爲黃安上人大孝文一首）

泰州派下這一批人物，在普通儒者眼中簡直是群怪物，而卓吾卻極口稱贊他們是英雄，把他們寫得生龍活虎一般。他有一篇〈何心隱論〉，稱心隱爲「上九之大人」，極力替他申冤道：

今觀其時，武昌上下，人幾數萬，無一人識公者，無不知公之爲冤也。方其揭榜通衢，列公罪狀，聚而觀者，或指其誣，至有噓呼叱咤不欲觀焉者，

〔註10〕同前註。
〔註11〕見嵇文補著之《晚明思想史論》頁35～40。

則當日之人心可知矣。由祁門而江西，又由江西而南安，而湖廣，沿途三
千餘里，其不識公之面而知公之心者，三千餘里皆然也。非惟得罪於張相
者，有所憾於張相而云然，雖其深相信以爲大有功於社稷者，亦猶然以此
舉爲非是，而咸稱殺公以媚張相者之爲非人也。則斯道之在人心，眞如日
月星辰之不可蓋覆矣。

讀此段可能想見心隱一流人在當時聲勢之大，影響之深。卓吾學風和心隱很相近，
對於他尤其是深表同情，故爲之扼腕嘆息如此。卓吾、心隱這一流人，常被後儒罵
爲狂禪，然卓吾對於當時思想界則有廣泛而深刻的影響，《鄒穎泉語錄》載：

李卓吾倡爲異說，破除名行，處人從之甚眾，風習爲之一變。劉圓清問於
先生曰，「何近日從卓吾者之多也」。曰：「人心誰不欲爲聖賢，故無奈聖
賢礙手耳。今渠謂酒色財氣一切不礙菩提路。有此便宜事，誰不從之。」

這種批評雖說不一定全合眞情，但卓吾這班狂禪派確乎是大開方便之門，絕不是循
規蹈矩的。他們也確乎是把聖人這個名字便宜出賣，如羅汝芳稱顏山農爲聖人，卓
吾稱趙大洲爲聖人，焦竑亦稱卓吾「可坐聖人第二席」，眞可謂「滿街都是聖人」了。
狂禪潮流影響一般文人，如公安派竟陵派以至明清間許多名士才子，都走這一路，
在文學史上形成一個特殊時代。然所謂「狂禪」派諸人，雖豪放不羈，尚能言之有
物，可是流風所及，後繼者慕其風而廢其學，以致造成「束書不觀，游談無根」的
惡劣風氣，致使有「滿皆都是聖人」之譏。在本來由於政治社會因素〔註12〕而素質
低落的佛教界中，受到此一風氣之感染，其產生的弊病則更加嚴重了。〔註13〕對此，
在佛教復興的趨勢中，蓮池大師首先以其嚴謹的修行生涯爲示範，撰寫了許多砥礪
修行者的著作，諸如：《緇門崇行錄》、《自知錄》、《竹窗隨筆》、《禪關策進》、《共住
規約》等企圖振興整個修行風氣。繼之者則有大香的《溈山警策註》、大建的《禪林
寶訓音義》、圓悟的《闢妄救略說》、弘贊的《溈山警策句釋記》、戒顯的《禪門鍛鍊
說》、圓澄的《慨古錄》等，或砥礪僧行，或針砭時風以圖改造整個佛教界的風氣。
而以佛教興衰爲己任的蕅益師當然對此風氣亦思挽救，在其文集中，屢屢闡發對此
教勢之感傷與不滿，例如：

◎ 〈己巳除夕白三寶文〉：「丁茲末運，競騖虛名，別解脫經，罕知端緒，秉羯
磨法，罔識範模，文字法師，狂妄禪客，同爲師子身蟲，形服沙門，孺羊持律，並
致魔軍侵侮。」

◎ 〈示憨師侍者慈門〉的法語中，開示：「近世各立門庭，競生窠臼，認話頭

〔註12〕詳見本文第一章第二節所言。
〔註13〕同前註。

為實法，以棒喝作家風，穿鑿機緣，杜撰公案，謗讟古人，增長戲論，不唯承虛接響，且類優人俳說。」

◎〈示象巖的法語〉開示：「今時喪心病狂無聊禪和，影響竊掠，聽其言超佛祖之行，稽其行落狗彘之下。」

◎〈示慧含〉及〈示漢目〉的法語中述及：「捨麤求精，厭動求靜，喜順惡逆，或鑽他故紙，認指為月，或枯守蒲團，釘樁搖櫓。」及「末世禪和，不為生死大事，裝模作樣，詐現威儀，不真實學禪教律，徒記兩則公案，辨幾句名相，受三衣一缽；以為佛法盡此矣。」

在蕅益師的著作中，《梵室偶談》一篇即是專門針對當時僧人戒律鬆散、不守紀律、荒廢道業而發。而於《四書蕅益解》中，蕅益大師也時常流露著對這一風氣的感嘆與針灸，企能挽救個風氣於當時，諸如：

◎三德常樂秘密之藏，為佛一人，能開能示，後世祖師，傳佛心印，假使離經一字，即同魔說，所謂同軌同文同倫也。夫有位無德，是跡高本下，有德無位，是本高跡下。今之本跡俱下，而輒非佛經，自撰語錄，罪何如哉？（頁66）

◎方外史曰，禪自白椎而往者，吾不欲聞之矣。教自擊鼓而往者吾不欲聽之矣。律自發心而往者，吾不欲觀之矣。嗚呼。古今同一痛心事。世出世法，同一流弊。奈之何哉。（頁97、98）

◎今之硬作主宰，錯下承當者，皆未具信根故耳。寡過未能，聖仁豈敢。既不生退屈，亦不增上慢，其深知六即者乎！（頁112）

◎若離下學而空談上達，不是君子儒，亦不是小人儒。便是今時狂學者。（頁121～122）

◎方外史曰：今之高談向上，恥居學地者，愧死愧死。（頁136）

◎不似今人強辯飾非。（頁137）

◎大家要自己簡點，勿墮此坑塹。（頁143）

◎古人云：只貴見地，不問行履也。倘無行履，絕非正見。（頁184）

◎今人離下學，而高談上達。譬如無翅，妄擬騰空。（頁192）

◎妄以理佛，擬究竟佛，是狎大人；妄謂經論是止啼法，不知慧命所寄，是侮聖人之言。（頁208）

◎未得謂得，枉了一個空歡喜。可笑可笑。（頁209）

由這些敘述文字中，真可得見當時弊病之一般，與蕅益師的無奈。大師除了對當時禪者之弊，於註解文中時時提出批判外，並針對此種情形，於註解《四書》時，除順應當時「以禪解經」的風氣外，並提出了「離經一字，即同魔說」的口號，特別

用天臺、唯識二家教義與引經據典的方法，以明其言出之有據，冀望矯正當時狂禪的歪風。在《四書蕅益解》一書中，其明言引用的佛教經典總共有：《楞嚴經》十四次、《法華經》二次、《圓覺經》一次、《宗鏡錄》一次；儒教方面則有《尚書》一次、《孔子家語》一次、《易經》二次。除此之外，經典的原文與《起信論》的思想則不計其數的散見於文章之中。

二、感嘆時政

除了對「狂禪」有所反應外，由於《四書蕅益解》一書寫作於明朝即將滅亡期間，對於當時社會的戰亂之象，亦傷感的反映在其篇幅之中了，如在〈顏淵篇〉：「子貢問政。子曰：『足食、足兵、民信之矣。』子貢曰：『必不得已而去，於斯三者何先？』曰：「去兵」，子貢曰：『必不得已而去，於斯二者何先？』曰：『去食，自古皆有死，民無信不立。』」蕅益師於註解此文後，更加其議論於後曰：

> ……今時要務，正在去兵去食，不在調兵徵糧也。方外史曰，蠲賦稅以足民食；練土著以足民兵，故民信之。必不得已而去兵，去官兵正所以足民兵也；又不得已而去食，去官食正所以足民食也；所以效死而民弗去。今時不得已則屯兵，兵屯而亦不足矣。又不得已則加稅，稅加而亦不足矣，求無亂亡，得乎？聖賢問答，眞萬古不易之良政也。……

由這一段之議論，眞可見出一代大師憂國憂民之心態與無奈。

第四節　對儒家之回應

《四書蕅益解》這本書，其最大的目的，當然是寫給當時之儒者看的，而於文中自然流露出蕅益師對儒家及其人物之看法，以及排解儒者對佛教之非難與攻擊。

一、對儒家人物之看法

（一）肯定孔子地位：在〈論語點睛〉中，蕅益師對孔子則時時表示推崇。如：〈論語點睛〉解〈八佾篇〉，儀封人拜見孔子後，告孔門弟子云：「天將以夫子爲木鐸。」，注道：「終身定評，千古知己，夫子眞萬古木鐸也。」以「萬古木鐸」稱讚孔子，其推崇孔子可見一斑。而蕅益師又謂楚狂接輿爲「聖人一個知己」，且推崇孔子爲至聖，如，〈子罕篇〉載孔子在川上之嘆，蕅益師注云：「引而申之，有逝逝，有逝不逝，有不逝逝，有不逝不逝，非天下之至聖，孰能知之？」此外，〈公冶長篇〉載孔子在陳興歸與返魯之嘆，蕅益師讚孔子周遊列國，積極爲世之行徑，云：「木鐸之任，菩薩之心。」又，對孔子「有教無類」的精神，讚許爲「佛菩薩之心也。」

（頁204），這裡把孔子比擬爲悲天憫人的佛菩薩，可說是向孔子致上最高的敬意。

（二）孔門唯顏淵得到眞傳，其餘皆無：蕅益師以爲孔門雖稱有七十二賢，然實顏淵得到孔子的直傳，其他如曾子以下，皆未能得孔子心法，而顏淵死後，孔子心法便失傳了。如其云：

> 子張騖外，尚未能學孔子之跡，又安可與論及本地功夫。（頁95）
>
> 故知曾子只是世間學問，不曾傳得孔子出世心法，孔子獨嘆顏回好學，良不誣也。（頁104）
>
> 說了又說，深顯曾子、子思不能傳得出世道脈。（頁161）
>
> 此切示下手功夫，不是印證……然不可便作傳道看。顏子既沒，孔子之道的無正傳。（頁108）
>
> 朝聞夕死，夫復何憾？只是藉此以顯道脈失傳，杜後儒之冒認源流耳。（頁161）
>
> 曾子以下，的確不能通此血脈。孔子之道，的確不曾傳與他人。（頁119）
>
> 俗儒妄謂曾子傳得孔子之道，則子貢亦傳得孔子之道矣。孔子何以再嘆今也則亡。（頁195）
>
> 此便是子夏之學，不是孔子之學，所謂小人儒也。（頁222）

連孔子嫡傳的曾子、子夏、子張，蕅益師都認爲未能得孔子心法，且批評子夏之學爲小人儒，那麼由後世推尊爲「亞聖」的孟子，蕅益師也同樣的於文中提出對孟子見解的批評，如：

〈陽貨篇〉：子曰：「性相近也，習相遠也。」

〈點睛〉：性近習遠，方是不變隨緣之義。孟子道性善，只是說人道之性，以救時耳。（頁210）

這裡指出孟子的「性善說」只是救一時之急，並不是孔子眞正之意。又：

〈陽貨篇〉：陽貨欲見孔子，孔子不見，歸孔子豚。孔子時其亡也，而往拜也。遇諸塗。謂孔子曰：來，予與爾言。曰：懷其寶而迷其邦。可謂仁乎？曰：不可。好從事而亟失時，可謂知乎？曰：不可。日月逝矣，歲不我與。孔子曰：諾。吾將仕矣。

〈點睛〉時其亡，只是偶值其亡耳。孟子作瞰其亡，便令孔子作略，僅與陽貨一般。豈可乎哉？（頁210）

〈子路篇〉：子曰：不得中行而與之，必也狂狷乎。狂者，進取。狷者，有所不爲也。

〈點睛〉：狂狷，就是狂簡。狂則必簡，簡即有所不爲。有所不爲，只是行己有恥耳。孟子分作兩人解釋，孔子不分作兩人也。若狂而不狷，狷而不狂。有何可取？

以上兩則，即就孟子解經文不當之處，提出糾正，也因爲孟子亦不能得孔子之道，

所以蕅益師在註解〈孟子〉時便採取了「解孟子者曰擇乳，飲其醇而存其水也」（《四書蕅益解》自序）的手段。

然孔顏心法，雖然失傳許久，可是蕅益師卻在「苦參力討，廢寢忘餐」下，悟得了孔顏心法。他自己即如此說：

> 年二十歲，看〈顏淵問仁章〉，竊疑天下歸仁語苦參力討，廢寢忘餐者三晝夜，忽然大悟，頓見孔顏心學真血脈，真骨髓。因識孔子聞知之傳，誠待其人，非漢宋諸儒能擬議也。（〈性學開蒙〉自跋）

也正因為蕅益師認為漢宋諸儒不能傳孔子學說的真骨髓，而自己已得孔顏心法，所以才來「解論語者曰點睛，開出世光明也」，俾讓孔顏心法，重新照明於來世。

二、親陽明學說

陽明是蕅益師認為能直承孔顏心學之傳的人，認為其悟境跟自己的差別乃在於「陽明境上鍊得，力大而用廣；吾則從看書解得，力微而用弱」〈示李剖藩〉而已。因此，在蕅益師的文集中，時常讚嘆陽明，其云：

> ◎ 王陽明超漢宋諸儒，直接孔顏心學。一生示人，唯有致良知三字。良知者，性明之體。（〈陳子法名真朗法號自昭說〉）

> ◎ 王陽明奮二千年後，居夷三載，頓悟良知，一洗漢宋諸儒陋習，直接孔顏心學之傳。（〈示李剖藩〉）。

> ◎ 王陽明龍場大悟，提致良知三字，為做聖真訣。雖曰顏子復生，不亦可乎！（〈儒釋宗傳竊議〉）

蕅益師不但稱讚陽明直接孔顏心學，能一掃漢宋諸儒的陋習外，並將之比喻為顏淵復生了。且更為陽明之闢佛加以辯護：

> 或病陽明，有時闢佛，疑其未忘門庭。蓋未論其世、未設身處其地耳。嗚呼！繼陽明起諸大儒，無不醉心佛乘，夫非鍊酥為酒之功也哉。（〈閱陽明全集畢偶書〉二則）

由此可見蕅益師對陽明是如何的讚賞。關於蕅益師對陽明的態度，我想跟陽明學的性質與禪較接近且陽明本人對佛教的態度較程朱等人寬容有關。因此在解《四書》時，其對〈大學〉方面的意見也以陽明為依歸，認為〈大學〉「本非一經十傳，舊本亦無錯簡，王陽明居士已辨之矣。」（《四書蕅益解》自序）他也時常直接引用陽明的話做為註解，如，〈衛靈公篇〉：「顏淵問為邦。子曰：『行夏之時，乘殷之輅，服周之冕，樂則韶舞。放鄭聲，遠佞人；鄭聲淫，佞人殆。』」其註云：

> 王陽明曰：「顏子具體聖人，其於為邦的大本大原，都已完備。夫子平日

知之已深，到此都不必言，只就制度文爲上說，此等處亦不可忽略，非要是如此，方盡善。又不可因自己本領是當了，便於防範上疏闊，須是要放鄭聲、遠佞人。蓋顏子是克己，向裏德上用心的人，孔子恐其外面末節，或有疏略，故就他不足處幫補說。若在他人，須告以爲政在人，取人以身，修身以道，修道以仁，達道九經，及誠身許多功夫，方始做得。此方是萬世常行之道，不然，只去行了夏時，乘了殷輅，服了周冕，作了韶舞，天下豈便治得。」

又，〈先進篇〉：「子曰：『回也，非助我者也，於吾言，無所不說。』」其註云：

人問王陽明曰：「聖人果以相助，望門弟子否？」陽明曰：「亦是實話。此道本無窮盡，問難愈多，則精微欲顯。聖人之言，本是週遍，但有問難的人，胸中窒礙，聖人被他一難，發揮的愈加精神。若顏子胸中了然，如何得問難！故聖人亦寂然不動，無所發揮。」

這裡長篇大論的完全以陽明的見解以及與弟子的對話，做爲自己的看法與註文，可說是對陽明心儀的一種表現。這種例子，在本書中尚有許多，且有時在自己註文後，更引用陽明之言，以爲自己之佐證或輔助說明，增加文章的說服力。如〈述而篇〉「葉公問孔子於子路」章，蕅益師註云：「者才是爲人的。今只偷得一人生耳，何嘗肯爲人哉？既是不肯爲人，所以一失人身，萬劫難也。」之後，更引陽明之言：「王陽明曰：『發憤忘食，是聖人之志如此，眞無有已時；樂以忘憂，是聖人之道如此，眞無有戚時，恐不必云得不得哉。』」以爲說明。此外在〈八佾篇〉「子謂韶盡美矣」章，其註曰：

……王陽明謂金之分兩不必同，而精純同。以喻聖之才力不必同，而純乎天理同，此是千古至論。（頁102）

這裡把陽明的話，說成是千古至論，其對陽明之推崇，可見一斑。在《四書蕅益解》中，蕅益師亦常常引用陽明再傳弟子李卓吾的話，作爲註文，其對陽明學的親近就不言可喻了。而對於程朱學派的思想，蕅益師本來就持著很多反駁的論調，如：

◎　三寶深理，非庸儒所知，大智丈夫，乃能諦信。余少時亦拘虛於程朱，後廣讀內典，稍窺涯畔，莫窮源底。（〈示范明啓〉）

◎　宋儒循行數墨之輩，索隱立異，皆非孔子所謂學也。晦庵早富著述，晚乃欲追之不可得。（〈示郭大爵〉）

在晚明的新《四書》學潮流中，呈現著一片反朱的趨勢，本書自亦不例外，如〈大學〉版本依王陽明的古本，而不依朱子一經十傳的編排，「格物致知」說與朱子的立異等等。且本書於註解文字中亦時常流露出對宋儒論調的反駁，如〈八佾篇〉「子曰：

『關雎樂而不淫，哀而不傷。』」蕅益師以爲此章之意乃：「后妃不嫉妒，多求淑女，以事西伯，使廣繼嗣之道，故樂不淫、哀不傷。」並進而批評朱註之不當：

> 若以求后妃，得后妃爲解，可笑甚矣。詩傳、詩序皆云后妃求淑女，不知
> 紫陽何故，別爲新説。（頁 100）

又，〈憲問篇〉：「子貢曰：『管仲非仁者與？桓公殺子糾，不能死，又相之。』子曰：『管仲相桓公，霸諸侯，一匡天下，民到於今受其賜。微管仲，吾其披髮左衽矣。豈若匹夫匹婦之爲諒也，自經於溝瀆而莫之知也。』」於此，蕅益師特發其議論：「大丈夫生於世間，惟以救民爲第一義。小名小節，何足論也。天下後世受其賜，仁莫大焉。……」，並據此批評宋儒之言爲：

> 若夫忠臣不事二君，烈女不更二夫，本非聖賢之談，正是匹婦之諒。（頁
> 188）

三、排解非難

佛教傳入中國以後，受到了排佛者的各種攻擊，其所持之理由甚多，而最主要者，則是「滅棄人倫」。他們認爲出家僧人，不娶妻生子，斷絕後代以及逃避山林，不能奉養父母，是非常不孝的行爲。這種排佛的言論，到了程朱之學興起以後，更加熾烈。尤其集理學大成的朱子，更是集排佛的大成，其「闢佛持論最力而無或稍容者，殆莫過於佛氏逃世滅棄倫常一節。蓋爲佛氏所最無可逃罪者以此。」〔註14〕如其云：

> 禪學最害道，莊老於義理絕滅猶未盡；佛則人倫已壞，至禪則又從頭將許
> 多義理掃滅無餘。（朱子語類一二六）
> 佛氏本無父母，卻說父母經，皆是遁辭。（朱子語類五二）
> 釋氏所以爲學之植心，正爲恐此理之充塞無間，而使己不得一席無理之地
> 以自安。……是以叛君親、棄妻子、入山林、捐軀命，以求其所謂空無寂
> 滅之地而逃焉。（讀大紀《大全》卷七十）

朱子的這種排佛的言論，隨著其學成爲官學，而對宋明以後的儒者，發揮很大的影響力。對朱子這種言論的反擊，可說是佛教界的當務之急。而以振興佛教爲己任的蕅益師，對這種情形自要提出反駁，尤其是在註解朱子學的根據地－《四書》時，更要藉機闡揚一番，其言：

> 三引舜文武周，以作標榜，皆以孝字爲主，次明修道以人，後云親親爲大，
> 可見最邇無如孝，最遠亦無如孝。佛云：孝名爲戒，孝順至道之法，故知

〔註14〕見熊琬：《宋代理學與佛學之探討》，頁316。

儒釋二教，入門大同，但孝有出世間之異耳。（頁 48）

這裡藉著〈中庸〉引「舜文武周」作爲孝順的榜樣時，特別聲明，在佛教中也很講求孝道，只是與儒家所講的孝道，有入世與出世之別而已。那麼世間與出世間的孝道，又有何同異呢？蕅益師以爲：

> 世出世法，皆以孝順爲宗。《梵網經》云：「孝順父母師僧三寶，孝名爲戒。蓋父母生我色身，師僧生我法身，三寶生我慧命，是故咸須孝順。」而欲修孝順者，尤須念念與戒相應。如曾子云：無故而殺一蟲蟻，非孝也。世孝尚爾，況出世大孝乎！以要言之，眞能孝順父母師僧三寶，決不敢犯戒告惡。經言孝名爲戒者，正欲人以戒爲孝故也。夫世間孝，以朝夕色養爲最小，以不辱身不玷親爲中，以喻親於道爲大。出世孝亦如是，勤心供養三寶，興崇佛事，小孝也。脫離生死，不令佛子身久在三界淪溺，中孝也。發無上菩提心，觀一切眾生無始以來皆我父母，必欲度之令成佛道，此大孝也。舜盡世間大孝之道，玄德升聞於堯而爲天子。今出家兒，盡出世大孝之道，玄德聞於法界，必成無上菩提明矣。〈孝聞說〉

又在〈里仁篇〉：「子曰：『父母在，不遠遊，遊必有方。』」註云：

> 方，法也。爲法故遊，不爲餘事也。不遠遊句，單約父母在說。遊必有方，則通於存沒矣。（頁 109）

於此說明修道人雲遊四方，乃是爲了求法，於自己成就以後，再度化雙親出離苦海，非是爲了推卸世間的責任與義務而逃避出林。並對世間人指責僧人，廢絕子嗣提出說明：

> 既曰求仁得仁，則世間宗嗣。又其最小者矣。何足介意。（頁 131）

認爲出家人是爲了遠大的理想才出家，即是使自己與雙親乃至有情眾生，皆能脫輪迴中的苦、空、無常等苦痛，因此世間宗嗣的繼承，對他們來說是不足介意了。因爲世間的孝道是不如出世間孝道的，世間的孝道，最多還是在五行內，依然會使雙親受到六道輪迴的痛苦，而不如佛家，能使父母脫離輪迴，達到究竟安樂的佛果。其云：

> ……例此皆用法華開顯之旨，來會權文，令成實義，不可謂世間儒學，本與圓宗無別也。觀彼大孝至孝，未曾度親成佛，盡性之極，不過與天地參則局在六合之內明矣。（頁 72）

蕅益師這種孝道觀念，即是就著佛家的立場，順著儒家的觀念擴而大之，藉機以溝通兩者之間的差異，而消解歷來認爲出家是不孝父母的行爲認定。

第六章　結　論

第一節　《四書蕅益解》之時代意義

　　自東漢明帝年間佛法東傳中國後，儒佛之交涉即開始〔註 1〕。早期的交涉，不論是在護法論者如牟融的《理惑論》，或是排佛論者如顧歡之《夷夏論》，其交涉的重點乃在於見解上之主張，佛法並未融入其思想〔註 2〕，即使就儒家闢佛不遺餘力的韓愈來說，也僅是就夷夏倫常等觀點來非難，並未能就義理上進行批判。直至宋明儒者架構了理學的範疇，發展了形上學，並進一步探討心性論，才開始從義理上來討論或是批評佛教，形成了排佛史上的一個高峰。並隨著朱學成為官學，其排佛的主張，大大影響了程朱學派的學者而造成佛教界相當大的壓力。這種情形一直到明朝中晚期陽明的心學盛行才有所改觀，陽明心學與禪學本就十分接近而易於混淆，且其本人對佛道二教也較寬容，這使得三教間的距離逐漸拉近，給了三教融合的新契機。而發展至陽明後學浙中學派的王畿及泰州學派的王艮、羅汝芳等人時，甚至不諱言本身與禪的接近。到了這個階段，儒與佛的交涉將其重心由見解上主張其同或其異，而轉移至經由義理上的討論來非議和調和。於是在晚明這個時代，不論在佛教界內或是在儒家的陣營裡，都共同呈現出思想融合傾向，而瀰漫著三教同源論的色彩，使得儒釋道三教的交涉愈加密切，三教合一的見解，更逐漸蔚為時代的風潮，許多陽明學的儒者更是三教合一的提倡者。然因其各自立場不同，所形成的調和論也就形形色色。此三教一致的主張更具體的反映在當時的小說、戲曲、民

〔註 1〕關於三教融合的歷史過程與面貌，請參閱陳運星著：《儒道佛三教調和論之研究——
　　　　以憨山德清的會通思想為例》（國立中央大學哲學研究所，碩士論文，79 年。）
〔註 2〕見熊琬著：《宋代理學與佛學之探討》，頁 12～15。

間宗教乃至儒學的大本營——《四書》學中，因而產生大量「以禪解經」的《四書》學新面貌。這種「以禪解經」的《四書》學，除了蕅益大師的《四書蕅益解》與憨山大師的《大學綱目決疑》、《中庸直指》外，大致上是陽明學的學者所作，其立論的中心思想，仍是以「陽明心學」為中心。其內容雜有佛、道的部份，乃是受當時三教合一論流行的影響所致。這些著作援引佛道的地方，大概為：名詞的引用、行為的比擬、文意觀念的相比附，較少深入義理層次的融合。其與六朝流行的「義疏之學」相比較，只是受佛道三教感染的範圍較多較廣而已，於義理上的合會還是很淺。

另外，就佛教界來說，明末四大師亦積極地發展融攝儒道兩家，而歸本於佛的主張。但由於各大師的態度並不盡相同，而其個性與學養亦皆有其專精特出之處，所以雖然同樣是在佛教界醞釀出儒釋調和的主張，卻也各具其特色與風采。柴柏、袾宏兩位大師，都有論及儒釋關係的文字，然多屬泛論性質的短文，較少從義理上來會通。而蕅益大師本身不但精通佛教教內各派的義理，亦熟悉理學家朱熹與陸九淵的學說〔註3〕，於是蕅益師便趁著晚明流行「以禪解經」的學風，將其合會儒釋的主張化為具體的《四書》學著作，企圖從義理上來會通儒佛，達到其「以佛入儒，務誘儒以知禪」的目的。

《四書蕅益解》之「援佛入儒」的基礎，主要是以蕅益大師的「現前一念心」為思想核心。這「現前一念心」以天台宗「一念三千」的性具思想為其基礎，除了含有在這一念之中具足無漏功德善法的意義外，特別重視《起信論》「一心開二門」的架構，亦即真如隨緣的思想，即隨緣而悟不變，即不變而隨緣，即妄即真，即真即妄的呈現，而這個架構具體的表現在心體論與工夫論上，即是「全性起修」、「全修在性」、「性修不二」的教理。蕅益師即以此為基礎，透過「以佛解儒」的手段，將儒家的觀念，如：〈大學〉的「三綱八目」、〈中庸〉的「天、命、性、誠」等；與儒家的德目，如：「仁、學、忠、信」等全部佛化，轉為佛教的內涵，並順著這個佛化後的內涵解釋，於是儒家的〈大學〉與〈中庸〉變成了佛家修行成佛的寶典，而一部講進德修業的《論語》變成了禪師的語錄。

在儒佛的交涉史中，《四書蕅益解》，可說是一個高峰，它代表了晚明佛教界在此一風氣下，有目的、有方法、有系統，全面從義理上調和儒釋的成果。雖然憨山大師亦有〈大學綱目決疑〉、〈中庸直指〉等合會三教的《四書》學著作，但與蕅益師的著作比較，則可發現二者雖然同屬於佛教界大師對儒典的詮釋，但憨山大師在

─────────────

〔註3〕如他有一段平章朱陸之爭的文字，見於〈性學開蒙〉中。

以佛理說儒之外，其思想特色帶有很濃厚的道家老莊色彩，如其據以道家的莊子思想解釋〈中庸〉「慎獨」之義〔註4〕，且其據以解說的佛理，在運用上較單一，大致上是從眞常不變的佛性來立說；而蕅益師則廣泛地運用天台、唯識、禪等各方面的佛教思想來註解，在儒釋的符應上，是較爲純粹而全面的佛教立場。且在詮釋的對象上，憨山大師僅就〈大學〉、〈中庸〉進行註解，而且解〈大學〉乃著重在三綱八目上來解說；蕅益師則《論語》、《孟子》、〈大學〉、〈中庸〉等《四書》及《周易》皆有注文，且有〈性學開蒙〉專文討論儒釋同異的問題，相應於明朝頒行的三大全書來說，蕅益師才算完備而成熟。除此之外，在「現前一念心」的運用之下，佛教內的各宗：性宗與相宗、禪與教、禪與天臺、天台與唯識，都在《四書蕅益解》中得以折衷而會通了。

因此，我們可以說《四書蕅益解》一書是蕅益師「現前一念心」的思想結晶，是蕅益師合會儒釋、融合佛教各宗的具體作品，與當時的新《四書》學做比較，它最大特色與價值在建構了完整的「援佛入儒」的理論架構與面貌，呈現了一種特殊的文化整合方式。在儒佛互動的歷史脈絡中，其最大的作用，即是將儒家的經典納入佛法之中，成爲佛法的一部份，從義理上回應與化解程朱以來儒者的排佛壓力，並藉此作爲接引儒者的橋樑，使儒者因閱讀《四書蕅益解》而對佛法有一番更深入的瞭解，進而爲佛門的在家居士。從觀察晚清至現代的佛教界，可知《四書蕅益解》是產生了很大的影響力。

第二節 《四書蕅益解》與後世之關係

蕅益師的思想對近代中國佛教之影響，是扮演著舉足輕重的角色，如晚清時期的楊仁山等在家居士以及民國初年的佛教改革大師太虛、持戒嚴謹的弘一大師、弘揚淨土的印光大師等人，皆深受其影響，此等諸位大師亦對蕅益師思想頗加以讚美。蕅益師思想廣博，不僅包括了佛教的諸宗諸派（如：禪、律、淨、密、教，教中又包括天台、華嚴、唯識等宗理論），尤其對儒家亦甚爲精通，所著作的《四書蕅益解》一書，更是其思想與主張的具體反映，對晚清以後的佛教界有著很大的影響。又另一方面，在明末清初的經學史上，出現了「經世致用」的學風與「回歸原典」的正經運動以及後來乾嘉學派的興起，這種經學史的演變脈絡，可說是對《四書蕅益解》所代表「以禪解經」風氣的一種反動，其表現在儒佛的互動中，即是三教合一論的消失與儒、佛的分離，茲分述如下。

〔註 4〕同前註，頁 208～226。

一、儒佛之分離

晚明的學術界本來是以陽明心學爲主流而瀰漫著三教同源說的風潮，可是到了清初以後，整個學術界則走向經世致用的實學，三教一致在此時是不被提及的，以禪解《四書》的風氣更不再盛行，且儒佛的關係亦逐漸分離，晚明四大師融合三教的主張與成績在此遭到暫時的停頓。關於此一轉變原因有如下幾點：

（一）清初儒者認爲「王學」是導致明朝滅亡的原因：十七世紀中葉，明亡清興，中國學術界也經過一場大變。欽慕陽明的學者，如劉宗周以不食殉國，黃宗羲參加反清的游擊戰鬥，志未竟而終身不仕清，可是明末清初的學者中，也有以國家之滅亡，歸罪於「王學」末流的。其中包括知名的顧炎武與王夫之。王夫之從程朱，貶陸王，說其爲禪：

> 姚江王氏始出焉，則以其所得於佛老者，殆攀是篇〈中庸〉以爲證據。其爲妄也既莫之窮詰，而其失之皎然易見著，則但取經中片句隻字與彼相似者，以爲文過之媒。至於全書之義，詳略相因，巨細靈畢，一以貫之…迨其徒二王、錢、羅之流，恬不知恥，而竊佛老之土苴以相附會，則害愈烈，而人心之壞，世道之否，莫不由之矣。〔註5〕

王夫之又責「王學」之末，喪盡廉恥，忘及君父：

> 王氏之學，一傳而爲王畿，再傳而爲李贄。無忌憚之教立，而廉恥喪，盜賊興。……故君父可以不恤，名義可以不顧，陸子靜出而宋亡，其流禍一也。〔註6〕

最後一句，暗指「王學」斷送明代天下之意；若不明說，也是爲避清政府之諱。他又說過：

> 姚江王氏陽儒陰釋誣聖之邪說，其究也，刑戮之民，闇賊之黨皆爭附焉。而以充其「無善無惡圓融事理」之狂妄。〔註7〕

顧炎武更憤激，斥責陽明破壞學風：

> 以一人而易天下，其流風至於百有餘年之久者，古有之矣。王夷甫（衍）之清談；王介甫（安石）之新說。其在於今，則王伯安（守仁）之良知是也。孟子曰。「天下之生久矣：一治一亂。」撥亂世，反諸正：豈不在後賢乎？〔註8〕

〔註5〕見氏著：《禮記章句》卷三十一，1～2頁。
〔註6〕見氏著：《張子正蒙注》（臺北，世界書局，一九六二），卷九。
〔註7〕同前註，頁2。
〔註8〕見氏著：《日知錄集釋》十八。頁28甲。

於是，陽明學由「異端」而得亡國的罪名。其實，專制政權的崩潰，與其政體本身的缺點，有切實關係。明朝末年，內憂外患，不勝其擾。這與朝廷用人不當，信人不足，是不可分的。細讀《明儒學案》之「東林學案」與「蕺山學案」即可知。明神宗（萬曆）懶於理事，明思宗（崇禎）心有餘而才力皆不足。陽明本人即曾因宦官專權而受謫職與流放的處分。明朝自始而終，寧信宦官而不信忠臣，其滅亡是在人意料之內的。黃宗羲的《明夷待訪錄》，不只是分析與批判專制政權的著作，也可說是解釋歷代興亡（包括明代）的借鏡。將明亡歸罪於「王學」，是簡單化歷史。可是明朝遺老，受到了國破家亡的創傷，其悲痛是不言可喻的，因此在悲憤之餘，便把明朝滅亡的責任歸罪到「王學」的身上，指責王學夾雜釋老，「陽儒陰釋」空疏虛誕，例如張烈、陸隴其、張伯行，都屬此輩，又皆是在朝之學者。另有顏元與李塨強調務實，並排程朱與陸王，認為皆受佛老影響。不過這方面最透徹的言論，來自戴震。戴氏以《孟子字義疏證》，明言宋明二學，俱以禪意解《孟子》書，「六經，孔孟之言，以及傳記群籍，理字不多見……理者，自宋以來，始相習成俗，則以理為如有物焉，得於天而具於心，因以心之意見當之也。」〔註9〕於是清初諸儒便開始提倡「經世致用」的實學，以矯王學之弊，而儒佛則逐漸分離。清朝的經學復興，也可說是學術界疲於「性理」鑽研的反動，因而有「經學即理學」〔註10〕的口號。

（二）「回歸原典」風氣的影響：明末清初時，有許多人面對當時學術界空言心性，援佛入儒，蔑棄古經，和層出不窮的義理糾紛時，他們開始對儒學的本質加以反省，以挽救這日趨下流的學術風氣，儒學即是孔門之學，此為古今學者的共識。而孔門「內聖外王」的道理即寄託在《六經》之中，要實踐「內聖外王」，自應窮究《六經》，此亦為古今學者所肯定。但是，自從宋人以漢人傳經不傳道，已把聖人之道和經學分為兩途，此後的學者遂把此種基本認識逐漸淡忘，造成束書（經）不觀而竟日空言心性的偏頗風氣。自明中葉起，學者即再三申明聖人之道（道學、理學）與經學的關係，以糾正道學與經學分離的頹風，如湛若水說

> 聖人之治本於一心，聖人之心，見於《六經》，故學《六經》者，所以因聖言以感吾心而達於政治者也。（《經義考》，卷二九七，頁9引）

高攀龍說：

〔註9〕戴震：《孟子字義疏證》卷上，頁45。見胡適《戴東原的哲學》書內。（臺北，商務，1970）。另外，批王的書，包括：張烈《王學質疑》（一六八一序），陸隴其《陸稼書集》（卷二），馮詞《求是篇》（卷四）

〔註10〕參看顧炎武：〈與施愚山書〉《亭林文集》卷三，頁18。顧氏的意思是，理學不能離開經學而獨立存在，見山井湧《明清思想史的研究》（東京，東京大學，1980）頁347，註4。

《六經》皆聖人傳心，明經乃所以明心，明心乃所以明經。明經不明心者俗學也，明心不明經者異端也。（同上，頁 15 甲）

錢謙益說：

漢儒謂之講經，而今世謂之講道。聖人之經，即聖人之道也。離經而講道，則賢者高自標目，務勝前人，而不肖者汪洋自恣，莫可窮詰。（《初學集》，卷二八，〈十三經注疏序〉）

顧炎武說：

理學之傳，自是君家弓冶，然愚獨以爲理學之名，宋人始有之，古之所謂理學，經學也，非數十年不能通也。（《亭林文集》，卷三，頁 62，〈與施愚山〉）

由上文的論述，吾人可深深的體會，當時學者普遍的價值觀念是：不論談心性的內聖之學，或論經世致用的外王之學，皆必須取資於經書，由經書中尋找其大本大源，這就是學術思想史上所說「回歸原典」的現象〔註 11〕。但是，要回歸原典是否有實際困難？自先秦，歷兩漢、隋唐、宋元，迄於明末，這兩千餘年間，經書在流傳過程中，造成許多缺失。〔註 12〕要回歸原典就應先仔細研究這些偏頗的現象，並加以糾正、澄清，這就是錢謙益所說的：「誠欲正人心，必自反經始；誠欲反經，必自正經始。」（《經義考》，卷二九七，頁 15 引）而正經時，所持的判斷標準又如何？這點當時的學者也再三強調，就以孔門的是非爲價值判斷的標準。

朱舜水〈答佐野回翁書〉說：

來問朱、王之異，不當決於後人之臆斷。寒暖之向背，即當以孔子斷之。

（《朱舜水集》，卷五，頁 84）

陳乾初〈復張考夫（履祥）書〉也說：

凡先儒之言，一以孔、孟之學正之，則是非無遁情；其互有是非者，亦是不掩非，非不掩是，夫而後古學可明也。（《陳確集》，頁 132）

因此，基於「正經」的要求，在明末清初興起了辨僞群經的「回歸原典」運動。在這一波運動中〈大學〉、〈中庸〉亦是辨僞的對象。有關〈大學〉的作者和時代，宋初以前並無學者論及，二程始認爲是「孔氏遺書」。後來，朱子有種種的說法，大抵不出孔子、曾子、子思等人。至於眞正的作者，則至明末，皆未得到合理的解決。

〔註 11〕見林慶彰老師著〈明末清初經學研究的回歸典運動〉，收於《明代經學研究論集》，（台北：文史哲出版社，83 年 5 月），頁 333～352。

〔註 12〕詳見林慶彰老師著：《清初的群經辨僞書》（台北：文津出版社，79 年 3 月），頁 48～49。

此外，更重要的是〈大學〉的錯簡問題。根據鄭玄、孔穎達用來作注疏的《古本大學》加以觀察，文中似已有「三綱」「八目」的分別。且自誠意以下，也都有隱含的釋文。這種篇章結構，引起兩個問題：一是〈大學〉中的三綱：「明明德」、「親民」、「止於至善」，比八德目更為重要，不應沒有釋文。二是〈大學〉中的八德目，不應祇有「誠意」以下六目有釋文，而「格物」「致知」二目卻沒有釋文。這兩點使後代學者懷疑《古本大學》可能有錯簡或闕文。有錯簡的，必須調整章節順序；有闕文的，也要人加以補足。由於學者對〈大學〉宗旨的認識不同，所以改本也與日俱出。自宋程顥起，至明末，可知的改本即有數十種之多。其中，以朱子的改本影響最深，但是王陽明以為朱子改本非聖門本旨，應回復〈大學〉古本。而陽明以「良知」來解釋「致知」的「知」，也未得大多數學者的認同，何者為〈大學〉之真面目。也一直困擾著明代以來的學者。到了清初，陳確作《大學辨》，對〈大學〉之內容始作有系統的論辨。他認為〈大學〉的宗旨流於禪，內容「支離虛誕」，決非孔門之書。要成聖成德，自以閱讀聖人之書最有效，而當時人所誦讀的，竟是「游、夏之徒所不道」的偽書，何能成聖成德？如讓〈大學〉繼續流傳下去，不但「誣往聖」，且「誤來學」。所以，他以為應黜還〈大學〉於《禮記》，以息自宋五百餘年來之紛爭。

其次姚際恆《禮記通論》中的〈大學〉部分，以為〈大學〉中之「明明德」、「定」、「靜」、「安」等概念，不是羼雜禪學，則流於老氏之玄虛。且如「正心」、「致知」之說，皆與聖人之旨不合。既如此，〈大學〉自非聖人之書，學者開始懷疑非子思之作，至明末仍懸而未決。其次，是否有錯簡，一如〈大學〉，眾說紛紜。宋代學者雖為〈中庸〉分章節，但未曾改動順序。自南末之王柏以來，擅自更動〈中庸〉章節順序者也有四、五家。其三，由於〈中庸〉篇中論性命之理的文字不少，自唐以來的學者，即援引佛家之義理加以闡釋，也淆亂了儒、釋的畛域。上述三個問題中的作者問題，宋代學者頗有論辨，以為〈中庸〉有漢人附益之言。至清初，姚際恆《禮記通論》的〈中庸〉部分，將〈中庸〉思想逐段加以辨析，以為與孔門重視人倫日用的思想並不相合，實非孔子之書，而是二氏之書，而主張回歸於《禮記》中。

於是受到了「王學亡明」的說法與「回歸原典」的要求，晚明學術界所流行的「三教合一」說到了清初已不復存在，而依附在三教合一論盛行的產物－以禪解經的風氣，更由於「回歸原典」的要求，亦是消失蕩然，因此在清初以後的《四書》學中已見不到像晚明般以禪解《四書》的風潮，而在學術界呈現儒、佛分離的現象。

二、晚清佛學之興盛

明代佛教四大師所提倡的三教同源，乃至蕅益師的「援佛入儒」以儒法解《四

書》的風氣到了清初的學術界雖然失去影響力，但是卻在接引儒者方面發揮了很大的影響。到了清乾隆以後，居士佛學逐漸興起，一些佛學大師更是由儒入佛，或兼治佛學，例如彭紹升、江沅以及魏源的佛學導師錢伊庵，都是會通儒釋的大家。其中尤以彭紹升影響爲大。他不僅熟於國朝掌故，所著《名臣事狀》、《良史述》等信而有徵，且專弘淨土，創設蓮社，撰有《二林居士集》等佛學著作。其論學之文，紀律森然，談禪之作，擇言爾雅，是一個典型的佛儒兼治，且以佛涉世的學者，而由於其佛學弟子龔自珍的關係，儒釋合流的觀念在晚清時更是公羊學派的今文學家中產生很大的影響，而促成晚清佛學的興盛。梁啓超在《清代學術概論》中指出：

> 晚清思想有一伏流曰佛學。龔自珍受佛學於紹升，晚受菩薩戒。魏源亦然……龔魏爲今文學家所推獎，故今文學家多兼治佛學。石埭楊文會……鳳棲心內典，學問博而道行高，晚年息影金陵，專以刻經弘法爲事……深通法相、華嚴兩宗，而以淨土教學者，學者漸信之。譚嗣同從之游一年，本其所得以著《仁學》……梁啓超亦好焉，其所論者，往往推廣佛教。康有爲本好言宗教，往往以己意進退佛說。章炳麟亦好法相……故晚清所謂新學家者，殆無一不與佛學有關。而凡有眞信仰者，率皈依文會。

梁啓超的這段話就佛學的時代精神而言，眞是摹寫了晚清佛學的概貌。即：

甲、龔自珍、魏源開今文經學家兼治佛學之風。

乙、楊仁山對近世佛學的廣泛影響。

丙、譚嗣同的佛學思想——《仁學》。

總的來說，中國近代佛學是沿著晚清經世致用的哲學思辨兩條道路發展起來的，而龔自珍和魏源分別是這兩個發展方向的前驅先路。日本學者稻葉君山在《清朝全史》一書中指出：「近世之佛說，自彭紹升歿後，龔自珍驅使瑰麗之文辭，發揮公羊派之勢焰……著《龍藏考證》等書，晚年讀天台宗之書，頗信從之。與自珍並稱之魏源，亦信奉佛教，著有《淨土四經》。龔魏以來，公羊派多公然爲佛弟子以研究佛教者，實最近八十年內所引之新現象」。這段話客觀地說明了龔、魏在中國近世佛教研究中但開風氣之先的作用。而龔自珍、魏源的佛學思想即是繼承了晚明四大師尤其是蕅益大師合會儒釋、諸宗互融的模式而來。例如，龔自珍主諸宗融合，其言：「教縱分三，佛止一佛」〔註13〕，「賢首之五教與天台之四教，果有以異矣？無以異矣！」〔註14〕從根本上融通了各宗的判教。他認爲六祖慧能的《壇經》可以溯源於《法華》、《涅槃》，與天台宗智顗的觀念相同，所以他又說：「我實不見天台，曹溪二家纖毫之異」，

〔註13〕見氏著《正譯第五》。

〔註14〕同上，《最錄原人論》。

並以天台裔人的身份供奉禪宗之祖，要把天台、禪宗的祖師放在一個龕裡供養。實際上就是要把天台、禪宗不僅在思想上融爲一體，而且還要再形式上把它們合二爲一，使禪教一致的思想又向前推進一步了。龔自珍也常把佛教的教義比附周孔之言、莊列之語，他借清世宗雍正之口，告誡世人「留意內學，謂是與周孔之言，異名同實，不可執一廢一也」〔註15〕。在龔自珍的思想深處，佛和儒、道的區別，僅是在形式上而已，名異而實同。在他看來，「儒家言性者十數宗」〔註16〕，天台、華嚴更是把性剖析的精妙入微，它們只有高下之別，沒有本質上的差別，這在《題梵冊》中說的尤爲清楚，「儒但九流一，魁儒安足爲，西方大聖書，亦掃亦包之，即以文章論，亦是九流師」〔註17〕，他不僅流露出崇佛抑儒的思想傾向，更重要的是認爲佛教教義包含了儒家的學說，把佛儒的一致性進一步凸顯出來。晚清新學家大抵都是沿著龔自珍開啓的這條路子，繼續向前開拓的，所以梁啓超說：「晚清思想解放，自珍確與有功焉。」〔註18〕

魏源的思想體系不僅在心、心術的問題上會同儒佛、貫通釋老，而且以心性理論融合各宗，即融合華嚴、天台、禪宗和淨土四宗。（他認爲律宗是宗、教、淨土的基礎，而非究竟，不在融合之列）主張宗教合修，禪淨合一，一心三觀，心境圓融。在《淨土四經總敘》中，把其會通三教的思想冠之卷首，他簡潔地說：「夫王道經世，佛道出世，滯跡者見爲異，圓機者見爲同。」顯然魏源是以圓機者自居的。所謂「入世出世念彈指」〔註19〕，不僅表達了他以佛教入世致用的基本精神，而且也表現了以儒爲本，兼融佛道的思想傾向。在魏源看來，人皆有佛性，人皆可爲堯舜，關鍵在於要反求本心之光明，展現了覺悟的重要性。「大覺如日……小覺如燈燭，偶覺如電光，妄覺如磷火」〔註20〕人們的聖、賢、常、愚、小點，只不過是覺悟的程度不同造成的差異。我們知道，佛陀就是最覺覺者，佛家論修持，有「自覺」、「覺他」和「覺行圓滿」三個方面；儒家，特別是宋儒強調「明明德」、「親民」、「止於至善」三條規則。佛教論覺悟的力量根源在於佛性、眞如；宋儒把內聖外王的道理修養歸根於誠敬；陽明則更強調人的良知。這些說法固然不同，但在魏源看來，萬變不離其宗，都是要革命從心的積弊，轉寐之覺，變無明爲淨。魏源就是這樣以佛氏之覺，闡釋儒門之學的。所以他在《學篇一》中開宗明義地指出：「學之言覺也，以先覺覺

〔註15〕同上，《爲龍泉寺募造藏經樓啓》。
〔註16〕同上，《最錄天台佛心印證》。
〔註17〕同上《編年詩》。
〔註18〕見梁啓超：《史學之界說》。
〔註19〕《盧山高效歐陽公禮》。
〔註20〕《學篇五》。

後覺⋯⋯覺伊尹之所覺，是爲尊德性，學傅說之學，是爲道問學。」這裡魏源一步以佛氏的「覺」會通了內在的道德修養和外在的學問於一心。這種把「學」訓爲「覺」的看法，即是遵循蕅益師的《四書蕅益解》中的思想脈絡與註法而來。

到了晚清時期，所呈現的佛學特色亦是接續晚明佛教特色而來，即：三教融通、諸宗合流、居士佛學的興起。而於此貢獻卓著者，尚首推楊仁山。誠如趙樸初先生所言：「近世佛教昌明、義學振興、居士之功居首。」楊仁山以居士之身，而爲佛門之尊宿，上承明代四大師融合諸宗，會通三教之遺風，繼彭紹升之後，掀起居士佛學之新潮；下啓二十世紀上半葉佛學復興之盛況。他認爲，先聖設教有世間和出世二法，黃帝、堯、舜、周、孔子之道爲世間法，「亦隱含出世之法」；諸佛菩薩之道爲出世法，「亦賅括入世間之法」〔註21〕，儒、釋、道三家本有相通之處。因此，他著《論語發隱》、《孟子發隱》、《道德經》、《陰符經》、《南華經發隱》等文，尤其他的《四書》學著作《論語發隱》、《孟子發隱》亦是繼承了《四書蕅益解》的觀念而來。例如：楊仁山在《論語》：「吾有知乎哉？無知也。有鄙夫問於我，空空如也」〈子罕篇〉一節後寫道：

> 楊子讀《論語》至此，合掌高聲唱曰：「南無大空王如來。」聞者驚曰：「讀孔子書而稱佛名，何也？」楊子曰：「子以爲孔子與佛有二致乎？設有二致則佛不得爲三界之尊，孔子不得爲萬世師矣。《論語》一書能見孔子之全體大用者，惟此章耳。夫無知者般若眞空耳⋯⋯」孔子以空義叩而竭之，則鄙夫自去其妄執而悟眞空妙諦矣。〔註22〕

楊氏以佛家的核心思想「般若眞空」解釋孔子的「無知」、「空空如也」，與蕅益師〈論語點睛〉中所言是如出一轍。並且著意指出孔子「開跡顯本之旨也，到此境界，儒釋同源諍論都息矣。」〔註23〕和盤托出了融合孔釋爲一家的意向，這種對孔子的認定，亦是〈論語點睛〉的翻版。另，楊氏在〈侍坐〉一章後注曰：

> 鼓瑟所以調心⋯⋯曾晳鼓瑟未停，可見古人用功無片刻間斷也。何等雍容自在。不待出言，已知其涵養功深矣。三子皆言經世，曾晳獨言潔己，所以異也。⋯⋯夫喟然嘆曰：「吾與點也」，如六祖印懷讓云：「汝如是，吾亦如是。」曾晳之言正心修身，道之體也。三子之言，治國平天下，道之用也。有體方有用，聖門所重者，在修身之道耳。〔註24〕

〔註21〕楊仁山《論語發隱》。
〔註22〕楊仁山《論語發隱》。
〔註23〕楊仁山《雜觀錄·答釋德高質疑十八問》。
〔註24〕楊仁山《論語發隱》。

楊氏這種以六祖的話比擬孔子之言的註法，亦是蕅益師〈論語點睛〉中所常用的方法。還有他說子路問鬼神生死事於孔子是「就遠處問，孔子就當處答，大似禪機。」〔註25〕與〈論語點睛〉中把孔子當作是屢發禪機的大禪師，其看法是一致的。又其亦有揚孔貶孟的傾向。他雖認為孔孟之道符合佛家之說，但卻認為孟子「所言性專認後天而未達先天」、「所談性善蓋不能透徹本源」，「良知良能之語，陸王之徒翕然從風，孟子此言實未見自性之用」〔註26〕等。他還說：「孟子未入孔聖堂奧，書中歷歷可指。宋儒以四子書並行，俗士遂不能辨。鄧君坐在宋儒窠臼中，何足與論大道耶？」〔註27〕足以顯出其抑孟的態度。這些看法與〈論語點睛〉中對孟子的批評是一致的。又楊仁山在《論語發隱》中曾對「顏淵問仁」作如下解釋：

> 蓋仁之體，一切眾生本自具足，只因七識染污，意起〔註28〕俱生分別我執，
>
> 於無障闇中，妄見種種障闇。若破我執，自復平等之禮。

他的意思就是說，人性本覺，天賦平等。只因第七識染污，由意識生分別我執，而達平等天性。只要行佛家破除我執之法，便能克己復禮，天下歸仁，則無不平等矣。這種把「仁」解釋成「仁體」亦即人人本具的佛性，與〈論語點睛〉的內容是一樣的。又其弟子歐陽漸融會佛儒的特徵也是很明顯的。他以佛解儒，援儒入佛，著有《中庸傳》、《孔學雜著》、《書讀》、《論孟課》、《毛詩課》等。他指出，佛法是體，儒學是用，他們的共同基礎則在〈中庸〉的「中」。他說：「中即無思無為，寂然不動。」〔註29〕故是佛法中的真如實性。如此解釋，「中」便成了佛性，又是性之體，佛儒的貫通就能從人性中把握佛性，並由佛性展現普遍的人性。這種說法還是依照蕅益師〈中庸直指〉以「性體」解釋「中」的模式而來。

　　另外後起之譚嗣同，其佛學的理論亦受蕅益師很大的影響。如其以禪宗自性清淨的「本心」，華嚴宗總賅萬有的「一心」，法相宗變現一切的質多心，即阿賴耶識，為基石貫通性相，合會佛儒，建立以佛教「心」、「識」為本體的《仁學》邏輯結構，這一點與蕅益師以其「現前一念心」作為合會儒釋、融合諸宗的思想核心是很相像的。

　　且其還以法相宗八識流轉之意比附〈大學〉，用以探討不平等產生的生理機制和破除的方法。他說：「吾聞某某之講〈大學〉，〈大學〉蓋唯識之宗也。」〔註30〕他

〔註25〕楊仁山《論語發隱》。
〔註26〕同前註。
〔註27〕楊仁山《雜觀錄・與黎端甫書》。
〔註28〕與《楊仁山居士遺著》標點異。原文為「只因七識污染意，起俱生分別我執。」不
　　　　過，周振甫撰注本從此。
〔註29〕歐陽漸《中庸傳》。
〔註30〕《仁學・二十六》。

乾脆把〈大學〉說成是佛教的唯識宗,從而融佛儒於一家,進一步證明人我相通、平等互愛是三教之公理。這裡的某某可能是指其佛學導師楊仁山。且其進一步云:

> 唯識之前五識,無能獨也,必先轉第八識;第八識無能自轉也,必先轉爲七識,第七識無能遽轉也,必先轉第六識,第六識轉而微妙觀察智,〈大學〉所謂致知而知之也。

又:

> 第七識轉爲平等性智,〈大學〉所謂誠意而意誠也。佛之所謂執,孔子所謂意。執識轉然後藏識可轉,故曰:『欲正其心,必先誠其意。』執者,執以爲我也,意之所以不誠,亦以有我也。惟平等然後無我,我無然後無所執而名爲誠。〔註31〕

他認爲斷滅意識,促使第七識破除我執,轉而爲人我平等,如此則觀一切世法和眾生均平等,這就是〈大學〉中所謂「意誠」。最後他又說:

> 第八識轉而爲大圓鏡智,〈大學〉所謂正心而心正也。佛之所謂藏,孔子所謂心,藏識轉,然後前五識不待轉而自轉……心正者無心,亦無心所,無在而無不在,此之謂大圓鏡智。〔註32〕

由上述可知,譚嗣同這種用唯識宗說解釋〈大學〉八條目的方法,亦是藕益師〈大學直指〉的餘緒。

綜上所論,可知晚清居士佛學的思想可說是繼承晚明四大師三教一致,諸宗互融的主張而來。尤其他們合會儒佛的方式,與註解《四書》的內容可說是完全遵循藕益師在《四書藕益師》中所建構「授拂入儒」的模式,由此,更可看出《四書藕益解》一書在晚清時的影響力。

〔註31〕《仁學·二十六》。
〔註32〕《仁學·二十六》。

重要參考書目

一、儒書類

（一）專書部份

甲、經　部

1. 《四書薀益解補註》，明·薀益大師原著，民國·江謙居士補註（台北：佛教出版社）。

2. 《四書薀益解補註》（上、下冊），明·薀益大師原著，民國·江謙居士補註（台北：眾生文化出版公司，民國 84 年 12 月）。

3. 《四書纂疏》（三冊），宋·朱熹章句，趙順孫纂疏（台北：文史哲出版社，民國 70 年 12 月）。

4. 《四書評》，明·李贄著，（上海：上海人民出版社，1975 年 5 月）。

5. 《四書遇》，明·張岱著，（杭州：浙江古籍出版社，1985 年 6 月）。

6. 《大學今註今譯》，宋天正註譯，楊亮功校訂（台北：台灣商務印書館，民國 74 年 11 月八版）。

7. 《中庸今註今譯》，宋天正註譯，楊亮功校訂（台北：台灣商務印書館，民國 77 年 4 月十版）。

8. 《中庸形上思想研究》，高柏園著，（台北：東大圖書公司，民國 77 年）。

9. 《中庸誠的哲學》，吳怡著，（台北：東大圖書公司，民國 65 年 2 月）。

10. 《論語要略》，錢穆著，（台北：台灣商務印書館，民國 76 年 6 月）。

11. 《兩宋以來大學改本之研究》，李紀祥著，（台北：學生書局，民國 77 年 8 月）。

12. 《明代經學研究論集》，林慶彰著，（台北：文史哲出版社，民國 83 年 5 月）。

13. 《清初的群經辨偽學》，林慶彰著，（台北：文史哲出版社，民國 79 年 3 月）。

14. 《論語、孟子研究》，譚承耕著，（湖南：湖南教育出版社，1991 年 6 月）。

乙、史　部

1. 《中國經學史》，馬宗霍著，（台北：台灣商務印書館，民國 81 年）。

2. 《經學歷史》，皮錫瑞著，（台北：藝文印書館，民國 76 年）。

3. 《中國經學史論文選集》上冊，林慶彰著，（台北：文史哲出版社，民國 81 年 10 月）。

4. 《中國經學史論文選集》下冊，林慶彰著，（台北：文史哲出版社，民國 82 年 3 月）。

5. 《明史新編》，傅衣凌主編，（上海：上海人民出版社，1993 年 1 月）。

6. 《中國思想史》上、下冊，韋政通著，（台北：水牛出版社，75 年 10 月）。

7. 《新編中國哲學史》，勞思光著，（台北：三民書局，民國 80 年）。

8. 《四書學史の研究》，佐野公治著，（東京：創文社，昭和 13 年 2 月）。

9. 《中國儒學史》，趙吉惠等篇，（鄭州：中州古籍出版社，1991 年 6 月）。

丙、子　部

1. 《張九成思想之研究》，鄧克銘著，（台北：東初出版社，民國 79 年 10 月）。

2. 《宋代理學與佛學之探討》，熊琬著，（台北：文津出版社，民國 80 年 5 月）。

3. 《宋明心學評述》，甲凱著，（台北：台灣商務印書館，民國 70 年 11 月）。

4. 《宋明理學概述》，錢穆著，（台北：學生書局，民國 81 年 2 月）。

5. 《明中晚期理學的對峙與合流》，于化民著，（台北：文津出版社，民國 82 年 2 月）。

6. 《王陽明》，秦家懿，（台北：東大圖書公司，民國 81 年 1 月再版）。

7. 〈陽明學與明代佛學〉，荒木見悟著、如實譯（收於《中國近世佛教史研究》，台北：華世出版社，民國 74 年 8 月）。

8. 《宋明理學研究論集》，馮炳奎等著，（台北：黎明文化事業公司）。

（二）論文、期刊部分

1. 《四書蕅益解研究》，羅永吉著，（成功大學中國文學研究所碩士論文，民國 84 年 6 月）。

2. 《大學之格物致知的研究》，王麗華著，（東海大學哲學研究所碩士論文，83 年 6 月）。

3. 《歷代論語著述綜錄》，王鵬凱著，（台北：政治大學中國文學研究所碩士論文，民國 78 年 6 月）。

4. 《朱熹理一分殊哲學之溯源與開展》，沈享民著，（台灣大學哲學研究所碩士論文，民國 83 年 6 月）。

5. 《朱子心論研究》，鄭相峰著，（台灣大學哲學研究所博士論文，民國 83 年 6 月）。

6. 《韓柳文學與佛教關係之研究》，林伯謙著，（東吳大學中國文學研究所博士論

文，民國 82 年 5 月）。

7. 《李卓吾的文學理論及其實踐》，王頌梅著，（東吳大學中國文學研究所博士論文，民國 72 年 4 月）。

8. 《李卓吾研究初編》，林其賢，（東吳大學中國文學研究所碩士論文，民國 71 年 5 月）。

9. 《劉寶楠論語正義研究》，楊菁著，（東吳大學中國文學研究所碩士論文，民國 83 年 6 月）。

10. 〈張岱對古典儒學的解釋，以四書遇為中心〉，黃俊傑，《明清之際中國文化的轉變與延續研討會論文集》

11. 〈評皇侃論語義疏之得失〉，董季棠著，（《孔孟學報》第二十九期，民國 64 年 4 月）。

12. 〈皇侃論語義疏的性質和形式〉，戴君仁著，（《國立中央圖書館館刊》新三卷第三、四期，民國 59 年 10 月）。

13. 〈宋元時期儒佛交融思想特徵〉，賴永海著，（《中國佛學學報》第五期，民國 81 年 7 月）。

14. 〈王陽明與佛道二教〉，柳存仁著，（收於《清華學報》新十三卷一、二期，民國 70 年 12 月）。

15. 〈王守仁的理學與佛學〉，方興著，（收於《內明》一八四期，民國 76 年 7 月）。

16. 〈王陽明的經學思想〉，林慶彰著，（收於《陽明學學術討論會論文集》（台北：國立台灣師範大學人文教育研究中心，民國 78 年）。

17 《明代經學國際研討會論文》，林慶彰編，（中央研究院中國文哲研究所籌備處印行，民國 85 年）。

二、佛書類

（一）專書部分

甲、經　部

1. 《楞嚴經》《大正藏》第十九卷

2. 《圓覺經》《大正藏》第十七卷

3. 《金剛經》《大正藏》第八卷

4. 《六祖壇經》《大正藏》第四十八卷

乙、史　部

1. 《景德傳燈錄》《大正藏》第五十一卷。

2. 《中國佛教史》，蔣維喬著，（台北：長春樹書坊，民國 79 年 6 月）。

3. 《漢魏晉南北朝佛教史》（上下），湯用彤撰，（台北：台灣商務印書館，民國 80 年 9 月二版）。

4. 《隋唐佛教史稿》，湯用彤著，（台北：木鐸出版社，民國 79 年 9 月）。

5. 《中國佛教史》，鎌田茂雄著、關世謙譯，（台北：新文豐出版公司，民國 71 年 11 月）。

6. 《中國佛教史概說》，野上俊靜等著、釋聖嚴譯，（台北：商務印書館，民國 61 年 7 月）。

7. 《中國佛教史概說》，野上俊靜等著、釋聖嚴譯，（台北：商務印書館，民國 78 年 12 月十二版）。

丙、子　部

1. 《大乘起信論》，（《大正藏》第三十二卷）。

2. 《唯識三十論頌》，（《大正藏》第三十一卷）。

3. 《成唯識論》，（《大正藏》第三十一卷）。

4. 《觀老莊影響論》，釋德清著，（台北：廣文書局，民國 63 年 3 月）。

5. 《慨古錄》，明·圓澄著，（見《卍續藏經》一一四冊，台北：新文豐出版公司，民國 72 年）。

6. 《宋代儒釋調和論及排佛論之演進》，蔣義斌著，（台北：台灣商務印書館，民國 77 年 8 月）。

7. 〈牟子理惑論中的三教融合思想〉，林孟穎著，（收於《中華佛學研究所論叢》（一），台北：東初出版社，民國 78 年 5 月）。

8. 《明代三一教主研究》，鄭志明著，（台北：學生書局，民國 77 年 8 月）。

9. 《李卓吾的佛教與世學》，林其賢著，（台北：文津出版社，民國 81 年 4 月）。

10. 《明末中國佛教之研究》，釋聖嚴著、關世謙譯，（台北：學生書局，民國 77 年 11 月）。

11. 《天台宗性具圓教之研究》，尤惠貞著，（台北：文津出版社，民國 82 年 5 月）。

12. 《佛典精解》，陳士強撰，（上海：上海古籍出版社，民國 81 年 11 月）。

13. 《中國佛教與傳統文化》，方立天著，（台北：桂冠圖書公司，民國 83 年 4 月）。

14. 《中國佛教文化論稿》，魏承斯著，（上海：上海人民出版社，1991 年 9 月）。

15. 《東晉道安思想研究》，劉貴傑著，（台北：文津出版社，民國 81 年 10 月）。

16. 《中國佛教與社會福利事業》，道端良秀著，關世謙譯（台北：佛光出版社，民國 75 年 10 月再版）

17. 《明末佛教研究》，釋聖嚴著，（台北：東初出版社，民國 81 年 2 月）。

18. 《紫柏大師研究》，釋果祥著，（台北：東初出版社，民國 79 年 6 月三版）。

19. 《佛學與儒家倫理》，道端良秀著、釋慧嶽譯，（台北：中國佛教文獻編撰社，民國 61 年 4 月）。

20. 《佛教各宗大綱》，黃懺華著，（台北：天華出版社，民國 79 年 9 月）。

21. 《中國佛教文化研究論集》，冉雲華著，（台北：東初出版社，民國 79 年 8 月）。

22. 《中國佛學研究所論叢》（一），釋惠敏等著，（台北：東初出版社，民國 78 年 5 月）。

23. 《佛學論著》，周中一著，（台北：東大圖書有限公司，民國 67 年 2 月）。

24. 《晚清佛學與近代社會思潮》（上、下冊），麻天祥著，（台北：文津出版社，民國 81 年 11 月）。

25. 《佛教文化之重新》，釋東初著，（台北：中華佛教文化館，民國 53 年 4 月）。

26. 《人間淨土的追尋——中國近世佛教思想研究》，江燦騰著，（台北：稻香出版社，民國 78 年 11 月）。

27. 《現代佛教學術叢刊》一、佛教與中國文化，二、中國佛教史論集（六），三、佛教與中國思想及社會，張曼濤主編（台北：大乘文化出版社，民國 67 年 4 月）。

28. 《中國佛教思想資料選編》，第二卷至第三卷，方立天等編，（北京：中華書局，1991 年 10 月）。

29. 《佛學與儒學》，賴永海著，（杭州：浙江人民出版社，1992 年 9 月）。

丁、集 部

1. 《蕅益大師全集》，明·釋智旭著，（台北：佛教出版社，民國 78 年）。

2. 《蓮池大師全集》，明·釋袾宏著，（台北：中國佛教文化館，民國 78 年）。

3. 《紫柏尊者全集》，明·釋德清校閱，《大藏新纂卍續藏經》第七十三卷）。

4. 《紫柏尊者全集》，明·錢謙益輯，《大藏新纂卍續藏經》第七十三卷）。

5. 《憨山老人夢遊集》，明·釋德清著，（台北：新文豐出版公司，民國 81 年）。

（二）論文、期刊部分

1. 《大乘起信論一心概念之研究》，劉玉榮著，（台灣大學哲學研究所碩士論文，民國 82 年 6 月）。

2. 《楞嚴經哲學之研究》，李治華著，（輔仁大學研究所碩士論文，民國 83 年 6 月）。

3. 《宗密禪教一致與和會儒道思想之研究》，黃連忠著，（淡江中國文學研究所碩士論文，民國 83 年 5 月）。

4. 《從「弘明集」看魏晉南北朝儒釋道三家的詧應》，黃盛璟著，（東吳中國文學研究所碩士論文，民國 73 年 12 月）。

5. 〈蕅益祖師之論語教〉，林政華著，（收錄於《華梵佛學年刊》，第六期，民國 78 年）。

6. 《儒道佛三教調和論之研究——以憨山德清的會通思想為例》，陳運星著，（中央大學哲學研究所碩士論文，民國 79 年 6 月）。

7. 〈蕅益智旭思想的特質及其定位問題〉，陳英善著，（《中國文哲研究集刊》第八期，中央研究院中國文哲研究所印行，民國 85 年 3 月）。

8. 〈李卓吾的生平與佛教思想〉，江燦騰著，（《中華佛學學報》第二期，民國 77

年 10 月）。

9. 〈華嚴五祖－圭峰宗密的三教歸一思想初探〉，王祥齡著，（《鵝湖月刊》第十五卷第九期總號一七七）。

10. 〈論釋契嵩思想與儒學的關涉〉，何寄澎著，（《幼獅雜誌》二十卷第三期，民國78 年 5 月）。

11. 〈契嵩思想研究——佛教思想與儒家學說之交涉〉，劉貴傑著，（《中華佛學學報》第二期，民國 77 年 10 月）。